CRISTO CÓSMICO

Tau Malachi

CRISTO CÓSMICO

A Cabala do Cristianismo Gnóstico

Tradução:
CARLOS A. L. SALUM
ANA LUCIA DA ROCHA FRANCO

Editora Pensamento
SÃO PAULO

Título original: *Gnosis of the Cosmic Christ: A Gnostic Christian Kabbalah.*

Publicado originalmente pela Llewellyn Publications, Woodbury, MN 55125 USA.
www.llewellyn.com

Dados Internacionais de Catalogação na Publicação (CIP)
(Câmara Brasileira do Livro, SP, Brasil)

Malachi, Tau
Cristo Cósmico : a Cabala do Cristianismo Gnóstico / Tau Malachi ;
Tradução Carlos A. L. Salum, Ana Lucia da Rocha Franco.
São Paulo : Pensamento, 2008.

Título original: Gnosis of the Cosmic Christ : a Gnostic Christian Kabbalah.
Bibliografia.
ISBN 978-85-315-1551-4

1. Cabala e Cristianismo 2. Gnosticismo 3. Sefirot (Cabala) I. Título.

08-08690 CDD-299.932

Índices para catálogo sistemático:
1. Cabala e Cristianismo Gnóstico 299.932

O primeiro número à esquerda indica a edição, ou reedição, desta obra. A primeira dezena à direita indica o ano em que esta edição, ou reedição, foi publicada.

Edição	Ano
1-2-3-4-5-6-7-8-9-10-11	08-09-10-11-12-13-14-15

Direitos de tradução para o Brasil
adquiridos com exclusividade pela
EDITORA PENSAMENTO-CULTRIX LTDA.
Rua Dr. Mário Vicente, 368 — 04270-000 — São Paulo, SP
Fone: 2066-9000 — Fax: 2066-9008
E-mail: pensamento@cultrix.com.br
http://www.pensamento-cultrix.com.br
que se reserva a propriedade literária desta tradução.

NOTA DO AUTOR

A Tradição Sophia do cristianismo gnóstico é essencialmente uma tradição oral passada de um *elder* ou *tau* para os seus alunos. Ao escrever este livro segui esse método, que poucas vezes faz referência direta a um texto escrito, tal como no caso das citações bíblicas. Desse modo, os textos, ensinamentos e histórias são tirados da lembrança com a força do momento, como nas tradições orais. Por essa razão, encontramos muitas citações que não têm uma fonte de referência, já que representam ensinamentos orais recebidos da mesma forma com que são registrados. Isso inclui muitas idéias e histórias que se desenrolaram na tradição oral do gnosticismo sophiano, registradas pela primeira vez no presente livro. Falando genericamente, o meu propósito é comunicar a experiência de uma tradição oral em vez de me ajustar ao conhecimento convencional estabelecido pela academia moderna. Assim, quero me comunicar como praticante espiritual e não como erudito acadêmico. A bibliografia apresentada é mais para estudo e contemplação posterior do que uma lista de fontes referenciadas à medida que o livro era escrito — uma ajuda para os interessados em aprofundar o estudo do gnosticismo e da cabala (portanto, serve como uma lista de leituras sugeridas).

SUMÁRIO

FIGURAS

AGRADECIMENTOS

Quero agradecer a quem tornou possível a realização deste livro.

Antes de tudo, desejo agradecer ao meu querido mestre de bendita memória, Tau Elijah ben Miriam, e a seu círculo de companheiros espirituais, que me receberam no caminho, ensinaram-me e me iniciaram na Tradição. Grande parte deste livro é um reflexo dos seus ensinamentos; sem ele, nunca teria sido escrito.

A Penelope, Christopher, Zunny e Phillip, meus companheiros espirituais, que me deram o apoio prático que tornou possível o projeto, atuando como parteiras.

À Sophia Fellowship e a todos os meus companheiros espirituais, cujo amor, apoio e estímulo são uma inspiração para mim e tornam possível cada aspecto do trabalho espiritual.

À minha editora, Llewellyn, que oferece um veículo para as vozes espirituais alternativas e torna realidade os meus projetos escritos.

Atenciosamente,
Tau Malachi Eben Ha-Elijah

INTRODUÇÃO

Segundo a lenda, a cabala sagrada foi revelada por Deus a Adão e, a partir de Adão, a Tradição tem passado de uma geração a outra até a atualidade. Em outras palavras, sua origem está envolta em mistério e parece ter surgido com o início da história humana, refletindo a evolução da humanidade a partir do reino animal. Na literatura cabalística clássica, diz-se que a cabala é a revelação dos mistérios de Deus e da criação, dos mistérios da alma humana e de coisas como a profecia e a magia — em uma palavra, misticismo e metafísica. Mas assim como todas essas coisas, a cabala é um espelho em que se reflete a inteligência ardente que fez com que a humanidade se elevasse acima das outras espécies de criaturas da terra — uma inteligência ardente que nos torna cientes de nós próprios e nos capacita a uma evolução consciente muito além do nosso estado natural.

Cabala significa basicamente "algo recebido e repartido". Assim, além de espelho da inteligência ardente, é a transmissão da mesma. O simples estudo e contemplação da cabala tende a acender em nós a centelha da inteligência ardente, gerando um fogo resplandecente — um despertar do poder maior da nossa alma. A experiência mística, a profecia e a realização de milagres são produtos naturais do poder da alma humana imbuída da inteligência ardente, assim como a descoberta científica, a arte, a filosofia e todas as expressões de sua inteligência.

Essa inteligência ardente é vista muitas vezes em termos de gênio divino porque, quando despertada plenamente, parece ser mais do que inteligência humana comum, e a pessoa em quem surge se torna mais do que humana no sentido corriqueiro da palavra. Quando falamos de místicos e profetas, seres iluminados e magos, referimo-nos a pessoas que estão emergindo do estado bestial da humanidade em direção a um estado novo e divino da mesma, algo mais do que a nossa humanidade atual — algo que poderíamos chamar de super-humanidade. Ao considerar isso, percebemos que o nosso estado atual é um estado de transição do ser, um meio-termo entre o que temos sido e somos no processo do devir. O ser humano é um ser em transição.

Dentro e por trás da incrustação do dogma e do credo religioso que engendraram as formas ortodoxas do cristianismo, existe essa mensagem de uma inteligência ardente e de uma evolução consciente em direção a uma humanidade divina ou super-humanidade. Essa inteligência ardente, o ser-consciência-força, da qual surge a criação e que tende a gerar formas superiores de vida, cada vez mais aperfeiçoadas e mais inteligentes, é essencialmente o que a cabala chama de "Deus". Portanto, aquele em quem essa inteligência ardente despertou plenamente, seria chamado apropriadamente de filho ou filha de Deus. Embora esse termo possa ser aplicado à pessoa que conhecemos como Jesus (Yeshua em aramaico), segundo o gnosticismo cristão, ele não se limita a Yeshua, mas é igualmente aplicável a qualquer um em quem a inteligência ardente desperte e, nesse sentido, é um termo do nosso futuro ser. Desse modo, o ideal nobre da cabala cristã não é tanto a adoração de Yeshua Messiah (Jesus Cristo), mas uma evolução consciente em direção à cristandade — uma humanidade divina ou super-humanidade. Nesse ponto, a cabala cristã é muito diferente da cabala judaica, a partir da qual se desenvolveu, e o cristianismo gnóstico é muito diferente de qualquer forma ortodoxa do cristianismo.

Diz-se que o misticismo começa onde a religião chega ao seu ponto culminante, já que o ápice da religião é a visão de Deus, não mais concebido como algo exclusivamente externo, mas interno a nós mesmos. Portanto, o misticismo começa com o conhecimento de Deus, a inteligência ardente dentro da nossa pessoa. Igualmente, podemos dizer que a religião é o produto de uma percepção errônea da maior conquista mística — os seres humanos que realizaram esse ser divino, em maior ou menor grau, que deram origem a todas as tradições de sabedoria do mundo. Observando a proliferação de religiões surgidas com o despertar dessa inteligência ardente nos seres humanos — "homens e mulheres de Deus" — não podemos deixar de pensar na cena do filme *2001: Uma Odisséia no Espaço*, em que os macacos dançam em torno do grande monolito com pouca ou nenhuma compreensão do que seja aquilo. Quero dizer com isso que a cabala e o gnosticismo não podem ser classificados arbitrariamente como religião, já que são melhor definidos como caminho de evolução espiritual — como ciência e arte de evolução consciente e, com certeza, como misticismo e metafísica.

Se às vezes os termos usados no gnosticismo cristão e na cabala cristã parecem religiosos, não é esse o propósito ou o sentido do gnóstico. Mas é o produto da proliferação de instituições religiosas para as massas e do uso de termos semelhantes na criação de dogmas religiosos. Essencialmente, em comparação com a pessoa religiosa, o verdadeiro místico dá um significado muito diferente aos termos e idéias que apresenta. A razão para isso é simples. O religioso é, até o momento, exterior à experiência de adoração, enquanto o místico pertence à experiência adorada. Isso define bem o termo gnóstico, que significa "o que conhece por meio da experiência direta" ou "o que é conhecedor". Desse modo, o gnosticismo cristão e a cabala cristã não são teologia, ou "pensar em Deus", mas a experiência de Deus e a evolução em direção a Ele — são, portanto, uma viagem interminável do ser no processo do devir. Reconheçamos ou não, estamos todos nessa viagem de mudança constante. Essa é a mensagem central do cristianismo gnóstico e da cabala cristã, e deste livro que você tem nas mãos.

UM

A CABALA DO CRISTIANISMO GNÓSTICO

Propósito e natureza da cabala

A cabala é um sistema arcaico do misticismo judaico que tem as suas raízes na assembléia de profetas da antiga Israel e no misticismo do Merkavah da Palestina durante a época de Jesus (Yeshua, em aramaico). Considerando que Yeshua era judeu, assim como os seus discípulos, e vendo-o como um místico e profeta do seu tempo, é razoável supor que tenha ensinado uma forma da tradição mística que ficou conhecida como cabala.

Por essa razão, têm surgido muitas correntes místicas e gnósticas que tomam a cabala como base. É o caso da Tradição Sophia, tão entremeada com os ensinamentos da cabala que é impossível separar o que é gnosticismo e o que é cabala na Tradição. Poderíamos considerar a Tradição Sophia como uma cabala cristã ou como uma forma de cristianismo gnóstico ligada profundamente às suas raízes judaicas. Portanto, para explorar o cristianismo gnóstico, como é expresso na Tradição Sophia, temos de examinar algumas das idéias básicas da cabala, das quais derivam os ensinamentos e princípios do nosso cristianismo gnóstico.

Os principais ensinamentos da cabala se propõem a examinar e encontrar respostas para algumas perguntas básicas.

- A natureza e os atributos de Deus e da Divindade
- O desenvolvimento de uma cosmologia
- O mistério da criação dos anjos e da humanidade
- O destino da humanidade e dos anjos
- A natureza da alma humana e a sua relação com o divino

- A natureza das forças cósmicas — anjos, demônios, elementais e outras
- O significado interior da lei revelada no Sagrado Evangelho
- O simbolismo transcendental dos números e das formas geométricas
- Os mistérios contidos nas letras hebraicas
- O equilíbrio no jogo de forças cósmicas
- O mistério da revelação divina e os estados proféticos da consciência
- O mistério da encarnação e o plano divino na terra

Considerando a complexidade dessas perguntas metafísicas, podemos imaginar a grande quantidade de ensinamentos esotéricos, práticas e literatura que se formou em torno da cabala ao longo de milhares de anos. Embora muitos buscadores modernos da verdade, que leram um ou dois livros sobre a cabala, suponham erroneamente que conhecem o assunto, na realidade, nem mesmo um mestre da Tradição que tenha estudado e praticado durante a vida inteira e que encarne ativamente a experiência de iluminação que isso representa, afirmaria conhecer a cabala. Podemos dizer apenas que Deus conhece a cabala e que, da nossa parte, conhecemos o que dela recebemos na nossa experiência — ou seja, estamos muito longe de conhecer a cabala como Deus a conhece.

Os ensinamentos da cabala representam essencialmente o conhecimento, o entendimento e a sabedoria acumulados dos iniciados, fruto da sua experiência espiritual direta das dimensões metafísicas das criaturas, da criação e de Deus. A cabala é o conhecimento, o entendimento e a sabedoria da verdadeira natureza das criaturas, da criação e de Deus — que só Deus conhece por inteiro. Se a cabala inteira está contida em um livro, então é o livro da vida de que falam as Escrituras Sagradas, e não um livro mundano.

Os ensinamentos da cabala são baseados na Bíblia e em outros livros da Escritura que não chegaram à Bíblia canônica. Desse modo, estudar e entender a cabala no seu contexto apropriado é também estudar e entender as Escrituras. Assim como muitos supõem erroneamente que conhecem a cabala porque leram um ou dois livros, muitos se julgam conhecedores da cabala sem ter estudado a fundo as Escrituras. Mas não podemos estudar e entender a cabala sem estudar e adquirir conhecimento das Escrituras Sagradas. Dedicar-se ao estudo e à prática da cabala é empreender uma viagem mística aos níveis ocultos das Escrituras e da sabedoria secreta que elas contêm.

Três ramificações da cabala

Os ensinamentos da cabala estão divididos em três ramificações principais: a cabala teórica ou contemplativa, a cabala meditativa e a cabala prática ou mágica. A cabala teórica ou contemplativa é um estudo intelectual e uma contemplação dos princípios, doutrinas e correspondências do conhecimento esotérico, incluindo a gematria, as associações de números e padrões geométricos, e assim sucessivamente. A cabala meditativa representa os ensinamentos e práticas da oração mística e da meditação profética — métodos por meio dos quais podemos entrar num estado superior de consciência e experimentar a unificação com o divino. A cabala prática ou mágica representa ensinamentos de invocações, conjuros, rituais e coisas semelhantes, por meio dos quais podemos alterar o estado de consciência e controlar conscientemente forças espirituais ocultas. Entendemos então que a cabala é uma tradição mística e mágica. Aqui, veremos antes de tudo a cabala contemplativa e, até certo ponto, a cabala meditativa. Em diferentes pontos do livro serão feitas alusões à cabala mágica, embora não seja esse o tema deste trabalho.

Os dez Sefirot sagrados e a Árvore da Vida

Há dez Sefirot (plural), geralmente denominados Midot, que significa "medidas" ou "dimensões" e, por extensão, "atributos" ou "qualidades". Os Sefirot são emanações da presença e do poder de Deus, ou da luz infinita de Deus, e recipientes que recebem a luz divina e a transmitem à criação. São graus da involução da luz infinita em criação finita e, desse modo, são graus da evolução das criaturas no caminho de volta — como degraus numa escada de luz. A visão de Jacó, de uma escada que ia da terra aos céus, pela qual subiam e desciam anjos, seria considerada pela cabala como uma visão da constelação dos Sefirot que formam a Árvore da Vida.

A palavra Sefirah (singular) está relacionada ao termo hebraico *saper*, que significa "expressar" ou "comunicar", e com a palavra *sapir*, que significa "safira", "brilho" ou "luminar". Relaciona-se também aos termos *sefar*, que significa "limite", *sefer*, que significa "livro" e *safar*, que significa "número". Todos esses termos representam conceitos relacionados e que indicam as duas funções básicas dos Sefirot: luzes ou emanações que atuam para revelar e expressar a presença e o poder de Deus (Shekinah); e recipientes que limitam e delineiam a luz infinita de Deus, baixando-o ao reino finito de numeração e limite.

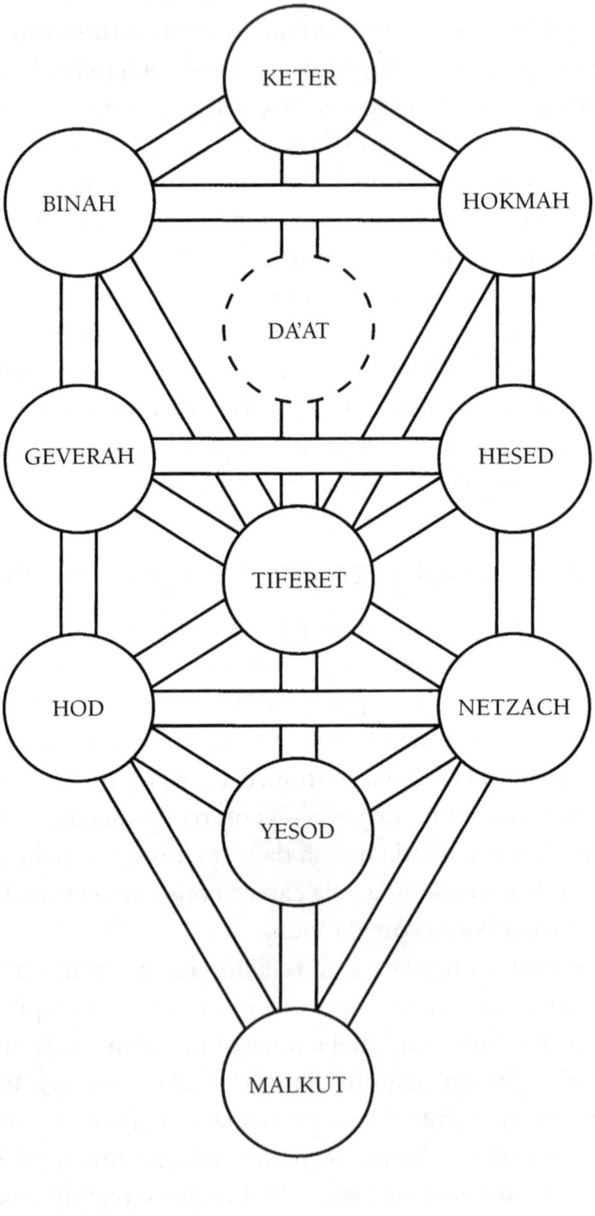

Figura 1. A Árvore da Vida

Os Sefirot e os diferentes níveis da sua manifestação, chamados Olamot ou universos, representam a estrutura metafísica da criação ou o veículo por meio do qual a criatura, a criação e Deus estão conectados e interagem. No Gênesis, são listadas dez declarações com que Deus cria. Elas correspondem aos dez Sefirot e sugerem a idéia de criatura e criação como revelação ou expressão de Deus e como o recipiente que recebe e reparte a presença divina — ou o corpo de Deus. Por meio dos Sefirot, Deus chega a nós e nós podemos nEle penetrar.

A forma mais comum de representação desses Sefirot é um glifo chamado Árvore da Vida (*Otz ha-Hayyim*). Os Sefirot são mostrados como dez círculos que formam três tríades, uma superior, uma no meio e uma inferior, com um único Sefirah sob a tríade inferior, disposto como um pingente. Nessa mesma configuração também aparecem dez círculos divididos em três colunas — uma à direita, uma à esquerda e uma no meio — que são chamadas "pilares". São duas formas de ver o mesmo glifo (ver figura 1).

Na perspectiva das três tríades de Sefirot e um Sefirah como pingente, a tríade superior é denominada tríade superna; a do meio, tríade moral e a inferior, tríade de ação. O Sefirah que aparece como pingente é chamado Malkut (reino). Malkut é o "fruto" da Árvore da Vida, além de recipiente da influência de todas as emanações acima dele. Na perspectiva da Árvore da Vida como três pilares, os pilares direito e esquerdo são formados por três Sefirot cada um, e o do meio por quatro Sefirot. O da direita é chamado pilar de misericórdia, o da esquerda, pilar de severidade — as colunas de Jachin e Boaz no templo do Rei Salomão. Um é positivo e o outro, negativo; um é masculino e o outro feminino, um é branco e o outro preto — de modo que esses dois pilares representam o jogo eterno de opostos em interação dinâmica. O mal é uma força desequilibrada, fora do lugar e desarmoniosa. A severidade em desequilíbrio é crueldade e opressão, a misericórdia desequilibrada é debilidade que permite e facilita o mal. A verdadeira compaixão é um equilíbrio dinâmico entre severidade e misericórdia.

Desse modo, o pilar do meio é o caminho da ascensão, representando o equilíbrio dinâmico de todas as polaridades ou opostos, e a integração de tudo o que de outra maneira estaria fragmentado. A cabala ensina o caminho do meio, semelhante ao que é encontrado em forma de hinduísmo e budismo, nas escolas orientais. Por isso, seja a árvore vista como tríades ou como pilares, o Sefirah Tiferet (beleza), que é o centro de Cristo na árvore, ocupa o lugar central.

Assim como há dez círculos que representam os Sefirot na Árvore da Vida, há também vinte e duas linhas que ligam os Sefirot, às quais são atribuídas letras hebraicas. Desse modo, a Árvore é composta de trinta e dois caminhos que, no *Sefer Yetzirah*, são os "trinta e dois caminhos da sabedoria". Diferentes correspondências são dadas aos Sefirot, assim como às letras hebraicas. Por meio da inter-relação das correspondências, os iniciados podem ver os mistérios contidos nas Escrituras e penetrar nos mistérios da criação e de Deus. Além disso, podem receber uma revelação divina contínua, da mesma forma que os apóstolos e profetas de Deus antes deles.

Os Olamot-universos

Os dez Sefirot se manifestam por meio de cinco dimensões ou níveis chamados Olamot, palavra que significa "universos". Esses Olamot são conhecidos como o universo de Adão Kadmon (o ser humano primordial), o universo de Atzilut (emanação ou proximidade), o universo de Beriyah (criação), o universo de Yetzirah (formação) e o universo de Asiyah (ação). Os Olamot se estendem da morada superna do divino até o plano material da existência, sendo o universo de Adão Kadmon o mais próximo à luz do infinito e Asiyah o plano material da existência. Os dez Sefirot se manifestam em cada Olam e, assim, há dez Sefirot de Adão Kadmon, dez de Atzilut, dez de Beriyah, dez de Yetzirah e dez de Asiyah, num total de cinqüenta Sefirot, denominados as "cinqüenta portas do entendimento".

Esses cinco Olamot correspondem ao nome divino de Yahweh (Yod-He-Vau-He), muitas vezes chamado de "Tetragrammaton" por ser composto de quatro letras. Adão Kadmon é representado pela parte superior de Yod (י), Atzilut pelo corpo de Yod, Beriyah pelo primeiro He (ה), Yetzirah por Vau (ו) e Asiyah pelo He final. Costuma-se dizer que esse nome divino está contido no universo de Adão Kadmon e contém em si os outros nomes divinos, usados como "prendas".

O nome divino de Yeshua ou Yeheshuah (Yod-He-Shin-Vau-He), que é o nome de Yahweh com a adição da letra Shin (ש), representa a encarnação da presença e do poder divino de Yahweh e, assim, a energia espiritual de Adão Kadmon. Portanto, o universo de Adão Kadmon e os Sefirot que contém representam a alma do Messias. Isso tem relação com a denominação "filho de Adão" (filho do homem), usada por Yeshua nos Evangelhos.

Para entender um pouco a natureza dos Olamot, podemos considerá-los em termos do sol com a sua luz e da lua, que reflete a luz. Primeiro, é preciso saber que, ao olhar para o sol, não vemos o sol, mas a sua glória ou resplendor. Portanto, dentro e além do que vemos está o sol. A luz é gerada a partir do "sol dentro do sol" e esse lugar oculto da geração de luz corresponde a Adão Kadmon; a glória ou luz do sol que contemplamos corresponde a Atzilut; a luz que passa para a lua corresponde a Beriyah; a luz da própria lua corresponde a Yetzirah; e a luz da lua cheia brilhando sobre a terra corresponde a Asiyah. De forma semelhante, a luz do infinito passa por meio dos Olamot, de Adão Kadmon até Asiyah e, assim, a luz superna é progressivamente velada e reduzida em sua intensidade.

Outra forma de entender os Olamot é considerá-los no nível da experiência humana. A vontade mais profunda de um ser humano corresponde ao universo de Adão Kadmon. O nível de conhecimento puro ou mente pré-conceitual e indiferenciada corresponde a Atzilut. O processo de pensamento corresponde a Beriyah; a fala ou a comunicação corresponde a Yetzirah; e a ação, a Asiyah.

Adão Kadmon	=	Vontade
Atzilut	=	Mente
Beriyah	=	Pensamento
Yetzirah	=	Fala
Asiyah	=	Ação

A melhor maneira de analisá-lo é considerar o processo criativo do arquiteto que está projetando um grande complexo de edifícios. Primeiro, ele decide que tipo de edifícios se ajustam aos propósitos da construção. Faz então os projetos correspondentes e considera como funcionará cada estrutura com relação às outras. Finalmente, dá ordens a seus trabalhadores e começa a construção.

Na nossa analogia, o nível de Adão Kadmon é representado pelo arquiteto que toma a decisão de construir, antes de ter em mente um projeto em particular. Atzilut é representado pelo processo de desenhar um projeto para a construção no nível mais abstrato. Pronto o anteprojeto, tudo permanece no nível abstrato e é graças ao pensamento que se pode ver como funcionará o projeto ou como pode ser implementado. Até esse ponto, tudo aconteceu no escritório do arquiteto. Mas agora, a aplicação prática do projeto exige que o arquiteto vá ao local da construção.

Essa ida ao local para ver as coisas num nível mais prático, de modo que a idéia passe da forma simbólica abstrata a algo que possa ser realizado, representa Beriyah. O arquiteto comunica, então, as idéias e os métodos de construção aos trabalhadores, o que equivale a Yetzirah. O trabalho de construção corresponde a Asiyah; o produto terminado representa o último Sefirah de Asiyah (Malkut de Asiyah).

A analogia pode ser levada ainda mais longe, a todas as atividades humanas. Quando alguém decide fazer alguma coisa, concebe um plano geral. Quando está a ponto de realizá-la, os processos de pensamento ativam impulsos nervosos que avançam por meio do corpo. Os músculos seguem as ordens do cérebro e levam a cabo a ação correspondente.

Experimentamos constantemente os Olamot por meio do processo de traduzir vontades e desejos em conhecimento, pensamento, palavras e ação — uma comunicação que ocorre em alta velocidade por meio do nosso sistema nervoso. Dos níveis mais sutis e imperceptíveis à manifestação real, a vida surge, como algo do nada. Isso ocorre por meio da criação.

O universo de Adão Kadmon

Segundo um dos ensinamentos mais básicos da cabala, Deus e a Divindade são algo inominado e incognoscível e, portanto, nada pode ser dito sobre Ele. Podemos falar das emanações e manifestações da presença e do poder de Deus, dos seus atributos e qualidades e de como encontramos a sua presença na experiência, mas não de Deus como é em si. Podemos falar de coisas referentes a Deus, mas não de Deus diretamente. Por essa razão, a referência mais comum a Deus na cabala é Ain Sof, que significa literalmente "Único sem fim". Deus não tem princípio e nem fim, é o infinito e, por isso, não pode ser caracterizado ou definido.

No nível de Ain Sof, há apenas um ser-consciência-força, infinito e eterno, e não existe mais nada. Inclusive a distinção entre Deus e divindade não existe nesse nível. Assim, do nosso ponto de vista, Ain Sof é o não-manifesto — completamente inconcebível e incompreensível. A partir desse estado de nada (Ain), todas as idéias ou categorias de existência devem ser criadas, formadas e realizadas. No entanto, como tudo vem desse nada, ele pode ser chamado também de plenitude divina. Embora nada exista nele, o não-manifesto tem o potencial divino de tudo. A vontade ou desejo (ratzon) é a primeira expressão de Ain Sof no ato criativo, porque, para criar e manter a criação, Deus tem de desejar criar e manter a criação. O nível de Adão Kadmon corresponde à vontade ou ao desejo de Deus, que é a base subjacente a todos os níveis de existência — o princípio de iniciação da criação. Em essência, a primeira emanação da presença e do poder de Deus é a vontade ou desejo de criar, que precede a criação propriamente dita. Essa vontade ou desejo é o que se conhece como Logos e Sophia — a palavra e sabedoria de Deus.

De acordo com a cabala cristã, dizer que Deus "criou" essa vontade ou desejo é um conceito errôneo, já que essa vontade ou desejo, chamado Adão Kadmon, é inseparável da luz de Ain Sof (luz do infinito). É uma emanação do Espírito eterno de Deus que, embora seja distinta de Ain Sof, é completamente inseparável do infinito e eterno. Adão Kadmon sempre existiu em Ain Sof, ainda que como potencial divino. No princípio da criação, esse potencial divino surgiu como a primeira das emanações sagradas e é a interface do infinito com a criação finita.

Por ser inseparável de Ain Sof, Adão Kadmon é denominado Ain (nada) e, assim, o Sefer Yetzirah se refere aos Sefirot de Adão Kadmon como "Sefirot do nada". A criação inteira surge do seio de Adão Kadmon, o seio da vontade de Deus. Então, essa idéia do nada não implica uma falta de existência. É uma emanação da plenitude divina no nada, a partir da qual toda a criação se manifesta.

Adão Kadmon alude ao propósito supremo de Deus ao criar. O próprio termo é um antropomorfismo que significa literalmente "ser humano primordial". Dispondo as letras do Tetragrammaton numa linha vertical, com Yod no topo, elas formam a imagem de um ser humano (ver figura 2). Igualmente, a configuração dos Sefirot é muitas vezes mostrada como uma forma humana, com cada Sefirah correspondendo a uma parte do corpo humano. Isso sugere que o propósito supremo de Deus era criar o humano — à sua imagem e semelhança.

Para entender mais a fundo o significado disso, vamos considerar o que é um ser humano — ou o que ele está destinado a ser. Um ser humano é uma criatura com inteligência superior e consciência de si mesma e, por isso, pode conhecer a existência de Deus. Graças a essa inteligência e autoconsciência, o ser humano pode evoluir conscientemente para estados superiores de consciência e formas de vida mais aperfeiçoadas e elevadas — mais especificamente, pode evoluir em direção à unificação com Deus. Um ser humano tem a capacidade de se unir conscientemente a Deus e de encarnar algo de Deus e da Divindade — a capacidade de alcançar a consciência superna ou iluminação.

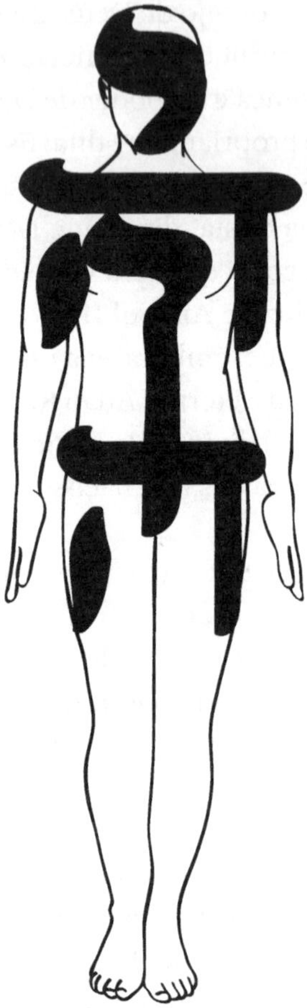

Figura 2. O ser humano primordial

Dizer que o propósito final da criação é o ser humano equivale a dizer que o propósito final de Deus é expressar-se e se comunicar — é revelar-se e se fazer conhecido. O conhecimento supremo de Deus é a unificação com Deus e a encarnação de Deus — a consciência messiânica ou cristandade. É como se Deus, que é o Ser do devir, buscasse o conhecimento de si mesmo por meio do ato de criação. Deus cria porque a sua natureza é criar — expressar e conhecer a Deus. Nada podemos conhecer de Deus no nível comum da consciência. Mas, num estado de unidade consciente com Ele, a presença divina dentro de cada um conhece a Deus e a Divindade para além de si mesmo.

Essa conquista da criação é prefigurada na pessoa de Yeshua Messiah (Jesus Cristo), que representa o primeiro humano que surge da humanidade, encarnando a alma do Messias — um ungido com a luz superna de Deus. Na cabala cristã, o universo de Adão Kadmon representa esse nível alcançado e todos os mistérios associados a ele. É o universo da alma do Messias, o Olam de luz superna.

No nível de Atzilut, os nomes divinos e os Sefirot são a mesma coisa: os Sefirot são os nomes divinos e os nomes divinos são os Sefirot. Portanto, o nível de Adão Kadmon corresponde às letras sagradas das quais derivam os nomes e, especificamente, ao poder da palavra-sabedoria de Deus, para a qual os nomes sagrados servem de veículo ou canal.

O universo de Atzilut

A palavra "Atzilut" deriva da raiz *etzel*, que significa "proximidade". Como o termo indica, Atzilut está perto da luz infinita, tão perto que, assim como Adão Kadmon, Atzilut é também denominado Ain ou nada. Atzilut é o domínio dos próprios Sefirot, sendo que Adão Kadmon enche de luz os recipientes sagrados desse nível. Se a existência da essência primordial dos Sefirot no nível do universo de Adão Kadmon fosse concebida como o corpo de Adão Kadmon, os Sefirot no nível de Atzilut seriam como "prendas" de luz.

O conceito de Atzilut não é de fácil explicação. Para todos os propósitos, poderíamos dizer que está fora da nossa percepção da realidade. Podemos caracterizar Atzilut como o nível da realidade que ainda não existe ou um nível de realidade além do contínuo espaço-tempo-consciência, em que passado, presente e futuro existem como uma realidade simultânea — uma realidade sempre presente. No nível de Atzilut existem também, como realidade simultânea, todos os resultados possíveis, ou seja, todas as possibilidades do passado, do presente e do futuro — não apenas de um único contínuo espaço-tempo, mas de todos os contínuos espaços-tempos possíveis.

Além disso, no nível de Atzilut, o conhecimento, o conhecedor e o conhecido existem em total unidade, de modo que não há relação sujeito-objeto — na verdade, não há dualidade alguma. É superno ou supramental. Se experimentássemos a consciência no nível de Atzilut, perceberíamos o conhecimento e a realidade de tudo dentro de nós mesmos — um estado de consciência radiante e pura. Nas palavras de São Paulo, "conheceríamos totalmente, inclusive como somos conhecidos".

Com o surgimento dos Sefirot próprios de Atzilut, juntamente com a vontade ou desejo de Deus, surge a sabedoria, o entendimento, o amor, o poder, o domínio, o esplendor, a justiça e o reino de Deus e, por meio deles, é revelado o grande nome de Deus. No nível de Atzilut, os Sefirot existem num estado arquetípico e em unidade e harmonia perfeita entre si — sem nenhuma diferenciação ou divisão. Deus é um e Ele e seu nome são um. É somente no ponto em que se manifestam no universo inferior que os Sefirot podem ser concebidos como forças separadas.

O universo de Beriyah

Juntos, Adão Kadmon e Atzilut formam o reino de Yichud (unidade), mas, no nível de Beriyah, começa o reino de Perud (separação), ou seja, aparece a existência independente e a separação. Segundo a cabala, a criação ocorre por meio de um processo de tzimtzum (separação), em que Deus absorve em si mesmo a sua luz infinita para fazer um espaço primordial onde ocorre a criação. Os efeitos dessa tzimtzum começam a se manifestar no nível de Beriyah.

O termo "Beriyah" deriva da palavra hebraica *bara*, que significa "criar", e da palavra aramaica *bar*, que significa "exterior" ou "externo". Assim, Beriyah indica o conceito de criação gerada dentro de Deus e distinta de Deus — "fora" de Deus ou até certo ponto "separada" de Deus. Sugere igualmente a criação de algo novo e distinto, ou criação "ex nihilo". Em hebraico, essa idéia é representada pela expressão Yesh Mi-Ani — "algo de nada". Com relação a Atzilut, que está perto do divino, Beriyah está fora ou à parte do divino — são duas dimensões separadas do divino.

No nível de Atzilut, os Sefirot são expressos pelos nomes divinos, enquanto no nível de Beriyah são expressos pelos arcanjos — os poderes divinos da criação. No nível de Beriyah, nem todas as forças cósmicas ou espirituais são divinas porque, com a constrição da luz infinita e a separação, surge a ignorância cósmica e, com esta, penetram na criação as forças do mal e da escuridão. Portanto, junto com os poderes divinos, há poderes mesclados e obscuros. São essas as forças cósmicas por meio das quais surgem Beriyah, Yetzirah e Asiyah — sendo que Beriyah é divino em sua maior parte e Asiyah é predominantemente mesclado e obscuro.

Beriyah corresponde ao primeiro He do Tetragrammaton, a "janela" por meio da qual é revelada a verdadeira natureza da existência e são acessíveis os mistérios. Mas, no processo dessa revelação, as forças cósmicas se convertem em entidades distintas e individuais. Destas, algumas se dirigem ao universo acima e outras ao universo abaixo — algumas se submetem à vontade divina e outras buscam o próprio domínio sobre as criaturas e a criação. Com os arcanjos, surgiram assim deuses e deusas, arquidemônios e demônios — e todos os tipos de entidades espirituais. No cristianismo gnóstico, Beriyah é por isso considerado o começo do domínio do demiurgo e dos *arcontes* — as forças cósmicas da ignorância.

Ao mencionar a realidade do mal no nível de Beriyah, deve-se dizer que o mal não é visto como uma existência independente e separada de Deus, pois nada existe em completa separação da presença e do poder de Deus. Na cabala, as forças cósmicas da ignorância e o "mal" são vistos como uma operação secreta do Espírito Santo — tão secreta que essas entidades nem sabem que, no fim das contas, estão servindo ao plano de Deus na criação. É a ignorância cósmica e o mal que tornam possível o livre-arbítrio na criação, sendo, assim, parte integrante do plano divino.

O universo de Yetzirah

A palavra Yetzirah vem da raiz *yetzar*, que significa "formar". Portanto, Yetzirah indica a formação de algo a partir de uma substância preexistente, de onde vem a expressão hebraica Yesh Mi-Yesh, "algo de algo". Isso é ilustrado por um versículo do profeta Isaías, que diz: "Eu formo (*yotzer*) a luz e crio (*boreh*) as trevas" (Is 45,7). A luz existe antes da criação e vem de Deus — portanto, é "algo de algo". Mas a escuridão não existia antes da criação, não surgiu de Deus ou da Divindade e, portanto, foi criado "algo do nada". Contudo, no nível de Yetzirah, a luz e a escuridão já estão formadas porque a escuridão foi criada no nível de Beriyah, como todos os princípios e forças cósmicas. Em Yetzirah, os princípios e forças encontrados em Beriyah são formados em padrões mais definidos — é o universo da formação.

Nesse processo, há outra divisão ou separação das coisas — uma involução do único convertendo-se em muitos. Isso é representado pela manifestação dos Sefirot em Yetzirah como ordens de anjos. Enquanto, no nível de Beriyah, a presença e o poder dos Sefirot se manifesta como uma entidade singular — um arcanjo —, em Yetzirah, os Sefirot se convertem em hostes ou coros de anjos: uma única presença e poder se manifestando como muitos inumeráveis. Essa divisão ou separação das coisas acontece por meio da ignorância cósmica, criada no processo de tzimtzum. Desse modo, em Yetzirah, há a geração de hostes de anjos santos e também a geração de legiões de espíritos malignos e impuros — seres-forças combinados e de escuridão. Nesse nível de criação, a ordem divina e o domínio do demiurgo existem num equilíbrio dinâmico, de modo que Yetzirah seja igualmente da luz e da escuridão.

Em comparação com o reino de Yichud, formado por Adão Kadmon e Atzilut, em Yetzirah a luz do infinito é muito limitada, ou velada. Há uma grande diferença entre a manifestação no nível de Atzilut e no nível de Yetzirah, que no primeiro se reflete pela correspondência de conhecimento puro ou mente indiferenciada e, no segundo, pela fala. Basta considerar a dificuldade de transmitir a nossa mente e os nossos pensamentos por meio da fala a uma outra pessoa — e o espaço de subjetividade entre o falante e o ouvinte. Podemos falar muito claramente e ser mesmo assim mal compreendidos quando o significado das nossas palavras sai facilmente do contexto. O mesmo acontece com as forças cósmicas que se manifestam nesse nível. São muitas vezes distorcidas e por certo inferiores à glória divina dos Olamot mais elevados.

A fala, sendo atribuída a Yetzirah, representa o nível sentimental ou emocional, além das palavras. Além de expressar o pensamento, a fala é também uma tradução do pensamento em sentimentos e emoções, representando um grau inferior do *ratzon* (vontade e desejo) que sustenta a criação. Portanto, a emoção é a força motivadora no nível de Yetzirah — fala e emoção.

O universo de Yetzirah é muitas vezes chamado de mundo dos anjos e, contrariamente, mundo dos demônios. Asiyah é um universo material ou físico. Por isso, falar de Yetzirah como um mundo de espíritos é uma alusão ao jogo de forças espirituais dentro e por trás de tudo o que ocorre no mundo material. Essencialmente, como seres humanos, aquilo com que nos unimos por meio de pensamentos, emoções, palavras e ações, vem de Yetzirah para o ser substancial no nível de Asiyah, seja algo angélico, mesclado ou demoníaco. O contato com algo angélico é uma união com o divino, pois os anjos são elos entre os seres humanos e Deus. O contato com algo mesclado ou impuro é uma união distorcida ou imperfeita com o divino, enquanto o contato com algo demoníaco nos separa da presença divina. Para nos comunicar com seres angélicos e espíritos justos, temos apenas de alinhar os pensamentos, os sentimentos-emoções, as palavras e as ações com os dos anjos santos. Os seres angélicos estão sempre tentando se comunicar com a humanidade e o contato é feito sempre que estamos dispostos. Como diz a cabala, "pensa nos santos anjos, que eles pensarão em ti e se chegarão a ti".

O universo de Asiyah

Asiyah é o universo da fabricação, sendo a palavra Asiyah derivada da raiz *asah*, que significa "fazer". Portanto, Asiyah conota o resultado final ou término do processo de criação. No nível de Asiyah, o mundo espiritual e o material se interpenetram e interagem, sendo o mundo material a manifestação mais limitada ou densa da energia espiritual. É em Asiyah que o potencial é realizado plenamente — a realização da criação.

A luz superna de Atzilut é o centro secreto de toda partícula de matéria, sendo a própria matéria luz cristalizada que adotou a forma mais densa possível — forma que representa força encerrada em padrões da sua própria criação. Desse modo, no nível de Asiyah, a luz do infinito está mais velada e oculta. Nesse sentido, Asiyah é a dimensão mais separada da presença de Deus, ou o reino em que a presença de Deus é mais limitada. Mesmo assim, a presença divina está em todas as partes da criação no nível de Asiyah — dentro de todos e de tudo.

A ignorância cósmica é o princípio de constrição ou restrição: portanto, ela tende a dominar o universo de Asiyah. Isso significa que, nesse nível, as forças impuras e malignas têm uma grande influência sobre as criaturas e a criação, mas significa também que há uma liberdade total da vontade em Asiyah. Embora a restrição e a escravidão sejam a função da ignorância cósmica, o seu propósito supremo é a liberdade ou libertação.

Por meio da ignorância cósmica, a luz do infinito se desenrola no universo material por meio dos graus. E é igualmente por meio dos graus que a criação se une ao infinito e pode evoluir até o infinito. Além de tornar possível o livre-arbítrio, a escuridão torna possível a evolução, fornecendo a resistência, a tensão, a pressão e a fricção necessárias para o desenvolvimento de formas de vida mais elevadas e aperfeiçoadas. Portanto, Asiyah é desenhado para o despertar das almas — para a realização do potencial divino.

Essa verdade se revela no nome de Yeshua, do qual um dos significados esotéricos é "o conhecimento da verdade nos libertará". É só por meio de um processo de encarnações em Asiyah que a alma pode despertar e realizar o potencial divino da luz infinita dentro dela e, assim, evoluir além da necessidade das formas densas da existência física ou material. Asiyah permite a individuação: assim, ao regressar ao reino de Yichud e se unir às dimensões universais e primordiais do ser divino, a alma pode manter a autoconsciência estando em unificação com o divino. O indivíduo não é simplesmente reabsorvido numa união inconsciente, mas é realizado e completado numa união consciente. Asiyah torna isso possível.

A cabala diz que, no nível de Asiyah, a energia espiritual dos Sefirot se manifesta por meio das estrelas e dos planetas. Por isso, a astrologia é muitas vezes o principal método de adivinhação no que diz respeito ao propósito e significado da encarnação da alma, já que o mapa natal revela a configuração da influência *sefirótica* no momento do nascimento. Segundo um ensinamento da cabala, as estrelas servem de corpo para os arcanjos no universo físico, sendo os seus raios cósmicos e a sua luz comparados aos anjos. Muitas vezes, o cristianismo gnóstico compara a presença de Deus em Asiyah à nossa "Mãe terrena", e as características da terra, das criaturas e das forças da natureza aos "anjos da Mãe terrena".

Essas idéias podem parecer superstição aos ouvidos modernos ou absurdas para um não-iniciado, mas o seu significado é muito simples: o mundo material e o espiritual estão estreitamente ligados e são inseparáveis. O universo material surge do universo espiritual e é a manifestação mais extrema do universo do Espírito. Há uma realidade metafísica dentro e por trás do plano material do universo. De fato, há inúmeras dimensões interiores que são tão "reais" quanto a dimensão física ou material. Um milagre é simplesmente a ação da lei cósmica sobre a dimensão material, por meio de dimensões ocultas. Só parece milagre para quem ignora as dimensões metafísicas da realidade e o jogo de forças espirituais dentro e por trás do que acontece no mundo material.

DOIS

AIN SOF E A ALMA DE LUZ

O grande imanifesto

Não há palavras para falar do mistério de Deus e da Divindade e nem se pode aplicar conceitos ou definições ao Grande Imanifesto. Ele é impensável e indizível — anônimo e desconhecido. Contudo, é a fonte e a causa de tudo o que se manifesta, a essência e a natureza mais profunda de todo esse nada.

Ain (nada), Ain Sof (o único sem fim ou o infinito) e Ain Sof Or (luz interminável) — com esses termos, a cabala indica a realidade de Deus e da Divindade, o solo primordial e fonte da criação. Para entender o significado desses termos, é mister examinar a nossa própria consciência — a nossa mente — e descobrir a fonte dos pensamentos e a natureza dos mesmos. Buscando a fonte dos pensamentos, seguindo-os até o seu ponto de origem, descobrimos que nenhuma fonte pode ser identificada. Os pensamentos surgem na mente, moram na mente e desaparecem na mente, mas a fonte não pode ser encontrada. Por isso, não se pode dizer que a fonte é algo, mas como algo (o pensamento) vem dessa fonte oculta, tampouco podemos chamá-la de nada. Podemos dizer apenas que *não é*, ou seja, nem nada e nem algo.

Os pensamentos surgem do nada da mente, moram no nada e regressam ao nada quando desaparecem. Eles compartilham a substância e a natureza do nada e, mesmo sendo individuações distintas da mente, são inseparáveis. O mesmo se aplica a Ain, aos Sefirot e à parte mais profunda da nossa alma. Surgem de Ain, moram em Ain e regressam a Ain — e compartilham a mesma substância e natureza de Ain.

Uma observação mais profunda revela que a mente gera espontaneamente pensamentos sem fim: a sua capacidade de gerar pensamentos é interminável e é essa a sua natureza. O mesmo acontece com Ain Sof. Deus é o infinito — um potencial de criação sem começo e nem fim. Devido a essa capacidade infinita de conceber e criar, o nada de Deus é também plenitude divina.

Aprofundando ainda mais essa observação, reconhecemos uma terceira qualidade da natureza da mente: ela é autoconsciente. O processo de observação da mente revela essa qualidade — o poder de observar e ser consciente. Isso é semelhante a Ain Sof Or, que é a onisciência, onipresença e onipotência de Deus e da Divindade — a força vital.

Desse modo, há na cabala um paralelo direto com o conceito de Deus no hinduísmo, como o único ser-consciência-força, e com o conceito de realidade suprema no budismo, como natureza primordial da mente, denominada felicidade da luz clara.

Ain é a natureza do ser divino, Ain Sof é a natureza da consciência divina e Ain Sof Or é a natureza da força divina. Os Olamot e Sefirot compartilham essa tríplice natureza divina, sendo a emanação da presença e do poder divino do único ser-consciência-força. Da mesma forma, a alma de luz também compartilha essa natureza divina, sendo a parte mais profunda da alma uma centelha divina de Ain Sof. Essa natureza divina compartilhada é o que dá à alma a capacidade de se unir aos Sefirot e, por fim, experimentar a unificação com Deus e a Divindade. Como são essencialmente inseparáveis de Deus e da Divindade, os Sefirot servem como veículo dessa unificação para o individual e o universal (criatura e criação).

A alma de luz

A alma de luz é composta de cinco partes ou aspectos que correspondem aos cinco Olamot e os Sefirot específicos da Árvore da Vida. A parte mais profunda da alma é Yechidah (a centelha sagrada ou divina). O brilho ou glória de Yechidah é Hayyah (força vital ou poder de vida), e a morada ou imagem de Yechidah é Neshamah (natureza divina, alma celestial, alma superna ou alma sagrada). Abaixo do nível de Neshamah estão Ruach (espírito ou inteligência) e Nefesh (alma bestial ou mundana). Essas cinco partes da alma são inseparáveis em sua essência, mas até que a alma-ser evolua e desperte, esses níveis da alma não são reconhecidos e realizados. Assim, nem todo mundo tem necessariamente a plenitude da sua alma de luz.

"[...] e Yahweh Elohim modelou o homem com a argila do solo, insuflou em suas narinas um hálito de vida e o homem se tornou um ser vivente" (Gn 2,7). Todos os termos hebraicos para alma conotam "hálito", "vento" ou "ar" e aludem à respiração sagrada de Deus, que é a força vital. A idéia é que a alma e a vida são o hálito Deus — que a vida, criatura e criação, é Deus respirando — somos a respiração radiante e sagrada de Deus!

Em essência, a origem da alma de luz num ser humano provém dos reinos mais elevados e de Deus. Portanto, na nossa alma, estamos estreitamente ligados aos Olamot e Sefirot, e também a Ain Sof. Essa relação pode ser ilustrada por meio de uma analogia clássica:

> Imagine um vidreiro que decide fazer uma vasilha elegante. Essa vontade ou desejo, que emana do lugar mais profundo no interior do soprador de vidro, é o nível de Yechidah: corresponde à parte superior do Yod do Tetragrammaton e ao universo de Adão Kadmon.
>
> O nível seguinte é representado pelo próprio vidreiro, imediatamente antes de começar a soprar, com o ar ainda nos pulmões. Esse é o nível de Hayyah e corresponde a Atzilut e ao corpo de Yod.
>
> O sopro passando pelos lábios do vidreiro representa Neshamah: corresponde ao primeiro He e ao universo de Beriyah. O ar pressurizado fluindo pelo tubo representa Ruach, o Vau do grande nome e o universo de Yetzirah. Esse ar, ao se expandir para formar a vasilha de vidro, representa Nefesh, o último He de Yahweh e o universo de Asiyah.

Da mesma forma, a nossa alma sagrada é um movimento do espírito de Deus — uma expressão direta da única força vital. A partir disso, entendemos que é a alma de luz, criada à imagem e semelhança de Deus. Embora seja emanada de Deus, a alma permanece sempre dentro de Deus, assim como a palavra que Ele diz externamente está sempre presente dentro dEle.

Como já foi indicado, os níveis mais elevados da alma não estão separados da sua fonte divina. Na analogia, estão na mente e nos pulmões do vidreiro. Desse ponto de vista divino, os aspectos mais elevados da alma são internos para Deus, enquanto os aspectos inferiores são externos. Do ponto de vista humano, é o contrário: Hayyah e Yechidah transcendem totalmente a pessoa comum e são externos, enquanto os aspectos inferiores são internos. De qualquer ponto de vista, Neshamah é o umbral entre o interno e o externo.

Na descrição da alma com cinco partes ou aspectos, as três partes inferiores — Neshamah, Ruach e Nefesh — são chamadas *Penimi'im,* ou internalizações, porque temos a capacidade de trazer esses aspectos à nossa encarnação terrena e encarná-los. Por outro lado, os dois níveis mais altos, Yechidah e Hayyah, poucas vezes são encarnados e, salvo no caso de um mestre perfeito como Yeshua Messiah, só serão internalizados no mundo vindouro. Portanto, são tipicamente denominados Makifim (invólucros) e Atarot (coroas), porque transcendem completamente a personalidade individual comum. Nesse sentido, costuma-se dizer que os que trazem a influência de Hayyah e Yechidah se tornam mais do que humanos e que tais mestres santos são semelhantes a arcanjos.

Nefesh

A parte mais baixa da alma é a base da personalidade, o desdobramento da vida, a matriz de energia vital dentro e por trás do corpo físico. Por meio de Nefesh, a alma é ligada ao corpo físico e a vida em forma material é mantida.

O Nefesh não é inerentemente espiritual e nem está inerentemente ligado ao Neshamah. Nas Escrituras, o termo "carne" se refere a Nefesh num estado não regenerado e não refinado, denominado Nefesh Behamit (a alma bestial). No nível de Nefesh, a pessoa pode adquirir o conhecimento do corpo, da vida e da personalidade como recipiente ou veículo de energia espiritual. Contudo, esse conhecimento só se apresenta quando a pessoa se dirige para dentro e para cima — para Deus — e se isola de todos os estímulos internos e externos, que tipicamente ocupam a sua mente. Da mesma forma, ela tem de trabalhar em si mesma com dedicação, buscando aperfeiçoar a personalidade e o desdobramento da vida, para entrar em harmonia com o Neshamah e o divino.

Com isso, recebe o nível superior da sua alma, o Ruach ou inteligência divina, por meio do qual pode também receber a influência do seu Neshamah. Esse vínculo com o Neshamah por meio do Ruach transforma Nefesh Behamit em Nefesh Elokit (a alma divina). Quando os ensinamentos gnósticos falam de uma pessoa eleita ou escolhida, estão se referindo a alguém que fez do Nefesh um verdadeiro veículo da presença e poder divino e que, portanto, recebeu a inteligência ardente (Espírito Santo). Assim, entendemos que não é uma decisão arbitrária de Deus que faz com que uma pessoa seja eleita ou escolhida por Ele. É a própria pessoa que toma a decisão de ser receptiva ao divino e de se aproximar do divino: com isso, ela coopera com a graça divina e se faz sócia de Deus na grande obra.

Nefesh é a nossa parte mortal: não sobrevivemos à morte. Isso só acontece no caso de um santo que encarna totalmente o seu Neshamah e consegue trazer Hayyah e Yechidah, ou seja, que alcança a consciência messiânica e encarna plenamente a luz-presença superna (estado de iluminação e libertação). Até esse momento, de uma encarnação a outra, um novo Nefesh é gerado para cada encarnação. No nível de Nefesh, não há uma ligação real entre uma encarnação e outra, salvo pelo contínuo kármico. Somente no caso de quem encarna o seu Neshamah há um vínculo direto entre as encarnações, já que no nível do Neshamah todas as encarnações estão interligadas.

Ruach

O Ruach é o nosso espírito ou inteligência e, assim como Nefesh, tem duas manifestações distintas, denominadas Ruach superior e Ruach inferior. Esta última corresponde à inteligência humana comum, orientada para o Nefesh e para o mundo externo: é a mente do indivíduo mundano ou profano. Assim, o termo "Ruach inferior" indica a condição de ignorância. O Ruach superior surge quando se cultiva uma vida espiritual e uma prática espiritual — uma busca ativa da iluminação, que conduz à experiência de iluminação em maior ou menor grau. Esse é o próprio Ruach, uma inteligência divina ou gênio divino.

O Ruach superior é orientado ao Neshamah e ao divino. Assim, é um conhecimento do oceano de espiritualidade que nos rodeia — um conhecimento do jogo das forças espirituais ou cósmicas, das dimensões metafísicas da realidade e da santa Shekinah de Deus (presença e poder), dentro e por trás de tudo o que acontece. Nesse nível, começamos a vislumbrar a vontade de Deus para a nossa alma — a missão da nossa alma. Podemos também receber a inspiração do Espírito Santo, receber comunicação dos poderes divinos e chegar a estados superiores de consciência, muito além do universo comum. Aproximando-nos cada vez mais do nível do Ruach superior, somos guiados e movidos pelo Espírito. Nos níveis mais elevados, é possível experimentar a unificação com o Espírito Santo (Ruach Ha-Kodesh), um estado profético da consciência em que a pessoa se sente totalmente elevada e transformada.

Quando o nível do Ruach superior está presente numa pessoa, ela é corretamente chamada de espiritual ou santa, porque, mais do que uma alma divina, é uma alma cheia do Espírito.

Neshamah

No nível de Neshamah, temos a experiência do hálito sagrado e radiante de Deus. O Neshamah é o recipiente que contém o poder espiritual que Deus quer dar para nós. Podemos dizer que o Nefesh é a mão aberta para receber e o Neshamah é a mão se abrindo para dar. Desse modo, na medida em que estamos dispostos a nos abrir à santa Shekinah, a influência do Neshamah pode entrar em nós — ou, na realidade, se manifestar de dentro de nós.

O Ruach é o vínculo intermediário entre Nefesh e Neshamah — o vínculo por meio do qual são ligados e potencialmente unidos. Na dimensão espiritual, não existe o conceito de espaço que tipicamente consideramos. A proximidade só pode ser definida como semelhança ou similitude. Por outro lado, a distância é o produto da diferença, da oposição e da dissimilitude. Espiritualmente, ser semelhante a alguma coisa é estar perto dela, e ser distinto de alguma coisa é estar longe dela. Assim, para nos aproximar do nosso Neshamah, temos de formar os nossos pensamentos, sentimentos-emoções, palavras e ações em harmonia com a nossa natureza divina. Nessa medida, encarnamos o Neshamah e o trazemos à nossa experiência.

O Nefesh é o recipiente que recebe o Ruach e o Neshamah. De forma semelhante, o Neshamah é o recipiente que recebe o Hayyah e o Yechidah. O Nefesh forma um corpo material, mas o Neshamah forma um corpo de luz ou imagem celestial (Zelen). Essa é uma imagem angélica ou glorificada de nós mesmos — a imagem do ser de Cristo ou futuro ser de nós mesmos. Essa imagem divina, parecida com um ser humano, é a que os profetas contemplam no ponto culminante das suas visões divinas — a imagem celestial do próprio profeta, denominada glória ou semelhança de Deus.

A experiência de iluminação começa no nível de Ruach, mas a iluminação — e libertação — propriamente dita corresponde ao nível de Neshamah, quando Hayyah e Yechidah são trazidos a ele. É nesse nível que surge uma verdadeira consciência messiânica e o ser de Cristo é realizado. Ainda que muitos iniciados alcancem o nível de Ruach, relativamente poucos chegam ao nível do Neshamah sagrado. Os que encarnam o Neshamah são chamados *tau* na tradição gnóstica.

Hayyah

O Hayyah é a força vital ou essência vivente mais sutil — tão celestial que tem pouca relação com o corpo e mora principalmente em outros planos. O hálito radiante e sagrado de Deus é a experiência que se tem no nível de Neshamah. Contudo, no nível de Hayyah, o hálito sagrado está totalmente dentro de Deus, e quem experimenta essa presença e poder, experimenta uma unificação consciente com Deus.

Em geral, só se adquire o conhecimento do Hayyah em estados alterados. Nesses raros momentos de experiência máxima, é como se fôssemos luz num universo de luz: o mundo de luz superna é experimentado dentro e ao redor de nós. Vemos e experimentamos tudo, literalmente, como essa luz-força. Nessa experiência de consciência superna, a individualidade não é perdida, mas completada. Em vez da gota de luz ser derramada no oceano de luz, é como se todo o oceano de luz entrasse na gota — o poder primordial e cósmico fluindo por meio do indivíduo e manifestando-se como indivíduo.

Ainda que muitos iniciados experimentem o Hayyah com experiências místicas máximas, a verdadeira conquista do Hayyah não é muito comum. O poder de Hayyah é o poder de ressuscitar os mortos — pouquíssimos mestres estiveram na terra com esse poder divino.

O Hayyah é associado ao Sefirah superno de Hokmah (sabedoria), do qual vem Binah (entendimento). Desse modo, a conquista de Hayyah representa um estado de conhecimento gnóstico não dual — total entendimento — que é uma iluminação e libertação completa.

Yechidah

Há um nível da alma de luz ainda mais elevado do que Hayyah, denominado Yechidah — a centelha sagrada ou divina. É um grau de unificação além de Hayyah e dele nada se pode dizer. Quem alcança esse nível é a luz de todos os mundos e é o caminho, a verdade e a vida. Essa é a essência do sol espiritual, o Cristo — Cristo, o Logos (Palavra), e Cristo, a Sophia (Sabedoria).

Essa parte mais profunda da alma de luz é tão sagrada que nela só Deus e a Divindade podem entrar: nem mesmo os maiores entre os anjos de Deus podem fazê-lo. Deus e a Divindade moram dentro de nós nesse nível mais profundo e nós moramos em Deus e na Divindade, e somos inseparáveis do Santo. Yechidah é o nosso verdadeiro ser, o nosso ser divino ou de Cristo, que é ao mesmo tempo nada e tudo: é o ser do nosso devir.

Se Hayyah representa a verdadeira iluminação, e Yechidah é algo que está além dessa conquista sagrada, então algo sutil e profundo se diz da iluminação. O que parece ser uma realização suprema é, na realidade, só o começo de um novo nível de evolução, que não tem um fim visível.

As transmigrações da alma — Gilgulim

Na cabala, *gilgul* é o termo para reencarnação. Essa palavra sugere giros, ciclos ou revoluções, como o giro de uma roda — por conseguinte, os ciclos de vida, morte e renascimento. Segundo a Tradição, a alma-ser se desenvolve e evolui por meio de um processo de transmigração de uma encarnação a outra, até que a alma de luz esteja totalmente encarnada e, desse modo, realizada.

Os Nefeshim são gerados de Neshamah e emanam por meio da sua matriz. Com a formação de cada Nefesh, o Ruach desce de Yechidah, sendo o Nefesh e o Ruach abaixo, uma representação do Hayyah e do Yechidah acima. O Neshamah tem um aspecto exterior e um interior: o exterior representa a alma-ser que evolui e o interior representa o ser infinito além da esfera do devir. Esse nível exterior do Neshamah é a matriz kármica ou causal da alma. Assim, de uma encarnação a outra, há uma certa continuidade que permite o desenvolvimento ou o retrocesso no processo evolutivo da alma-ser. Nesse sentido, o Neshamah está dentro e fora das transmigrações da alma, sendo o aspecto interior transcendental.

A capacidade do Hayyah para gerar os Nefeshim é potencialmente inesgotável. Isso se reflete na capacidade da mente para gerar pensamentos sem fim, e sugere o poder de Ain Sof em Hayyah. Assim, sem ajuda divina — sem a graça da encarnação divina, especificamente — e sem uma evolução consciente em direção à consciência messiânica ou iluminação, a alma-ser pode potencialmente ficar presa para sempre a transmigrações por meio da vida, morte e renascimento.

O cristianismo gnóstico fala da necessidade de salvação no sentido de iluminação e libertação dos intermináveis ciclos de gilgulim. Mas não fala de condenação eterna porque, até a realização da consciência superna ou messiânica, todos os estados da existência são de transição, seja a vida ou o além-mundo, incluindo os céus, as terras e os infernos. A nossa experiência na vida, assim como no além-mundo, revela o condicionamento kármico da alma, que é a condição da alma-ser e o grau a que evoluiu.

Antes da encarnação como ser humano, a alma-ser evolui por meio de formas de vida sub-humanas. Segundo a Tradição, a forma humana — a nossa condição atual — também é transitória. Portanto, assim como a alma-ser evoluiu por meio de formas de vida sub-humanas, passará também por formas sobre-humanas semelhantes às dos seres angélicos, ainda que superiores às ordens de anjos santos. A imagem divina do Cristo ressuscitado representa a forma sobre-humana que a alma humana está destinada a alcançar — o "ponto ômega" do nosso atual ciclo de evolução, como disse Pierre Teilhard de Chardin.

No nível de Asiyah, nesta vida, a nossa alma-ser pode avançar no processo evolutivo e ascender de um grau a outro na experiência de iluminação. Por um lado, a involução e a encarnação da alma representam um estado de limitação ou escravidão mas, por outro, essa é a única forma da alma-ser despertar e se desenvolver — o que prende e obstrui é ao mesmo tempo o veículo para a libertação. Os estados de transmundo refletem as progressões e regressões do processo evolutivo que ocorreram na vida. No entanto, o verdadeiro desenvolvimento não se dá no transmundo: o potencial para o desenvolvimento só existe quando a alma está encarnada em Asiyah ou no plano material do universo. Portanto, ainda que a meta do cristianismo gnóstico seja ascender a um plano superior de existência, em que a encarnação física não seja mais necessária, essa ascensão se dá por meio da descida do Neshamah à encarnação — a encarnação da alma superna e do ser de Cristo. Só assim é possível transcender Asiyah e atingir a ascensão ou grande transformação.

O estudo e a prática da cabala cristã ou do gnosticismo cristão são, essencialmente, uma evolução consciente da alma-ser por meio dos diferentes níveis da alma em direção à consciência messiânica. Por essa razão, os iniciados gnósticos muitas vezes se referem à Tradição como caminho da ascensão ou da grande transformação.

TRÊS

O CRISTO PRIMORDIAL E OS SEFIROT SAGRADOS

Um prólogo

No princípio era o Verbo e o Verbo estava com Deus e o Verbo era Deus. No princípio, ele estava com Deus. Tudo foi feito por meio dele e sem ele nada foi feito de tudo o que existe. Nele estava a vida e a vida era a luz dos homens e a luz brilha nas trevas, mas as trevas não a apreenderam. (Jo 1,1-5)

O infinito primordial e o princípio

No começo da criação, era Ain, Ain Sof, Ain Sof Or — era apenas Deus, o único ser-consciência-força. Antes de todas as coisas serem criadas, a luz do infinito era simples, penetrava na totalidade da existência. Sendo o espaço interminável e a luz interminável a mesma coisa, não havia espaço vazio que pudesse ser espaço ou vacuidade separado do infinito. Não havia princípio e nem fim, não havia limite algum. Tudo era uma luz primordial simples.

Quando surgiu na vontade de Deus criar todos os Olamot, Ele contraiu a luz infinita divina, criando um espaço primordial ao redor de um ponto primordial, deixando um grande espaço vazio no meio da luz infinita. Esse foi o tzimtzum ou constrição original e o espaço primordial criado por ele era esférico, já que a luz do infinito foi retirada uniformemente do derredor do centro primordial. Portanto, a possibilidade da criação surgiu em Deus por meio da sua simples vontade. Quando isso ocorreu, Deus contraiu a luz finita num ponto, que se converteu num risco ou linha de luz, que penetrou no centro do espaço primordial (figura 3). Essa é a luz do Cristo primordial, a palavra e a sabedoria de Deus, por meio da qual ocorreu a criação. "No princípio era a luz do Messias, e a luz do Messias estava com Deus, e a luz do Messias era Deus."

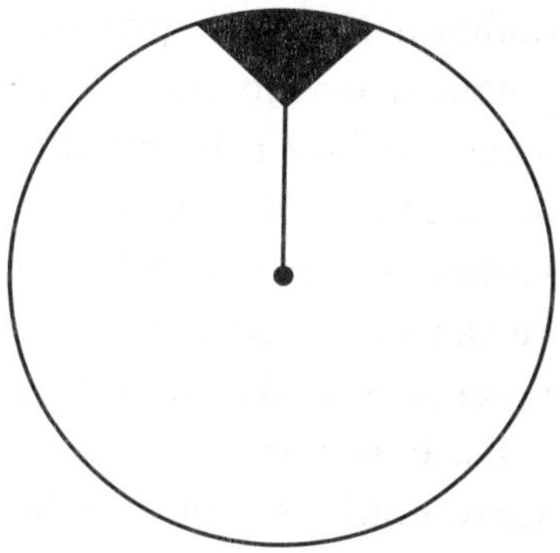

Figura 3: A linha de luz no centro do espaço primordial

Mistério dos Sefirot e a encarnação divina

O ratzon de Deus de criar é a sua primeira e mais essencial qualidade como criador. É, portanto, a primeira expressão primordial da palavra e da sabedoria de Deus, a luz do Messias. Por meio do ratzon ocorre o tzimtzum original. É denominado "profundidade do bem" porque é o desejo puro de comunicar ou dar. Deus cria para se expressar, para se revelar e para dar de si mesmo à criação. Ao formar o desejo de dar, por meio do tzimtzum original, Deus criou também o desejo de receber: trata-se da criação do grande vazio, que representa a forma mais primitiva do desejo de receber e torna possível a realização do desejo de Deus.

Ratzon é Keter (coroa), o primeiro dos Sefirot sagrados, que é a estrutura ou medida dos Olamot. Keter é a luz da vida ou vontade da vida, dentro da qual está o princípio de força vital e forma de vida, o pai e a mãe da criação, e todo o potencial divino da criação. A força vital é uma profundidade do princípio, e a forma de vida é uma profundidade do fim, Hokmah e Binah, o segundo e terceiro Sefirot, respectivamente. Deles surge Da'at (conhecimento ou gnosis), que é a manifestação de Keter na criação, e esse Da'at se converte nos seis Sefirot, que são o Filho: Hesed (misericórdia ou bondade infinita), Geburah (força ou rigor), Tiferet (beleza, o filho propriamente dito), Netzach (domínio ou vitória), Hod (empatia ou esplendor) e Yesod (base ou justiça). Esses seis Sefirot são chamados profundidade do Sul, profundidade do Norte, profundidade do Este, profundidade de cima, profundidade de baixo e profundidade do Oeste, respectivamente. São o contínuo de espaço dos Olamot. Hokmah e Binah, que são uma profundidade do princípio e uma profundidade do fim, formam o contínuo de tempo. Keter, a coroa, implica Malkut, o reino, que é o último Sefirah dos dez, denominado profundidade do mal. Portanto, Keter e Malkut formam a dimensão moral dos Olamot, ou contínuo de consciência ou alma.

Tudo isso está contido em Keter, vontade de criar de Deus, sendo o processo criativo um desdobramento progressivo desse potencial divino em Adão

Kadmon. No estado primordial, os Sefirot de Adão Kadmon existem só como potencial divino: são "pontos de luz dentro de um ponto de luz, existindo numa unidade primordial indiferenciada". Ou seja, todos os Sefirot existem no ratzon de Deus, mas não são tirados do Grande Imanifesto. Nesse nível, o ser humano primordial, o protótipo da humanidade, que é o propósito último de Deus na criação, existe em unidade consciente com Ain Sof. Para que o processo criativo continue e Adão Kadmon desperte, entrando em unidade consciente com Deus, esse estado de unidade primordial indiferenciada deve ser rompido. Assim, os Sefirot de Adão Kadmon são fragmentados.

Quando essa unidade primordial original se rompeu, os Sefirot primitivos não tinham conexão ou relação entre si, existindo em total separação e anarquia. Esse estado primordial é chamado de universo de Bohu Ve-Tohu (vazio e caos). A cabala diz que, no processo de formação do Sefirot de Atzilut, inumeráveis universos foram criados e destruídos, produzindo a substância por meio da qual tomaram forma as forças escuras e hostis.

O que era só potencial divino no estado original de Adão Kadmon, é realizado e revelado no nível de Atzilut. Os Sefirot aparecem como os nomes divinos e os partzufim (pessoas divinas), que ajustam ou curam os Sefirot de Adão Kadmon, levando-os uma vez mais a um estado harmonioso de unidade.

No nível de Atzilut, Keter se converte nos partzufim de Atik Yomin e Arik Anpin (ancião dos dias, o grande rosto de Deus). Hokmah e Binah se convertem nos partzufim de Abba e Aima (pai e mãe). Os seis se convertem no partzuf de Nukva ou Kallah (filha ou noiva). Em Atzilut, todos os partzufim são o reflexo da imagem divina de Adão Kadmon acima, por meio da qual Adão Kadmon é realizado nos Olamot abaixo.

Esse processo de fragmentação dos Sefirot de Adão Kadmon — e a sua reparação ou cura por meio da emanação dos Sefirot de Atzilut — prefigura o mistério da encarnação divina da Alma do Messias, e a paixão e morte que abre caminho para a ressurreição e a ascensão. Igualmente, os partzufim de Atzilut — especialmente mãe, filho, filha e noiva — prefiguram as pessoas da encarnação divina da Alma do Messias no Evangelho: o Filho na pessoa de Yeshua Messiah, a mãe na pessoa de Maria, a Filha ou Noiva na pessoa de Santa Maria Madalena. O Pai Santo, sendo Hokmah de Atzilut, é invisível e oculto, revelando-se apenas como reflexo, por meio da Mãe, do Filho e da Santa Noiva. Embora os partzufim sejam representados no Evangelho dessa forma, os Sefirot, como nomes divinos, são representados no Evangelho como o poder do Espírito Santo, que é o "batismo" dado pelo Messias.

Esse processo de tzimtzum e a fragmentação dos recipientes ocorre no nível de todos os Olamot, de Atzilut a Asiyah. Sempre que é criado um novo Olam, num nível ou grau inferior, a ordem anterior dos Sefirot tem antes de ser rompida para ser então reformada por meio da manifestação na etapa seguinte de criação. A revelação da lei no antigo Testamento e a revelação do Messias no Novo Testamento representam o processo da fragmentação e reparação dos recipientes no universo de Asiyah — o término ou realização do processo de criação segundo a cabala cristã.

Os Sefirot de um determinado Olam são graus da luz infinita ou santa Shekinah de Deus e, de um Olam a outro, representam mais uma involução da luz infinita na criação. Portanto, os Sefirot dos cinco Olamot são graduações que unem Ain Sof à criação e a criaturas finitas. Esses graus de involução são também os graus de evolução por meio dos quais a criatura e a criação podem ascender a uma unidade consciente com Deus e a Divindade. Por meio da encarnação da alma do Messias, todos esses níveis ou graus do ser-consciência-força são ligados a nós para que sejamos habilitados por meio das pessoas de Yeshua Messiah, da Santa Mãe e da Noiva, numa evolução consciente. O caminho da grande ascensão está aberto para nós.

Criação e revelação

"Os discípulos disseram a Jesus 'dize-nos como será o nosso fim'. Jesus disse, 'descobriram o princípio, para que busquem o fim? Porque onde está o princípio, estará o fim. Bem-aventurado o que toma o seu lugar no princípio; conhecerá o fim e não experimentará a morte'." (Evangelho de São Tomás, 18)

A criação começa no infinito e eterno. O princípio está gravado no infinito primordial e tudo emana dentro do espaço-tempo-consciência, passado, presente e futuro. Nós pensamos em termos de passado, presente e futuro mas, da perspectiva da eternidade, a criação e a revelação divina são um acontecimento simultâneo no espaço-tempo-consciência. Não há passado nem futuro: há apenas o agora — sempre.

Os mestres da Tradição dizem que a criação-revelação é um rio de luz que flui continuamente do infinito. Os Sefirot dos cinco Olamot são correntes do rio de luz e canais da luz, por meio dos quais ocorre a criação-revelação. A afluência da luz superna é constante — criatura e criação fluem continuamente de Deus e da Divindade. O contínuo de realidade-verdade do criador e da criação não é fixo ou estático, mas está em constante fluxo, emanando continuamente o divino no que parece ser fluxo e refluxo. Tudo é uma expressão da palavra e sabedoria de Deus — a luz do Messias. Podemos dizer que é como se Deus estivesse continuamente inspirando e expirando criaturas e criação, e que tudo é o hálito sagrado e radiante de Deus — o Espírito sagrado e eterno.

Os recipientes são continuamente criados e fragmentados, e o processo da sua reparação ou cura (tikkune) é contínuo. Se os Sefirot e os Olamot são o macrocosmo (o universo ou criação) e nós somos microcosmos (o universo ou criação em miniatura), então a nossa alma é um recipiente sendo constantemente formado, fragmentado e reformado num novo nível, no processo de evolução criativa. Enquanto a criação fala de uma queda ou involução, a revelação sugere uma ascensão ou evolução.

A criatura, a criação e a revelação divina são obras em progresso. A revelação divina é o propósito de Deus na criação. Até que a criatura e a criação sejam redimidas — tornadas perfeitas e completas — e Deus seja conhecido nas criaturas e na criação, o processo de fragmentação e tikkune (reparação ou cura) continuará no nível de Beriyah, Yetzirah e Asiyah.

Vemos esse processo nas Escrituras: as duas histórias da criação, a queda de Adão e Eva, a torre de Babel, os caídos e o dilúvio, as primeiras tábuas da lei que são quebradas, a construção e a queda do primeiro e do segundo templos, a sucessão profética que dá lugar à sucessão apostólica, a crucificação de Cristo e a expulsão da Santa Noiva, o Apocalipse. O recipiente de um pacto-contínuo é formado e logo fragmentado, só para ser reformado num novo nível, numa ascensão de evolução consciente. Ao falar dos mistérios do livro do Gênesis, a cabala está falando dos mistérios do livro da Revelação.

Os Sefirot aparecem nas Escrituras como as dez declarações da criação, as dez pragas, os dez mandamentos e os dez enunciados que abrem o sermão da Montanha. Os seis dias da criação e o Sabbat sagrado representam os sete Sefirot inferiores, assim como todas as coisas listadas no livro da Revelação às quais se atribui o número sete. No livro do Apocalipse, a imagem do grande anjo do Senhor é a imagem da Árvore da Vida.

Assim como a criação é um processo sempre presente, também o é o Apocalipse. A criação não é passado e o Apocalipse não é futuro. A criação e o Apocalipse são a realidade presente. Por meio do conhecimento dos Sefirot e dos Olamot, nós nos convertemos em co-criadores conscientes com Deus, e agentes conscientes da revelação divina. Assim, Deus criou e está criando a estrutura metafísica representada na cabala para que possa estar em relação conosco e vice-versa — para que possamos evoluir e nos unir conscientemente a Ele e encarná-lo. É dessa perspectiva que a cabala cristã — ou cristianismo gnóstico — vê a encarnação divina: um chamado a uma evolução consciente até a cristandade (iluminação e libertação).

QUATRO

KETER, A COROA SAGRADA QUE É A RAIZ

Atributos

Trinta e dois caminhos de sabedoria: consciência mística (Sekhel Mufla). Essa é a luz que foi concebida originalmente e é a primeira glória; nenhuma criatura pode alcançar a sua excelência.

Keter: coroa sagrada.

Posição na Árvore da Vida: topo do pilar de compaixão na tríade superna.

Nome divino: Eheieh — eu sou ou eu serei; Eheieh Asher Eheieh — eu sou o que sou.

Nomes divinos alternativos: El Elyon, Deus Altíssimo; Atoh, tu eras; Hua, Ele-Ela ou o Único; Ain, nada.

Partzuf acima: Atik Yomin, ancião dos dias; Arik Anpin, rosto grande ou rosto longo.

Partzuf abaixo: Henoc.

Imagem divina: velho rei barbado, visto em detalhe.

Arcanjo: Metatron.

Ordem de anjos: Hayyot Ha-Kodesh, criaturas viventes sagradas.

Atributo celestial: Reshit Ha-Gilgulim, começo dos ciclos, primeiro movimento; o planeta Plutão na astrologia moderna.

Títulos dados a Keter: o oculto do oculto; o oculto; Santo do Ser; Ratzon; o ponto primordial; o ponto suave, o ponto dentro do círculo; cabeça que não é; a cabeça branca; Espírito eterno;

amém, assim seja; profundidade do bem; luz de Adão Kadmon; luz do Messias; luz transparente ou clara; luz oculta; luz superna; luz interior; Eterno; ser superno.

Nível da alma: Yechidah, centelha sagrada ou divina, essência única.

Morada celestial: o mundo de luz superna.

Experiência espiritual: ascensão ou unificação com Deus e a Divindade.

Virtudes: conquista suprema, conquista do ser superno, perfeição pessoal, iluminação e libertação, cristandade.

Vício: nenhum.

Mandamento: Não terás outros deuses diante de mim (Êx 20,3).

Sermão da Montanha: Vós sois a luz do mundo (Mt 5,14-16).

Anjo do Apocalipse e das *igrejas:* fonte da luz do grande anjo (Ap 1,12-16).

A coroa sagrada

Ao explorar a cabala, deveríamos sorrir com freqüência e até mesmo rir entre os dentes, já que muitas vezes falamos do impensável que, naturalmente, é bastante divertido. Teologia significa "pensar em Deus", o que é um contrasenso, já que é impossível pensar em Deus ou na Divindade. Teosofia significa "sabedoria de Deus", mas quem entre nós é tão sábio quanto Deus? Contudo, estamos destinados a dirigir os pensamentos à fonte do nosso verdadeiro ser, e a buscar a nossa raiz sagrada e superna, para ser o que a vontade ou o desejo de Deus quer para nós. A teologia e a teosofia são exatamente isso, o que por sua vez conduz à oração e à meditação, ao ritual sagrado e à adoração — e desse modo a uma experiência espiritual ou mística direta. Na experiência mística, vamos além da teologia e do teólogo e entramos na esfera da teosofia — compartilhar a sabedoria de Deus — embora essa sabedoria seja profunda e insondável.

Keter é a vontade ou desejo de Deus, de onde emana a palavra-sabedoria divina — a vontade silenciosa e superna, que é a vontade de vida de todas as criaturas e da criação. Nos trinta e dois caminhos de sabedoria, esse Sefirah aparece como luz primordial, a "primeira glória", dizendo "nenhuma criatura pode alcançar a sua excelência". É semelhante ao momento do *big bang*, do qual surgiu o nosso universo — uma singularidade primordial que é inconcebível. Keter é chamado de "ponto suave", indicando que não pode ser compreendido pelo ser mental: é totalmente superno ou sobrenatural.

Esse Sefirah é o primeiro mistério, ou seja, o mistério supremo, que criaturas finitas como nós não conseguem compreender. Um buscador da verdade pode explorar até a origem do universo e o ser de Deus. Não é possível avançar além desse umbral. Esse sinal de "não ultrapasse" ou horizonte de fatos é Hokmah, e Keter está além dele. Portanto, o Zohar chama Hokmah de "Reshit", que significa o princípio, o ponto além do qual não há nada cognoscível.

Dentro de Keter está o nada — não há individualidade ou diferenciação como comumente a entendemos. Keter é infinito e eterno, inseparável de Ain Sof, o único sem fim. Como dá a entender o termo "coroa", está além do corpo da criação e, no entanto, está dentro do corpo da criação, como o Sefirah secreto Da'at (que veremos mais adiante). A palavra-chave para Keter é transcendente.

Livre-arbítrio e o princípio de incerteza

Muitas vezes, na teologia cristã ortodoxa, fala-se da vontade de Deus como algo predeterminado, como se, com Deus, tudo estivesse totalmente determinado. De certo modo é assim; no entanto, isso é igualmente falso. Por um lado, representa uma projeção egoísta e finita sobre Deus ou sobre a realidade para fazê-la como desejaríamos que fosse. Por outro lado, expressa a verdade da eternidade, em que passado, presente e futuro são um evento simultâneo. Embora seja inconcebível para nós, Deus é um princípio de certeza e, ao mesmo tempo, um princípio de incerteza.

Deus forjou uma criação que tem o livre-arbítrio inerentemente entremeado ao seu tecido e, pressupondo que a criação seja um reflexo do criador, então Deus também deve ter livre-arbítrio — o que só é possível se houver um princípio de incerteza. Isso se reflete nos profetas e nas profecias. Deus comunica o ratzon divino aos profetas — a profecia — como um guia para a humanidade, que pode escolher se vai ou não agir conforme essa vontade divina. O que é dito na profecia não está gravado na pedra, mas está sujeito a mudanças. Na criação, a própria humanidade é um princípio de incerteza: o gênero humano pode ou não fazer o ratzon de Deus. Da mesma forma, Deus responde de acordo com as escolhas que os seres humanos fazem para guiar a humanidade ao seu destino divino. Embora se possa dizer que o derradeiro destino da criação é predeterminado, é incerto como e quando chegará esse momento. Desse modo, há um princípio de certeza e um princípio de incerteza interagindo na criação.

Podemos comparar essa relação com um mestre de xadrez jogando com um novato. Há certas regras do jogo que ambos os jogadores concordam em seguir — e assim há um jogo. Contudo, é incerto como serão aplicadas essas regras. O mestre e o novato jogam com as mesmas regras mas o mestre pode manipular o jogo do principiante, reagindo a cada movimento deste para dirigir o jogo como deseja. No caso de um mestre jogando com um novato, o resultado do jogo é bastante certo. O mestre de xadrez ganhará, mas é incerto como o fará, já que ninguém pode prever quais serão os movimentos do principiante. Isso é semelhante à relação entre Deus e a criação por meio da lei sobre a qual esta se baseia. A lei é segura e o resultado final também, mas não se sabe qual será o desenrolar. Juntos, o princípio de incerteza e o princípio de certeza são Keter-Da'at — sendo Keter o princípio de incerteza.

O ser que é não-ser

Keter é o primeiro e mais avançado dos Sefirot, representando a fonte de todos os princípios, e a soberania e autoridade de Deus sobre todas as forças da criação. Por um lado, Keter é Ain Sof; por outro, como o primeiro dos dez Sefirot, Keter é distinto de Ain Sof. Keter está totalmente oculto em Ain Sof mas, mesmo oculto, é revelado por meio dos Sefirot que dele emanam. Portanto, é chamado Ain, ou nada, e Ani, ou individualidade.

Isso pode ser entendido da seguinte forma. A relação primária entre criador e criação é de causa e efeito. O que atua como causa é chamado Ani, mas, quando essa mesma causa é vista como efeito de uma causa superior, é Ain. Assim, Keter, como emanação e veículo de Ain Sof, é Ain-nada, no sentido de que não tem existência independente. Não obstante, com relação aos Sefirot, é Ani-individualidade porque é a causa da qual eles são o efeito. Keter é conhecido diretamente, mas só por meio dos seus efeitos, dos quais é a causa.

Isso é como o fenômeno de um buraco negro no espaço, visível apenas por seus efeitos sobre os objetos que o rodeiam, a saber, as formas de matéria, energia e luz que devora. Se Keter é como o *big bang* para os Sefirot e Olamot, talvez seja semelhante a um buraco negro com relação a Ain Sof. Essa descrição de Keter é comum agora entre os iniciados modernos da cabala.

Como se diz na cabala, "Keter está em Malkut e Malkut está em Keter". Isso sugere que o potencial de Malkut, o último Sefirah, está contido em Keter, e a realização de Keter está contida em Malkut. Contudo, a relação mais essencial se encontra em Ain-Ani, porque Malkut também é chamado Ain-nada e Ani-individualidade. Keter expressa a soberania de Deus sobre a criação, enquanto Malkut é a santa Shekinah de Deus dentro da criação — relação causal de Deus com a criação. Portanto, Malkut é como a pessoa de Deus imanente à criatura e à criação, sendo desse modo chamado Ani. Mas Malkut é o efeito último da causa divina, um recipiente vazio cuja existência é completamente dependente dos Sefirot acima dele e, por isso, é também chamado Ain.

Esse ensinamento contém uma verdade importante a respeito da experiência humana, mas pode-se dizer quase a mesma coisa sobre o nosso verdadeiro ser ou eu. A palavra hebraica para "eu" é Ani, que se escreve com as mesmas letras da palavra Ain, que significa "nada". Indica-se, assim, que o verdadeiro eu é o nada dentro de mim.

Todos nós temos uma percepção dessa verdade, mas, por falta de uma observação mais profunda, ela deixa de ser algo libertador para ser uma fonte de frustração e escravidão. A sensação de si mesmo como nada leva ao jogo da insegurança e da arrogância, de onde vêm outras formas de negatividade — mas isso se deve apenas à nossa ignorância a respeito da verdadeira natureza de Ain dentro de nós. É um estado negativo no sentido de que é receptivo, mas é também uma capacidade dinâmica para a luz e as trevas, para o bem e o mal. Esse nada é, na realidade, a nossa ligação com Deus e Keter; é a capacidade que temos para nos unir a Deus e agir como canais ou veículos de algo divino.

Para conhecê-lo, podemos nos voltar para dentro de nós e buscar o eu. Todos concordarão que temos um senso do ser quase da mesma forma que experimentamos o pensamento. Descartes fez essa observação quando disse "penso, logo sou". Mas, como fonte do pensamento, quando buscamos o eu, não encontramos o eu. Quando não buscamos o eu, temos um senso do eu. Contudo, no momento em que o buscamos, ele desaparece. Desse modo, meditando no eu, descobrimos que o ser é não-ser, assim como a fonte do pensamento é o nada. Esse ser verdadeiro e fonte dos nossos pensamentos é Ani-Ain.

Nos Evangelhos, Yeshua disse: "nada faço por mim mesmo, mas falo como me ensinou o Pai". E disse também: "eu e o Pai somos um" e "o que me viu, viu o Pai". Essas afirmações se referem diretamente a Hokmah, que é Abba-Pai; mas têm também relação com Keter. A natureza de Keter, que é Ani-Ain, é a natureza de todos os Sefirot e de todas as criaturas e da criação. O eu de que fala o Senhor Yeshua é Ani, que é Ain. Essa realização de Ani-Ain é a realização do ser de Cristo, o nosso verdadeiro ser, que é iluminação e libertação, como é demonstrado na vida de Yeshua Messiah.

Esse ensinamento, como tudo o que se refere a Keter, é muito sutil e sublime. Na realidade, não pode ser comunicado fora da experiência da consciência cristã. À parte da experiência real, só podemos aludir a ela. Mas essa auto-realização revela a chave secreta da cabala mágica e de todos os "milagres" feitos por Yeshua. Podemos abordar esse segredo dizendo que se a essência e natureza de tudo é nada, então qualquer coisa pode ser transformada em outra, já que na raiz não é "isto" nem "aquilo".

Consideremos o primeiro ato mágico do Senhor Yeshua, relatado no Evangelho segundo São João. Yeshua converte água em vinho nas bodas de Caná. O mestre pode fazer isso porque a essência e natureza da água e do vinho é a mesma — Ain. Assim, dissolvendo o Ani da água em Ain, ele produz o Ani do vinho. Ainda que outros princípios estejam envolvidos, dependendo da natureza do trabalho espiritual realizado, isso se aplica a todos os atos mágicos do Mestre.

Em termos de auto-realização, essa é uma chave importante, já que com essa gnose de Ani-Ain, não estamos sujeitos a uma manifestação limitada do eu ou da história pessoal. Estamos livres para o crescimento pessoal e para a mudança — uma evolução consciente em direção ao ser de Cristo em nós. No fundo do caminho de auto-realização está a capacidade de dissolver uma manifestação de Ani em Ain e, assim, remanifestar Ain num nível superior. Em vez de ser um estado fixo ou estático, a iluminação da consciência cristã é dinâmica e ativa — uma aceleração do ritmo da evolução da alma-ser, de modo que, em vez de chegar a um ponto fixo, nós nos movemos mais rapidamente. Podemos dizer que uma pessoa iluminada pela consciência messiânica está evoluindo à velocidade da luz, em vez do típico passo de tartaruga da alma comum, ligada a interesses terrenos.

No fim das contas, o processo de evolução consciente consiste em trazer energias espirituais à dimensão física e integrar os níveis mais elevados da consciência à vida de uma pessoa. Um ser humano se assemelha a Cristo quando, depois de transcender a sua individualidade e reconhecer que a sua essência é de algum modo uma com Cristo — e, portanto, com Deus —, percebe que a própria vida é um assombroso presente de amor e compaixão que deve ser compartilhado com os demais. Da mesma forma que Deus é imanente às criaturas e à criação, o propósito do ser humano é trabalhar por um novo céu e uma nova terra. Quando o ser humano une a sua vontade à vontade de

Deus, o seu potencial para transformar o mundo num reino celestial (Malkut) é ilimitado (sem fim). Isso é o que se conhece como a grande obra, cuja natureza é o amor e a caridade.

O ser do devir

Keter no nível de Atzilut é o nome divino Eheieh, que significa literalmente "eu sou" ou "eu serei". Esse nome divino, o mais elevado de Deus, aparece na Torá quando da experiência de Moisés com a sarça ardente (Êx 3,14). O profeta Moisés pergunta a Deus com qual nome proclamá-lo e Deus responde dizendo: "Eheieh Asher Eheieh" — "eu serei o que serei" ou "eu sou aquele que é".

Eheieh é Keter, Asher é Malkut e, assim, dizer Eheieh Asher Eheieh é falar de uma involução que oculta a luz superna de Keter em Malkut, e de uma evolução que no final revela a luz superna. Esse nome de Deus se reflete na encarnação da Alma do Messias e é a realização última da encarnação divina na ressurreição e ascensão de Yeshua Messiah.

Como o Tetragrammaton (Yahweh), em hebraico, Eheieh é composto de quatro letras sagradas: Aleph (א) — He (ה) — Yod (י) — He (ה). Aleph é a primeira letra do alfabeto hebraico e representa o Espírito de luz de Deus. É o número um e, como palavra, significa "boi" ou "jugo" — o objeto que dirige o boi ao arar o campo. Tendo em mente esse significado, podemos recordar as palavras do Ungido: "Vinde a mim todos os que estais sob o peso do vosso fardo e eu vos darei descanso. Tomai sobre vós o meu jugo e aprendei de mim, porque sou manso e humilde de coração, e encontrareis descanso para as vossas almas, pois o meu jugo é suave e o meu fardo é leve" (Mt 11, 28-30). Isso faz alusão a Aleph como o poder do Espírito do Messias.

Aleph é também a primeira letra do nome Adão e, portanto, de Adão Kadmon, e a primeira letra da palavra Atzilut. Isso sugere que Aleph é a própria essência do reino de Yichud. No nome de Adão, Aleph significa espírito, e Dalet (ד) — Mem (ם) quer dizer sangue; desse modo, Adão significa literalmente espírito no sangue. Assim, falar do sangue de Cristo, que ilumina e liberta, é falar do poder de Aleph trazido de Keter e do reino de Yichud.

Aleph inicia também as palavras *achad* (unidade) e *ahava* (amor), que é a própria essência do Evangelho de paz. Como o número dessas palavras é o treze, elas se refletem em Yeshua Messiah e os doze discípulos. Aleph é a luz ou poder do Messias, que é Ain Sof Or.

Considerando a forma da letra Aleph, os mestres da Tradição dizem que ela é formada por dois Yod ligados por um Vau, sugerindo o reino de Yichud acima e o reino de Perud abaixo, ou a união do mundo espiritual e do mundo material. Essa é a função básica da encarnação divina do Messias e de todos os seres humanos.

A letra He aparece duas vezes em Eheieh e no Tetragrammaton. Ela representa a matriz divina ou o princípio feminino divino, por meio do qual o potencial divino é realizado e revelado. He é o número cinco e, como palavra, significa "janela" — algo por meio do qual a luz e o ar (espírito) passa ou entra. O primeiro He é o mundo superior, onde a luz ou Espírito de Deus é revelado; o segundo He é o mundo inferior, onde a luz ou Espírito de Deus é ocultado.

Yod é o número dez e significa "mão"; tem forma de semente. É a semente de luz superna trazida por via da encarnação e sugere a parte mais profunda da alma de luz, Yechidah, que é o propósito do ser humano ao se realizar e encarnar. O Yod do Tetragrammaton é Adão Kadmon e Atzilut. Assim, é essa força superna que é invocada por meio desse nome sagrado de Deus.

Yod está entre os dois He da mesma forma que Yeshua Messiah está entre a Santa Mãe e a Noiva, ou Tiferet entre Binah e Malkut. Desse modo, como Eheieh é o nome essencial de Yahweh, é também o nome essencial de Yeshua.

Os Evangelhos estão cheios de frases do Mestre com "eu sou". "Antes que Abraão nascesse, eu sou"; "eu sou o caminho, a verdade e a vida"; "eu sou a porta". O Evangelho de São João dá ênfase especial à relação entre o Senhor Yeshua e Eheieh, apresentando mais frases com "eu sou" do que qualquer outro Evangelho.

Eheieh diz, "eu estou dentro da criação, mas sempre além da criação" — o Cristo cósmico e primordial, respectivamente. Essa verdade é expressa no versículo 77 do Evangelho de São Tomás: "Eu sou a luz que está sobre todos eles: eu sou o todo; de mim surge tudo, e até mim se estendeu o todo. Quebrem uma viga de madeira e eu estarei ali; levantem a pedra e me encontrarão".

Eheieh diz também, "sou o ser do devir, o único que é imutável e o único que está sempre mudando — o Espírito eterno". Há algo de Deus que não muda e há algo que está evoluindo na criação. Isso pode ser entendido da seguinte maneira: se tudo está sempre mudando, então a única coisa que não muda é a própria mudança. Podemos também pensar em termos de Ain e Ani. Ain-nada nunca muda, mas Ani-individualidade está sempre mudando. Isso se aplica ao criador e à criação, que compartilham a mesma essência e natureza. Assim como os princípios de certeza e incerteza, o princípio de imutabilidade e mudança é parte integrante da cabala cristã. A mensagem radical é esta: Deus, o criador, está sempre vindo como ser substancial e evoluindo por meio da criação!

Alcançar a gnose de Yeshua Messiah significa então conhecer o ser do nosso devir e realizar esse ser superno dentro de nós. O poder dessa auto-realização na consciência messiânica é Keter ou Eheieh — o eu sou divino.

No contexto do nome divino de Eheieh, podemos considerar o terceiro mandamento, que corresponde a Binah: "Não faças uso equivocado do nome do Senhor teu Deus" (Êx 20,7). Tomando o nome Eheieh em conjunção com esse versículo e considerando Eheieh não apenas como o nome de Deus acima, mas também como o nome do nosso verdadeiro ser, vemos que usamos esse nome sagrado sempre que dizemos "eu sou isto" ou "eu sou aquilo". O uso equivocado do nome seria agregar "eu sou" a qualquer negação de nós mesmos ou a qualquer negação de outra pessoa dizendo "tu és". O uso apropriado desse nome divino é apenas para afirmação — em frases que afirmem o espírito e a verdade, e sustentem a dignidade do Cristo interior.

Usamos constantemente esse nome divino dizendo "eu sou isto" ou "eu sou aquilo". Cada vez que o empregamos para nos negar ou nos degradar (ou negar ou degradar os outros com "tu és"), cometemos um pecado, na visão gnóstica — uma falha na verdade. Cada vez que um iniciado gnóstico se escuta dizendo uma negação, corrige o seu erro por meio de afirmações. Afirmações que dizem "eu sou" — tais como "sou parte da unidade sagrada que é Deus e nunca pereço" ou "sou filho da luz, a escuridão não tem poder sobre mim" etc. — são uma prática espiritual comum no gnosticismo moderno e na Nova Era. Quando falamos dessa forma para nos edificar e edificar os outros, somos edificados. É uma verdade simples e básica — o poder de Eheieh.

O ser de Cristo e a verdadeira vontade

Tiferet é o centro de Cristo na Árvore da Vida porque representa o Cristo interior no indivíduo, que pode ser chamado de eu interior. Contudo, o próprio ser de Cristo é atribuído a Keter porque é em Keter que mora Yechidah. Esse é o eu superior e transcendental, a presença do Cristo transpessoal, que é ser eterno.

O gnosticismo cristão ensina três aspectos essenciais de Cristo: o Cristo primordial, o Cristo cósmico e o Cristo interior. O Cristo primordial é o aspecto transcendental, correspondente ao universo de Adão Kadmon. O Cristo cósmico é o aspecto imanente — Cristo em todas as criaturas e em toda a criação

— correspondente ao universo de Beriyah. Assim, o universo de Atzilut une o Cristo primordial e o cósmico. O Cristo interior é a manifestação do Cristo cósmico dentro da alma-ser individual. Por meio do Cristo interior, podemos realizar o Cristo cósmico e experimentar o Cristo primordial. Embora sejam níveis claramente distintos do Cristo, são inseparáveis e estão totalmente interligados. Há um Cristo, uma luz-presença.

Esses três níveis do Cristo são representados pelos Sefirot de Tiferet (Cristo interior), Da'at (Cristo cósmico) e Keter (Cristo primordial). Desse modo, em Ruach está a gnose do Cristo interior, em Neshamah está a gnose do Cristo cósmico e em Yechidah está a Gnose do Cristo primordial. O Cristo cósmico e o Cristo interior são reflexos do Cristo primordial dentro do espaço-tempo-consciência e, mais do que reflexo do ser de Cristo, são a presença do mesmo no reino do devir.

Quando falamos do ser de Cristo, ou Yechidah, estamos nos referindo ao "eu sou" verdadeiro ou último, que não pode ser conhecido; é a fonte intangível da nossa vontade e a energia do desejo que nos impulsiona numa evolução consciente; é mais elevado do que o pensamento, pois é claro que é o que diz à mente para pensar. Como essa vontade-desejo está num nível além do pensamento e do ser mental, é impossível imaginá-la, embora esteja dentro e por trás da nossa experiência o tempo todo. Esse verdadeiro ser é a nossa verdadeira vontade.

Como vimos antes, um dos significados de Yechidah é "unicidade", que sugere uma verdadeira individualidade. Essa unicidade se reflete em Neshamah, como uma vontade ou missão da alma que abarca todas as encarnações. Considera-se que, nesse nível da nossa verdadeira vontade, é possível cumpri-la em qualquer encarnação. Portanto, é possível cumprir a missão da alma na vida atual. Dentro da pessoa encarnada ou Nefesh, essa verdadeira vontade é o Ruach e representa o propósito ou missão da alma nesta vida, refletindo até certo ponto a vontade ou missão geral do nosso Neshamah ao longo de todas as vidas. Esses dois níveis da verdadeira vontade são expressões do ser de Cristo.

Ouvimos muitas vezes ensinamentos sobre a vontade de Deus para nós e pensamos nessa vontade como algo externo, mas nada poderia estar mais longe da verdade. A vontade divina para nós, que é a nossa verdadeira vontade, é parte do nosso ser inato, entrelaçada com a nossa individualidade de modo que, sendo o que somos, fazemos naturalmente a vontade de Deus.

Infelizmente, pouquíssimas pessoas se conhecem e, assim, poucas podem ser na realidade elas mesmas e realizar plenamente a sua verdadeira vontade. Tentamos, muitas vezes, ser outra pessoa ou ir em busca de coisas que os outros desejam, sem considerar o que na realidade queremos. Igualmente, quando temos consciência da nossa verdadeira vontade, muitas vezes não a realizamos por medo do que os outros possam pensar ou por medo do fracasso. Quanto ao que os outros possam pensar, a nossa vontade não é prejudicá-los, mas servirá apenas para beneficiar e edificar os demais; não violará a lei divina, mas estará em harmonia com ela e a cumprirá. A verdadeira vontade, que é a expressão de Yechidah, é inteiramente boa.

A nossa verdadeira vontade não é algo distante ou oculto de nós: ela é revelada no desejo do nosso coração, nas nossas capacidades, nos nossos talentos e nas inclinações que os rodeiam. Não se pode dizer que realizar a nossa verdadeira vontade seja tarefa fácil, mas, por outro lado, será algo que nos vem naturalmente, no sentido de que brilharemos naturalmente ao fazê-lo. Por fim, a experiência real de realizar a nossa verdadeira vontade não exigirá esforço porque descobriremos que não é o eu egoísta que a realiza. É o Cristo em nós que a realiza — e todas as forças cósmicas fluem conosco na realização da nossa verdadeira vontade.

A nossa verdadeira vontade representa a manifestação do Cristo dentro de nós — como encarnaremos o Cristo. Se o termo cabalístico para essa vontade é unicidade, então a forma com que Cristo se manifesta e aparece por meio de todos e de cada um de nós será diferente, já que somos indivíduos distintos e únicos. Longe de adotar uma doutrina dogmática imposta, gnosticismo é buscar a vontade divina dentro de nós mesmos e viver de acordo com ela; portanto, é um caminho de auto-realização.

O rosto de luz

Em Atzilut, os Sefirot são os nomes divinos e as pessoas divinas — partzufim. Há cinco partzufim principais e o nome divino de Elohim tem cinco letras, sendo Elohim o primeiro nome no processo criativo. Assim, os mestres da Tradição dizem que cada um dos partzufim corresponde a uma das letras de Elohim: Aleph (א), Arik Anpin; Lamed (ל), Abba; He (ה), Aima; Yod (י), Zer Anpin; Mem (ם), Nukva ou Kallah. O sexto partzuf, ou partzuf oculto, Atik Yomin, representaria o nome divino de Yahweh, que é a fonte e o fundamento de Elohim.

Atik Yomin e Arik Anpin são os partzufim de Keter. A imagem de um rei velho e barbado visto de perfil faz alusão ao atributo de dois partzufim, sendo que o lado oculto do rosto representa Atik Yomin e o lado visível representa Arik Anpin. Essencialmente, esses dois partzufim representam dois aspectos do ratzon — vontade e desejo.

Atik Yomin aparece na visão do profeta Daniel que mostra a eventual conclusão do exílio babilônico, juntamente com profecias sobre o final dos dias. A imagem do ancião dos dias é uma garantia para Israel de que Deus tem um plano, ainda que muitas vezes os seres humanos não o compreendam e que a redenção seja resolvida em segredo num nível superior oculto.

A cabala diz que Deus se refreia para se revelar. Inclusive, se Deus se refreia para revelar o próprio Deus e a vontade divina, sempre haverá uma vontade desconhecida que transcende a nossa compreensão.

Desse modo, descobrimos que Deus tem dois aspectos com relação a nós — um que é revelado e outro que está oculto. Por um lado, não podemos sondar a vontade de Deus porque ela tem a sua origem num nível que transcende totalmente a nossa lógica linear. Esse é o nível de Atik Yomin — a vontade de Deus que não pode ser conhecida e nem compreendida. Por outro lado, há uma parte da vontade divina que funciona por meio da lógica linear, na medida em que Deus estreita a sua vontade para dá-la a conhecer à humanidade. Essa vontade é revelada por meio da profecia e da encarnação divina, que ocorre por meio dos Sefirot. Esse é o nível de Arik Anpin — o grande rosto de misericórdia e compaixão.

A Tradição ensina que a vontade de Deus é emanada e criada. Como emanação de Deus, serve de interface entre Ain Sof e a criação, como algo que Deus criou, serve de vontade-força que Deus usa para criar. Isso significa que Keter, ratzon de Deus, é infinito e finito. O aspecto superior ou infinito da vontade de Deus como emanação divina é Atik Yomin, o ancião dos dias, enquanto o aspecto que Deus usa para criar é Arik Anpin, o grande rosto.

Arik Anpin é chamado rosto de luz porque esse rosto é composto dos dez Sefirot de Atzilut, que são luzes. O mesmo acontece com Zer Anpin, o pequeno rosto abaixo. Contudo, assim como é um rosto de luz, Zer Anpin pode ser também um rosto de escuridão — ou seja, um semblante de misericórdia (paz) ou um semblante de juízo (ira). A vida como a experimentamos é uma dança de beleza e horror. Meditar sobre a realidade tal como ela é acaba sendo uma meditação aterrorizante, mas muito poderosa — invoca pavor e assombro. Embora para nós seja difícil entender, Deus está em tudo o que acontece

— na beleza e no horror igualmente. Compreendendo isso na sua meditação profética, Isaías escreve: "Eu formo a luz e crio as trevas; asseguro o bem-estar e crio a desgraça: sim eu, Yahweh, faço tudo isto" (Is 45,7).

A dança de beleza e horror é corretamente considerada quando se fala de Tiferet e da tríade moral, que são inferiores na Árvore da Vida. Contudo, aqui é relevante o fato de Keter representar um nível de consciência em que compreendemos esse jogo de luz e escuridão como parte do plano supremo de Deus e como veículo da vontade suprema de Deus, que é Keter. No nível de Keter-Hokmah, reconhecemos que a luz e a escuridão são obras do Espírito Santo e que, no fim, tudo serve para iluminar e libertar as almas viventes — o universo, ou a criação, não é restritivo, mas libertador. É a nossa perspectiva limitada e o jogo de ilusão-poder que fazem com que ele nos pareça restritivo. A visão de Arik Anpin é uma consciência superna ou transcendental em que se vê um puro deleite na beleza e no horror igualmente — podemos falar de um conhecimento de toda a criação como felicidade orgásmica.

Isso ficará mais claro à medida que a nossa exploração dos Sefirot nos faça descer pela Árvore da Vida a níveis mais próximos da nossa experiência atual. Na exploração de Keter e dos supernos, é preciso lembrar que estamos falando de níveis de consciência que transcendem completamente a nossa consciência comum. Muito do que se diz representa o mistério supremo e só nos deixa perplexos. Só num estado alterado de consciência poderíamos examinar o rosto do horror e ver o rosto da beleza e, assim, experimentar o puro deleite em meio à escuridão. Contudo, no nível de Keter-Hokmah, essa seria exatamente a nossa experiência porque não há dualidade nesse nível.

O iniciado e o grande anjo

Nas histórias de Henoc e do profeta Elias, os mistérios da ressurreição e da ascensão são prefigurados na Torá. A história de Henoc é a que corresponde a Keter — uma história em que se esconde mais do que as Escrituras revelam.

> *Quando Henoc completou sessenta e cinco anos, gerou Matusalém. Henoc andou com Deus. Depois do nascimento de Matusalém, Henoc viveu trezentos anos, e gerou filhos e filhas. Toda a duração da vida de Henoc foi de trezentos e sessenta e cinco anos. Henoc andou com Deus, depois desapareceu, pois Deus o arrebatou* (Gn 5, 21-24).

Essa é a história completa de Henoc contada no livro do Gênesis. Embora breve, ela chama a atenção porque, enquanto a morte dos outros personagens está registrada nessa seção da Torá, de Henoc se diz que "Deus o arrebatou", como que indicando que partiu deste mundo sem ter a experiência da morte. Essa é exatamente a interpretação dada à frase "Deus o arrebatou". Henoc não morreu, foi levado em ascensão. Da história de Henoc é que se deriva a idéia de rapto divino. Isso significa que a consciência superna no nível de Keter e a conquista de Yechidah terminam na realização da ascensão. Keter é o princípio do rapto divino.

Na Tradição, há histórias dentro das histórias apresentadas nas Escrituras, como se estivessem codificadas nas palavras e entre as linhas do que foi escrito. Isso é chamado *Midrash* e a coleção dessas histórias é conhecida como *Midrashim*. O Midrash dentro da história de Henoc é o seguinte: Henoc caminhou na presença de Deus e se fez transparente à santa Shekinah de Deus, de modo que o seu corpo brilhou com a luz superna de Deus e foi transformado numa imagem angélica, o zelem do ser divino. Esse zelem é o grande anjo Metatron, que está acima de todos os anjos de Deus. Desse modo, Henoc se tornou mais do que humano e mais do que os grandes anjos de Deus. Na história de Henoc, temos uma história do destino divino do ser humano — o propósito da grande obra, que é um processo de evolução espiritual em algo mais que humano, em algo divino e superno.

A palavra Henoc significa "iniciado". É significativo que ele tenha vivido 65 anos antes de gerar o primeiro filho. É o número do nome de Adonai, que é Malkut e a santa Shekinah abaixo, e é o número da palavra hebraica para câmara (*hekhal*). Assim, esse número de anos diz que o iniciado se converte num recipiente ou câmara para a santa Shekinah, semelhante a Malkut.

É também significativo que Henoc vivesse outros 300 anos. Esse é o número da letra hebraica Shin (ש), que representa a inteligência ardente (Espírito Santo), por meio da qual ocorre toda iniciação. É a letra introduzida no nome divino de Yahweh para formar o nome de Yeshua (Yahweh liberta). Ruach Elohim também equivale a 300 quando a letra Mem é contada como 40. O total 365 é significativo porque é o número de dias do ano solar e representa o giro completo da terra em torno do sol e o giro deste por meio dos doze signos do zodíaco, representando o término da experiência humana. Portanto, na história de Henoc, na Torá, descobrimos a semente do Evangelho de Cristo, do mesmo modo que, no nível de Keter, encontramos a Árvore da Vida completa em forma de semente.

Enquanto Elias representa o espírito dos profetas (Ruach Ha-Elijah), Henoc representa o espírito dos iniciados (Ruach Ha-Enoch). Os dois juntos são o Espírito do Messias (Ruach Ha-Messiah). Metatron, que é Keter em Beriyah, representa o grande anjo dos iniciados, e Sandalfon, que é Malkut em Beriyah, representa o grande anjo dos profetas. Segundo um ensinamento interior e secreto, esses dois grandes anjos são na realidade um só anjo santo — o arcanjo de Cristo, denominado o grande anjo Hua. Esse é o anjo do apocalipse, a quem é dado um dos muitos nomes de Metatron — Torahkiel Yahweh.

Embora um arcanjo possa adotar forma humana em sonho e visão, ou gerar um corpo material (corpo de emanação) e aparecer como ser humano na dimensão física, ele é uma entidade enorme, inconcebível pelos padrões humanos. Um arcanjo pequeno seria semelhante a uma entidade do tamanho de um mundo inteiro ou de uma estrela. Um arcanjo um pouco maior poderia ser do tamanho de uma constelação de estrelas. Um arcanjo muito grande poderia representar o poder de uma galáxia inteira. No caso do arcanjo Metatron, costuma-se dizer que o seu corpo e o seu poder seriam semelhantes a todo o universo e mais a morada da luz superna — algo completamente inimaginável. Contudo, tal estado do ser supremo é o nosso destino divino — a imagem de Metatron representa uma humanidade divina. Assim, há uma relação clara entre Adão Kadmon e Metatron, que em muitos textos cabalísticos são usados intercambiavelmente.

Um ensinamento que pretende dar sentido a Metatron propõe para ele uma imagem composta de todas as imagens divinas e das almas viventes que foram ungidas, são ungidas ou serão ungidas no presente ciclo cósmico — o composto de todos os seres iluminados.

Alicercemos isso em algo de que possamos falar — a iniciação. Que o nome do personagem que experimenta o rapto divino seja Henoc sugere que o caminho de ascensão é um processo de iniciação. Keter é muitas vezes chamado de Senhor da iniciação. Esse título é aplicado também ao Senhor Yeshua e à Senhora Maria Madalena no gnosticismo cristão — o Senhor e a Senhora da iniciação. A idéia de iniciação na sua forma básica é bastante simples. Há uma transmissão de energia espiritual de pessoa para pessoa, sem a qual é improvável que um aspirante passe aos graus superiores da consciência cristã. Essencialmente, grandes almas de um nível muito alto encarnam para iniciar correntes de transmissão de luz. São os grandes profetas e apóstolos de Deus, ou grandes mestres do mundo, que vêm das raças maiores, segundo se diz. Quando há uma encarnação da luz-presença, ela é passada de uma geração de iniciação a outra, de pessoa a pessoa — os adeptos e mestres de uma geração transmitem a luz-presença aos seus discípulos, que formam a geração seguinte de iniciados. Nas tradições gnósticas, esse processo de iniciação é considerado essencial para qualquer progresso espiritual ou autêntico e, assim, a iniciação desempenha um papel central no gnosticismo.

Periodicamente, deve aparecer uma nova encarnação para restaurar a transmissão de luz, pois, com o tempo, a corrente se dissipa e se dilui. Às vezes, tais mestres restauram uma corrente da transmissão de luz; outras vezes atuam para manifestar um nível superior dessa transmissão. Esse processo dos portadores da luz vindo ao mundo para facilitar a grande obra, é um dos significados do termo Reshit Ha-Gilgulim associados a Keter — a transmissão de contínuos da transmissão de luz.

A iniciação ativa o potencial divino que, uma vez reconhecido pelo aspirante, pode ser realizado. No caso da maioria das pessoas, é necessário um método para ativar os potenciais psíquicos e espirituais latentes, pois esses potenciais são em grande parte obscurecidos e desconhecidos para a alma encarnada (Nefesh). Devemos lembrar da luz divina que está em nós, de modo que a luz interior não seja mais eclipsada pelo ser físico, vital e mental. A energia espiritual da luz-presença que um adepto ou mestre nos transmite, desperta em nós a luz-presença. É como uma vela acesa tocando outra vela, acendendo nesta o potencial que estava latente. É isso que se entende por iniciação, e os métodos por meio dos quais ela é feita são chamados veículos de iniciação. A iniciação mesma corresponde a Keter, o veículo de iniciação corresponde a Malkut e a auto-realização que ocorre corresponde a Tiferet.

O pilar do meio ou pilar de compaixão, do qual Keter é o topo, é o caminho da grande ascensão. A sucessão apostólica é a transmissão de luz por meio da qual o caminho da ascensão é aberto a um aspirante nos mistérios cristãos. O que se manifestou dessa revelação divina dentro do espaço-tempo-consciência é Da'at, e o que ainda está por se manifestar é Keter. A sucessão apostólica continua na terra até hoje e os apóstolos da luz trabalham pela segunda vinda, que representa o cumprimento da grande ascensão, até agora oculta em Keter. Os mistérios desse processo estão ocultos na história de Henoc-Metatron. Essencialmente, Keter representa a fonte de onde vem a inteligência ardente que inicia. A prática do cristianismo gnóstico é se tornar receptivo a esse dom divino de uma inteligência ardente (a luz superna de Keter).

Os anjos da graça e o dom divino

Keter, no nível de Yetzirah, se manifesta como os Hayyot Ha-Kodesh (criaturas viventes sagradas), que são a ordem suprema de anjos santos na Árvore da Vida e que, segundo se diz, estão diretamente na presença interior de Deus, adorando continuamente o Senhor na morada celestial. São entidades ultramundanas que, caso sejam vislumbradas num estado alterado de consciência, só podem ser descritas como uma presença muito estranha — com uma aparência que a imaginação mortal não conceberia normalmente. É como se contemplássemos fixamente a imagem de uma entidade que muda constantemente de forma numa sucessão incrivelmente rápida, de modo que só se pode entrever uma imagem estável por um breve momento. Essa mudança de forma produz um som de vibração semelhante ao do movimento de milhões de asas — que produz harmonias compostas de freqüências vibratórias indescritíveis. Esse é ao mesmo tempo o mais terrível e o mais encantador dos sons. É impossível descrever esses seres supernos em termos da razão linear e finita. É como se fossem o potencial de todas as formas de vida, especificamente as autoconscientes ou inteligentes.

Quem experimenta a presença dos Hayyot Ha-Kodesh não tem dúvidas de que exista vida em outros mundos do universo, ou formas de vida inteligentes e superiores, já que entrevê as possibilidades infinitas da força vital. Na sua presença, reconhecemos um impulso de evolução dentro do espaço-tempo-consciência em direção a formas de vida cada vez mais elevadas e aperfeiçoadas. Por outro lado, vemos também uma atividade de graça divina além do contínuo de espaço-tempo-consciência, que inspira a evolução e transmite o dom da inteligência ardente que está além da inteligência produzida pela ordem natural — uma inteligência de ordem divina. Esse é o conhecimento de como aparecem nos mundos raças de seres inteligentes.

Primeiro, as formas de vida que têm a capacidade de receber e encarnar a inteligência ardente precisam evoluir por meio da ordem natural num mundo. Essas formas de vida invocam uma afluência da luz superna da ordem divina acima — o dom de uma inteligência divina ardente. O recebimento desse dom acelera o ritmo da evolução, gerando uma nova raça de seres com a capacidade de se desenvolver conscientemente ou de dirigir a sua evolução, para o bem ou para o mal — ou seja, o poder do Ruach superior. Ainda que essa inteligência ardente possa descer sobre uma raça inteira de seres, ela desce tipicamente sobre indivíduos em outros níveis de vida, formando uma nova raça dentro da raça atual. Essa idéia de uma raça nova e divina dentro de uma raça inteligente da ordem natural é representada nas Escrituras pelos escolhidos e eleitos, refletindo diretamente o princípio de iniciação e de transmissão de luz.

Aqui, deve-se esclarecer que o termo "raça" não se refere a coisas superficiais como a cor da pele, mas a algo interior e profundo — um avivamento da alma-ser. Há luz dentro de um filho da luz que seja de ordem divina — e esse filho santo tem uma inteligência divina que os filhos da ordem natural não têm. Isso é bem diferente de qualquer coisa superficial: aparece nos olhos e na aura da pessoa, e na direção dos seus pensamentos, emoções, palavras e ações.

Esse princípio de escolha divina é central no gnosticismo em todas as suas formas. Contudo, na Tradição Sophia, a idéia não é de elitismo, mas de responsabilidade e de confiança sagradas. Essa luz-presença não vem apenas *de cima*, mas é passada de uma pessoa a outra aqui embaixo, e quem a recebe tem a responsabilidade de compartilhá-la com os outros — com qualquer um que deseje recebê-la. Quem a recebe é como um irmão ou irmã mais velho, responsável pelo bem-estar dos irmãos menores — daí a caridade, que é o reflexo da graça pura de Keter.

Yeshua fala com clareza sobre esse dom da inteligência ardente. Por exemplo: "Em verdade, em verdade te digo: quem não nascer do alto não pode ver o reino de Deus" (Jo 3,3).

Os Hayyot Ha-Kodesh, juntamente com as chaves superiores da ordem de Ashim no nível de Malkut, representam a ordem sagrada de anjos que transmitem essa inteligência ardente. Sabendo disso, um aspirante que busca o avivamento da inteligência ardente invocará os Hayyot Ha-Kodesh e trabalhará para ficar aberto e sensível à graça divina.

O começo da geração

Keter se manifesta em Asiyah como Reshit Ha-Gilgulim. A palavra "gilgulim" significa literalmente "giros", "revoluções" ou "rotações", como no movimento de uma roda. Desse modo, Reshit Ha-Gilgulim significa o "começo das revoluções" ou "primeiro giro", indicando que Keter é a motivação dentro e por trás do movimento de todas as criaturas e da criação — a primeira causa do universo. Como atributo celestial no nível do universo físico, esse termo se aplicaria ao *big bang*, que foi a gênese material da nossa existência.

Esse termo implica algo muito mais sutil e sublime a respeito do conhecimento do que a idéia de um ponto de partida estático ou fixo. Gilgulim é a palavra usada para a transmigração das almas na cabala. Num nível superior, está a idéia não só de reencarnação de almas individuais, mas de reencarnação cósmica, como se a matéria-energia-luz de um universo transmigrasse para formar um universo diferente em outra dimensão — a passagem da alma do cosmos de um corpo cósmico a outro.

O que uma vez foi uma teoria a respeito da existência de buracos negros, agora é mais do que simples teoria: a sua existência foi descoberta. De certo modo, sao como um funil ou dreno cósmico, pelo qual a matéria-luz-energia é tirada do universo material em que existimos. Sendo assim, surge naturalmente a pergunta "para onde vai a matéria-energia-luz?". Uma teoria sustenta que, se um buraco negro se tornar suficientemente grande, ou seja, se absorver suficiente matéria-energia-luz, ele se converterá no *big bang*, gerando um universo em outra dimensão. Na realidade, isso representa a idéia da matéria-energia-luz de um universo passando a outro universo numa série sem fim de universos.

Houve um tempo em que acreditávamos que o nosso planeta era o centro do universo e que os céus giravam em torno dele. Hoje, sabemos que não é assim, mas continuamos achando que o nosso universo é o centro da criação. E se não for assim, se houver inúmeros universos em incontáveis dimensões? É exatamente isso que nos propõe a cabala. Deus é muito maior do que acreditamos, assim como a sua criação.

Metaforicamente falando, Keter representa todos os *big bangs* e buracos negros de todos os universos como evento primordial — a própria essência do princípio de buracos negros e *big bangs*. No nível de Asiyah, há um buraco negro-*big bang* do qual surgiu o nosso universo — o Cristo cósmico. No nível de Beriyah, há inúmeros buracos negros-*big bangs* gerando incontáveis universos. Contudo, no nível de Adão Kadmon e de Atzilut, todos esses eventos cósmicos são um só evento primordial — o Cristo primordial.

A metáfora de Keter como princípio do buraco negro-*big bang* dá uma idéia do que indica na realidade o termo Reshit Ha-Gilgulim, além de penetração na natureza de Keter. Pois, assim como a singularidade no centro de um buraco negro e no centro do *big bang* está fora do nosso contínuo físico de espaço-tempo-consciência, Keter transcende o nosso contínuo metafísico de espaço-tempo-consciência. Essa singularidade, seja considerada em termos de universo físico ou metafísico, é o início e motivação de tudo.

Considerando desse modo o Sefirot Keter, surge outra verdade. Assim como ao buscar o ser descobrimos o não-ser, como já vimos antes, ao buscar um começo da criação, não o achamos. Se a criação abrange inúmeros universos que se interpenetram, sem princípio e nem fim, então o que se pode dizer do começo do nosso universo é apenas um ponto de referência. Na realidade, é não-começo porque, no sentido absoluto, não é o início da criação, mas um ponto de referência num contínuo de luz interminável. Essa é a verdade de Reshit Ha-Gilgulim.

Consciência gnóstica não-dual

As conquistas espirituais de Keter, Hokmah e Binah estão estreitamente interligadas porque, ainda que cada um dos Sefirot supernos represente uma manifestação distinta do ser superno, eles são completamente inseparáveis. Ao falar da conquista suprema associada a Keter, devemos falar também das conquistas espirituais de Hokmah e Binah, pois são graus inferiores da mesma conquista — consciência superna ou messiânica.

A conquista espiritual de Binah é a consciência cósmica, o umbral da consciência superna. Essencialmente, a consciência cósmica é o auge ou realização do ser mental, a mente universal. Todos os Sefirot abaixo de Binah, de Malkut a Da'at, representam graus do ser físico, vital e mental. Na realidade, o ápice do ser mental, a mente universal, corresponde a Da'at e não a Binah, já que a consciência cósmica no nível de Binah é a mudança em direção à consciência superna — uma mudança da mente universal para a supramental. A distinção é muito sutil. Há um nível de consciência cósmica que experimenta a unidade sagrada que sustenta a criação e, nesse nível, nós nos sentimos unidos a toda a criação. Essa é a mente universal de Da'at. Contudo, nesse nível não há senso de unificação com Deus e nem experiência de consciência superna. É só no nível de consciência cósmica associado a Binah que há um verdadeiro senso de unidade com a presença de Deus e um vislumbre da consciência superna.

A conquista espiritual de Da'at é o ápice da experiência do Ruach superior, com uma forte influência do Neshamah. Não obstante, a conquista espiritual de Binah é o próprio Neshamah, que é o primeiro grau de consciência superna ou supramental. Essa é uma conquista espiritual muito elevada, mas não é uma unificação completa do indivíduo com a consciência superna, nem uma unificação verdadeira do indivíduo com Deus. A unificação com a consciência superna é a conquista espiritual de Hokmah, que é o segundo grau da consciência superna ou supramental. Contudo, mesmo unificado à consciência superna, há ainda uma separação sutil e sublime entre o indivíduo e Deus. A total unificação é a conquista suprema associada a Keter. Esse é o terceiro e último grau de consciência superna.

No nível de Binah, o iniciado faz contato com a força superna; no nível de Hokmah, o iniciado se une à consciência superna; no nível de Keter é transformado num ser superno. Tudo isso é um ser-consciência-força superno. Contudo, na experiência do iniciado, essas etapas são muito distintas e representam aspectos bastante diferentes da grande obra. No nível de Binah, o trabalho do iniciado gnóstico é baixar a força superna a todos os níveis de consciência, incluindo a consciência vital e física inferior, e transformar todos os níveis de consciência com luz superna. Somente quando esse trabalho é concluído é que o gnóstico pode se unir plenamente à consciência superna. Logo, o trabalho do gnóstico é a transmissão de luz num nível mais elevado do que em qualquer etapa anterior de desenvolvimento. É por meio dessa transmissão de luz que ele experimenta uma unidade consciente com Deus ou ser superno. É difícil expressar, fora da experiência real, qual é exatamente a diferença entre essa transmissão de luz e o trabalho de transmissão de luz dos graus inferiores de adeptos e mestres. É semelhante à diferença entre ser um canal da luz e ser a própria luz-presença.

A força superna tem sido comparada ao fogo nuclear espiritual que tudo transforma, para que seja semelhante a si mesmo. É um poder divino que o adepto experimenta como algo vindo de cima, exterior a ele, mas que depois percebe que sempre esteve dentro dele. Uma vez que essa luz-força esteja ativa no iniciado, ele percebe que ela está dentro de tudo e de todos, que é o centro secreto de cada partícula de matéria na criação — um conhecimento da luz oculta. Ele experimenta o mundo de luz superna dentro e ao redor dele e, finalmente, pode se unir por completo à luz-presença.

A consciência superna está totalmente fora do nível do ser mental e, por isso, é muitas vezes considerada um estado de *metamente* ou consciência supramental. No nível de consciência superna, não há pensamento, que é a função do ser mental: trata-se de um estado de conhecimento radiante puro. Como não há conceitualização, não há relação sujeito-objeto ou outra forma de dualismo na consciência. É um estado de gnose (conhecimento) pura, ou do que se denomina consciência gnóstica não dual, em que tudo é conhecido interiormente e completamente. São Paulo falou dessa consciência supramental quando escreveu: "Agora vemos em espelho e de maneira confusa, mas, depois, veremos face a face. Agora o meu conhecimento é limitado, mas, depois, conhecerei como sou conhecido" (1Cor 13,12).

Nos ensinamentos da iluminação rosacruz, há um termo usado para o mestre que alcança a auto-realização no ser superno — *ipsissimus*, que significa "aquele que é ele mesmo". Essa idéia de conquista suprema é importante. Primeiro, porque sugere que a conquista é uma união com Eheieh ou o "eu sou divino"; segundo, porque afirma claramente que a unicidade ou individualidade não é perdida na auto-realização ou iluminação suprema, mas que o indivíduo se realiza e se completa. Muitos consideram que o indivíduo seria como uma gota de água do oceano cósmico e que, na iluminação, simplesmente se funde de novo ao oceano, perdendo a individualidade nesse processo. Contudo, isso representa um grau inferior ou imperfeito da experiência de iluminação, e não uma auto-realização madura. Numa auto-realização plena e verdadeira, é o oceano que entra na gota de água — Deus e a Divindade convertendo-se no indivíduo. É o que vemos na pessoa de Yeshua Messiah. Embora tenha alcançado o ser supremo, a sua individualidade não foi de nenhum modo comprometida ou perdida, mas realizada. O individual e o universal são totalmente interdependentes e nenhum dos dois se perde na união. Igualmente, o individual universalizado não é perdido na união com o ser superno ou primordial.

As conquistas espirituais dos supernos são os graus dos mestres espirituais — o tau sagrado — e só os mestres podem distinguir um grau do outro nesse nível. Segundo se diz, dentro desses níveis de conquista há muitos níveis. Considera-se, por exemplo, que a conquista suprema, no nível de Keter, é composta de quarenta planos. Quem pode dizer quais são esses planos além de quem os experimenta? Mesmo que um mestre perfeito de tão alto nível de conquista fale deles, quem compreenderia o que ele diz? Neste ponto, se até a explicação mais genérica e superficial é difícil de entender, o que dizer de algo mais detalhado e profundo?

Na realidade, não importa se entendemos ou não o que se diz desses níveis superiores. Precisamos ouvi-lo para abrir a nossa mente e o nosso coração à possibilidade divina, ter fé nessa possibilidade e nos desenvolver conscientemente em direção a ela. Não podemos compreender o mistério da ressurreição e da ascensão no começo da nossa viagem mística. Mas, graças ao que o Mestre Yeshua nos revelou por meio do drama da encarnação, sabemos que faz parte do nosso destino divino e que, por meio da fé, podemos aspirar ativamente a ele. Por isso falamos dos supernos e de suas conquistas espirituais — para semear sementes de luz na consciência, que podemos alimentar até a sua realização. A conquista da consciência superna é o nosso ideal nobre ou esperança espiritual.

Práticas espirituais para a coroa sagrada

Ser simples

Onde você quiser, sente-se e simplesmente seja. Deixe que o corpo encontre o seu ritmo natural de respiração. Relaxe, mas continue alerta. Focalize a mente na respiração, concentrando-se na expiração e no espaço ao seu final, permitindo que a mente entre nesse espaço. Não feche os olhos enquanto faz isso: mantenha-os parcialmente abertos. Assim, você mantém talvez um terço da atenção na respiração, mas deixa os outros dois terços livres, ficando completamente consciente de onde se encontra e de tudo o que está acontecendo. Depois de acompanhar a respiração durante algum tempo, deixe-a para trás e simplesmente seja, consciente da presença de Deus dentro de você e ao seu redor. O seu ser é perfeito como é, tudo é perfeito como é. Apenas ser é suficiente! Louvado seja Deus!

O poder da afirmação — bondade inata

Há em nós uma bondade/santidade inata: é a nossa alma de luz. O nome divino de Keter, Eheieh, nos faz lembrar dessa bondade e do poder da afirmação quando usamos a frase "eu sou" junto com uma frase positiva sobre nós mesmos. Por meio de afirmações, temos acesso à nossa bondade inata e invocamos as bênçãos do Santo sobre nós. As afirmações podem ter muitas formas, das puramente espirituais ou celestiais às práticas ou mundanas. As que criamos para nós mesmos tendem a ser mais poderosas, já que têm a nossa linguagem ou maneira de falar — e expressam o espírito criativo que somos no nível do nosso ser mais profundo. Eis alguns exemplos de possíveis afirmações:

- Sou a luz do mundo, a luz do Messias em mim, e deixarei que a luz brilhe do meu interior para fora.
- Sou o recipiente sagrado da presença de Cristo e sou um com a presença de Cristo; enquanto caminho no mundo, levo a luz de Cristo.
- Sou uma pessoa santa, o Espírito Santo trabalha em mim e por meu intermédio para realizar tudo o que é bom — tenho êxito em tudo o que faço.
- Sou bom no meu trabalho; posso realizar e realizarei muito bem qualquer tarefa que me for dada — brilharei no meu trabalho.
- Sou são e feliz; sou bem-sucedido e próspero.

- Sou habilitado pela Santa Mãe e iluminado pela Santa Noiva — sou filho da luz.
- Sou amoroso e experimentarei o amor.
- Sou uma pessoa inteligente e entenderei qualquer coisa que resolva estudar.
- Estou sempre no abraço do amado e sempre sob a proteção divina.
- Nunca estou impotente porque a santa Shekinah está comigo.
- Estou ligado à vida, a todas as criaturas.
- Sou uma pessoa criativa, a criatividade me chega naturalmente.

Sempre que você observar insegurança, temor ou negatividade em alguma coisa, responda ativamente com afirmações. Quando há um fluxo positivo, é bom apoiá-lo e estimulá-lo com afirmações. O propósito do iniciado gnóstico é criar um hábito de afirmação em vez de negação — é usar sabiamente o poder criativo.

Quando quiser fazer uma afirmação, entoe primeiro o nome divino de Eheieh. Cante o nome divino várias vezes, recordando a verdade de Keter e a parte mais profunda da sua alma sagrada, o Yechidah (centelha divina ou o ser de Cristo). Depois, repita dez vezes a sua afirmação, de forma clara e consciente, de preferência em voz alta. Usar o nome divino antes de repetir a afirmação invoca o poder divino correspondente a ele. Depois de dizer o nome divino e a afirmação com total concentração, diga: amém. Tenha plena fé nas afirmações que fizer e no poder do nome divino, sem permitir que a dúvida penetre — tenha fé na sua alma de luz e no ser de Cristo.

Em vez de Eheieh, podem ser usados outros nomes divinos que correspondam diretamente ao propósito da afirmação. Por exemplo, uma afirmação de abundância corresponde a Hesed. Portanto, o nome divino "El" pode ser usado em vez de Eheieh, acedendo ao poder divino de Hesed, que se relaciona diretamente com a abundância em todas as suas formas. Um outro nome divino invocaria a verdade desse Sefirah e o aspecto correspondente do ser de Cristo. Quando estiver familiarizado com os Sefirot, você poderá usar o nome divino que se relaciona com o propósito da sua afirmação-invocação.

CINCO

DA'AT, O SEFIRAH SECRETO

Atributos

Trinta e dois caminhos de sabedoria: nada se diz do Sefirah oculto nos trinta e dois caminhos de sabedoria; contudo, os mestres da tradição gnóstica dizem o seguinte: "Este é o Sefirah sagrado da verdadeira Gnose, que o Senhor comunicou a São Lázaro; é o conhecimento secreto do Único que descende e ascende, conhecido só pelos vivos que já não estão entre os mortos; é o prisma sagrado por meio do qual passa a luz para se converter na glória irisada do Senhor".

Da'at: gnose ou conhecimento.

Posição na Árvore da Vida: entre Keter e Tiferet.

Nome divino: Yahweh Elohim.

Nomes divinos alternativos: Io Adonai; IAO.

Partzuf acima: Coroa de Zer Anpin.

Partzuf abaixo: Seth; São Lázaro.

Imagem divina: o grande anjo do apocalipse; o Cordeiro sagrado com sete chifres e sete olhos.

Arcanjo: os arcanjos dos pontos cardeais — Rafael, Gabriel, Miguel e Uriel; o grande anjo Hua, anjo do apocalipse; Abaddon, o anjo do abismo.

Atributo celestial: Netuno; Sírio; espaço vazio.

Títulos dados a Da'at: o Sefirah secreto e oculto; o sol da meia-noite; estrela secreta da graça; a tumba vazia; o quarto superior; mente universal; fogo de Pentecostes; porta do abismo; o abismo; o grande Inane; o grande vazio; a gnose do trapezóide; a ilusão-poder cósmica; domínio do demiurgo e dos *arcontes* (regentes planetários e guardiões dos planos espirituais); profundidade do vazio.

Nível da alma: ápice do Ruạch superior; base do Neshamah sagrado.

Morada celestial: os sete céus e os sete infernos.

Experiência espiritual: visão do jogo de forças cósmicas ou visão do apocalipse; Gnose do Cristo cósmico; mente universal ou consciência cósmica; batismo de fogo do Pentecostes.

Virtude: consciência transpessoal; desapego; esperança espiritual; integridade.

Vícios: desilusão; dúvida; orgulho; covardia; apatia.

Símbolos: prisma; bola de cristal; cela; quarto vazio; montanha sagrada; um grão de trigo; a ausência total de todos os símbolos; a figura do trapézio com um pentagrama invertido dentro dele.

Mandamento: Eu sou Yahweh, teu Deus (Êx 20, 2).

Sermão da Montanha: Não penseis que vim revogar a Lei ou os Profetas. Não vim revogá-los, mas dar-lhes pleno cumprimento [...] (Mt 5,17).

Anjo do apocalipse e das igrejas: imagem do anjo santo.

O segredo revelado

Da'at vem depois de Hokmah e Binah na Árvore da Vida, mas é oportuno considerá-lo depois de falar de Keter. Está estreitamente ligado ao mistério de Keter e representa um vínculo secreto entre Arik Anpin, o grande rosto, e Zer Anpin, o pequeno rosto — Keter e Tiferet, respectivamente. Por um lado, Da'at é o aspecto conhecido ou revelado de Keter; por outro, é um aspecto secreto ou oculto de Tiferet.

Keter e Da'at são basicamente a manifestação interna e externa da mesma coisa. No capítulo anterior, vimos que Keter é semelhante à vontade ou volição essencial de uma pessoa. Keter é a individualidade interior e a volição mais profunda de uma pessoa. Da'at é a inteligência que uma pessoa mostra exteriormente ao mundo, composta de todas as qualidades pelas quais o eu ou pessoa é conhecido.

Com relação a Hokmah ou Binah, como também com relação a Keter, Da'at é externo. Hokmah e Binah são processos completamente internos: o conhecimento radiante da mente e os pensamentos e o entendimento formados na mente. Da'at é a capacidade da pessoa de expressar ou comunicar a sua inteligência aos outros. Portanto, é a revelação da inteligência, do entendimento e da sabedoria de uma pessoa, além de todas as qualidades que possam surgir de tal conhecimento ou falta de conhecimento.

Da'at, com relação a Tiferet, está oculto: na realidade, Da'at está dentro e por trás do que se conhece de uma pessoa. É a capacidade e a vontade de se comunicar e é a substância do que pode ser comunicado — a inteligência de uma pessoa. Mas há sempre uma parte da inteligência que permanece oculta e, na realidade, não conhecemos a pessoa por inteiro. Primeiro, sempre há alguns aspectos que ela não quer compartilhar ou comunicar; segundo, é impossível que alguém compartilhe ou comunique a totalidade da sua inteligência. Assim, o que é ou pode ser comunicado é limitado e algo está sempre oculto.

O que é certo a respeito de Da'at em termos de uma pessoa humana é certo em termos da pessoa de Deus, e é isso que os Sefirot representam — o Deus impessoal ou consciência-força que se torna pessoal para ficar ligada às criaturas e à criação. Não obstante, quando se fala das limitações relativas à capacidade de Deus de se comunicar ou se revelar, não se fala, na verdade, de uma limitação de Deus, mas de uma limitação das criaturas em receber a comunicação divina. Deus se comunica na mesma medida em que as criaturas são capazes de receber a comunicação. O que Deus deseja nos dar ou nos comunicar? Deus quer se dar. Quando estamos completamente abertos e sensíveis à presença divina, Deus se revela totalmente. Essa é a perfeição e o cumprimento da criação.

A Torá e o Evangelho — Da'at

No capítulo anterior, falamos do princípio de incerteza e do princípio de certeza com relação a Keter-Da'at. Da'at é o princípio de certeza na criação, já que é o conhecimento de Deus, que é absoluto e determinista. O salmista fala desse princípio quando escreve: "Yahweh jurou e jamais desmentirá: 'Tu és sacerdote para sempre, segundo a ordem de Melquisedec'" (Sl 110,4).

A Torá, o Evangelho e todas as Escrituras das tradições de sabedoria do mundo, correspondem a Da'at. A criação é fundamentada na Torá ou lei cósmica, por trás da qual está o princípio de unidade sagrada representado pelos supernos. Mas o propósito da criação é o Evangelho, que é o cumprimento da lei e dos profetas — a revelação de Deus às criaturas e à criação e, mais ainda, dentro das criaturas e da criação.

Dizer que a criação é fundamentada na Torá é semelhante à idéia de um jogo, que se baseia em certas regras. As regras de um jogo criam o próprio jogo, já que sem elas não há jogo. Ocorre a mesma coisa com a lei cósmica em que está fundamentada a criação e a existência das criaturas. Sem ela, os céus e a terra não existiriam porque são feitos pela lei.

Dentro e por trás de todas as tradições de sabedoria do mundo há uma Tradição primordial de que todas elas derivam. Se comparássemos essa Tradição primordial a uma transmissão de luz, Da'at seria o prisma sagrado pelo qual a luz passa, convertendo-se então nos raios irisados das diferentes transmissões de luz que formam as tradições de sabedoria. Todas são expressões da mesma luz superna, mas cada uma é uma manifestação distinta e única da luz — uma corrente no grande rio da revelação divina. Da'at é a Gnose da Tradição primordial, e é a gnose de cada tradição de sabedoria individual. Quando falamos da Torá como base de toda a criação, estamos nos referindo à Tradição primordial dentro e por trás das Escrituras, que também está dentro e por trás das escrituras de outras tradições de sabedoria.

A realização espiritual de um adepto que alcança o nível de Da'at é o conhecimento de que as coisas se manifestam como ele espera que o façam e também o conhecimento de que as coisas aparecem de acordo com a nossa perspectiva. O adepto reconhece espiritualmente a ilusão-poder cósmico ou princípio da relatividade. Desse modo, Da'at vai aparecer de acordo com o caminho ou a tradição do aspirante. Para o cristão gnóstico, essa Gnose ou conhecimento (Da'at) aparece na Torá, no Evangelho e na sabedoria secreta da cabala contida nessas Escrituras. Para o adepto de outra tradição, Da'at adota a forma das suas próprias Escrituras e do conhecimento esotérico que contêm. É a mesma verdade e luz, mas nesse nível a manifestação é relativa para o observador. Uma tradição é basicamente um veículo de desenvolvimento e uma linguagem espiritual por meio da qual se comunica a conquista. O que se alcança e comunica transcende uma única tradição.

A essência secreta mais profunda das Escrituras é a Tradição primordial, da qual são uma expressão externa a Torá e o Evangelho. É a essa essência secreta — a Lei Primordial e a Tradição — que os mestres se referem quando dizem que "a Torá é a base da criação e o Evangelho é o cumprimento da criação".

Há um segredo no versículo do Salmo 110 já citado. Nas Escrituras da nossa tradição ocidental, a ordem de Melquisedec é um código para a Tradição primordial, que é a fonte de todas as tradições de sabedoria. Um sacerdote-rei santo da ordem de Melquisedec é um adepto que realiza a Tradição primordial dentro e por trás da sua própria tradição e, portanto, se converte num iniciado da Tradição primordial.

O primeiro grau dessa ordem sagrada corresponde à conquista espiritual de Binah, que é chamada Magister Templi nos ensinamentos rosacruzes e, como já vimos, é um contato direto com a luz-força superna. É por meio dessa conquista que um adepto se converte em mestre da sua tradição.

Segundo o autor anônimo da carta aos Hebreus, a encarnação da Alma do Messias na pessoa do Senhor Yeshua deve ser entendida como a encarnação do sumo-sacerdote da ordem de Melquisedec — portanto, a encarnação da alma do grande mestre do mundo, ou Cristo primordial. A Gnose de Yeshua Messiah é então a Gnose da ordem de Melquisedec — a transmissão de luz primordial.

No gnosticismo cristão, o nível secreto mais profundo de iniciação é conhecido como os ensinamentos de Melquisedec. Segundo a introdução aos ensinamentos de Melquisedec, a Alma do Messias entrou em vinte e seis mundos antes da encarnação no planeta Terra e, assim, a transmissão de luz passou por muitos mundos antes de entrar neste nosso mundo. O último pelo qual passou antes de encarnar no nosso foi aquele que gira em torno da estrela Sírio. Por isso, Sírio é um dos atributos celestiais do Sefirah oculto. Como a transmissão de luz passou por outros mundos e, portanto, por outras raças, também se diz que Da'at é o ponto de contato com iniciados da raça maior — iniciados da ordem de Melquisedec ou *mestres ascensionados*, como dizem alguns. Isso incluiria iniciados em nosso mundo e em outros mundos. Segundo a lenda, a Alma de Yeshua alcançou previamente a consciência superna no sistema estelar de Sírio. Depois, a partir de uma série de encarnações na nossa raça, a Alma de Yeshua trouxe a luz superna para o nosso estado de vida, até finalmente encarnar a Alma do Messias ou ser superno aqui na terra, na pessoa de Yeshua Messiah. Essa lenda sugere que as almas que alcançam a consciência cristã na terra podem ser os portadores da luz em outros mundos.

Por mais fantásticas que sejam essas idéias, entendidas de forma literal ou metafórica, elas expressam a realidade e a experiência dos adeptos que entram em contato com o Da'at. Na experiência de Da'at, a experiência real pode ser muito mais fantástica do que qualquer coisa que se diga a respeito dela.

A base do conhecimento

Quando Keter se dirige a Ain Sof, Da'at aparece na Árvore da Vida. Quando Keter se dirige aos Sefirot abaixo, Da'at desaparece da Árvore da Vida. Como diz o *Sepher Yetzirah*, há sempre dez Sefirot aparecendo na Árvore da Vida, não nove nem onze, mas sempre dez. A aparição de Da'at mantém o equilíbrio de dez Sefirot quando Keter se une a Ain Sof. Mas para onde vai Da'at quando desaparece? A resposta é que Da'at existe numa dimensão diferente da dos outros Sefirot. Na rápida oscilação de Keter, desaparecendo e reaparecendo, Da'at está ao mesmo tempo aqui e ali. Essencialmente, Da'at é o Yesod-base do universo, mais além deste universo presente da nossa experiência. Assim, Da'at de Asiyah é Yesod de Yetzirah. Porque os Olamot não são separados entre si, mas interconectados e interpenetrados — uma figura da Árvore da Vida se sobrepondo a outra.

Olhando o glifo da Árvore da Vida (ver figura 4), vemos dois grandes triângulos, um superior e outro inferior. O triângulo superior é formado por Hokmah, Binah e Tiferet. O inferior é formado por Netzach, Hod e Malkut. É nesse lugar da Árvore da Vida que se sobrepõem as árvores de diferentes universos, com um glifo ligando-se ao outro para formar a grande Árvore da Vida. Desse modo, Hokmah, Binah e Tiferet de um universo inferior são Netzach, Hod e Malkut do universo que está logo acima dele. Do mesmo modo, o Da'at do universo inferior é o Yesod do universo superior — tendo realmente a sua existência em outra dimensão.

O Keter de um universo inferior é o Tiferet de um universo superior, exceto no universo de Adão Kadmon. E o Malkut de um universo superior é o Tiferet de um universo inferior, exceto no universo de Asiyah. Yesod é o Sefirah sagrado que se une a Tiferet e Malkut. Assim, Da'at é uma conexão secreta entre Keter e Tiferet em Atzilut, Beriyah e Yetzirah. Yesod é a base do conhecimento de Da'at.

Na discussão da última seção sobre a Tradição primordial como fonte das tradições de sabedoria do mundo, a Tradição primordial propriamente dita seria o Yesod de Adão Kadmon, que é o Da'at de Atzilut. A refração da luz ocorreria em Yesod de Atzilut, que é o Da'at de Beriyah, onde aparecem tradições de sabedoria claramente distintas. Esse é um exemplo de conhecimento que se pode obter com a contemplação da Grande Árvore da Vida. No entanto, no presente livro, estamos nos concentrando na discussão de um só glifo da Árvore da Vida, adequado para o nível mais básico da instrução cabalística. A Grande Árvore da Vida só é mencionada aqui porque se relaciona com a

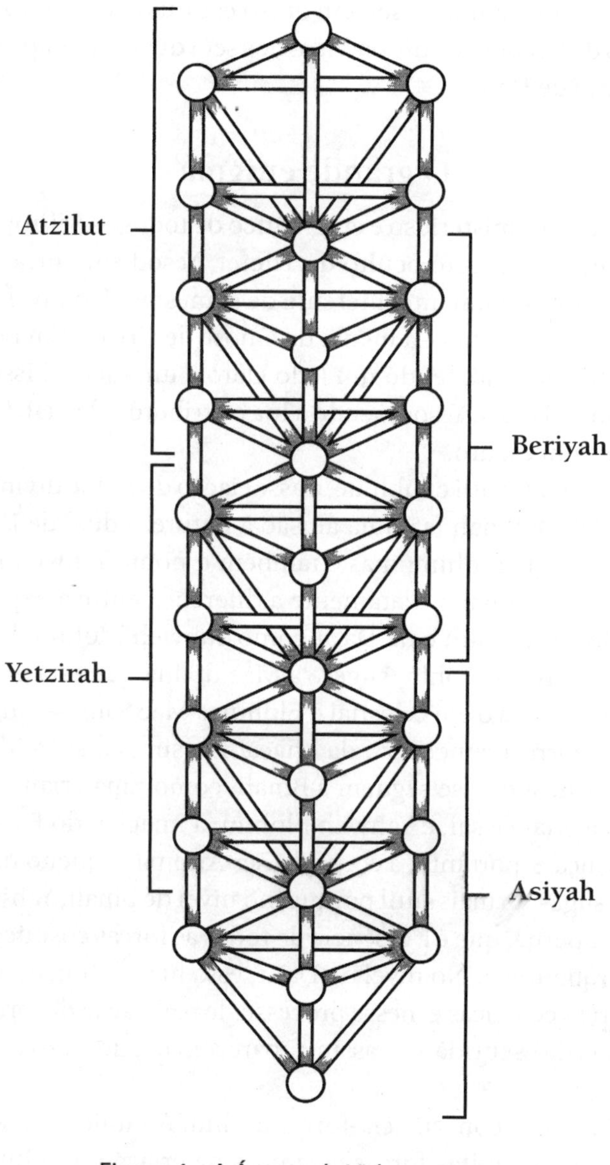

Figura 4. A Árvore da Vida composta

nossa exploração de Da'at que, na realidade, não pode ser entendido sem o conhecimento da conexão de um glifo com outro, que forma a grande árvore. Quando falarmos do Sefirah Yesod em outro capítulo deste livro, com algum conhecimento da Grande Árvore da Vida, nós sem dúvida nos aprofundaremos mais no mistério de Da'at.

O grande enigma

Da'at é, talvez, o mais misterioso e enigmático de todos os Sefirot — o aspecto revelado de Keter, o aspecto oculto de Tiferet, Yesod em outra dimensão. É como se Da'at fosse totalmente diferente de si mesmo. No nível de Atzilut, é a mente explosiva perfeita — a mente da Gnose de Cristo. Em Beriyah, Da'at adota uma natureza dual, tendo um lado claro e um escuro. Isso é sugerido pela associação de Da'at e Yesod, sendo a lua o atributo celestial de Yesod, com um lado claro e um escuro.

Numa forma mais sutil e sublime, a associação do nome divino de Yahweh Elohim com Da'at e Binah faz uma alusão à natureza dual de Da'at. Binah é muitas vezes o nome Elohim, mas é também o nome Yahweh Elohim. Isso nos leva a perguntar qual é exatamente a diferença entre a expressão de Binah como Yahweh Elohim e de Da'at como Yahweh Elohim. Uma resposta possível é que Yahweh Elohim sugere a Mãe divina que está grávida, já que Yahweh Elohim indica o Pai celestial e Elohim a Mãe Santa — uma união por meio da qual ocorre a concepção da criação. Assim, existe a idéia de Da'at, e de todos os Sefirot que se seguem a Binah, como uma criança no útero da mãe. Quando a criança sai, é Yahweh Elohim, a imagem do Pai-Mãe. Da'at é a coroa da criança e, portanto, a coroa de Zer Anpin (pequeno rosto). Mas há também uma sugestão mais sutil porque, no nível de Binah, Yahweh Elohim é puro. É a luz superna, que é a essência de todas as forças cósmicas no mundo superno ou arquetípico. No nível de Da'at, essa luz é refratada no esplendor irisado das forças cósmicas e, nesse processo de realização de forças cósmicas, a luz é separada da escuridão — assim, aparecem o lado claro e o lado escuro de Yahweh.

Yahweh é a única consciência-força. Elohim é a única consciência-força que se converte em muitas forças cósmicas na criação. Em Binah, todas as forças cósmicas estão unidas na única força, mas, por meio de Da'at, são separadas em formas distintas individuais da força. Enquanto o lado claro de Da'at é a inteligência de Cristo, o lado escuro é a ignorância cósmica, que também pode ser denominada ilusão-poder cósmico. A causa dessa dualidade existe em

Binah, mas é realizada em Da'at. Portanto, do ponto de vista de Da'at na Árvore da Vida, surge a árvore do conhecimento do bem e do mal, ou seja, aparece o lado escuro da Árvore da Vida, chamado de árvore da morte. A natureza da árvore da morte é a ignorância ou falsidade, já que "morte" em hebraico é *Met* e "verdade" é *Amet*. Quando Aleph, o espírito da verdade, é removido, surge a ignorância, e a consciência da ignorância é a morte. Da'at unido aos supernos é o Espírito de Cristo. Mas, unido ao espírito da ignorância — quando a conexão com os supernos é rompida — Da'at é o espírito do anticristo.

O termo gnóstico tradicional para designar o lado escuro da árvore é domínio do demiurgo e dos *arcontes*. O demiurgo é o falso deus ou falso criador e se refere especificamente à ignorância cósmica. Os *arcontes* são regentes ou autoridades cósmicas e, mais especificamente, forças da ignorância. O domínio do demiurgo e dos *arcontes* representa duas manifestações das forças cósmicas. Entre essas manifestações estão as forças titânicas, que não são nem divinas e nem malignas, mas uma mescla das duas. Esses seres-forças não se opõem diretamente ao plano divino na criação, mas também não o facilitam. Eles têm a própria agenda e os próprios interesses, que às vezes estão em harmonia com o plano divino e às vezes não. Essas forças de natureza combinada são fortemente refletidas na humanidade pouco instruída, que também tende a ter as próprias ambições, à parte do plano divino. A segunda manifestação é o que seria tipicamente denominado mal e pode ser considerada como forças escuras. São forças hostis, de natureza demoníaca, que se opõem diretamente ao plano divino na criação.

Na cabala, o domínio do demiurgo e dos arcontes é denominado reino de emanações impuras ou klippot (plural). Klippah (singular) significa literalmente "casca", como a casca de um grão de trigo ou a casca que protege uma noz. Isso lança luz sobre as palavras do Senhor Yeshua: "Em verdade, em verdade vos digo: Se o grão de trigo que cai na terra não morrer, permanecerá só; mas, se morrer, produzirá muito fruto" (Jo 12,24). Lança luz também sobre as palavras de João Batista a respeito do Messias: "A pá está em sua mão; limpará a sua eira e recolherá o trigo no seu celeiro; a palha, porém, ele a queimará num fogo inextinguível" (Lc 3,17). A mensagem é que os klippot são o que deve ser desprendido, mas logo transformado e integrado. O termo "klippot", quando se refere a espíritos impuros e malignos ou a seres titânicos e demoníacos, sugere que eles são uma parte necessária da evolução criativa — porque a casca protege o fruto até que fique maduro. Igualmente, uma verdadeira evolução na criação exige tensão, pressão e resistência, para que aquilo que evolui se torne forte, bom e autêntico. Os seres-forças titânicos e demoníacos oferecem a resistência necessária e põem à prova cada desenvolvimento na evolução para constatar se está maduro.

Por mais insondável que isso pareça, a escuridão e o mal têm um papel integrante na criação. Isso pode ser pensado em termos dos personagens de uma história. A menos que haja um vilão, não haverá um personagem heróico; quanto mais poderoso for o vilão, maior será o herói ou a heroína.

A luta entre Jacó e o anjo de Esaú (Gn 32) representa a necessidade do aspirante espiritual de lutar e vencer a influência klippótica na viagem mística. Os reis de Edom, descendentes de Esaú, dos quais oito são listados (Gn 36), são considerados pelos cabalistas como uma alusão aos klippot, que vão de Da'at a Malkut. Há uma relação secreta entre os reis de Edom e os reis que Abrão derrota para livrar Ló da escravidão. Só depois de lutar contra esses reis e vencê-los é que Abrão encontra Melquisedec, que celebra a Sagrada Eucaristia com Abrão e o inicia no nome de El Elyon (Deus altíssimo, um nome de Keter). Desse modo, como aspirantes, temos de estar dispostos a enfrentar as provas rigorosas da iniciação — o desafio das forças klippóticas — e a trabalhar para transformar e integrar essas forças. Em essência, na visão cristã gnóstica, até os demônios precisam de iluminação e libertação.

Da'at pode aparecer como uma profundidade do bem ou como uma profundidade do mal e, portanto, é chamado de profundidade do vazio — não sendo em si nem bom, nem mau. Pela associação com Yesod, tem uma natureza de espelho — a natureza da mente — e adota uma aparência relativa à alma que dele se aproxima. Quem venceu as influências klippóticas (egoísmo, orgulho, arrogância, inveja, cobiça, medo, ódio e coisas semelhantes), experimentará Da'at como a mente de Gnose de Cristo, que conduz à consciência superna. Ao contrário, quem não se desprendeu da influência dos klippot encontrará em Da'at uma porta para o lado escuro e um abismo de destruição. Da'at é como um espelho em que nos vemos. Se nos parecemos com o divino, será uma visão do divino; se não nos parecemos com o divino, será a visão de algo escuro e demoníaco. É correto dizer que Da'at é a natureza radiante da nossa própria mente ou alma e que a sua aparência reflete o estado da nossa mente ou alma.

O demônio do abismo — o Anjo do abismo

Da'at é muitas vezes denominado o grande abismo porque representa a ilusão, na nossa experiência, de que estamos separados de Deus, antes que a ignorância cósmica seja dissipada. Como já vimos, Da'at aparece de acordo com o estado mental daquele que dele se acerca. Assim, no nível de Beriyah, pode aparecer como um grande anjo ou um grande demônio.

O nome do demônio do abismo é Samael, ou Satanás. Samael significa "veneno de Deus" e Satanás significa "oponente" ou "adversário". Se Deus é conhecimento, entendimento e sabedoria, então o diabo é ignorância e falsidade. Desse modo, os anjos representam seres-forças de iluminação e os demônios representam seres-forças de ignorância. Portanto, o demônio do abismo é o reflexo do indivíduo ignorante acercando-se de Da'at, enquanto o anjo do abismo, que é o grande anjo do apocalipse, é o reflexo da alma iluminada.

O atributo de Abaddon, o anjo colérico da destruição, tem relação direta com a natureza dual da Shekinah encontrada em Da'at. Abaddon, o anjo da cova sem fundo, não é um demônio, mas um anjo colérico de deus, cuja missão é despedaçar os klippot e libertar as centelhas sagradas neles aprisionadas. Isso revela a diferença entre um demônio e um anjo da ira: por demônio entende-se algo que nos afasta da iluminação de Deus; o anjo indica alguma coisa que acaba nos aproximando do divino. Embora seja uma presença sumamente escura e violenta, Abaddon é um anjo santo porque essa "destruição" ou "fragmentação" liberta do domínio dos klippot. Na Tradição, Abaddon é considerado o aspecto escuro do grande anjo do apocalipse, que adota a aparência do grande anjo quando sua missão está completa.

Isso se reflete num ensinamento secreto a respeito dos quatro grandes arcanjos atribuídos a Da'at: Rafael, Gabriel, Miguel e Uriel. Segundo esse ensinamento, os quatro príncipes coroados do inferno — Lúcifer, Leviatã, Satanás e Belial — são a mesma consciência-força do arcanjo correspondente. Desse modo, os arquidemônios são o lado escuro das forças cósmicas que personificam os arcanjos — os arcanjos e arquidemônios são expressões opostas das mesmas forças cósmicas. A diferença entre anjos e demônios está no propósito e no resultado. Os ensinamentos sobre o demônio do abismo e o anjo do abismo consideram que, em algum ponto do processo de auto-realização, devemos enfrentar e transformar os nossos medos e a escuridão que há em nós. Essa é a lição principal de Da'at.

O jogo de forças cósmicas

Embora a maioria das pessoas não tenha consciência disso, existimos num constante jogo de forças cósmicas. A criação é baseada nisso. No nível de Da'at, reconhecemos esse jogo e podemos participar conscientemente do fluxo de forças espirituais — daí, a visão do jogo de forças cósmicas atribuído a Da'at.

Metafisicamente falando, cada movimento que fazemos, cada situação, cada circunstância ou cada sucesso na nossa vida e no mundo — cada pensamento, cada fantasia, cada sentimento-emoção, cada palavra e cada ato — é apoiado pela força cósmica ou espiritual correspondente (anjos, titãs ou demônios). Além dos anjos, titãs ou demônios estarem envolvidos em tudo o que fazemos, segundo os mestres da Tradição, tudo o que fazemos serve para criar anjos ou demônios.

Quando não têm consciência do jogo de forças espirituais, os seres humanos são inconscientemente compelidos por forças espirituais, geralmente mescladas ou escuras — o domínio do demiurgo e dos arcontes. Como a maioria não tem consciência do jogo de forças cósmicas ou espirituais, a sociedade humana ignorante e os acontecimentos do mundo são mais um produto da compulsão da ignorância cósmica que do impulso da presença de Cristo dentro de nós. O horror do livro da Revelação descreve, de forma simbólica, o destino de uma raça inteligente que, inconscientemente, continua sendo impelida pelo lado escuro das forças cósmicas, em vez de buscar e seguir o impulso do Espírito de Cristo.

Aqui, entendemos os termos "filhos da escuridão" e "filhos da luz", usados comumente no gnosticismo: o primeiro indica pessoas sem consciência do jogo de forças espirituais; o segundo indica as que têm consciência. Mas ser filho ou filha da luz significa algo mais: além de ser consciente do jogo de forças cósmicas, significa conscientemente participar dele como co-criador com Deus. Esse é o lugar da cabala mágica na Tradição, já que representa o conhecimento e o poder de manipular e dirigir conscientemente forças psíquicas e espirituais. No caso do cristão gnóstico, o propósito é dirigir as forças ocultas em harmonia com a vontade divina, a favor da manifestação do reino divino na terra. A magia dessa forma é apropriadamente chamada de magia divina, que se reflete nas histórias e nos milagres de Yeshua Messiah e dos santos apóstolos — que eram, na verdade, trabalhos de magia.

O nível mais fundamental da magia divina começa com coisas comuns — os nossos pensamentos, sentimentos-emoções, fantasias, palavras e atos. Como já foi dito, a realização de um adepto no nível de Da'at é que as coisas se manifestem como ele espera. Portanto, os nossos pensamentos, sentimentos-emoções e fantasias têm um papel importante. A afirmação, que vimos no capítulo anterior, é um nível básico de magia divina, assim como a visualização criativa e a capacidade de controlar e dirigir os nossos pensamentos e emoções — ou seja, a capacidade de dirigir conscientemente a nossa mente, o nosso coração e a nossa vida. Antes de se dedicar aos métodos mais avançados da cabala mágica, o aspirante deve aprender a interromper ou a transformar a negatividade sempre que ela surge na mente e no coração, mantendo-os positivamente concentrados e voltados para o divino. O indicado é cultivar a capacidade de manter a positividade de pensamentos, sentimentos-emoções e visualização-imaginação — junto com a esperança espiritual.

A fé deve ir de mãos dadas com a esperança espiritual, porque, num ato mágico, não se permite que a dúvida entre no coração ou na mente. São Tiago se refere a isso quando escreve: "Se alguém dentre vós tem falta de sabedoria, peça-a a Deus, que a concede generosamente a todos, sem recriminações, e ela ser-lhe-á dada, contanto que peça com fé, sem duvidar, porque aquele que duvida é semelhante às ondas do mar, impelidas e agitadas pelo vento. Não pense tal pessoa que vai receber alguma coisa do Senhor, dúbio e inconstante como é em tudo o que faz" (Tg 1,5-8). Falando da fé, o autor de Hebreus escreve: "A fé é um modo de já possuir o que se espera, um meio de conhecer as realidades que não se vêem" (Hb 11,1). A fé, como a entende o gnosticismo cristão, é a crença no poder real da mente e especificamente no poder do Cristo interior, de modo que assim como é fé em Deus e na encarnação da pessoa de Yeshua Messiah, também seja fé em nós mesmos e no nosso ser mais profundo. Vendo os milagres feitos por Yeshua Messiah e considerando-o como místico e mago, a fé é também a crença no poder mágico em nós, que pode produzir mudanças radicais na nossa consciência e na nossa vida.

Primeiro, tudo se forma e surge nos planos interiores da consciência — em dimensões mais sutis da realidade. Se, por pensamentos, sentimentos-emoções positivos e visualização criativa, fizermos uma mudança nessas dimensões mais sutis (Beriyah e Yetzirah), então uma mudança correspondente ocorrerá no plano físico (Asiyah).

Isso corresponde diretamente ao jogo de forças cósmicas, porque, por meio dos nossos pensamentos, sentimentos-emoções, fantasias, palavras e atos é que nos conectamos com as forças espirituais, sejam elas de natureza divina, combinada ou demoníaca. Em essência, pensamentos, sentimentos-emoções e fantasias positivos são anjos interiores. Por outro lado, os pensamentos, sentimentos-emoções e fantasias negativos e duvidosos são demônios interiores. Por intermédio desses anjos ou demônios interiores, atraímos forças espirituais correspondentes fora de nós e nos convertemos em agentes dessas forças espirituais no plano material, seja para o bem ou para o mal. Segundo a cabala mágica, os seres humanos encarnam ou canalizam forças espirituais o tempo todo, além de gerá-las constantemente — a própria natureza do ser humano é um receptor-transmissor e gerador de força espiritual (Yahweh).

O verdadeiro conhecimento do apocalipse — revelação

As formas ortodoxas do cristianismo produziram grandes conceitos errôneos a respeito do apocalipse e do livro da Revelação. Todos esses conceitos errôneos são conseqüência da idéia de um acontecimento singular no passado que gerou uma criação fixa ou estática, que por sua vez conduziu à idéia do acontecimento singular de um apocalipse no futuro, que também é estático ou fixo. No entanto, segundo a cabala do cristianismo gnóstico, o ato criativo (Gênesis) e a revelação divina (apocalipse) são um só acontecimento contínuo, não um evento singular do passado ou do futuro e, portanto, estático ou fixo. Assim, a criação está ocorrendo agora, assim como o apocalipse, em toda a sua grande beleza e horror.

Primeiro, a respeito do livro da Revelação, a visão de São João foi uma profecia referente a Roma, assumindo o controle do cristianismo, e ao desenvolvimento da ortodoxia, que tentaria destruir o espírito vivo da Gnose cristã. Desse modo, a principal profecia do livro da Revelação já ocorreu, na medida em que o conhecimento esotérico do cristianismo gnóstico está quase que totalmente perdido no Ocidente. Nesse sentido, podemos dizer que o espírito do anticristo e a grande besta realizaram muito bem a sua missão. No entanto, um livro profético é muito mais do que as situações, circunstâncias e acontecimentos que prediz, e a profecia em si não está gravada na pedra. Assim como revela acontecimentos que podem potencialmente ocorrer, a profecia revela também os princípios cósmicos e o jogo de forças espirituais dentro e por trás dos eventos que se apresentam no mundo. Desse modo, a relevância de um livro profético vai além dos acontecimentos reais que descreve, pois todos os eventos semelhantes que acontecem no mundo têm os mesmos princípios cósmicos e forças espirituais atuando dentro e por trás deles. O livro do Gênesis descreve o processo do ato criativo como uma involução. O livro da Revelação descreve o ato criativo como uma evolução. No nível de Da'at, essa involução e essa evolução são entendidas como o mesmo movimento.

Você deve lembrar a nossa discussão a respeito da fragmentação dos recipientes de um universo superior, necessária para a criação do universo inferior seguinte no processo de criação. O mesmo acontece com a destruição descrita no livro da Revelação. Salvo no apocalipse, é o universo inferior que é fragmentado para a unificação com o universo superior. As mensagens para as sete igrejas representam uma fragmentação de Asiyah para a unificação de Yetzirah. A primeira onda de destruição que precede mil anos de paz na terra representa uma fragmentação em Yetzirah para a unificação com Beriyah. O conflito final, depois dos mil anos de paz, representa a fragmentação de Beriyah para a unificação com Atzilut, quando a ação de redenção-criação está cumprida e completa. O livro da Revelação é um livro da cabala cristã.

Esse processo de fragmentação num nível inferior para produzir uma unificação e uma revelação num nível superior se reflete diretamente no mistério da crucificação e da ressurreição. O rompimento do corpo-recipiente nos níveis de Asiyah, Yetzirah e Beriyah permite a revelação do corpo de luz superna. Desse modo, a luz superna é baixada no Pentecostes, abrindo caminho para a fragmentação total dos klippot e para a restauração à unidade sagrada. A primeira vinda é esse advento no indivíduo — a segunda vinda, descrita no livro da Revelação, é o mesmo advento no coletivo da humanidade (muitos).

O processo de desenvolvimento e evolução da alma-ser, especificamente a alma humana, em direção à consciência superna ou messiânica, que presenciamos na pessoa (partzuf) de Yeshua Messiah, é um processo ativo em todos e em cada um de nós — uma evolução do ser vital e mental ao ser supramental ou superno.

Vendo a natureza, podemos obter conhecimento desse processo evolutivo porque uma nova espécie de ser sempre provém de uma espécie anterior, e o desenvolvimento de uma nova espécie sempre ocorre interiormente e em segredo antes de ser revelado exteriormente. O mesmo acontece com o ser supramental emergindo do nosso estado atual: é um crescimento ou transformação que ocorre interiormente e em segredo. Só que esse desenvolvimento é muito diferente da evolução de novas espécies na natureza, porque todos os desenvolvimentos anteriores ocorreram por meio de uma evolução inconsciente; nessa evolução, a espécie do ser não era um participante consciente: a natureza realizou tudo num nível inconsciente. No entanto, o desenvolvimento do ser supramental só pode se dar por meio de uma evolução consciente do ser mental — o ser humano atual. Essa é a diferença entre um ser humano e as outras criaturas da terra. O ser humano tem a capacidade de se desenvolver conscientemente e de evoluir para uma nova espécie de ser. Essa nova espécie é prefigurada em Yeshua Messiah e nos iluminados que têm aparecido entre nós.

O desenvolvimento e a evolução de ser mental a supramental são uma etapa crítica na evolução da vida em mundos de existência sensitiva. Podemos dizer que é o ponto crucial no que se refere à evolução para o que é mais alto da vida. Como tem de ser uma evolução consciente, é a raça de seres inteligentes que determina o resultado da evolução no seu mundo. A intervenção de ordem divina por meio dos tzaddikim e maggidim (adeptos mestres e anjos santos) pode por certo oferecer ajuda divina. Mas uma raça de seres inteligentes deve exercer o seu livre-arbítrio, aceitar a ajuda divina e seguir conscientemente o impulso de Cristo para lutar por um nível superior de ser-consciência. Basicamente, os membros da raça e a própria raça devem decidir usar a sua inteligência divina.

Atualmente, talvez mais do que em qualquer outra época da história humana, podemos compreender como uma raça de seres inteligentes se autodestruirá se não conseguir ou não quiser atuar a partir de um nível superior de consciência. Esse princípio inerentemente autodestrutivo é personificado pelo demônio do abismo. No livro da Revelação, esse puxão ou arrasto kármico para trás é denominado a "grande besta", enquanto a tendência autodestrutiva ativa é o "anticristo". Com o crescente acesso a maiores poderes materiais, psíquicos e espirituais, vencer essa tendência autodestrutiva ou inclinação maligna é crucial para a sobrevivência humana e a evolução para formas superiores de vida. Essa luta do puxão para trás e da tendência autodestrutiva contra o impulso de Cristo é o que descreve o livro da Revelação.

O conflito final, chamado Armagedon, representa a luta dentro de nós mesmos contra a inclinação violenta ou maligna da nossa natureza bestial, sendo que a natureza bestial coletiva é denominada a grande besta. Isso só se converte em conflito externo quando não resolvemos interiormente o conflito. O egoísmo, a cobiça e o temor-ódio são as manifestações primárias da inclinação maligna, que nos levam a explorar, a oprimir e a cometer todo tipo de violência entre nós mesmos e que geram a grande violência das guerras. Em vez de ser um só acontecimento, o Armagedon é uma tendência cada vez mais intensa e radical desse conflito interno externalizado no mundo: mostra intervalos cada vez mais curtos e vai se intensificando — até que demos o salto para viver de acordo com o coração e o Cristo interior ou terminar numa completa autodestruição. Desse modo, o juízo não vem de fora, mas de dentro de nós — escolhamos nós a vida ou a morte.

Em termos da Árvore da Vida, a questão é se podemos nos elevar ao nível de Tiferet ou se vamos permanecer presos aos Sefirot inferiores, isolados da presença do Cristo dentro do nosso coração.

Aqui, é preciso dizer algo a respeito das nossas expectativas diante de tempos potencialmente escuros. Conscientes da realização espiritual de Da'at — as coisas se manifestam como esperamos que o façam — compreenderemos o perigo que representa um grande número de pessoas aferradas à crença num holocausto mundial predeterminado. Esse tipo de expectativa está arraigada na dúvida e no temor, representa uma negatividade maciça e é um grave equívoco. O horror do apocalipse vem da nossa resistência ao despertar da consciência de Cristo — da nossa incapacidade para superar o egoísmo, a cobiça e o temor por meio do cultivo da fé, da esperança e do amor. Assim, diante de tempos potencialmente escuros, é uma visão de esperança a que os escolhidos devem ter, não apenas para si mesmos, mas para a humanidade inteira.

Isso conduz ao entendimento da segunda vinda na visão gnóstica, que é o início da consciência messiânica em grandes grupos de seres humanos. A segunda vinda não é vista como um regresso da pessoa do Senhor Yeshua, mas como a consciência messiânica despertando em muitos indivíduos. Com relação a cada um de nós, Yeshua é a primeira vinda de Cristo à terra. A consciência messiânica despertando em cada um de nós é a segunda vinda. Ao ocorrer também em outros, isso leva ao conhecimento da segunda vinda como o surgimento da consciência superna ou messiânica numa parcela maior da humanidade. Desse ponto de vista, entendemos como é importante o que cada indivíduo faz pela evolução consciente.

O quarto superior e a câmara nupcial

Da'at é muitas vezes chamado de câmara nupcial porque é o lugar de união entre o Pai (Hokmah) e a Mãe (Binah), e da união entre o Noivo (Tiferet) e a Noiva (Malkut). Do que se disse anteriormente a respeito de Da'at como "filho" de Hokmah e Binah, entendemos que Da'at é a união do Pai-Mãe. Em termos da união entre o Noivo e a Noiva, precisamos apenas lembrar que Da'at é Yesod num universo além daquele no qual aparece, e que Yesod é o que une Tiferet e Malkut na Árvore da Vida — portanto, a união entre o Noivo e a Noiva.

No gnosticismo cristão, o Pai representa o aspecto transcendental de Deus e a Mãe representa o aspecto imanente de Deus — portanto, ser e devir são inseparáveis. Isso se reflete no Noivo e na Noiva, que são a imagem revelada do Pai e da Mãe, respectivamente. O Pai é revelado por meio da Mãe através do nascimento do Filho, e a Mãe é realizada na Filha, quando, como Noivo e Noiva, o Filho e a Filha se unem e se convertem em Pai e Mãe.

Esse mistério é o centro do Evangelho gnóstico, em que a encarnação do Cristo ocorre por meio da pessoa do Senhor Yeshua e de Maria Madalena — o Noivo e a Noiva Santa. Segundo o Evangelho gnóstico, o Senhor Yeshua encarna Cristo, o Logos-Palavra, e a Senhora Maria encarna Cristo, a Sophia-Sabedoria. Os dois juntos representam a imagem do Pai Santo e da Mãe Santa na verdadeira masculinidade e feminilidade. Na cabala cristã, Da'at representa a sua união mística e a transmissão de luz que dela flui.

Yeshua é a luz-presença, semelhante aos supernos mais além de Da'at. A Senhora Maria é o prisma através do qual a luz flui e se converte em muitos raios de glória irisada. Ele é o Mestre que encarna a luz-presença, ela é o primeiro apóstolo e o apóstolo dos apóstolos, por meio do qual a transmissão de luz flui para os demais. No Evangelho gnóstico, é devido à sua união mística que ocorre a transmissão de luz, do mesmo modo que Da'at facilita o fluxo de luz superna aos sete Sefirot abaixo dele.

Da'at é chamado também de quarto superior, que é o espaço sagrado por meio do qual acontecem três ritos de iniciação importantes: a Sagrada Eucaristia ou festa de bodas, a transmissão do Espírito Santo por meio do hálito sagrado e radiante, e a recepção da luz ardente do ser superno no dia de Pentecostes. Diz-se que esses três eventos ocorrem pela união entre o Noivo e a Noiva, e o conhecimento secreto (Da'at) associado a essas iniciações é considerado a base da verdadeira sucessão apostólica no gnosticismo.

Essa transmissão de luz é a que flui do Cristo ressuscitado por meio da Noiva Santa, que inicia o apocalipse — a revelação do contínuo de luz. Desse modo, há duas imagens do Noivo atribuídas a Da'at: a imagem do grande anjo do apocalipse e do Cordeiro de Deus com sete chifres e sete olhos. Igualmente, há duas imagens da Noiva Santa: a imagem dos vinte e quatro anciãos e a da nova Jerusalém.

Segundo os mestres da Tradição, tudo isso ocorre através da transmissão no quarto superior, ou seja, essa gnose divina é adquirida pelo adepto que ingressa em Da'at e passa à morada superna. Simbolizado por esse quarto superior, temos a sensação de que, em vez da própria luz superna, Da'at é o canal ou veículo da luz — de onde vem o título de Da'at como o "não Sefirah".

Isso alude ao verdadeiro propósito e significado do ser humano, que é uma criatura especificamente associada ao conhecimento de Da'at: estamos destinados a ser veículos da luz-presença. Essencialmente, experimentamos a luz-presença em nós e adquirimos a gnose — conhecimento espiritual — em qualquer momento que estivermos abertos e sensíveis a ela. Para passar por Da'at ou "cruzar o abismo", temos apenas de ser transparentes à luz que resplandece em nós e nos reconhecer como inseparáveis do contínuo de luz. Nesse estado, não há juízo, só a alegria pura do êxtase divino.

O santo secreto e o Sefirah secreto

Ao retomar o seu caminho, alguém correu e ajoelhou-se diante dele perguntando: "Bom Mestre, que farei para herdar a vida eterna?" Jesus respondeu: "Por que me chamas bom? Ninguém é bom senão só Deus. Tu conheces os mandamentos: Não matar, não cometer adultério, não roubar, não levantar falso testemunho, não defraudar alguém, honra teu pai e tua mãe". Então ele replicou: "Mestre, tudo isso eu tenho guardado desde a juventude". Fitando-o, Jesus o amou e disse: "Uma coisa te falta: vai, vende o que tens, dá aos pobres, e terás um tesouro no céu. Depois, vem e segue-me". Ele, porém, constristado com essa palavra, saiu pesaroso, pois era possuidor de muitas propriedades. (Mc 10,17-22)

Segundo os ensinamentos gnósticos, esse foi o primeiro encontro de São Lázaro e do Mestre Yeshua. São Lázaro se converte no discípulo mais amado e é o único discípulo, com a exceção de Santa Maria Madalena, com quem Yeshua compartilha os ensinamentos mais profundos e a iniciação da ressurreição. Basicamente, o Mestre diz ao seu discípulo secreto: "Prepara-te para a morte". A experiência do estado de além-mundo e a experiência de Da'at são fundamentalmente a mesma: um reflexo direto do estado da mente ou da alma no momento da encruzilhada. Em termos dos estados de além-mundo, se passarmos pela porta da morte perturbados, com negatividade ou aferrados ao corpo e às coisas do mundo, então a transição será difícil. Igualmente, não podemos passar por Da'at enquanto estivermos aferrados ao nome e à forma, às coisas do mundo ou a alguma coisa na mente, sejam visões de céus ou visões de infernos. Devemos ser fiéis ao Espírito do Senhor, à natureza infinita da alma, e nada mais. Portanto, temos de estar num estado de total desapego espiritual, a não ser que caiamos no lado escuro de Da'at.

São Lázaro seguiu as instruções do Mestre perfeito e, desse modo, pôde receber os ensinamentos secretos mais profundos e a iniciação da ressurreição. Converteu-se no discípulo mais íntimo do Senhor e no apóstolo secreto. Segundo uma lenda, São Lázaro ascendeu com o Senhor Yeshua. Segundo outra lenda, São Lázaro é o discípulo amado que não morrerá, mas que continuará vivendo na terra até o momento da segunda vinda. Essencialmente, São Lázaro é o primeiro discípulo que realiza em si mesmo a plenitude divina da Alma do Messias.

Práticas espirituais para o conhecimento divino

A cruz cabalística

- Invoque a luz da cruz verdadeira, tome a sua cruz sagrada e siga o caminho da presença de Cristo.
- De pé ou sentado, visualize uma esfera de luz acima da sua cabeça, como se a luz de muitas estrelas se concentrasse nesse ponto, e permaneça na consciência da unidade sagrada de você mesmo, da criação e de Deus.
- Estenda a mão, toque a esfera de luz e entoe: "Atoh", baixando a luz ao tocar a testa.
- Então, leve a mão à garganta, vendo a luz descer para ela, e entoe: "O Adonai".
- Baixe a mão para o centro do corpo, vendo a luz descer por você até a terra e, com a mão apontando para os pés, entoe: "Malkut".
- Então, suba a mão de novo para o centro do corpo, até o coração, e estenda a luz até o ombro direito. Tocando-o, entoe: "Ve-Gevurah".
- Então, estenda a luz até o ombro esquerdo e, tocando-o, entoe: "Ve-Gedulah".
- Juntando as mãos à frente do coração, como em oração, visualize a luz da cruz dentro de você e entoe: "Le-Olam, amém".

Essa é a prática da cruz cabalística como é apresentada na Tradição Sophia. Atoh significa "você" e indica Keter; O Adonai significa o "Ungido", referindo-se à Noiva e ao Noivo; Malkut significa "o reino", indicando o último Sefirah do pilar do meio; Ve-Gevurah significa "o poder" e indica o Sefirah Gevurah e o pilar de severidade; Ve-Gedulah significa a "glória" e indica o Sefirah Hesed e o pilar de misericórdia; Le-Olam significa "para sempre" e indica o contínuo da transmissão de luz; amém significa "assim seja" ou "assim é" e é o selo sagrado da verdade. Desse modo, ao traçar a cruz no corpo, você está dizendo "vocês, Noiva e Noivo, são o reino, o poder e a glória, para sempre, amém". É uma afirmação da sua conexão inata com o Espírito e a verdade do seu ser mais profundo como ser de Cristo, e um método para invocar a luz-presença. A cruz cabalística pode ser usada antes e depois de qualquer atividade espiritual — estudo e contemplação espiritual, oração, meditação ou ritual sagrado — como invocação de abertura e dedicação de encerramento. Pode ser usada também sempre que sentimos necessidade de nos centrar ou de invocar uma bênção da luz-presença sobre nós mesmos.

Meditação do quarto superior

- Sente-se num lugar onde não seja perturbado. Lentamente, dirija a atenção para a sua respiração, permitindo que o corpo encontre o seu ritmo natural ao respirar. Enquanto respira, relaxe, mas continue completamente alerta, libertando-se de toda tensão, estresse ou negatividade para estar simplesmente presente no momento.
- Quando o corpo estiver relaxado e a mente tranqüila, visualize o sol espiritual dentro do seu coração e visualize o seu corpo inteiro convertendo-se em luz.
- Então, imagine que há um quarto superior acima de você — um quarto cheio de luz, como se houvesse uma assembléia luminosa de profetas e apóstolos, sábios e santos, em sagrado discurso/colóquio. Sinta-se cada vez mais brilhante e veja-se subindo a esse quarto superior num corpo de luz para sentar-se entre os santos aí reunidos. O quarto superior parece uma grande câmara. O Senhor e a Noiva Santa estão no centro. Sobre a imagem do Senhor e da Noiva está a presença de um brilho branco — uma presença de luz diamantina. Ao redor da presença do Ungido está o círculo sagrado dos vinte e quatro anciãos santos. Ao redor do círculo sagrado de anciãos há círculos sobre círculos de apóstolos e profetas, santos e sábios, e até anjos santos de Deus. O Senhor está calado e a Noiva Santa está dando ensinamentos sobre os mistérios sagrados. Visualize-se entre eles. Abra a mente e o coração à presença e ao poder divino no quarto superior — olhe e veja, ouça e escute, e observe que conhecimento recebe da assembléia luminosa.
- Quando sentir que é o momento de sair da assembléia luminosa, visualize-se descendo como subiu, vendo-se uma vez mais no corpo abaixo, com o sol espiritual brilhando no coração. Deixe que a energia se estabilize e equilibre-se plenamente antes de sair do lugar da meditação, pensando na experiência do quarto superior. Encerre a

meditação com uma oração, dando graças ao divino pela experiência e pelo que recebeu — louve a Deus.

Essa meditação pode ser usada quando temos uma pergunta e, nesse caso, levamos a pergunta ao quarto superior. Mas podemos usá-la mesmo sem ter uma pergunta específica, quando simplesmente buscamos a inspiração ou revelação que a graça divina oferece. É uma forma de entrar em contato com a assembléia luminosa de anjos e santos e de receber ensinamentos secretos diretamente da presença e do poder divinos.

Diz-se que todos os profetas e apóstolos, ou mestres ascensionados, têm Escolas de Mistérios nos planos interiores. Os iniciados gnósticos modificam essa prática para entrar em contato com a Escola de Mistérios de profetas ou apóstolos específicos, pondo a imagem do profeta ou apóstolo no centro, no lugar do Senhor e da Noiva Santa e visualizando um círculo correspondente de discípulos e anjos santos reunidos ao redor desse profeta ou apóstolo de Deus. Por exemplo, um iniciado pode querer entrar em contato com a Escola de Mistérios do profeta João Batista. Ele considerará, então, como seria a imagem celestial de João Batista e imaginará essa imagem divina no centro do quarto superior. Igualmente, o iniciado considerará como seriam os companheiros de João Batista e que anjos estariam presentes e, assim, visualizará a assembléia luminosa. Esse processo de desenvolver uma visualização pode ser o produto da instrução divina. Portanto, em muitos métodos da Tradição, não é dada uma visualização específica, recorrendo-se ao espírito criativo dentro do iniciado para que forneça as imagens. Como uma afirmação que criamos para nós mesmos, muitas vezes a imagem que criamos acaba sendo mais poderosa e efetiva do que uma imagem imposta de fora. Há um lugar para as imagens geradas pelos adeptos e mestres da Tradição, mas há igualmente um espaço para as imagens que criamos para nós mesmos. A meditação do quarto superior é um método feito para que gerenciemos as nossas próprias imagens — idealmente sob a inspiração do Espírito Santo, que é um espírito criativo.

SEIS

HOKMAH, A SABEDORIA DA CRIAÇÃO

Atributos

Trinta e dois caminhos de sabedoria: consciência radiante (Sekhel Maz'hir); essa é a coroa da criação e a unidade homogênea que "se exalta por cima de todas as cabeças"; os mestres da cabala o chamam de segunda glória.

Hokmah: Sofia ou Sabedoria.

Posição na Árvore da Vida: topo do pilar de misericórdia.

Nome divino: Yah; Yahweh.

Nomes divinos *alternativos*: Hayyah Olam, vida eterna, Yesh, "Hay".

Partzuf acima: Abba, Pai.

Partzuf abaixo: nenhum.

Imagem divina: uma imagem masculina barbada; o único que senta no trono.

Arcanjo: Ratziel.

Ordem de anjos: Ofanim.

Atributo celestial: Mazlot, a roda do zodíaco.

Títulos dados a Hokmah: Reshit, o ponto do princípio; poder dos anjos santos; esplendor da unidade; Yod do Tetragrammaton; o Tetragrammaton; Ab, Pai virgem; Abba, o Pai celestial; o único que não é visto; conhecimento transcendental; vida eterna; mestre dos mundos; glorioso; o princípio e o fim; a profundidade do princípio.

Nível da alma: Hayyah, a essência da vida ou força vital.

Morada celestial: o mundo de luz superna.

Experiência espiritual: a conquista da consciência superna; a visão de Adão Kadmon; a visão de Deus frente a frente.

Virtudes: devoção perfeita, Devekut.

Vício: nenhum.

Símbolos: o traje interior de glória; o bastão sagrado; o falo ou *lingam*; a pedra vertical; a esfera de cristal; Yod.

Mandamento: Não farás para ti imagem de escultura... (Êx 20,4)

Sermão da Montanha: Vós sois o sal da terra. (Mt 5,13)

Anjo do apocalipse e das igrejas: a luz do grande anjo.

O gerador superno

Hokmah-Sabedoria é essencialmente tão incompreensível quanto Keter. Numa analogia, se Keter for visto como a singularidade da qual surge o *big bang*, Hokmah seria o horizonte eventual que, da nossa perspectiva, é tão inconcebível quanto a própria singularidade. Hokmah é o momento do *big bang*. Como tal, podemos dizer que esse horizonte eventual está ao mesmo tempo fora e dentro do nosso universo metafísico: assim, o que ele é exatamente só pode ser um total mistério no nível da consciência comum. O momento antes do *big bang*, se é que se pode dizer tal coisa, não é conhecível, já que tudo o que é conhecível começa a partir do instante da grande explosão. Nesse sentido, os mestres da Tradição dizem que Hokmah é Reshit — o ponto do princípio, além do qual não há nada conhecível.

Yod, a primeira letra do Tetragrammaton, contém uma contemplação desse mistério em termos geométricos. Seu nome soletrado é Yod (י)- Vau (ו)- Dalet (ד). Yod se assemelha a um ponto, que representa Keter. Um ponto tem posição, mas não dimensão. Vau parece uma linha: quando de um ponto é traçada uma linha, há uma dimensão. Dalet parece um ângulo, ou duas linhas compartilhando uma interseção; quando duas linhas são traçadas a partir do ponto, dando comprimento e largura, há então duas dimensões, que formam um plano ou espaço bidimensional. A passagem de Keter a Hokmah é semelhante a essa contemplação das letras do nome de Yod.

Soletrado, Yah, o nome divino de Hokmah, é Yod (י)-Hey (ה) e sugere a geração de um contínuo de espaço-tempo tridimensional, sendo o He o potencial divino de Binah dentro de Hokmah, que é realizado quando os sete Sefirot inferiores emergem de Binah-Da'at. Contudo, no nível de Hokmah, o espaço-tempo como o entendemos é potencial: é o instante dentro de um momento do tempo, sendo eternidade atemporal — daí o nome divino Hayyah Olam (vida eterna), associado a Hokmah. Hokmah é eternidade atemporal e Binah é eternidade no tempo, o que significa que Hokmah é eternidade e Binah é para sempre. Para sempre é uma duração de tempo que é inconcebível para nós, como a vida do universo. No entanto, ainda que o verdadeiro significado dessas palavras não seja compreendido pela consciência comum, elas nos dão uma idéia da realidade de Hokmah-sabedoria.

Essa idéia de eternidade para além do espaço-tempo — e de eternidade penetrando em todas as partes dentro do espaço-tempo — sugere que Hokmah está unido a Keter e que, no entanto, é um grau distinto da luz superna num nível inferior, movendo-se em direção à manifestação. Reflete também diretamente a idéia de um horizonte ou umbral que está ao mesmo tempo dentro e fora do nosso universo metafísico.

A contemplação de um ponto que se converte numa linha faz alusão à natureza de Hokmah como canal ou fluxo de energia superna que sai de Keter. Poderíamos dizer que Hokmah é Keter posto em movimento, ou que Hokmah é a ativação do potencial de Keter. Com relação a Binah-Da'at, Hokmah é o gerador superno e o grande estimulador da vida — o gerador de todo o poder vital. Em uma palavra, Hokmah é a força. Daí o termo "consciência radiante" ou "força radiante". Consciência é força e força é consciência (energia-inteligência).

O jogo da força e da forma — transformação

Hokmah e Binah são respectivamente o topo do pilar de misericórdia e o topo do pilar de severidade, representados no templo do rei Salomão como as colunas Iaquin e Booz. Keter Da'at é o topo do pilar de compaixão, ou pilar do meio, representado pelo trono de Deus ou arca da aliança no santo dos santos. Em essência, os pilares da Árvore da Vida representam o princípio da força e o princípio da forma — e o princípio dinâmico de força e forma. No topo do pilar de misericórdia, Hokmah é pura força. No topo do pilar de severidade, Binah é pura forma num sentido arquetípico.

Keter-coroa é o princípio do ser; Malkut-reino é o princípio do devir — portanto, o pilar do meio é o princípio da conversão em ser substancial. A natureza desse surgimento em ser substancial é um jogo dinâmico de força e forma que está arraigado em Ain (nada), sendo, por conseguinte, um contínuo constante de transformação. No processo de transformação, a força ou energia é organizada em formas e se manifesta numa determinada forma até que esta finalmente evolua e a força ou energia seja liberada de novo no rio cósmico de força (luz) para se manifestar em outras formas. Nesse processo, a força ou energia nunca é alterada em sua essência ou ser, e nada da força ou energia se perde: é a mesma para sempre e por toda a eternidade.

Hokmah — e o pilar de misericórdia — é o dinamismo dentro e por trás do contínuo de transformação, que é criação. Contudo, Hokmah não é o agente organizador, que é Binah — daí o princípio de forma num nível arquetípico. Embora no nível dos supernos não haja distinção real entre força na forma e fora da forma, não havendo assim nascimento e morte, o jogo da força e da forma no nível arquetípico aparece como a dança da vida e da morte nos Olamot inferiores da árvore. Assim, o nascimento, a vida, a morte e a transmigração da alma são uma forma de contemplar o jogo da força e da forma na nossa própria experiência.

A alma é a força ou energia da vida — uma individuação da única força vital, chamada Hayyah. A forma da alma arquetípica ou celestial, realizada pelo processo de transmigração-transformação, é o Neshamah. O que é realizado do Neshamah é o Ruach. Os nomes e formas, ou encarnações, são os Nefeshim. No Zohar, o Nefesh é atribuído a Hokmah porque Hayyah é um potencial inesgotável de inumeráveis Nefeshim, do mesmo modo que Hokmah é um fluxo inesgotável da força ou poder vital de Keter.

O nascimento é a manifestação da alma no corpo ou a personalidade e o desdobramento de uma encarnação. A vida é a duração do Nefesh individual ou forma de vida. A morte é a dissolução do Nefesh e a libertação da alma-energia para outra forma. Nesse processo de transmigração-transformação, a essência da alma-energia ou Hayyah nunca muda e nem se perde nada da alma-energia. Isso reflete diretamente o jogo de Hokmah e Binah ou força e forma, em que se baseia o universo ou criação, e a idéia de Hokmah como "coroa" que é "exaltada por cima de todas as cabeças".

O Pai celestial

Keter é o partzuf de Arik Anpin, o grande rosto, o rosto do Santo que resplandece sobre os Sefirot, que ninguém jamais viu. Esse rosto é Hu (Ele) e é Hua

(Ela), no sentido de conter o potencial divino de masculinidade e da feminilidade, mas Keter ou Arik Anpin não é masculino nem feminino. Hokmah e Binah são masculino e feminino, respectivamente, e são os partzufim de Abba (pai) e Aima (mãe).

Na cabala, masculino e feminino representam positivo e negativo, como nos pólos de uma pilha, o que permite o fluxo da corrente de energia. O masculino representa o princípio de força e o princípio de repartir, enquanto o feminino representa o princípio de forma e o princípio de receber. Todos os Sefirot são masculinos e femininos na sua relação mútua, conforme estejam repartindo ou recebendo. Por exemplo, Keter é chamado Hu (Ele) na relação com os outros Sefirot porque é doador para todos eles. Contudo, com relação a Ain Sof, Keter é chamado Hua (Ela) porque é recebedor para Ain Sof. Igualmente, Malkut é feminino para os Sefirot porque é o recipiente que "não tem luz própria", recebendo a luz de cima. Não obstante, ao receber em si essa luz, a Noiva se converte na Mãe e, como a Mãe que dá à luz um filho, Malkut devolve algo mais, tornando-se masculino em termos cabalísticos. Na cabala, o jogo dos gêneros está cheio de significado esotérico.

O significado cabalístico de masculino e feminino resolve o que de outra maneira seria um paradoxo interminável a respeito de Hokmah-sabedoria que, na cabala é Abba-Pai, mas, nas Escrituras, é Hua-Ela. É que nas Escrituras sempre se fala de Hokmah com relação a Keter e, especificamente, a Ain Sof, para o qual Hokmah é feminino. Contudo, na Árvore da Vida e com relação a nós, Hokmah é totalmente masculino — sendo por isso Abba, o Pai.

O partzuf de Abba indica a relação de Hokmah com todos os Sefirot abaixo e com a nossa alma de luz (Neshamah-Ruach-Nefesh). Já falamos de Hokmah-Yahweh como a *força*, que é o princípio gerador ou o Pai. No Evangelho, o Senhor Yeshua faz continuamente alusão a Deus como Abba-Pai e, assim, fala especificamente de Hokmah como a fonte da sua inspiração e a conquista que a sua mensagem aponta. Desse modo, Yeshua Messiah vem *em nome da força* — a luz-força do pai superno.

Assim como podemos considerar Hokmah-Binah em termos de nascimento e morte, podemos também conhecer Hokmah-Binah por meio da contemplação da masculinidade e da feminilidade, ou o Pai e a Mãe. Em termos de Hokmah-Binah, esse filho é a criação e a Alma do Messias. O Pai insemina a Mãe, fecundando-a e, desse modo, ela concebe. Durante o processo de gestação e parto, o Pai dá apoio e provê alimento para a Mãe, mas o seu verdadeiro papel no desenvolvimento da criança ainda dentro do útero termina com a fecundação. A Mãe é a matriz ou ambiente em que a criança é concebida e por meio do qual cresce e se desenvolve num processo contínuo de transformação em direção ao nascimento. Desse modo, o Pai é transcendental para a criança no útero, mas a Mãe é imanente.

Hokmah, que é Deus o Pai, é transcendental — sempre além da criatura e da criação e, assim, "exaltado sobre todas as cabeças". Binah, que é Deus, a Mãe, é imanente — dentro da criatura e da criação. Essencialmente, Binah pode ser concebido como o útero de Deus e Hokmah como o falo de Deus. O útero é a matriz da criação e o falo é o dinamismo da força que põe em movimento a matriz. Nesse sentido, o Pai está dentro de nós e a Mãe ao redor de nós, ainda que o que está dentro de nós esteja, na realidade, além de nós.

Nessa alegoria, o nascimento da criança é a iluminação-libertação da alma-ser. Até o início de uma total auto-realização na consciência superna ou cristã, que é o grau de conquista correspondente a Hokmah, o Pai celestial está oculto e é desconhecido. Por essa razão, não há partzuf abaixo de Hokmah. No Evangelho, ainda que José seja o pai terreno de Yeshua, ele só é mencionado porque Abba-Pai é totalmente invisível e transcendental, salvo por meio da imagem do Filho. Por outro lado, a Mãe Santa (Mãe Maria) tem um papel significativo no mistério do Evangelho, estando o partzuf abaixo encarnando e refletindo o partzuf Aima, que é Binah. O mito do parto virginal é uma metáfora dessa relação do Pai e da Mãe celestiais. Para o cristão gnóstico, forma a base de uma meditação sobre Hokmah e Binah.

O grande nome de Deus

Yah e Yahweh, o Tetragrammaton, é Hokmah no nível de Atzilut. Yah é composto das letras Yod (י) e He (ה). A parte superior de Yod, como foi dito anteriormente, é Keter e o universo de Adão Kadmon; o corpo de Yod é Hokmah e o universo de Atzilut. A letra He é Binah e o universo de Beriyah. Desse modo, Yah é o poder dos supernos e expressa a verdade de Hokmah como o gerador de poder na Árvore da Vida. A força superna que passa pelos Sefirot de Beriyah sustenta o universo de Yetzirah e, assim, Yah indica Hokmah como o poder por trás do mundo dos anjos, que é Yetzirah.

Yod e He são o Pai e a Mãe supernos antes de conceber e dar à luz. Unidos a Vau e a He, finalmente no Tetragrammaton, Yod e He são Abba e Aima, ou seja, o pai e mãe divino deu o ser ao Filho e à Filha. Assim, os cinco grandes partzufim são representados pelo grande nome de Deus — o nome Yahweh (Yod-He-Vau-He). Como foi explicado anteriormente, o nome Yahweh forma a figura de um ser humano quando as letras são dispostas verticalmente, indicando que Yahweh é o canal da santa Shekinah de Adão Kadmon para os universos inferiores, e que os cinco grandes partzufim são a expressão do que está contido dentro de Adão Kadmon — o ser humano primordial.

O nome divino de Eheieh é o nome mais elevado de Deus, mas é o Tetragrammaton que é chamado de grande nome de Deus. Naturalmente, isso origina a pergunta: "Por que é Yahweh o grande nome em vez de Eheieh, que é o nome divino mais elevado?" Isso tem um paralelo direto no uso da segunda letra do alfabeto hebraico (Bet) como a letra inicial da criação, em vez da primeira letra (Aleph). Aleph é a primeira no nome mais elevado de Deus e é a letra que representa o espírito ou essência de Deus que, embora esteja dentro da criação, está sempre fora dela. Por isso, a criação começa com a letra Bet em vez de Aleph, dada a natureza transcendental do criador. Bet significa "casa" ou "estrutura" — portanto, a matriz da criação. Aleph é o Espírito de Deus que flui por meio dela. Contudo, assim como está dentro dela, o Espírito de Deus também a rodeia e está fora dela. Essa idéia descreve também a relação de Eheieh e Yahweh, semelhante à relação da alma e do corpo — neste caso, um corpo de luz ou pura energia.

Eheieh é como a raiz da Árvore da Vida — a raiz é a vida da árvore sagrada. Portanto, é o nome essencial ou mais elevado de Deus. Yahweh é como o tronco da Árvore da Vida. A raiz sagrada está oculta nas profundezas secretas de Ain Sof, mas o tronco é a parte visível da árvore sagrada, que emerge das profundezas do infinito, que em si é infinito. Os outros nomes divinos são como galhos da árvore sagrada unidos pelo tronco (Yahweh) e, por meio de Yahweh, todos são sustentados por Eheieh. Portanto, embora Eheieh seja o nome essencial de Deus, Yahweh é o grande nome, que contém os outros nomes divinos e para o qual os outros nomes são como ornamentos, cada um produzindo o próprio fruto específico (Sefirah). Desse modo, Yahweh é a glória de Eheieh (segunda glória) e os outros nomes são a glória da glória (terceira glória — Elohim e Binah).

Eheieh está dentro de Yahweh como uma alma num corpo de luz e Yahweh está em Eheieh como um corpo dentro de uma aura de luz brilhante — por meio de Yahweh, Eheieh é revelado. Yahweh significa literalmente "eu sou" ou "eu serei". Portanto, Yahweh indica a efusão de Eheieh, a atividade ou revelação de Eheieh que, enquanto sai de Eheieh, está ao mesmo tempo entrando em Eheieh.

Hokmah-Yahweh é o canal do ser-consciência-força superno ou da luz superna. Na cabala, essa luz superna é denominada *ruhaniyut*, que respira e brilha dentro dos Sefirot e também ao seu redor. O ruhaniyut sugere a idéia de um espírito ou alma dos nomes divinos ou Sefirot. Assim, há um ruhaniyut interno e um externo, já que respira e brilha dentro dos Sefirot como uma alma, e ao redor deles como uma aura ou "prenda".

O nome de Yahweh é o ruhaniyut interno e os outros nomes são o ruhaniyut externo. Eheieh, que está oculto dentro de Yahweh e, no entanto, é revelado por Yahweh, é o ruhaniyut secreto mais profundo, sendo a verdadeira essência do ruhaniyut interno e externo. Esse ruhaniyut (luz superna de Ain Sof) é a força vital dos nomes-Sefirot-partzufim, a sua alma, o seu espírito e a sua aura. Ruhaniyut, como a palavra Ruach, sugere respiração e reluzência — o hálito sagrado e radiante de Deus. Ruhaniyut é na verdade um termo plural, indicando várias formas da luz-respiração de Deus, que são a manifestação de um hálito sagrado e radiante.

No Gênesis, está escrito que Deus insuflou nas narinas do homem um hálito de vida e ele se tornou uma alma vivente. Esse é Adão Kadmon e é Adão Ha-Rishon (primeiro ser humano) — portanto, o ideal superno da humanidade. Diz-se que as almas dos justos (tzaddikin) — ou todos os seres humanos autênticos — provêm da alma de Adão Kadmon. Desse modo, esse ruhaniyut ou hálito sagrado e radiante de Deus está dentro de cada ser humano. Por meio desse ruhaniyut em nós, estamos ligados aos Sefirot-nomes-partzufim e podemos unir a nossa alma aos Sefirot e unir os Sefirot à nossa alma — encarnando assim um pouco da santa Shekinah.

Yahweh é o nome dos nomes, o poder unificado do ruhaniyut de todos os nomes de Deus. O nome de Yeshua é o mesmo nome divino com a letra Shin(ש) introduzida no meio, sugerindo um ser humano que realizou o ruhaniyut (hálito sagrado e radiante) dentro de si e, desse modo, unificou-se aos Sefirot-nomes-partzufim. O nome de Yeshua não é simplesmente o nome de uma pessoa humana: é o nome de um ser humano ungido ou iluminado.

Isso explica o significado esotérico dos enunciados: "todas as forças espirituais estão sujeitas ao nome de Yeshua" e "diante do nome de Yeshua Messiah todo joelho se dobrará e toda cabeça se inclinará". Na realidade, todo o universo metafísico (céu e terra) e todas as forças cósmicas do universo se movem com "quem adotou esse nome sagrado".

Há uma alusão à chave para essa auto-realização nos termos cabalísticos para alma e no próprio termo ruhaniyut — é o hálito da vida. Dentro e por trás da respiração comum, há uma respiração ou força espiritual mais sutil — um hálito sagrado e radiante, que é a manifestação de Hayyah (a essência da vida) atribuída a Hokmah. Descobrindo esse hálito interior e secreto e usando os nomes divinos como ensinados pelos mestres da sabedoria, o iniciado nos mistérios cristãos tem o poder do nome bendito de Yeshua — a Gnose de Yeshua Messiah (que é a Gnose perfeita do grande nome de Deus).

Aqui, chegamos a uma compreensão mais profunda da iniciação do quarto superior, quando o Senhor Yeshua respira sobre os discípulos, dizendo "recebam o Espírito Santo" e quando o fogo de Pentecostes desce sobre eles na presença da Noiva. Porque a luz-força superna é uma luz ardente e a respiração é o seu veículo: desse modo, quem sabe respirar e vibrar os nomes divinos pode transmitir esse Espírito a outros e, assim, despertar neles o Espírito Santo. Essa é a base de toda a iniciação gnóstica.

Um segredo proverbial

Yahweh fundou a terra com Hokmah-sabedoria; com Binah-entendimento firmou os céus; com o seu Da'at-conhecimento os abismos se dividiram, e as nuvens Arabot destilam o orvalho (Pr 3,19-20).

Arabot, que significa "nuvens" ou "planícies", é o nome do sétimo e mais elevado céu. A menção de Hokmah-Binah-Da'at indica o mundo de luz superna, que está além do céu mais elevado. O orvalho é o *shefa* ou fluxo eterno que enche os Sefirot e flui dos Sefirot. Esse shefa é o alimento de todas as almas viventes e de todos os mundos, e a sua essência está em Hokmah. Assim como por meio dos nomes divinos podemos unir o ruhaniyut em nós ao ruhaniyut dos Sefirot, por meio dos nomes podemos receber o fluxo do shefa. Entoar os nomes é invocar/evocar a manifestação correspondente do fluxo eterno ou poder divino.

Podemos entender a relação entre ruhaniyut e shefa da seguinte forma: o ruhaniyut é como a alma da árvore; shefa é como a seiva da árvore. A alma e a seiva são chamadas de vida da árvore. São essencialmente duas manifestações da mesma coisa — a força vital da árvore sagrada. O ruhaniyut é a essência e o shefa é a presença. Ruhaniyut e shefa são transmitidos respectivamente pelo vinho e pelo pão na Sagrada Eucaristia. Na iniciação do quarto superior, o Noivo transmite o ruhaniyut e a Noiva o shefa. Esse é o segredo aludido na Sagrada Eucaristia ou festa de bodas, realizada para lembrar o ungido com a luz superna de Deus.

No nível de Hokmah de Atzilut, o ruhaniyut e o shefa são um, assim como o Senhor e o seu nome são um. Diz-se que esse mistério supremo contém o segredo da vida eterna e é a meditação dos tzaddikim perfeitos — os grandes mestres da Tradição.

Hálito radiante, palavra e sabedoria

Segundo a Tradição, a criação é fundamentada em Hokmah e Binah. Mais especificamente, a criação é fundamentada em dez declarações — enunciados ou axiomas — que são encontradas no primeiro capítulo do Gênesis. Desse modo, num sentido espiritual, Hokmah constitui as dez declarações que definiriam a criação, enquanto Binah é o sistema lógico de padrões arquetípicos que as conecta. Todas as leis da natureza e da criação são essencialmente enunciados de Deus, sendo que o mais simples contém muitos níveis de significado ou manifestação. Cada Sefirah representa os diferentes níveis e aspectos de uma dessas dez declarações. Assim, cada Sefirah, com todos os seus atributos ou correspondências, é uma expressão de um enunciado ou axioma de Deus, cuja essência é encontrada em Hokmah e cujo princípio atua por meio de Binah. Por exemplo, a primeira declaração sagrada da criação — "Haja luz" — é Keter-Da'at com todas as suas correspondências manifestando-se no nível de Adão Kadmon, Atzilut, Beriyah, Yetzirah e Asiyah. Tudo o que Keter-Da'at foi, é ou será em cada nível está contido nesse enunciado, e a essência desse enunciado se encontra em Hokmah.

No nível de Hokmah de Atzilut, a palavra e a sabedoria de Deus são a mesma coisa, assim como o ruhaniyut e o shefa são um, como também o Senhor e o seu nome. A palavra se manifesta a partir da sabedoria como enunciados individuais distintos, no nível de Beriyah. A palavra é a expressão da sabedoria de Deus que realiza a sabedoria divina, e o veículo dessa expressão-realização é o hálito sagrado e radiante ou Espírito de Deus. Hálito, palavra e sabedoria são três em um e um em três. Daí o mistério secreto da Santíssima Trindade — Pai, Filho e Espírito Santo, sendo este último o princípio feminino divino representado pela Mãe Santa e pela Noiva Santa (Binah-Malkut). Binah de Atzilut é a matriz sagrada em que é concebido o enunciado-palavra, e Malkut de Atzilut é o oráculo divino (boca) expressando o enunciado-palavra. Este, por sua vez, conduz ao hálito, à palavra e à sabedoria no nível de Beriyah, Yetzirah e Asiyah.

Como já vimos, esse poder criativo está dentro do humano e, na realidade, constitui a alma do humano. Há uma alusão a isso na idéia de Deus insuflando o hálito de vida nas narinas de Adão, e de Adão se convertendo numa alma viva à imagem e semelhança de Deus (Elohim). Outra alusão a isso é Adão recebendo o poder divino para dar nome às criaturas da criação. Esotericamente, saber o nome de um espírito ou criatura é ter o poder de subjugar esse espírito ou criatura, ou de "regê-lo" e, assim, dirigir conscientemente esse ser-força. O poder de nomear um espírito ou criatura é o poder de conceber e criar um novo espírito ou criatura. Essa é a base do poder da oração na cabala mística e dos conjuros ou feitiços que usam os nomes divinos e permutações dos nomes divinos na cabala mágica — o mistério secreto que há por trás de todos os milagres feitos por homens e mulheres de Deus nas Sagradas Escrituras.

Embora o verdadeiro uso desse poder criativo seja a cabala mágica, a chave do mistério secreto do poder divino é descoberta por meio da cabala mística ou meditativa já que, para nos dedicar à cabala mágica, temos primeiro de reconhecer e realizar o poder do hálito sagrado e radiante — o poder da alma — e aprender a unir a nossa alma aos Sefirot, tendo acesso assim ao ruhaniyut e ao shefa, por meio dos quais a magia divina se torna possível. Portanto, a oração e a meditação diária são uma parte integrante de qualquer prática real de magia divina, porque permitem que o iniciado tenha acesso ao conhecimento e ao poder divino.

O ideal divino da magia

Podemos ter a experiência da consciência cósmica — a unidade da vida — e mesmo assim continuar ignorando Deus, voltando à forma de vida que tínhamos antes dessa experiência. Em estados alterados de consciência, a consciência cósmica é comum. O sentido da vastidão e da unidade da vida é percebido na própria natureza quando nos deparamos com as suas maravilhas — o oceano, uma montanha, as glórias da primavera ou do outono. Em momentos de assombro e admiração, nós nos aproximamos desse nível de conhecimento da unidade sagrada — embora a própria consciência cósmica seja a experiência de completa e inseparável união com tudo o que vive no universo. Alguns confundem essa experiência mística com a conquista suprema, mas ser um com todas as criaturas e com a criação é muito diferente da experiência de unificação com o divino. Da mesma forma, a experiência desse nível inferior de consciência cósmica é muito diferente de alcançar a força do universo ou a capacidade de dirigir conscientemente forças cósmicas ou espirituais, como faz um tzaddik ou mestre perfeito. O nível inferior de consciência cósmica em Da'at é comum, mas os níveis superiores de consciência cósmica em Binah, que levam a diferentes níveis de consciência superna, são muito menos comuns.

A magia divina não é apenas a capacidade de passar a estados superiores de consciência: é a capacidade de dirigir conscientemente as forças cósmicas e espirituais estando num estado superior de consciência — mais especificamente, de dirigi-las conforme a vontade e o reino divino. Certamente é possível realizar diversos graus de magia divina antes de atingir os níveis supernos. Contudo, é em Binah que se atinge o domínio da magia divina e é em Hokmah que se realiza a perfeição da magia divina. A ciência da magia divina é atribuída a Hod, que é a base do pilar de severidade, mas a perfeição da magia divina é atribuída a Hokmah, que é o topo do pilar de misericórdia. Desse modo, nos ensinamentos rosacruz, quem alcança Hokmah é tido como mago — o mago mestre.

Essa relação secreta entre Hod e Hokmah revela a verdadeira natureza e o propósito da cabala mágica, que tantas vezes é descrita de forma equivocada por ocultistas que escrevem sobre o tema. A natureza e o propósito da magia divina não é o poder pessoal para a gratificação egoísta, mas o objetivo da auto-realização numa consciência superna ou cristã. A verdadeira prática da magia divina é compreender o poder divino da alma de luz e ser capaz de prestar ajuda espiritual invisível aos outros – ajudar os demais no seu processo pessoal de iluminação e libertação. – Para tanto, a verdadeira magia divina é uma experiência ativa do amor e da compaixão espiritual.

No gnosticismo, a ajuda espiritual é dada às almas vivas visíveis e aos espíritos invisíveis. Deste modo, assim como busca ajuda dos seres-forças espirituais num trabalho de magia, o iniciado gnóstico busca iluminar e libertar os seres-forças não evoluídos nele mesmo. Do mesmo modo que a ajuda espiritual é dada às almas vivas visíveis e aos seres-forças invisíveis, ela também é dada aos espíritos dos mortos – tudo com o propósito de uma evolução consciente rumo à consciência suprema ou cristã.

Na realidade, o gnóstico procura ser um agente consciente da vontade divina e um consciente co-criador com Deus, seja em assuntos mundanos ou espirituais. Já que o objetivo da magia divina é libertar e iluminar, a maior expressão dessa magia é a capacidade de iniciar outros na corrente de transmissão de luz ou de transmitir a energia ou poder espiritual da nossa própria auto-realização — daí o trabalho divino dos tzaddikim, que servem de guias espirituais e compartilham as iniciações e ensinamentos secretos.

Consciência profética

Como já se indicou, a oração e a meditação são parte integrante da prática da verdadeira magia divina porque é por meio das práticas espirituais-místicas que um aspirante pode realizar o poder divino do hálito sagrado e radiante de Deus. Os métodos de oraçao e meditação mística são importantes para a magia divina por outra razão: servem para o iniciado entrar em estados de consciência profética e receber orientação divina na prática da sua magia. A menos que estejamos conscientes da vontade divina, não podemos dirigir os nossos trabalhos mágicos para servir a vontade e o reino divino. Antes de qualquer trabalho mágico, o iniciado deve primeiro conhecer a vontade divina a respeito do assunto, para não se envolver num ato contrário a essa vontade. Na Tradição, qualquer trabalho mágico que esteja à parte da vontade divina e da nossa verdadeira vontade, é definido como feitiçaria ou magia negra.

Há dois níveis e vários graus de profecia dentro desses níveis. Hod na base do pilar de severidade e Netzach na base do pilar de misericórdia são denominados, respectivamente, espelho enevoado de profecia e espelho claro de profecia. Contudo, essa atribuição de estados proféticos a Hod e Netzach pode ser enganosa quando não se conhece a grande Árvore da Vida e a relação dos Olamot entre si. Assim como Da'at, que é a expressão de Yesod de um universo superior, Hokmah e Binah de um universo inferior são a expressão de Netzach e Hod de um universo superior. Assim, é no nível de Binah e Hokmah que ocorre a consciência profética, sendo Da'at a comunicação da profecia. Desse modo, os níveis de profecia abarcam os universos de Atzilut, Beriyah e Yetzirah, e são representados em Aiyah pelo profeta ou apóstolo — a revelação de uma profecia ou de um trabalho mágico baseado na direção divina que recebeu.

As expressões "espelho enevoado de profecia" e "espelho claro de profecia" indicam a qualidade da experiência profética e os dois níveis de profecia — o profeta menor e o profeta maior. O profeta menor é o que consegue examinar a lei divina e ver o que vai acontecer, alinhando-se de acordo com ela. O que o profeta viu nesse nível pode ou não ocorrer, e ele pode ou não efetuar uma mudança na direção dos acontecimentos. O conhecimento e o entendimento do profeta menor são, por natureza, parciais e incompletos — "brumosos".

O profeta maior, por outro lado, é um com a lei divina. Assim, percebe exatamente o que acontecerá e tem conhecimento, entendimento e poder para influir no fluxo dos acontecimentos, em maior ou menor grau. Como o profeta maior está unido à lei divina, o que ele ou ela diz acontecerá — ocorrerá como disse o profeta maior. Assim, a profecia feita no nível de Binah é sempre parcial ou confusa, enquanto que a profecia no nível de Hokmah é sempre completa e clara. Isso se aplica ao nível Binah-Hokmah de Yetzirah ou de Beriyah.

Em termos dos níveis de profecia correspondentes aos Olamot, enquanto Binah e Hokmah falam da clareza da experiência profética, os universos falam do grau de legitimidade da própria experiência — a legitimidade do conhecimento, do entendimento e da sabedoria. No nível de Atzilut, não há símbolos nem imagens: a profecia é um conhecimento ou entendimento direto na mente do profeta — ele ou ela sabe ou entende sem necessidade de sonhos ou visões. No nível de Beriyah, o profeta tem uma experiência direta da presença e do poder do Senhor — a santa Shekinah. Deus fala diretamente ao profeta. No nível de Atzilut, a Shekinah e o profeta estão unidos na experiência profética — há apenas o Santo. No nível de Beriyah, há o profeta e o santo e, embora muito perto do Santo, o profeta experimenta Deus como algo distinto de si mesmo. O nível de Yetzirah é uma profecia comunicada em reflexo, por meio de símbolos e por meio dos anjos santos de Deus. Desse modo, o fato de a profecia ser um conhecimento parcial ou um conhecimento completo — e o grau de legitimidade por meio do qual chega o conhecimento — é o que determina o nível de consciência profética. Os sonhos e visões cheios de simbolismos e visitações angélicas são o grau mais baixo de consciência profética. A experiência do conhecimento e entendimento direto dentro de si mesmo é o grau mais alto — entre esses dois pólos há muitos graus.

Para entrar na consciência profética, temos de dirigir a nossa consciência para dentro e para cima — para Deus — por meio da oração e da meditação. Vivendo conforme a verdade e a luz reveladas na experiência e no ritual mágicos, realizamos a vontade divina ou conhecimento do reino. É isso que significa ser um profeta ou apóstolo de Deus. Como disse o Senhor Yeshua, "faço o que vejo que o meu Pai faz".

Graus da magia divina

Assim como há diferentes níveis de consciência profética, há também graus de magia divina. No nível de Hokmah, a magia divina do mestre perfeito ocorre por meio do pensamento puro ou da vontade silenciosa. O Tzaddik perfeito não precisa fazer nem dizer nada exteriormente para produzir uma mudança na consciência ou no fluxo dos acontecimentos. O que faz exteriormente é para os outros, de modo que entendam o que está sendo feito e experimentem uma ligação com o espírito da verdade. Portanto, a forma mais elevada de magia divina tem pouco ou nada a ver com coisas externas, como rituais, talismãs, armas mágicas e coisas desse tipo: é puramente uma mudança dentro da própria consciência, por meio da qual ocorre uma mudança exterior. Consciência-força é o mesmo que consciência superna ou cristã. Assim, as forças se movem a partir de uma mudança na consciência conforme a vontade do tzaddik perfeito, que é a vontade de Deus.

A forma mais baixa de magia divina, assim como a forma mais baixa de consciência profética, é muito dependente do simbolismo e da mediação de seres-forças angélicos e de outros seres-forças espirituais. Nesse nível, o iniciado depende de um ritual sagrado desenvolvido exteriormente e, assim, faz uso de armas mágicas, sigilos, talismãs, conjuros e coisas do gênero. Entre esses dois pólos de magia divina estão os adeptos que realizam a sua arte puramente nos planos interiores, por meio da projeção da consciência num corpo sutil ou espiritual. A magia divina de puro pensamento corresponde a Hokmah; a magia divina realizada por meio do corpo sutil ou espiritual nos planos interiores corresponde a Tiferet-Da'at, e a magia divina do ritual sagrado corresponde a Hod.

A virtude da magia divina que os iniciados aprendem no estudo e na prática da cabala mágica é que, em cada nível, seja o ritual sagrado ou o trabalho de plano interior num corpo espiritual, todos os métodos refletem a magia pura da consciência superna ou cristã, e têm a sua fonte de inspiração na sabedoria divina (Hokmah). Mas isso não se aplica a todos os sistemas de magia cerimonial, pois muitos sistemas empregados por ocultistas do século XX não são o produto da inspiração da sabedoria divina ou iluminação, mas derivam de influências klippóticas. Um bom exemplo é a chamada "magia de Henoc", que não foi recebida em estado de pureza e santidade, nem por pessoas em busca de iluminação e libertação. Os seres-forças espirituais que são chamados refletem a consciência dos que se conectam a eles. Se a consciência é impura e imperfeita, também o serão os seres-forças invocados. Em termos de sistemas de magia, é bom seguir o conselho do Mestre Yeshua: "Guardai-vos dos falsos profetas, que vêm a vós disfarçados de ovelhas, mas por dentro são lobos ferozes. Pelos seus frutos os conhecereis. Por acaso colhem-se uvas dos espinheiros ou figos dos cardos? Do mesmo modo, toda árvore boa dá bons frutos, mas a árvore má dá frutos ruins. Uma árvore boa não pode dar frutos ruins, nem uma árvore má dar bons frutos. Toda árvore que não produz bons frutos é cortada e lançada ao fogo. É pelos frutos, portanto, que a reconhecereis" (Mt 7,15–20).

Além de místico, o Mestre Yeshua também era mago. A magia divina é parte da tradição cristã gnóstica. Contudo, temos de ter discernimento para saber que formas de magia praticar e como pôr à prova os espíritos, para que a magia que experimentamos seja mesmo inspirada pelo divino. A idéia de que podemos conseguir mais poder com formas menos divinas de magia, ou conseguir poder mais rapidamente, não é correta. Existe algum mago que exerça mais poder que Yeshua, por meio do qual tenham fluído mais atos de magia, ou que se levante dos mortos? Dadas as façanhas do Mestre Yeshua, parece óbvio que a magia divina que ele praticava era a forma mais elevada e poderosa possível — magia divina que se reflete nos ensinamentos de todas as encarnações do grande mestre do mundo.

Sabedoria radiante na criação

Poucos iniciados conseguem penetrar em Atzilut para obter conhecimento da magia divina ou adquirir percepção profética, sem falar em atingir Hokmah de Atzilut, que é a plenitude divina da consciência superna ou messiânica. Assim, é por meio do arcanjo Ratziel que a maioria dos iniciados e adeptos entra em contato com Hokmah — sendo Ratziel a personificação de Hokmah no nível de Beriyah.

Ratziel significa "segredo de Deus", "mistério de Deus" ou "sabedoria de Deus". Segundo se diz, ele tem o conhecimento dos mistérios mais elevados, especificamente dos mistérios a respeito da profecia e da cabala mágica. Esses mistérios teriam sido escritos num livro celestial pelo próprio arcanjo — o livro de Ratziel. Assim como outros livros sagrados lendários da cabala, o livro de Ratziel é lido num estado superior de consciência, com mais freqüência em sonhos ou estados visionários durante a meditação profunda. Embora haja ao menos um livro terreno com o título *O livro de Ratziel* e muitos livros sobre a cabala mágica inspirados no livro celestial, o livro de Ratziel não pode ser contido num só volume terreno ou em qualquer número de volumes, já que é um livro da sabedoria infinita de Deus na criação, que contém todos os mistérios da criação, com a exceção do mistério da criação de Adão (o humano).

Assim como é um livro de magia divina, o livro de Ratziel é também um livro celestial de profecia superna: todas as descobertas científicas e artísticas que serão feitas, assim como tudo o que delas resultará, estão nesse livro sagrado. Da perspectiva de Ratziel, ou Hokmah de Beriyah, toda a revelação — e, portanto, toda a descoberta — já aconteceu. Podemos dizer que aquilo que é hoje considerado magia, será considerado ciência no futuro; o que é chamado de profecia será a efusão criativa da arte do futuro. De certo modo, pode-se chamar Ratziel de musa superna.

O livro de Ratziel é, na verdade, uma metáfora para a mente do anjo superno, e o conteúdo do livro sagrado é o conhecimento e o entendimento comunicados pelo contato com essa manifestação da santa Shekinah. A cabala costuma falar de coisas celestiais ou espirituais em termos humanos e antropomórficos, e é preciso ter isso em mente para se obter um verdadeiro entendimento do que ela ensina. Se queremos ler o livro de Ratziel, devemos entrar em contato com Ratziel, ou passar à consciência superior personificada como Ratziel.

A imagem tradicional com que os iniciados gnósticos visualizam Ratziel em meditação é bela e poderosa. Ratziel é visto com uma veste cinza feita de nuvens. O seu rosto brilha de dentro do capuz como o sol através das nuvens e a toga é iluminada por dentro, como se cobrisse a orbe do sol. O efeito produz um arco-íris saindo da imagem em todas as direções. O fundo da visualização é profundo como o azul do céu aberto, como se o arcanjo tivesse afastado as nuvens para formar uma imagem visível. Na mão esquerda, Ratziel segura um bastão sagrado, que tem esculpida na parte superior a cabeça de um grande dragão, e aparecem gravadas as letras do nome divino Yahweh, ardendo como fogo. Na mão direita, há uma esfera de cristal. Com o canto dos nomes divinos — Yahweh e Ya Ra-Tziel — desenvolve-se a forma mais básica de meditação, que busca contato com Ratziel. Meditar nessa imagem divina pode muito bem transmitir percepções mais profundas da realidade de Hokmah do que todas as palavras escritas neste capítulo. Como diz o provérbio, "uma imagem vale mais do que mil palavras". Isso vale especialmente para as imagens divinas da visualização, criadas por adeptos e mestres da Tradição, que revelam e transmitem a experiência de iluminação real que representam.

Segundo a Tradição, Ratziel era o anjo da guarda do Adão superno no jardim do Éden, sendo por isso considerado o grande guardião e guia dos eleitos. Embora Gabriel seja considerado o detentor do santo graal e Miguel seja chamado de guardião do graal, Ratziel conhece o mistério secreto mais profundo do mesmo por ser o grande anjo da Noiva Sophia na tradição gnóstica.

Falar dessa forma de Ratziel é dizer que os santos — os eleitos — são guiados e inspirados na sua obra divina pela sabedoria da criação, procurando atuar em total harmonia com a sabedoria divina.

Rodas dentro de rodas

O misticismo merkavah, que foi a forma mais antiga da cabala, era baseado nos primeiros capítulos de Ezequiel, onde o profeta descreve a sua visão da carruagem divina (merkavah). Até o livro da Revelação, que registra a visão de São João, essa descrição da visão da carruagem divina estava entre as mais detalhadas e complexas descrições de uma visão profética até então registradas. Além disso, era única porque, segundo a tradição judaica, a profecia não ocorria tipicamente fora da terra santa de Israel. Mas não foi esse o caso de Ezequiel. Ele teve a sua visão profética durante o exílio babilônico junto ao rio Cobar, fora da terra santa. A visão de São João também ocorreu fora da terra santa, enquanto estava no exílio sob a autoridade romana, na ilha de Patmos. Assim, as visões desses profetas têm também essa ligação: ambas ocorrem fora da terra santa e à parte do templo de Jerusalém.

Essas duas visões proféticas ocorreram basicamente sob as mesmas circunstâncias e são do mesmo nível — o espelho claro de profecia no nível de Yetzirah. Compartilhando as imagens da visão com muitos detalhes, os dois profetas não compartilham apenas a profecia, mas oferecem conhecimento do contínuo divino dentro e por trás da dimensão material, além de instruções para se ter acesso ao contínuo divino. Desse modo, além de outros breves momentos nas Escrituras, em que os profetas falam da abertura da visão divina, esses dois livros sagrados formam um manual de instrução sobre meditação profética.

A profecia não pode ser invocada. Ao contrário dos anjos santos de Deus e de outros seres-forças espirituais, não podemos invocar/evocar o Espírito de Deus. Podemos criar condições em que o Espírito Santo se mova conosco, em nós e por meio de nós: em que seja possível convidá-lo e recebê-lo. Mas o fato de o Espírito Santo chegar ou não depende da vontade divina, não da nossa vontade ou exigência mental ou vital. Quem busca a visão profética deve aprender a esperar o Espírito de Yahweh, a ser sensível e aberto à graça divina.

Podemos invocar o arcanjo Ratziel e, ao fazê-lo, experimentar o contato com o contínuo divino por meio dele e dos ofanim. O mesmo se aplica aos outros arcanjos e às suas hostes na Árvore da Vida. Tal contato constitui em trazer a nós a influência do contínuo divino. No entanto, para entrar realmente no estado superior de consciência, personificado pelos arcanjos e suas hostes, devemos ser elevados por Ruach Ha-Kodesh (o espírito santo). Assim, por meio da oração, da meditação ou do ritual sagrado, podemos nos pôr em contato com o contínuo por intermédio dos anjos santos, mas é só por meio da meditação que podemos esperar o Espírito de Yahweh e entrar plenamente no contínuo divino e na consciência profética.

No cristianismo gnóstico, o contínuo divino é um termo que designa o mundo espiritual ou universo metafísico que o iniciado experimenta dentro e por trás da dimensão material. Mais especificamente, contínuo significa a força e a matriz dos supernos quando se manifestam por meio dos quatro Olamot. Os arcanjos e as ordens de anjos que formam as suas hostes servem de interface entre o contínuo divino e a criação, unindo a dimensão espiritual e a dimensão material da criação. Com relação a Deus e à humanidade, atuam como agentes mediadores, baixando a luz divina para os seres humanos e ajudando a humanidade na sua ascensão ao mundo de luz superna.

Assim como os arcanjos unem Beriyah e Yetzirah, as ordens de anjos santos que formam as suas hostes servem para unir Yetzirah e Asiyah. O domínio de um arcanjo se dá num nível inferior, por meio da ordem de anjos sob o seu encargo. Desse modo, se Ratziel serve de guia e de guardião da evolução humana, isso vale também para a ordem dos ofanim sob o seu encargo.

Os ofanim aparecem na visão de Ezequiel e são descritos com a aparência de rodas dentro de rodas, com olhos nos aros. A sua cor é comparada à do "berilo refulgente", tipicamente associado à água marinha. Segundo Ezequiel, os ofanim têm uma relação muito estreita com os Hayyot Ha-Kodesh, de modo que se movem com eles: quando os Hayyot detêm o seu movimento, os ofanim também o fazem. Ofan, literalmente "roda", sugere a idéia de contínuo, de ciclos e de movimento. Uma carruagem sem rodas não se moveria muito bem e o caminho sob ela não duraria muito tempo: sem as rodas, a carruagem e a terra seriam desgastadas. Assim, os ofanim representam a interação da dimensão espiritual com a dimensão física e, como as rodas de uma carruagem, que facilitam o movimento e evitam o desgaste, os ofanim servem para eliminar a fricção ou resistência entre a humanidade e a afluência de energia divina ou espiritual.

A relação essencial dos ofanim com a humanidade se reflete na roda do zodíaco (mazlot), que é a manifestação de Hokmah no nível de Asiyah e representa os doze arquétipos das personalidades humanas. É expressa também por meio dos arcanjos que os mestres da Tradição identificam como grandes ofanim — Metatron e Sandalfon. Recordemos a nossa visão anterior de Metatron como a imagem do humano em associação com a história de Henoc. Diz-se que Sandalfon (Malkut em Beriyah) é a outra face ou o outro lado de Metatron, como os dois lados de um ofan. Sandalfon é o arcanjo que eleva as orações dos fiéis e dos eleitos perante Deus e que transmite as bênçãos de Deus na assembléia de fiéis. Seu nome significa literalmente "sapato-anjo" e, como a roda da carruagem, um sapato serve de interface entre o pé e o solo. Metatron representa o ideal divino da evolução humana e Sandalfon, associado à oração, à meditação e ao ritual sagrado, representa o caminho dessa evolução.

Devido a essa função de servir como interação direta entre o mundo espiritual e o físico, os ofanim são muitas vezes chamados de anjos de Asiyah e, como a roda do zodíaco, são associados ao movimento da lua, dos planetas e das estrelas. Na realidade, os ofanim são a força em movimento, por meio de fluxos e refluxos, em toda forma dentro da criação. Tal qual o movimento da força em corpos celestes, assim são o movimento de ondas de vida por meio de sistemas de mundos e todas as formas de contínuos ou ciclos na criação.

A estreita relação entre os Hayyot e os ofanim, dada por Ezequiel, alude aos Hayyot como agentes da vontade divina ou plano divino no nível de Yetzirah, e aos ofanim como agentes da interface desse plano divino com o universo físico. Portanto, enquanto os ofanim são muitas vezes chamados de anjos de Asiyah, os Hayyot são chamados de anjos de Yetzirah.

Essas duas ordens de anjos estão ligadas à visão de Ezequiel em termos de movimento, mas estão unidas também por meio dos rostos atribuídos aos Hayyot — de homem, de boi, de leão e de águia. Esses rostos correspondem aos signos fixos do zodíaco — aquário, touro, leão e escorpião, respectivamente.

Os Hayyot são a expressão da vontade divina e, assim, o propósito de Deus dentro e por trás de cada movimento da força. Os ofanim são os movimentos do Espírito de Deus conforme o propósito divino.

A profecia é a revelação das interações da santa Shekinah com o mundo físico e, especificamente, com a humanidade. Desse modo, é uma expressão da função dos ofanim — e uma profecia específica pode ser considerada um ofan. Igualmente, a magia divina é o resultado de uma mudança na relação entre o mundo divino e o mundo material, que causa uma mudança correspondente no fluxo da força e, portanto, uma mudança no que ocorre na dimensão material — mais especificamente, uma mudança por meio de um agente humano. Isso também é uma expressão da função dos ofanim — e um verdadeiro ato mágico em harmonia com a vontade divina também pode ser considerado um ofan.

Quando consideramos a visão de Ezequiel e a visão de São João, vemos que a primeira corresponde a Sandalfon (Malkut) e a segunda corresponde a Metatron (Keter), como um grande ofan do contínuo de luz. Isso se aplica a todos os profetas. Contudo, é especialmente certo nas visões de Ezequiel e de São João. Na realidade, a visão de São João está contida na visão de Ezequiel do merkavah divino, de modo que a visão de São João é o desdobramento da visão de Ezequiel e de todos os profetas, para o seu término e cumprimento — a realização do contínuo de luz na expansão de vida humana.

Práticas espirituais para Hokmah

Meditação de dar e receber

A seguinte prática é comum no cristianismo gnóstico e no budismo mahayana. Corresponde a Hokmah e a Tiferet na Árvore da Vida — a Hokmah como o conhecimento da unidade sagrada e a realização do hálito sagrado e radiante; a Tiferet como o conhecimento do Cristo interior, o desenvolvimento da compaixão espiritual e o mistério da crucificação.

Para adquirir plenamente o poder dos nomes divinos, devemos ter consciência da unidade sagrada e de nós mesmos como parte da mesma. Igualmente, devemos reconhecer a luz-presença (Cristo) dentro de nós e a luz-força dentro da nossa respiração. Temos também de desenvolver o amor espiritual e a compaixão, que vem do conhecimento da unidade sagrada, da luz-presença e do hálito sagrado e radiante de Deus, que compartilhamos com tudo o que vive.

Na tradição cristã gnóstica, a conquista espiritual ou mística é o principal, e coisas como a consciência profética e os poderes mágicos são secundários. A verdade é que, sem um grau significativo de desenvolvimento espiritual e autodisciplina, nós nos enganamos ao buscar a experiência profética e os poderes mágicos. A meditação de dar e receber representa uma das práticas preliminares para o desenvolvimento espiritual necessário a práticas mais avançadas de meditação profética e magia divina.

O fato de essa meditação ser considerada uma prática preliminar não deve nos levar a crer que seja menos poderosa do que as práticas mais avançadas. As práticas preliminares são a base de formas avançadas e, quando são desenvolvidas por adeptos e mestres da Tradição, elas possuem resultados mágicos. Com essa prática, um iniciado avançado pode elevar e curar outros nos níveis físico, psíquico e espiritual. Igualmente, pode afastar forças negativas de um ambiente ou pessoa. Em tese, um mestre pode usar essa prática para libertar uma pessoa da sua escravidão kármica. Contudo, antes que tais coisas sejam possíveis, temos de aprender a nos elevar e a nos curar — a nos iluminar e nos libertar. Assim, tais práticas começam, na sua forma básica, como um trabalho consigo mesmo — e é nesse sentido que são preliminares.

A base da prática

A base da prática é fundamentalmente a mesma para todas as formas da meditação de dar e receber. Na realidade, é comum à grande maioria de práticas de meditação do cristianismo gnóstico. A base da prática é como segue:

- Sente-se e relaxe, mas continue totalmente alerta. Deixe que o corpo encontre o próprio ritmo natural de respiração e, lentamente, dirija a sua consciência para a respiração — ficando concentrado apenas na respiração e no momento.
- Visualize a luz-presença (o Cristo interior) como um sol espiritual dentro e por trás do seu coração. Imagine a sua respiração unida a esse sol espiritual, como se o sol espiritual estivesse respirando por meio de você. Sinta o calor desse sol no centro do seu ser — a luz, o amor e o poder curativo de Cristo em você. Sinta a profundidade do conhecimento, do entendimento e da sabedoria da luz-presença; a profundidade do perdão e da compaixão. Sinta o coração sagrado de Cristo aberto para você e a aceitação de si mesmo, assim como é, pela presença de Cristo. Enquanto respira, imagine que todo o seu corpo-mente é impregnado pela luz — enchendo-se de luz e do amor de Cristo. Essa é a base da prática, que por si só é a própria essência da prática.

Dar e receber com o ambiente

- Comece com a prática-base, estabelecendo o sol espiritual dentro de você e unindo a ele a sua respiração. Sinta a textura da sua mente e do seu coração — o humor e a atmosfera geral da sua consciência. Se estiver intranqüilo ou ansioso, se observar qualquer forma de negatividade mental ou emocional, se sentir alguma resistência ao espírito da verdade ou se perceber algo escuro ou confuso, então, enquanto inspira, leve a negatividade ao sol espiritual. Quando expirar, expire luz em seu lugar. Inspire tudo o que é negativo ou insano e expire tudo o que é bom e verdadeiro. O sol espiritual torna tudo semelhante a si mesmo, de modo a expirar luz em vez de escuridão. Respire paz, alegria, luz, amor, claridade, esperança, compreensão, fé e todas as coisas boas na atmosfera da sua consciência.
- Então, cheio de luz-presença, faça o mesmo com o ambiente que o rodeia. Inspire tudo o que é negativo ou escuro e, ao expirar, visualize o ambiente se enchendo de luz. Não precisa se preocupar, com medo de inspirar alguma coisa que o prejudique, porque o sol espiritual de Cristo não pode ser afetado por nada. Tal é o poder real do ser de Cristo (o ser solar).

Os adeptos e mestres da Tradição costumam usar esse método para elevar ou bendizer os outros à sua volta, ou para transmitir energia espiritual, substancial e útil.

Dar e receber consigo mesmo

- Quando estiver familiarizado com o método anterior, avance para dar e receber consigo mesmo. Neste método, visualize dois seres, um ser claro e um escuro. Na meditação, você é o ser claro e o ser escuro está à sua frente, talvez a um metro e meio.
- Esse ser escuro tem toda a negatividade da sua consciência — todos os sentimentos de insegurança, temor, ódio por si mesmo; sentimentos de ser abandonado, repelido e julgado; sentimentos de culpa, pesar ou remorso; toda a dor e sofrimento da sua experiência; todo tipo possível de negatividade, incluindo amargura, ressentimento, ira e ódio, e todos os vícios imagináveis (egoísmo, cobiça etc.).
- Com a imagem do ser escuro à sua frente, estabeleça-se na luz-presença e abra totalmente a sua mente e o seu coração a esse aspecto de si mesmo. Sinta a luz-presença em você respondendo com amor e compaixão a essa escuridão — desejando abraçar e curar esse ser escuro e fragmentado. Abrace esse ser escuro e deixe que o ser de Cristo em você tome por completo a dor e o sofrimento dessa alma perdida. Respire o hálito de luz. Enquanto inspira, visualize a negatividade desse ser escuro como uma fuligem negra ou amarronzada e veja-a ser dissolvida e transformada na luz do sol espiritual. Enquanto inspira, respire luz no ser escuro. Dessa forma, continue trocando a sua luz e o seu bem por todas as energias negativas do ser escuro, vendo você mesmo e esse ser escuro ficando cada vez mais claros, até que ambas as imagens estejam totalmente cheias de luz. Veja-se então trocando luz consigo mesmo, com o ambiente inteiro tornando-se radiante de luz — luz sobre luz. Para completar a meditação, visualize esses dois seres se unindo numa luz-presença e sinta-se íntegro e completo, assim como é.

Dar e receber na vida real

- Faça a prática-base e, com o conhecimento e o valor da presença de Cristo, imagine da forma mais vívida possível qualquer situação real em que tenha agido mal — uma situação pela qual se sinta culpado ou tenha remorso ou um profundo pesar, sendo inclusive doloroso pensar no assunto. Sinta profundamente a situação e considere o dano causado por suas ações.

- Enquanto inspira, assuma a total responsabilidade por suas ações nessa situação específica, mas sem se julgar e nem tentar justificar a sua conduta. Reconheça exatamente o que fez de mal e peça perdão com todo o coração. Agora, enquanto expira, expire perdão, reconciliação, claridade, compreensão, paz, cura e amor. Assim, você inspira culpa e expira dano libertado, inspira responsabilidade e expira perdão. Enquanto aceita a responsabilidade, aceite também o perdão do ser interior ou ser de Cristo, sabendo que, ao assumir a responsabilidade e ao libertar a culpa, você é perdoado por Deus. Deus já o perdoou, mas você tem de se perdoar. Quando completar esse processo, saberá que há paz entre você e Deus.
- Muitas vezes, os iniciados concluem essa prática buscando a pessoa ou pessoas que prejudicaram e pedem perdão. Se não for possível, procuram um irmão ou irmã espiritual e lhe pedem para ouvir a sua confissão de responsabilidade. Às vezes, tal ação é necessária para que possamos perdoar a nós mesmos e experimentar uma cura total. Ser responsáveis pelas nossas ações é essencial para a verdadeira espiritualidade. Afinal, o que fazemos aos outros, fazemos a nós mesmos. Essa é a verdade que descobrimos em estados superiores de consciência.

Dar e receber para os outros

- Faça a prática-base. Então, imagine alguém que lhe seja muito próximo aparecendo magicamente à sua frente — um amigo ou ente querido que esteja sofrendo ou passando um período difícil. Siga os mesmos passos de dar e receber consigo mesmo, até que a imagem do seu amigo ou ente querido fique cheia de luz-presença. Concluído o processo, imagine que ele está totalmente curado, sem duvidar. Em vez de se unir à imagem da pessoa, veja-a partir com alegria, seguindo o seu próprio caminho.
- Quando conseguir fazer isso facilmente com amigos e entes queridos, pratique com desconhecidos. No momento em que realizar essa prática para um desconhecido, com sentimento profundo, estará pronto para fazê-lo com quem considera inimigo. O propósito final dessa prática é desenvolvê-la igualmente para um amigo, desconhecido ou inimigo. Essa é a natureza do verdadeiro amor espiritual e da compaixão, ou o coração sagrado de Cristo.

SETE

BINAH, A PROFUNDIDADE DO ENTENDIMENTO, A INTELIGÊNCIA DIVINA

Atributos

Trinta e dois caminhos de sabedoria: consciência santificada (Sek-hel Mekudash); essa é a base da sabedoria original, chamada "fé fiel"; suas raízes estão em AMeN. É o pai da fé, que surge do seu poder.

Binah: entendimento.

Posição na Árvore da Vida: topo do pilar de severidade.

Nome divino: Elohim ou Yahweh Elohim.

Nomes divinos alternativos: Elohim Hayyim, Deus vivo; Shekinah Aila, Shekinah superior; Tzedek Elyon, justiça mais elevada.

Partzuf acima: Aima, Mãe.

Partzuf abaixo: a Mãe Santa, Mãe Maria; as matriarcas; profetiza Míriam da Torá.

Imagem divina: uma mulher madura; a imagem da Mãe Maria; a Mãe Maria entronizada com o cordeiro apocalíptico sentado sobre o livro dos sete selos no seu colo; a imagem da mulher de luz no apocalipse.

Arcanjo: Tzafkiel ou Shabbatiel.

Ordem de anjos: Aralim.

Atributo celestial: Shabbatai, Saturno.

Títulos dados a Binah: Mãe Sophia ou Mãe Sabedoria; profundidade do fim; a matriz sagrada; a matriz da criação; a matriz da luz; Khorsia, o trono; Marah, o mar amargo ou grande mar; pérola da graça; rainha do céu; estrela da graça; Sophia Stellarum, sabedoria brilhante; mãe da fé; a velha *agea*; mulher de luz; Mãe Israel; trono de glória; graça divina; plenitude divina; Deus, a Mãe; a matriarca; o caminho; caverna dos ancestrais; o Sabbat eterno; câmara nupcial.

Nível da alma: Neshamah, natureza divina ou alma celestial.

Morada celestial: o mundo de luz superna.

Experiência espiritual: o hálito sagrado e radiante de Deus; a unção com a luz superna; a visão do puro deleite; a visão da dor.

Virtudes: autodisciplina; responsabilidade; silêncio; autoridade divina; discipulado.

Vícios: falta de organização; cobiça; falta de autodisciplina; traição.

Símbolos: a caverna; a vesica piscis; o kteis ou yoni; a taça, cálice ou graal; a veste exterior de encobrimento; a letra He; a cadeira do ancião.

Mandamento: Não pronunciarás o nome de Yahweh, teu Deus, em vão. (Êx 20,7)

Sermão da Montanha: Bem-aventurados os que são perseguidos por causa da Justiça, porque deles é o Reino dos Céus. (Mt 5,10-12)

Anjo do apocalipse e das igrejas: a presença do anjo santo. (Ap 2,1-7)

A escuridão radiante

Hokmah é a plenitude radiante de todo o potencial divino e Binah é o vazio ou escuridão radiante por meio do qual é realizado todo o potencial divino. Em Keter, essa plenitude divina e o vazio primordial são o mesmo ser divino. No início do ato criativo, o ser divino se revela em Hokmah-sabedoria, a sua consciência pura e radiante, a si mesmo, a sua receptividade infinita — Binah, o seu entendimento ou inteligência. Por um lado, Binah reside na abundância luminosa de Hokmah como o vazio ou escuridão radiante de um espelho: surge de Hokmah e envolve o resplendor divino, convertendo-se no seu plano superinteligível de auto-reflexão. Por outro lado, Binah emerge diretamente de Keter como uma emanação simultânea a Hokmah, o aspecto escuro e claro da essência divina primordial — consciência pura e receptividade perfeita.

Como um circuito superno do qual nenhuma energia cósmica escapa, Keter-Hokmah-Binah de Atzilut é uma unidade sagrada — o próprio ser-consciência-força. Hokmah é a efusão da possibilidade infinita de Keter em meio a Binah numa só emanação indiferenciada. A radiação infinita de Arik Anpin entra no grande vazio da sua ilimitada receptividade. Nessa natureza de espelho, o grande rosto de Deus é refletido e o Atik Yomin (o ancião dos dias) conhece a si mesmo. Deus recebe Deus no próprio Deus, por assim dizer, e desse conhecimento de si mesmo surge a criação. Keter é o ser gnóstico ou conhecedor, Hokmah é a Gnose ou o próprio conhecimento, e Binah é o que é conhecido. Todas as criaturas e a criação inteira estão em Binah (entendimento ou inteligência de Deus) como numa matriz.

Para entender isso, é preciso ter em mente que o conhecimento de Deus não é como o nosso conhecimento humano típico, um conhecimento de coisas aparentemente separadas e à parte de nós. No conhecimento humano, há uma divisão entre o conhecedor (sujeito) e o que é conhecido (objeto), mas na Gnose divina não há tal divisão — Deus conhece todas as coisas dentro de Deus como o próprio Deus. Assim, conhecendo-se e se percebendo, Deus conhece e entende todas as coisas do próprio Deus.

Falamos de Keter aparecendo e desaparecendo dentro de Ain Sof — ou seja, quando Keter se dirige a Ain Sof, une-se a ele e desaparece, mas quando se afasta de Ain Sof em direção aos Sefirot abaixo, reaparece. Isso se reflete diretamente em Binah porque, quando se dirige a Keter, Binah se une a Hokmah e se tornam a plenitude de Arik Anpin — o grande rosto de Deus. Quando se afasta para baixo, dando origem aos sete Sefirot de construção, aparece como Aima, a Mãe superna, e Hokmah aparece como Abba, o Pai superno.

Binah, como autoconhecimento de Deus, de onde surge toda a criação, é a "base da sabedoria original ou primordial"; a sua capacidade para se unir a Hokmah em Keter é a sua "fé fiel"; a verdade das suas "raízes estando em Amém", um título para Keter. Binah é santificado na sua unidade com o infinito.

O mundo arquetípico — o mundo de luz superna

Como foi dito no capítulo anterior, Hokmah representa os enunciados ou axiomas sobre os quais é erigida a criação — ou seja, a sabedoria da criação. Binah é o padrão ou estrutura subjacente que dá ordem a esses enunciados para que o seu poder possa ser realizado e o seu significado compreendido. Os enunciados em si mesmos são a força de Hokmah e o padrão ou estrutura que os conecta cria as formas que adotam — não as formas densas da manifestação real, mas as formas supernas ou arquetípicas que são os padrões que servem de fundamento às formas reais. A força de Hokmah se converte nas formas arquetípicas ou imagens celestiais da criação em Binah — o significado do nome divino Yahweh Elohim como a expressão de Binah no nível de Atzilut. Yahweh é a única consciência-força e Elohim são os arquétipos por meio dos quais se manifesta a consciência-força. O que na realidade se faz manifesto é Da'at e os sete Sefirot abaixo do grande abismo.

Isso se reflete na história da construção do tabernáculo, feito com base no padrão do mundo superno. Beseleel foi escolhido por eleição divina como o construtor do tabernáculo e diz-se que Yahweh encheu Beseleel com o espírito de sabedoria, entendimento e conhecimento (Êx 31,3). Assim, o tabernáculo devia ser construído com os mesmos princípios dos Olamot. Com base na nossa experiência, isso pode ser explicado da seguinte forma: Hokmah é semelhante ao conhecimento que recebemos dos outros, que evoluiu por meio da prévia experiência da vida. Representa a capacidade de receber e integrar meios ou axiomas fundamentais no nosso próprio ser mental. Binah indica a capacidade de extrair informação adicional do que recebemos, e Da'at representa a nossa capacidade de levar a cabo o verdadeiro trabalho com base no conhecimento e no entendimento adquiridos. Em termos do divino, essa capacidade criativa de sabedoria, entendimento e conhecimento é infinita. Com relação à forma ideal de um tabernáculo — o tabernáculo celestial — as formas reais dos tabernáculos ou templos que podem ser gerados para refletir a forma ideal são potencialmente intermináveis.

Essencialmente, Binah representa a idéia de Deus como a forma ideal e todos os arquétipos como variações desse tema supremo. Todos esses arquétipos existem na unidade sagrada da forma ideal. Assim, os arquétipos de todas as coisas são iguais, embora sejam arquétipos de coisas desiguais — porque na forma ideal, que é Deus, estão unidas e são iguais. O anjo superno mais elevado, a alma de um ser humano e a existência da menor das criaturas têm um só arquétipo de Deus — o ser divino de Deus no qual todas as formas ideais são idênticas. Deus compartilha o seu ser igualmente com todas as coisas, desde que sejam de Deus e baseadas em Deus. Os anjos santos, toda a humanidade e todas as criaturas são iguais porque surgem de Deus. Quando vemos as coisas na sua fonte, na essência do seu ser, descobrimos que são igualmente grandes e maravilhosas. Quando percebemos essa igualdade no espaço-tempo-consciência, só podemos nos assombrar com a natureza da igualdade encontrada na eternidade, porque a menor das criaturas é muito maior no ser divino do que o anjo superno mais elevado em si mesmo. Em Deus, todas as coisas são perfeitamente iguais e todas estão igualmente em Deus. Tal perfeição é uma visão de deleite, mas também é uma visão de dor quando observamos a ignorância cósmica impedindo essa auto-realização em tantas criaturas boas de Deus.

O pleroma — plenitude divina

Na cabala judaica, o nome divino para Binah é "Yahweh pronunciado como Elohim". Como vimos no capítulo sobre Da'at, que compartilha o nome divino Yahweh Elohim com Binah, Yahweh Elohim alude à idéia da única força ou poder vital que adota muitas formas. O próprio pleroma ou plenitude divina é Hokmah, enquanto Binah é o vazio primordial ou receptividade, por meio do qual se realiza a plenitude divina. A expressão "Yahweh pronunciado como Elohim" sugere o princípio de vazio inerente a Elohim.

Pode-se entender isso em termos do partzuf de Binah, Aima, e da idéia da matriz da Mãe. Até ser ativada por meio da semente-força do Pai, a matriz da Mãe é um vazio profundo, mas, quando recebe a emissão do Pai, converte-se em plenitude divina. Até que a semente-força passe à Mãe, a força do Pai é apenas potencial e, igualmente, o poder da Mãe de receber a força e manifestá-la em forma é apenas potencial. Assim, por meio da sua união, o Pai e a Mãe realizam-se mutuamente.

Há uma alusão à analogia do masculino e do feminino em união no nome de Elohim, que é um substantivo feminino com plural masculino, sugerindo a idéia do útero da mãe grávida. É um nome que indica uma unidade absoluta na multiplicidade infinita. Alguns ocultistas entendem o significado de Elohim como uma pletora de deuses e deusas, à semelhança das crenças pagãs, mas tal associação ignora totalmente a sutileza do nome divino. Primeiro, temos de entender a idéia de que Pai e Mãe são apenas um — o princípio de força e forma é um no mundo superno. Segundo, temos de entender que a idéia por trás de um substantivo feminino com plural masculino não sugere uma multiplicidade de deuses e deusas, mas um pai/mãe divino que pode gerar e dar origem infinitamente — a interminável geração da criação. Terceiro, a pluralidade associada ao ser divino é de atributos, qualidades ou funções aparentes, semelhantes às qualidades, funções ou atributos que podem ser associados a uma pessoa. Por exemplo, uma mulher pode ser uma especialista em seu trabalho, como uma advogada, por exemplo, e como tal ter diferentes qualidades. Pode também ser filha, irmã, companheira, mãe e líder num serviço comunitário, entre outras coisas. As suas qualidades, funções e atributos são a expressão de uma pessoa — uma mulher — e ela é a unidade por trás de todas as suas qualidades, funções ou atributos, e é mais do que todas essas qualidades, atributos e funções (ela é ela mesma). E semelhante a isso é a relação de Deus com as suas qualidades, atributos e funções na criação. Elohim, como nome de Deus, não significa a pluralidade de diferentes deuses e deusas, mas um ser supremo que se manifesta por meio de inumeráveis qualidades, atributos e funções, que formam a matriz da criação.

Isso leva ao conhecimento da natureza dos Olamot e Sefirot. Eles são Elohim, as muitas qualidades ou atributos e operações de Deus na criação. Os Sefirot existem na unidade sagrada que é Deus e não podem ser considerados à parte de Deus ou separados entre si. São "como a chama para o carvão", segundo diz a cabala.

Elohim é composto pelas letras Aleph (א) — Lamed (ל) — He (ה) — Yod (י) — Mem (ם). Aleph, como já vimos, é a letra do Espírito de Deus; Lamed que, como palavra, significa "aguilhada de boi", sugere uma força condutora; He, que significa "janela" ou "abertura", indica a idéia de um canal por meio do qual passa a luz do espírito; Yod, que significa "mão", sugere a mão de Deus ou o poder de Deus e, especificamente, a semente-força de Hokmah; Mem é considerada a "letra-mãe", associada ao elemento primordial água, significando literalmente "mares" ou "águas" e indicando o meio ou substância da criação — consciência. Todas essas idéias sugerem diretamente a Mãe, a matriz — o Deus vivo (Elohim Hayyim).

A matriz dá forma ao espírito, e as dores de dar à luz são, efetivamente, uma força condutora irresistível. A matriz é o canal pelo qual surge a vida. A natureza dessa vida é a única força, e a única força é a consciência. Tudo é a única consciência-força, e esta é inseparável do ser. Esse é o significado de Elohim.

Elohim é o nome divino usado durante toda a história da criação. O nome de Elohim aparece trinta e duas vezes na história da criação, refletindo os dez Sefirot e as vinte e duas letras que formam os círculos e linhas do glifo da Árvore da Vida. Representa também as diversas manifestações da única consciência-força no ato criativo. Elohim significa a presença divina e o poder divino na criação.

A Mãe superna e Shekinah

O partzuf de Binah é Aima, a Mãe superna, a que se alude pelo nome divino de Elohim, como já vimos. Todos os partzufim dos Sefirot surgem por meio do partzuf Aiman, já que é por meio da Mãe superna que a dimensão transcendental e impessoal de Deus se torna pessoal e imanente. Sem a Mãe divina, o Pai celestial não é o Pai, e o Filho e a Filha não chegam a ser. Pai-Mãe é o grande rosto de Deus (Arik Anpin) e, sem a Mãe, o rosto de Deus não se forma e nem aparece. Como matriz divina, a Mãe superna é o espaço primordial em que tudo surge e é a realização ou interconexão de tudo, incluindo a conexão entre Deus e a criação.

É um grande mistério como exatamente a Divindade, o transcendental e impessoal, passa a ser o Deus pessoal e imanente — como, por um lado, podemos ter a experiência de Deus de forma totalmente impessoal e, por outro lado, experimentá-lo de maneira totalmente pessoal. Esses dois modos de experimentar o divino parecem se contradizer. Contudo, a natureza do ser divino é energia e inteligência, e o aspecto da inteligência é a autoconsciência. Portanto, a inteligência, a Mãe, tende a gerar os fenômenos da pessoa.

A Mãe é o poder que Deus tem de se limitar ou se constranger — o poder do tzimtzum. Ela é os Sefirot, os nomes divinos e partzufim — por meio dela surgem os arcanjos, as ordens de anjos e os mundos, que permitem aos seres humanos experimentar uma conexão com Deus e a união consciente com Ele. Como se diz na cabala, "Ele e o seu nome são um". Ela é o nome sagrado — unindo-nos ao nome, nós nos unimos ao Santo do Ser.

Desse modo, a Mãe divina é o poder divino de Yichud-unificação e dos Yichudim (plural), por meio dos quais os Sefirot e Olamot são postos em unidade e harmonia, por meio dos quais a alma é unida aos Sefirot e os Sefirot são unidos à alma.

A Mãe é a Shekinah — a presença e o poder divino de Deus — em todas as suas formas. Binah é a Shekinah superior, a rainha do céu, e Malkut é a Shekinah inferior, a Mãe terrena. A Shekinah superior (Mãe) e a Shekinah inferior (Filha) estão estreitamente unidas — sendo a Filha (Malkut-reino) a imagem da Mãe Santa abaixo. Na alma do tzaddik (pessoa justa ou humano iluminado), a unidade entre Mãe Santa e a Filha se torna totalmente consciente, ou seja, é plenamente realizada — daí o poder divino que flui com os profetas e apóstolos de Deus.

A Shekinah é sinônimo do Espírito Santo. Assim, a Santíssima Trindade do Pai, Filho e Espírito Santo é na realidade o Pai, o Filho e a Mãe-Espírito. O Espírito Santo é a Mãe que, em união com o Pai celestial, dá à luz o Messias, e ela é a Filha que é a Noiva Santa do Messias. Desse modo, dentro e por trás da Santíssima Trindade, está a Santa Tétrada do Pai e da Mãe, do Filho e da Filha — sendo a unidade sagrada da Tétrada representada pelo sinal da cruz (ver figura 5).

O hexagrama ou estrela de Davi representa a união entre a Shekinah superior e inferior e, assim, a unidade de Deus, a Mãe com os eleitos (Israel). Mais especificamente, o hexagrama é o símbolo do macrocosmo (Deus) e o pentagrama ou estrela de cinco pontas é o símbolo do microcosmo ungido (ser humano). O hexagrama é, portanto, a atividade da Shekinah acima e o pentagrama é a atividade da Shekinah abaixo — sendo que o próprio hexagrama representa a unidade da Mãe e da Filha, porque o poder da Filha é a Mãe Santa (Elohim).

Figura 5. O sinal da cruz

A Shekinah superior é a Shekinah no mundo de luz superna, e a inferior é a Shekinah na criação e no mundo material. O mundo de luz superna é a emanação direta da presença divina e do poder divino de Deus e da Divindade. Assim, na cabala cristã, a Shekinah superior é chamada Mãe Sophia ou sabedoria incriada, enquanto a Shekinah inferior é chamada Filha Sophia ou sabedoria criada. Em essência, a Shekinah superior e a inferior são uma presença e um poder e não há divisão entre elas, de modo que tudo o que se diz da superior se aplica à inferior. Porque a Shekinah inferior é simplesmente a presença e o poder de Deus manifestos num grau inferior, mais próximo do nosso nível comum de consciência e experiência.

O rosto do Pai é um, representado pelo grande nome de Yahweh, mas os rostos da Mãe são muitos, representados pelo nome de Elohim. O rosto do Pai-Abba não é visto, salvo por meio da Mãe-Aima. Quando o rosto de Deus parece mudar de um rosto a outro — tal como de misericórdia a juízo —, o rosto do Pai não mudou: contemplamos um rosto diferente da Mãe divina. A Mãe é o todo em tudo.

Os rostos da Shekinah — a nossa Mãe divina

Com relação a Deus e à Divindade, a Shekinah é Noiva e Companheira, e é a Mãe de Deus, dando o ser a Deus na criação. Tudo o que contemplamos e experimentamos de Deus é a Shekinah — Deus, a Mãe.

A Shekinah, como a Mãe superna no nível de Atzilut, é inseparável de Deus o Pai e da Divindade. Estão continuamente juntos, em perfeita unidade. Contudo, como Mãe cósmica no nível de Beriyah, a Shekinah entra em união e se afasta da união com o Santo. Está unida ao santo ou atua independentemente do Santo, de acordo com a atividade das criaturas na criação, especificamente a humanidade, onde está o poder divino para levar a cabo a unificação ou divisão. Esse poder divino de unificar ou dividir é a própria Shekinah, que é presença e poder divino dentro da criatura e da criação e, portanto, dentro da alma humana. Quando os seres humanos oram, meditam, realizam cerimônias sagradas e põem as suas almas em união com Deus, unem-se à Shekinah, que os leva a Deus. Ao contrário, quando os seres humanos não pensam em Deus e nada fazem para se unir a Ele, a Shekinah interior está, na realidade, separada de Deus. Segundo a cabala, quando um homem e uma mulher se unem com amor e há uma consciência do divino na união, a unificação abaixo produz uma união espiritual de Deus e da Shekinah acima — e desse modo a união do homem e da mulher é bendita. Portanto, o pacto do matrimônio é mais sagrado aos olhos da cabala, porque é uma das formas centrais por meio das quais se produz uma unificação acima e abaixo.

A relação entre a Shekinah e Deus é muitas vezes vista em termos sexuais. Em certo nível, os Cânticos dos Cânticos nas Escrituras são interpretados como a relação amorosa entre Deus e a Shekinah. Contudo, em outros níveis, são considerados como o jogo amoroso do Noivo (Tiferet) e da Noiva Santa (Malkut), ou como a relação da presença de Cristo com a assembléia dos eleitos. Como relação amorosa entre Deus e a Shekinah, os Cânticos dos Cânticos indicam a felicidade ou deleite como base da criação — porque a criação surge e é sustentada por meio do jogo amoroso de Deus e da Shekinah. Na nossa exploração de Keter, vimos que o ratzon é a própria natureza do impulso criativo — sendo o desejo a expressão primária da força ou energia da criação. Portanto, podemos dizer corretamente que a causa da criação é uma felicidade orgásmica — sendo a alegria divina a experiência mais essencial do poder divino. Segundo os mestres da Tradição, o amor da Shekinah pelo Senhor é apaixonado e quem experimenta esse amor está cheio de uma felicidade divina inimaginável.

A paixão da Shekinah não se estende apenas a Deus, mas a todos os fiéis e eleitos que amam a Deus, para quem ela é também uma companheira. Ela é fiel ao Senhor e a quem se une a ela no amor pelo Senhor, e, assim, une todos os que amam o seu amado.

A Shekinah inferior é o Shabbat sagrado (Sabá) e a superior é a rainha do Shabbat. Quando os fiéis e eleitos guardam o Shabbat, afastando-se da atividade humana e se concentrando na atividade supramundana de estudo e discurso espiritual, oração, meditação e ritual sagrado, unem-se à Shekinah inferior. Por meio das suas invocações, são unidas à Shekinah superior e à inferior e, como a Shekinah e Deus têm o abraço místico, as bênçãos da graça fluem sobre a assembléia — e a Shekinah se manifesta no mundo. A rotina diária da vida e da prática espiritual ao longo da semana é semelhante ao jogo preliminar do amor, e o Shabbat é semelhante ao clímax do jogo amoroso na união mística.

Depois de Binah, na Árvore da Vida, estão os Sefirot de Hesed (misericórdia) e Gevurah (juízo), que são equilibrados pelo centro de Cristo, o Sefirah Tiferet (beleza ou compaixão). Isso faz alusão aos rostos da Shekinah ou Mãe da iluminação — a Mãe clara e a Mãe escura ou Sophia Stellarum (sabedoria brilhante) e Sophia Nigrans (sabedoria escura). No nível de Atzilut, como já vimos, a Mãe clara e a Mãe escura são a mesma: a presença e o poder divinos da luz superna — portanto, a Mãe da iluminação. Mas, nos níveis de Beriyah, Yetzirah e Asiyah, ela é a Mãe clara e a Mãe escura. Manifesta-se como a misericórdia de Deus e o juízo de Deus, emanações pacíficas e emanações coléricas.

Isso se reflete na iniciação óctupla da consciência cristã, da qual uma versão é a seguinte: nascimento, batismo, transfiguração, crucificação e ressurreição, conduzindo à ascensão e à efusão do fogo sagrado de Pentecostes. No nascimento, a Mãe clara e a escura são a mesma, pois, ao dar a vida, a Mãe também traz a dor e o sofrimento da morte. O próprio nascimento é uma experiência traumática para a mãe e para o filho. O batismo é uma iniciação do renascimento no Espírito Santo — uma morte mística que conduz à tentação. O batismo é a Mãe clara dando a luz ao Cristo em nós, e a tentação é a Mãe escura manifestando-se como a experiência terrível da iniciação. A transfiguração é a efusão das bênçãos da Mãe clara na revelação divina, seguida pela manifestação da Mãe escura, uma vez mais, na paixão e crucificação do Cristo. Por meio dessa noite escura, a Mãe clara resplandece em glória total como a redenção da ressurreição e a unificação da ascensão — a revelação suprema do mistério da consciência messiânica. Nesse processo de iniciação na consciência superna ou messiânica, a Mãe clara e a Mãe escura atuam para o mesmo fim — a iluminação e libertação da alma. Ela é a mesma Mãe divina, manifeste-se em misericórdia ou juízo, emanação pacífica ou colérica. Dentro e por trás da aparência da emanação pacífica ou colérica, ela é a emanação bem-aventurada da união mística — consciência superna ou messiânica. Para experimentar essa felicidade divina, o aspirante deve entrar no abraço da Mãe escura (Sophia Nigrans) porque só por meio dela se realiza o poder e a glória total da Mãe clara (Sophia Stellarum).

No nível de Beriyah, a Mãe divina, a Shekinah, é a luz e a escuridão. Ela é a Mãe da iluminação, o Messias, e a Mãe da ignorância ou da ilusão-poder cósmica. É a consciência-força dentro de todas as criaturas, sejam iluminadas ou ignorantes. No nível de Yetzirah, a Shekinah é a rainha do céu, Mãe dos anjos santos de Deus — e é a rainha dos demônios, dando origem aos klippot. Em Asiyah, é a força vital no santo e no pecador, e dá ao justo e ao iníquo, de acordo com o desejo de receber de cada um. A Shekinah é a luz do reino dos céus, mas é também o fogo purificador da geena (o domínio do inferno). Nada existe à parte de Deus: portanto, todas as coisas são a manifestação da presença e do poder de Deus.

Desse modo, a Shekinah é chamada virgem e prostituta. Na sua essência e natureza, a Shekinah é sempre a mesma — pura e totalmente imutável. É como um espelho que reflete imagens de bem e mal, luz e escuridão, beleza e horror. Mas, sem reparar na forma que adota e nas imagens que nela aparecem, nenhum vestígio, mancha ou marca resta sobre ela. Contudo, como se associa do mesmo modo ao bom e ao mau, ao anjo e ao demônio, ao santo ou ao pecador, sem negar a ninguém o seu abraço, é chamada de prostituta. Tal é a natureza da Mãe divina.

Isso explica o mistério do que os mestres da Tradição querem dizer ao afirmar que o partzuf da Mãe-Aima abaixo é a Virgem Maria (Mãe Miriam) e a grande prostituta da Babilônia. Pelo lado das emanações sagradas (Sefirot), a Virgem Maria é a emanação divina da Mãe-Aima ou partzuf de Binah abaixo. Mas, pelo lado das emanações impuras (klippot), Binah aparece como a grande prostituta da Babilônia, a mãe das abominações. A grande prostituta da Babilônia representa essencialmente a visão da vida da perspectiva da ignorância cósmica — egoísmo, luxúria-cobiça e temor-ira. Assim, a Santíssima Virgem representa a visão da vida da perspectiva da iluminação.

Da luz mais brilhante e da maior das belezas até o mais inimaginável horror e escuridão, das alturas da consciência superna às profundezas da ignorância cósmica, passando pelo espectro de consciência-força, todos são os rostos da Mãe divina, a manifestação da Shekinah — bem-aventurada, pacífica e colérica. Essencialmente, ao encontrar o Espírito Santo, nós encontramos a nós mesmos, o estado da nossa consciência ou alma — e a aparição da Mãe Divina é a natureza radiante da nossa própria mente.

A imagem da Mãe divina — coroa, trono e reino

Antes da visão divina de São João, nenhum livro de profecia que aparece nas Escrituras canonizadas tinha apresentado uma imagem específica da Mãe-Aima (a mulher vestida com o sol [Ap 12]), mas a Mãe-Aima aparece no centro da experiência dos profetas, na visão daquela que está sentada ao trono. Diz-se que a imagem da que está sentada ao trono é a "aparição da semelhança da glória de Yahweh", que aparece "como uma forma humana". O ser humano, segundo o Gênesis, é criado à imagem de Elohim, e recordemos a expressão tradicional da cabala judaica para o nome divino de Binah: "Yahweh pronunciado Elohim". A imagem da que está sentada ao trono é uma imagem de Yahweh pronunciado Elohim e alude à Mãe-matriz da visão divina.

Nas Escrituras, a imagem do que está sentado ao trono difere de uma visão profética para outra, refletindo o grau da profecia ou o grau da experiência de iluminação do profeta, além da natureza da interação e inter-relação entre o mundo espiritual e o material no tempo da profecia. Às vezes, a imagem divina no trono é um determinado partzuf, como na visão de Daniel, que contempla a imagem de Atik Yomin — o ancião dos dias (Dn 7,9). Às vezes, a imagem no trono é um arcanjo, como Metatron, Miguel ou Gabriel. Esotericamente, seja um partzuf ou um arcanjo, o que está sentado ao trono é chamado Hua, com o sentido de "ele-ela". Contudo, em hebraico, Hu significa "ele" e Hua significa "ela": portanto, o termo Hua sugere Aima-Elohim.

Segundo os mestres da Tradição, quando a frase "o anjo de Yahweh apareceu a..." aparece nas Escrituras, conota a Shekinah, que é o grande anjo de Yahweh. No Êxodo, são apresentadas duas imagens do grande anjo de Yahweh, a coluna de nuvem e a coluna de fogo, que seriam respectivamente Metraton e Sandalfon, os arcanjos da coroa e do reino. São imagens de hua-ela, a Shekinah. O trono unido à coroa e ao reino implica Aima-Binah.

A aparição da Mãe-Shekinah como anjo de Yahweh é Binah no nível de Yetzirah. A aparição da Mãe-Shekinah como um partzuf específico é Binah no nível de Beriyah. Quando um adepto tem uma experiência direta da consciência superna ou messiânica — conhecimento direto, entendimento e sabedoria — então atingiu Binah de Atzilut.

Na visão do que está sentado ao trono, a Mãe Santa é a coroa, o trono e o reino. O trono é a Mãe-Aima, a coroa é a Shekinah superior e o reino é a Shekinah inferior. Esses três símbolos representam a manifestação tripla do Espírito Santo. Como coroa, o Espírito Santo é Ruach Ha-Enoch, o espírito dos iniciados. Como reino, o Espírito Santo é Ruach Ha-Elijah, o Espírito dos profetas. Como trono, o Espírito Santo é Ruach Ha-Messiah, o espírito do ungido — consciência superna ou messiânica.

Ruach Ha-Elijah representa o poder da conquista mística, e Ruach Ha-Enoch representa o poder da conquista mágica. A conquista mística é a capacidade de ascender a níveis superiores de consciência. A conquista mágica é a capacidade de encarnar em níveis superiores de consciência-força ou de baixar o poder espiritual aos planos astral e material. Ruach Ha-Messiah representa a união da conquista mística e da mágica porque a conquista da consciência superna ou messiânica abrange essas duas dimensões, como vemos no Mestre Yeshua. O símbolo do trono que representa a consciência superna ou messiânica identifica a Mãe-Aima como consciência superna.

A coroa, o trono e o reino conotam a autoridade divina. A Mãe divina ou Shekinah é a que dá autoridade divina ao Tzaddik, e um verdadeiro Tzaddik só atuará conforme a autoridade divina que lhe foi outorgada, usando sempre a Shekinah com permissão divina. Essa é a distinção essencial entre um homem ou mulher de Deus que faz maravilhas e um feiticeiro ou mago negro, porque os santos atuam pela vontade divina e pelo reino divino e não praticam magia divina a favor da própria vontade ou dos próprios interesses. O propósito do verdadeiro iniciado, como o da Shekinah, é *curar* — para iluminar e libertar.

Esses símbolos da Mãe-Aima aludem ao ideal nobre do sacerdote-rei Melquisedec e à Tradição primordial. A Tradição primordial — a ordem de Melquisedec — é a Mãe de toda a sabedoria, e a Mãe Sabedoria é a Mãe de todos os iluminados.

A Santíssima Virgem —
Mãe Maria

O partzuf de Aima, Deus, a Mãe, encarna na Mãe Maria. Segundo as histórias e lendas da Tradição, Maria foi um prodígio espiritual, tendo sonhos, visões e visitações de santos e anjos desde a juventude. Havia um círculo místico nas colinas da Galiléia, fundado no caminho da assembléia profética, onde ela era reconhecida pelos anciãos como uma alma de grau superior, sendo recebida como discípula. Entre os anciãos, havia uma mulher que era profetisa. Essa velha mulher percebeu que Maria era a reencarnação da alma da profetisa Miriam e, numa visão, viu que Maria redescobria o milagre da fonte de Miriam que, dizia-se, estava oculta nas praias da Galiléia.

José também fazia parte do círculo místico e se casou com Maria. Pouco depois do casamento, Maria sonhou que ia ser mãe de uma grande alma de luz que se converteria no Messias. José acreditou no sonho de Maria e os dois procuraram conceber um filho juntos, usando práticas especiais que envolviam os mistérios sexuais (arayot), que aprenderam com os anciãos do círculo. Por meio dessas práticas especiais, conseguiram trazer uma grande alma de luz, a Alma de Yeshua.

Quando a grande alma de luz entrou no útero de Maria, a Shekinah desceu sobre ela, nela habitou e uniu a sua alma com o partzuf de Aima, para que a Mãe se convertesse em Deus, já que só a matriz da criação poderia gerar tão grande alma de luz e ser a Mãe do Messias. Quando o menino cresceu no seu útero, Maria se encheu de iluminação divina. Com isso, os espíritos dos profetas, dos patriarcas e das matriarcas, e os anjos santos de Deus vinham constantemente à sua presença. Todos os que recebiam a sua companhia sentiam a presença de Yahweh com ela. No momento do parto, deu nascimento à luz e se converteu na fonte de Miriam, porque águas vivas saíram do mais profundo do seu coração. Essas águas se mesclaram às águas do batismo no Jordão. Assim, no dia em que a alma do Messias descesse sobre o seu filho, ela se converteria na Mãe de Deus.

Segundo o Evangelho de São João, a Mãe Maria, como uma grande águia mãe, tirou suavemente do seu ninho o Messias, iniciando o ministério de maravilhas do Filho nas bodas de Caná. Enquanto o Filho crescia em poder, conhecimento e sabedoria, e encarnava a plenitude do amor divino, a Mãe crescia em glória e graça sobre a graça vertida dela por meio do Filho e da Filha, a Noiva Santa. A Mãe e o Filho são inseparáveis, porque, por meio do Filho de Deus, ela é a Mãe de Deus e, por meio de Deus, a Mãe, ele é Deus, o Filho. O Filho de Adão sol de Deus é o advento da luz superna no mundo, e a Mãe é o espaço ou ambiente em que ocorre o advento — o canal da graça divina. Tudo acontece na Mãe Santa.

A encarnação da Mãe Santa é diferente da encarnação do Filho e da Filha — porque a Mãe Sophia, a Sophia incriada, é infinita e eterna, e totalmente transcendental. Ela é encarnada no Filho (Cristo, o Logos), na Filha (Cristo, a Sophia) e em quem recebe em si a plenitude divina de Cristo. Contudo, permanece transcendente e transparente para todos os demais até que seja totalmente glorificada no Filho e ela mesma seja levada ao céu por meio da ascensão. Cristo, o Logos, penetrou o Nefesh de Santa Maria Madalena, mas a Sophia incriada — Mãe Sophia — uniu-se ao Neshamah da Mãe Maria, sendo gloriosa demais para morar plenamente na forma terrena de um ser mortal. Assim, quando deixou a forma terrena e adotou a sua imagem celestial, a Mãe Maria converteu-se na Mãe da criação — a Mãe de tudo. De Sophia, o que podia ser encarnado completamente estava na Noiva, e o que era transcendental veio por meio da Mãe. A Mãe se torna imanente por meio do Filho, a sua graça divina passa pelo Filho até a Filha-Sophia, a Noiva. Por isso, pouco se diz da Mãe Maria na vida divina do Sagrado Evangelho até depois da sua assunção. É então que a plenitude da Mãe-Aima é revelada nela.

A luz baixou aos filhos de Israel no monte Sinai e a sabedoria foi expressa nos profetas de Israel, mas a presença da luz foi rechaçada. A luz baixou como a Mãe, o Filho e a Filha, de modo que, por meio dos partzufim abaixo, a graça dos partzufim acima pudesse estar no mundo e este se unisse ao mundo de luz superna. A Noiva é a luz superna dentro e ao redor de nós. O Filho é a transmissão da luz, o padrão que conecta o mundo de luz superna e o mundo material. Na Mãe santa, nasceu um novo céu e uma nova terra, e uma nova humanidade — uma humanidade superna ou divina. A fé do gnóstico está na grande Mãe, a nossa esperança espiritual está na Noiva Santa e o nosso amor é o amor divino de Yeshua Messiah — o sagrado coração de Cristo. A Mãe é o todo em tudo. Quem a chama de "grande deusa" não fala erradamente, se por deusa entende também o único Deus — Yahweh pronunciado Elohim.

A imagem da mulher de luz, Mãe Israel, é a imagem celestial da Mãe depois da assunção, mas há outras imagens da Mãe Santa mais próximas de nós, que aparecem nas meditações em Binah-Aima, assim como vários cantos à Mãe. É Binah que os cabalistas contemplam na imagem da Mãe santa.

Pistis Sophia — sabedoria da fé

Binah é chamado de "pai/mãe da fé" porque a fé é a influência de Neshamah, que reside em Binah. A fé é atribuída também a Binah porque é uma manifestação da graça divina e a Mãe-Aima é o canal da graça.

No cristianismo gnóstico, a fé é muitas vezes denominada Pistis Sophia, que significa "sabedoria da fé". Não podemos deixar de notar a correspondência entre Pistis Sophia e o nome Yahweh Elohim, que une Binah e Hokmah — o pai/mãe da fé e sabedoria na Árvore da Vida. Enquanto as formas ortodoxas do cristianismo crêem na salvação por meio da fé em Jesus como o literal "filho unigênito de Deus", o cristianismo gnóstico ensina a auto-realização ou iluminação por meio da experiência espiritual direta — Gnose. Assim, entre os gnósticos, a fé adota um lugar e um significado diferentes.

O gnosticismo cristão fala do dom da inteligência ardente que nos desperta para a vida divina e nos conduz no caminho da evolução consciente. Esse dom é a influência do nosso Neshamah e é o poder do Espírito Santo. A primeira manifestação do dom é Pistis Sophia, ou seja, o despertar da fé. Isso é mais do que uma simples crença mental ou sentimentalismo vital porque vem das profundezas do nosso ser. Os gnósticos falam da fé como "um sentido do grande mistério", que nos impele a uma busca espiritual para adquirir a Gnose do mistério. Igualmente, diz-se que é "a intuição de uma experiência ainda não vivida", que se converte na invocação da experiência mística quando nos abrimos a ela.

A fé não pode ser quantificada, mas é um poder real e dinâmico da alma. É o que nos conduz à prática e à vida espiritual e é a pedra angular da magia. Sobre a fé, disse o Senhor Yeshua: "[...] pois em verdade vos digo: se tiverdes fé do tamanho de um grão de mostarda, direis a este monte: 'transporta-te daqui para lá', e ele se transportará, e nada vos será impossível" (Mt 17,20).

Embora o gnosticismo ensine a auto-realização por meio da gnose, a fé desempenha de imediato um claro papel. Porque, sem fé na possibilidade de iluminação, libertação e conhecimento da nossa escravidão à ignorância cósmica, não nos dedicaríamos à prática e à vida espiritual por meio das quais se adquire a Gnose ou iluminação. Essencialmente, a fé é como uma semente e a gnose é como o fruto. A fé conduz à geração de gnose, a gnose leva a novos níveis de fé. São como duas asas que elevam a alma na ascensão da consciência. Esse é um dom dado pela Mãe Santa — portanto Binah, o pai/mãe da fé.

O grande anjo de inteligência divina – a lembrança de Deus

Há um nível-base da consciência cósmica que retém os padrões ou impressões de tudo o que acontece na criação. É a base do contínuo da evolução que serve de recordação cósmica, sem a qual a evolução não seria possível. Se os ciclos anteriores de evolução e desenvolvimento não fossem retidos, as formas novas e superiores não poderiam surgir porque o contínuo de criação não teria sobre o que se edificar — nenhuma base a partir da qual evoluir. Em termos de evolução dentro de um espaço-tempo-consciência, o futuro está arraigado no passado e o seu progresso é determinado pelo que ocorre no presente. Os acontecimentos do passado são como a matriz que dá origem ao presente, e o presente é como a matriz que dá origem ao futuro.

Sejamos ou não conscientes, esse nível-base da consciência existe dentro de todos e de cada um de nós, e, na realidade, registra tudo o que vemos, ouvimos, olhamos, tocamos e provamos na vida, e todo pensamento, sentimento-emoção, palavra e ato. Quando as Escrituras falam do livro da vida em que se registra a justiça ou iniqüidade das almas vivas, ou da idéia da retidão ou pecados de uma pessoa estarem sempre diante dos olhos de Deus, elas se referem ao nível-base da consciência.

Esse princípio de memória cósmica facilita e impede o contínuo da evolução. Porque ainda que o princípio de memória cósmica sirva para reter todos os desenvolvimentos positivos na evolução, ele serve também para reter os desenvolvimentos negativos. Portanto, é a matriz kármica, que pode libertar ou prender as almas vivas.

O arcanjo Tzafkiel é a manifestação de Binah no nível de Beriyah e o guardião do livro da vida — o grande anjo da memória cósmica. Ratziel e Tzafkiel representam a idéia dos anjos brilhantes e escuros que acompanham a alma, que foi transmitida na sabedoria convencional como o anjo acusador e o anjo compassivo, que buscam influenciar a alma na vida e que, na vida futura, apresentam o caso da alma no juízo. Na verdade, essas influências são princípios divinos, que a ignorância representa como bem e mal. Essencialmente, o anjo brilhante é o destino divino da alma e o anjo escuro é o acúmulo do karma da alma. A forma como o "anjo escuro" aparece à alma-ser depende dos desenvolvimentos anteriores na sua evolução — o karma da alma. Para uma alma imersa num karma sumamente negativo, Tzafkiel aparece como um anjo de ira e juízo; mas para uma alma envolta em karma positivo — uma alma justa —, Tzafkiel aparece como um anjo de misericórdia. Felizmente, nem todo mundo precisa invocar o arcanjo Tzafkiel: para o iníquo ou o malfeitor, Tzafkiel chega como juízo baseado na lei da justiça perfeita.

No entanto, Tzafkiel é muito mais do que um anjo de juízo. Por meio dele, o iniciado pode conhecer o tikkune (trabalho, restauração ou cura da alma) a ser realizado na encarnação, juntamente com a capacidade de fazê-lo. Igualmente, por meio de Tzafkiel, o iniciado pode ter conhecimento de vidas passadas da alma e da missão maior que abarca muitas vidas. Assim, o arcanjo

Tzafkiel serve de anjo de iluminação. O grau rosacruz de *magister templi*, associado a Binah, reflete esse aspecto do arcanjo. Entre os poderes dos mestres do templo está o conhecimento e o entendimento da missão divina da alma e a penetração em vidas anteriores e no tikkune de outras almas — e, com isso, a capacidade de guiar e ajudar os outros a realizar o seu tikkune.

Diz-se que Ratziel preside os "raios cósmicos", representados pelos doze signos do zodíaco e pelos dez corpos celestes do sistema solar. Diz-se que Tzafkiel tem domínio sobre os planos cósmicos — os planos superno, espiritual, causal, vital superior, mental, astral e material da existência. Portanto, os iniciados que buscam maior reconhecimento e entendimento dos planos interiores procuram fazer contato com Tzafkiel.

O arcanjo Tzafkiel é também o grande anjo do plano celestial e, segundo os mestres da Tradição, é a influência por trás da formação de todos os círculos místicos e ordens esotéricas que emanam da ordem divina. Por meio da inspiração de Tzafkiel, um adepto ou mestre pode "recordar" e recuperar até mesmo uma tradição de sabedoria que se perdeu no avanço do espaço-tempo — se essa for a vontade divina. Para restabelecer uma tradição de sabedoria ou corrente da transmissão de luz, é por meio da influência de Tzafkiel que se ativa a restauração espiritual. Assim como conhece o tikkune e a missão das almas individuais, o arcanjo Tzafkiel conhece também a missão de grupos de almas destinadas a realizar juntas um trabalho divino, além da grande obra geral para cumprir o plano de Deus na criação.

Essa gnose da grande obra se baseia no conhecimento de Tzafkiel sobre o contínuo de espaço-tempo. Isso se reflete no atributo de Tzafkiel como arcanjo de Shabbatai (Saturno), que representa o domínio do espaço-tempo e dos seus efeitos e influências. A lenda diz que Tzafkiel deu a grandes adeptos e mestres o conhecimento necessário para criar portais no espaço-tempo que permitem viajar magicamente no espaço e no tempo. Num nível inferior, diz-se também que Tzafkiel dá aos iniciados a capacidade de enxergar pontos remotos do espaço-tempo — especificamente passado e presente — como se lá estivessem.

A imagem de Tzafkiel usada em meditação é semelhante à do arcanjo Ratziel mas, em vez do céu diurno, Tzafkiel está vestido com o céu noturno. Aparece como uma presença de escuridão radiante, vestido com o estrelado céu noturno — como se o grande anjo pegasse o firmamento estrelado e fizesse com ele um manto com capuz. Ao redor da imagem de Tzafkiel há um vazio escuro de espaço interminável e sem estrelas, enquanto a sua imagem aparece como um manto da Via Láctea. De dentro do capuz resplandece uma luz branca, tingida de azul intenso, e o arcanjo segura nas mãos o livro da vida, na forma de um grande rolo. É usando essa visualização, com o nome Yahweh Elohim e o canto YoMa Tzafkiel, que os iniciados na Tradição invocam o grande anjo da recordação.

Tronos sagrados e domínios

Aral significa "trono", e aralim é seu plural. A sucessão ao trono de um reino dá ao herdeiro a autoridade e o poder de um rei ou rainha, e o reinado do domínio ou reino. Assim, a ordem dos aralim, que é Binah no nível de Yetzirah, é formada por anjos santos que outorgam autoridade e poder divino. Como um trono implica domínio, os aralim são também chamados de domínios, ou se diz que eles se movem com a ordem dos domínios.

Na visão de São João, há vinte e quatro anciãos com coroas sentados nos tronos (aralim), rodeando o trono celestial de glória. São grandes homens e mulheres de Deus que representam a conquista masculina (Logos) e feminina (Sophia) da consciência messiânica correspondente às doze formas arquetípicas da humanidade. Segundo os mestres da Tradição, "eles têm uma coroa na cabeça porque o conhecimento, entendimento e sabedoria de Deus é a coroa sagrada do tau sagrado (anciãos) — a Gnose de Yeshua Messiah". O fato de estarem sentados nos aralim significa que a cada ancião são dados autoridade e poder divino sobre um domínio específico do reino divino. Um estudo dos signos do zodíaco, segundo a astrologia esotérica, revela a natureza desses doze domínios do reino divino.

O termo "merkavah" implica um trono-carruagem. Desse modo, no misticismo merkavah, "subir na carruagem" significa adquirir autoridade e poder divino correspondente ao grau a que pode ascender um iniciado. Como já vimos, Binah — ou a Shekinah — transmite autoridade e poder divino e, por meio dela, é formado o veículo da ascensão.

Os aralim têm todos os dons espirituais e compartilham poderes espirituais conforme a vontade do Santo. Os dons espirituais são concedidos aos fiéis e eleitos de acordo com a capacidade de cada um para recebê-los e manejá-los e conforme a missão que Deus lhes destinou. Quando um dom ou poder espiritual é outorgado, ele pode ficar com a pessoa durante toda a vida e às vezes durante muitas vidas, mas nem sempre é assim. Em geral, o dom ou poder espiritual é concedido apenas por um breve período de tempo para que uma tarefa seja realizada, para elevar ou habilitar uma pessoa na fé ou para preparar o caminho para que sejam outorgados outros dons ou poderes espirituais. Os dons podem ser permanentes ou temporários, dependendo da necessidade da alma e das necessidades dos que estão à volta da pessoa.

Desejar dons espirituais por ambição pessoal, engrandecimento ou simplesmente para ter poder espiritual, sem um propósito nobre ou justo, é desde já um risco e potencialmente um grande obstáculo para a sua conquista. Contudo, buscar poder para ajudar na iluminação e libertação de outras almas vivas ou espíritos é parte da grande obra. Assim, o iniciado gnóstico é incentivado a orar e a meditar para adquirir dons espirituais que o capacitarão como agente consciente da grande obra. Os iniciados invocam muitas vezes a ordem dos aralim — em conjunto com as suas orações e meditações — na busca para receber dons espirituais em harmonia com a sua verdadeira vontade.

Os mestres santos e o templo da luz

O Zohar diz que o tabernáculo e o templo sagrado em Jerusalém foram construídos conforme o modelo do templo celestial, de modo que o de cima fosse refletido embaixo. O templo era composto de átrio exterior, santuário interior e santo dos santos, e ficava no centro de Jerusalém, a cidade de Deus. O *sanctasanctorum* representava o universo de Atzilut e era o lugar onde morava a Shekinah. O santuário interior representava o universo de Beriyah e era o principal local de oração, meditação e adoração conduzido pelo sacerdócio. O átrio exterior representava o universo de Yetzirah e era o lugar de purificação e sacrifício sagrado. A cidade de Jerusalém e a Terra santa que a rodeia representavam o universo de Asiyah manifesto de acordo com a lei sagrada.

Como já foi mencionado, o grau que corresponde a Binah é o de magister templi — o mestre do templo. Se vemos o templo sagrado como os Sefirot e os quatro Olamot, temos uma indicação a respeito da natureza dessa conquista. O magister templi é um apóstolo santo da luz superna — que é ungido com a luz superna e encarna o seu Neshamah. Há diferentes níveis de magister templi, correspondentes ao grau em que o Neshamah está encarnado no mestre e ao grau em que a luz-presença superna da Shekinah habita no mestre. Enquanto nos graus dos adeptos, correspondentes aos Sefirot de Hesed, Gevurah e Tiferet, o iniciado experimenta a Shekinah indo e vindo, em maior ou menor grau, dependendo da conquista de cada um, a Shekinah permanece constante na experiência do magister templi.

Da perspectiva dos iniciados dos graus inferiores, é muito difícil distinguir a diferença entre um magister templi em Binah e um adepto eleito estabelecido em Hesed. Contudo, a experiência dos graus de iluminação é radicalmente distinta: ainda que um adepto eleito possa entrever a consciência cósmica no nível de Binah, ele não experimenta a matriz do nirvana e a consciência superna que nela desperta. Esse é o domínio do magister templi — a capacidade de entrar na consciência superna mais ou menos de acordo com a sua vontade. Contudo, ao contrário do mago, o magister templi não se uniu totalmente à consciência superna e, assim, não mora perpetuamente na consciência messiânica. Igualmente, ainda que às vezes o magister templi se sinta inseparável da Shekinah celestial, muitas vezes experimenta a Shekinah como presença e poder distinto de si mesmo.

Esse nível da experiência de iluminação dá ao magister templi um domínio maior ou menor do jogo de forças cósmicas, conforme o grau de conquista desse primeiro nível celestial. Ele ou ela é Baal Shem, mestre do nome, estabelecido na Gnose de Yeshua Messiah — e um mestre no trabalho do plano interior, tendo comunhão no Espírito Santo com os tzadikkim e maggidim (adeptos e mestres do plano interior e anjos santos). Na medida em que o magister templi integra o Neshamah e a Shekinah na sua personalidade e desdobramento de vida, o mestre se converte num templo vivo de Deus.

Os mestres do grau de *magus* e *ipsissimus* (correspondentes a Hokmah e Keter) são muito raros neste mundo, pois há muito poucos seres humanos na terra capazes de receber diretamente a transmissão de luz que encarnam. A maioria dos mestres encarnados são os magister templi e os adeptos eleitos, e são eles que conduzem a grande obra no planeta Terra.

Segundo a Tradição, quando a Shekinah celestial desceu sobre o Senhor Yeshua no batismo, o corpo de Yeshua brilhou com luz invisível durante um tempo, especialmente o seu rosto. A luz o rodeou completamente. Na transfiguração, todo o seu corpo resplandeceu e a luz estava dentro e ao redor dele, de modo que era a luz superna. Essa mudança na luz-presença do batismo à transfiguração representa a ascensão pelos diferentes graus do magister templi até a conquista do magus.

Os graus de iniciação, do neófito ao adepto, são em geral transmitidos por via de um agente humano encarnado, embora em alguns casos sejam transmitidos por adeptos e mestres do plano interior (como no caso de São Paulo). Contudo, o grau de adepto eleito e os graus celestiais não são transmitidos por um meio humano: são dados pela graça divina ou diretamente por meio do Espírito Santo.

O magus serve para iniciar contínuos da transmissão de luz ou para trazer novos níveis de realização; os magister templi, junto com os adeptos, servem para cuidar da chama do contínuo em que trabalham. Graças à sua gnose divina, os mestres do templo podem elevar e restaurar correntes da transmissão de luz, recuperar o conhecimento, o entendimento e a sabedoria que se perderam através do tempo e revelar um novo conhecimento e um novo entendimento da transmissão de luz.

A tarefa essencial do magister templi é manter o equilíbrio do jogo de forças cósmicas na criação, guardar a transmissão de luz e servir de veículo da mesma. Como membros da ordem de Melquisedec, servem de peões nos campos da existência sensível para a colheita de almas.

Práticas espirituais para Binah

É bom orar para Deus, a Mãe e meditar nela porque ela está perto de nós, tão perto quanto o nosso corpo e esta boa terra, a nossa alma e a própria vida. No entanto, ela está nos céus e no mundo de luz superna. É a luz e é a escuridão, é a consciência-força acima e abaixo, é o todo em tudo.

Como a Mãe Santa é a rainha do céu e da terra, todas as criaturas e a criação inteira estão nela. Estamos na matriz de Deus, a nossa Mãe, e ela está continuamente nos dando a luz, na vida e nos nossos sonhos. Quando morremos, nascemos de novo da sua matriz sagrada, seja para continuar a viagem nos mundos ou para descansar no mundo de luz superna. A bênção e a graça vêm sempre por meio dela porque ela é o poder da graça e da bênção, a Shekinah.

A Mãe é rápida para responder às orações dos fiéis e está sempre presente entre os eleitos. Tolhida pela grande escuridão ou estabelecida na luz, ela chegará a quem a invoca e dará aos que lhe pedem como filhos. A Mãe-Aima não rechaçará quem a busca, nem negará as suas bênçãos a quem as pede. O senhor disse "batei e vos será aberto". A Mãe divina é o santuário sagrado.

Sentar-se no regaço da Mãe Santa — o trono de glória

➢ Sente-se numa cadeira, como num trono sagrado, e imagine-se como um filho da luz sentado no regaço da grande Mãe. Sinta a sua respiração e a batida do seu coração — a vida que está em você e ao seu redor —, a presença de Deus, a Mãe. Expirando, deixe-se levar e respire nela, mesclando-se a ela. Em unidade com ela, habite-a. Nela, vocês são um só. Esse é o deleite da meditação perfeita!

Meditação da luz-matriz

- Sente-se e imagine que está na matriz da Mãe Santa. Visualize o seu corpo formado de luz, com o sol espiritual brilhando no coração e um grande mar de luz ao seu redor. Escute a batida do seu próprio coração e, por trás dela, a batida do coração da Mãe; escute os pensamentos da sua mente e, por trás deles, os pensamentos da mente da Mãe. Fale com a sua Mãe divina e ouça-a falando em você. Depois dessa comunicação com a Mãe, inicie o canto Ama-Aima. Ao cantar, una-se totalmente à luz-presença da Mãe. No silêncio que se segue ao canto sagrado, permaneça como luz.

Meditação da mulher de luz, Mãe Israel

- Visualize o sol espiritual dentro do seu coração e recolha-se nele. Deixando para trás a superfície e todos os movimentos que há nela, penetre profundamente, como que até a matriz do ser. Então, imagine que está sentado sobre uma montanha sob o céu noturno estrelado, com uma lua saindo a Leste. Enquanto a lua se eleva sobre o horizonte, aparece como por magia a imagem da Mãe Israel, de pé sobre a lua.
- Ela usa uma coroa de doze grandes estrelas, está vestida de sol e está grávida — cheia da graça e da glória de Deus. O disco lunar brilha sob os seus pés. Hostes celestiais — anjos santos — a rodeiam e toda a criação a louva. Por trás dos cantos de louvor está a harmonia celestial das estrelas. Sinta a presença da mulher de luz, a paz e a alegria da Mãe Israel, e permita que a santa Shekinah penetre você até o seu âmago.
- Se você busca se libertar da escuridão e dos klippot, ore pela libertação; se busca a cura, ore à Mãe pela cura; se busca dons espirituais, ore por eles; se busca iluminação, ore à Mãe por iluminação divina. Seja o que for que busque, peça à Mãe santa e mantenha a fé perfeita de que isso lhe será dado — e assim será.
- Quando tiver orado à Mãe, inicie o seu canto e ouça toda a criação e as hostes celestiais acompanhando o seu canto:

  Ha Isha Ha Elyona, Aima Israel
  (A mulher de luz, Mãe Israel)

- Enquanto canta, imagine que se converteu em pura luz e que você, como luz, flui na imagem da mulher luz, até se dissolver nela ao final do canto sagrado. Fique em unidade silenciosa com a Mãe divina pelo maior tempo possível, seja um instante ou um tempo maior — abrigue essa paz e essa alegria perfeitas.
- Quando surgirem pensamentos na mente, e a consciência for posta em movimento de novo, cante em adoração à Mãe divina:

  Aima Elohim
  (Mãe Deus)
- Ao final desse canto, fique no abençoado conhecimento de si mesmo pela Mãe santa, a presença divina dentro e ao redor de nós, e sente-se em silêncio durante algum tempo, absorvendo e equilibrando a energia espiritual da bênção da Mãe.
- Viva, mova-se e tenha nela o seu ser. Tudo o que aparece é como o seu corpo divino; tudo o que soa é como a sua voz celestial; todos os pensamentos e sentimentos são o resplendor da sua mente sábia. Pratique esse conhecimento sagrado na sua vida diária — essa é a consciência messiânica da Mãe, a Mãe da iluminação! — Amém.

OITO

HESED, A MISERICÓRDIA E AS BÊNÇÃOS EXÍMIAS DE DEUS

Atributos

Trinta e dois caminhos de sabedoria: consciência estabelecida (Sekhel Kavua). É assim chamado devido aos poderes espirituais que dele emanam, como as emanações [mais] etéreas; um emana do outro pelo poder do emanador original, que Ele seja bendito.

Hesed: misericórdia ou bondade infinita; também Gedulah, glória.

Posição na Árvore da Vida: o centro do pilar de misericórdia.

Nome divino: El.

Nomes divinos alternativos: Rav Hesed, mestre de compaixão; Eheieh Zaken, serei velho; Rachum Ve-Chanum El, Deus misericordioso que perdoa; Erech Apayim El, Deus paciente; Gedulah El, grande Deus ou Deus glorioso.

Partzuf acima: Zer Anpin, como o sacerdote-rei santo entronizado.

Partzuf abaixo: Yeshua Messiah perdoando o pecado e distribuindo bênçãos; Abraão e Sara.

Imagem divina: o sacerdote-rei santo no seu trono; a corte celestial; a ascensão do Messias.

Arcanjo: Tzafkiel.

Ordem de anjos: Hashmalim.

Atributo celestial: Tzedek, Júpiter.

Títulos dados a Hesed: sacerdote-rei de justiça; juiz da verdade; o ancião (Zaken) ou o ancião amado (Zakenu); o misericordioso; o que perdoa; amor divino; Senhor de paz; esfera dos tzadikkim;

justiça divina; graça de Deus; misericórdia de Deus; bênçãos de Deus; profundidade do Sul; semente do Pai branco; justiça de Deus; o justo; vida abundante; perfeição dos adeptos; o primeiro dia da criação.

Nível da alma: Ruach, espírito humano ou inteligência divina (especificamente o Ruach superior).

Morada celestial: Arabot, o sétimo céu — nuvens, planícies, deserto e lugar sagrado.

Experiência espiritual: o despertar do verdadeiro amor espiritual ou o coração sagrado de Cristo; abundância espiritual; o poder da bênção.

Virtudes: caridade; obediência sagrada; generosidade; devoção; justiça; misericórdia; amizade verdadeira; hospitalidade.

Vícios: mesquinhez; voracidade; tirania; rebelião; hipocrisia; injustiça; auto-satisfação; infidelidade.

Símbolos: cruz de braços iguais; o orbe; o cetro; tetraedro; pirâmide; quadrado; a coroa de um príncipe; a varinha de virtudes; o bastão do pastor.

Mandamento: Lembra-te do dia de sábado para santificá-lo (Êx 20,8-11).

Sermão da Montanha: Bem-aventurados os que promovem a paz, porque serão chamados filhos de Deus (Mt 5,9).

Anjo do apocalipse e das igrejas: a primeira estrela, o primeiro candelabro e a mensagem ao anjo da igreja de Éfeso (Ap 2,1-7).

O mistério supremo e a revelação do mistério

Anteriormente, falamos da analogia da Árvore da Vida com um grande rio de luz. Esse rio é formado pela luz interminável de Deus (Ain Sof Aur) e Keter é a fonte oculta do rio. Da'at é o lugar secreto de onde o rio emerge da fonte incognoscível, Hokmah é o próprio rio de luz e Binah é o grande canal do rio. Os sete Sefirot inferiores representam fluxos ou correntes dentro do rio de luz que, embora distintos, são inseparáveis do rio. Os Sefirot da tríade moral (Hesed-Gevurah-Tiferet) representam correntes nas profundezas do rio; os Sefirot da tríade de ação são as correntes mais próximas da superfície. Malkut representa a forma como o rio aparece para nós — os fluxos e refluxos visíveis na superfície. Com essa analogia, podemos entender a unidade sagrada dos Sefirot e o seu verdadeiro significado porque, segundo a cabala, a criação é literalmente uma efusão contínua da luz superna de Deus e os Sefirot são graus dessa luz-força. Até a substância da própria matéria é essa luz-força, cuja natureza é Ain.

Da'at e o grande abismo se encontram entre os supernos acima e os sete Sefirot inferiores na Árvore da Vida. Essencialmente, os supernos são por natureza transcendentes: são o reino do arquetípico ou ideal. Poderíamos dizer que são o reino do inesgotável potencial divino, que só é revelado e realizado no nível dos sete Sefirot inferiores. A tríade moral é a revelação da presença e poder divino dos supernos. A tríade de ação é a realização da santa Shekinah, sendo Malkut a verdadeira realização e manifestação da presença e poder vivente na dimensão material. Assim, os sete Sefirot inferiores são muitas vezes chamados Sefirot de construção porque são forças divinas por meio das quais surge a criação e a criação inteira é sustentada — os verdadeiros laços entre o infinito e o finito.

Descendo abaixo do grande abismo na exploração da Árvore da Vida, entramos no reino da santa Shekinah mais diretamente na nossa experiência atual. Quanto mais descemos na árvore, mais baixamos à terra, a coisas em que podemos pensar, de que podemos falar e que, portanto, podemos conhecer e compreender como seres mentais. Enquanto os supernos são elevados, abstratos e transcendentais, os sete Sefirot inferiores são mais concretos, acessíveis e imanentes. Em essência, os supernos permanecem sempre como um mistério supremo e os sete Sefirot inferiores são a revelação sem fim desse mistério.

O rosto de Deus que aparece

Podemos conhecer a relação dos supernos e dos sete Sefirot de construção por meio da consideração dos partzufim. Como foi indicado anteriormente, Arik Anpin é formado pela união de Abba e Aima. Desse modo, Arik Anpin é a tríade superna. Quando o grande rosto do transcendental gira em direção à possibilidade da criação, ele se cobre com o véu sétuplo dos Sefirot de construção, convertendo-se em Zer Anpin, o pequeno rosto, ou o princípio da presença e poder divino imanente.

Ao contrário do grande rosto de Deus, os traços do pequeno rosto não são inacessíveis: são graus da luz superna dentro do alcance das almas humanas, como princípios imediatos das coisas criadas. Por isso, o pequeno rosto é chamado *Eleh*, que significa "isso" — indicando coisas que são inteligíveis — enquanto o grande rosto é chamado *Mi*, que significa a pergunta "quem?" — indicando que é supra-inteligível e inexprimível. Na realidade, os dois rostos são um único rosto de Deus, sendo Arik Anpin o rosto de Deus revelado ao próprio Deus, e Zer Anpin o rosto de Deus velado quando aparece às criaturas de Deus. Podemos dizer que Arik Anpin é a verdadeira aparição da alma dos Sefirot, enquanto Zer Anpin é a aparição da alma vestida no corpo dos Sefirot, que é um corpo de luzes.

A unidade do grande rosto e do pequeno rosto de Deus é Atik Yomin, o ancião. O pequeno rosto depende totalmente do ancião e está dentro dele — e Arik Anpin inclui dentro de si mesmo Abba e Aima, que dão origem a Zer Anpin e Nukva (a filha). Juntos, os dois rostos de Deus representam a unidade causal de todas as formas ideais dos Sefirot, da qual a força está em Hokmah e as formas em Binah. Como vimos no capítulo anterior, a diversidade dos arquétipos na unidade sagrada é expressa pelo nome Binah, Elohim, que é essencialmente a união das palavras Eleh e Mi. O profeta Isaías, que contemplou a imagem do ancião na sua visão, indica esse mistério sagrado quando nos instrui, dizendo: "Elevai os olhos para o alto e vede: Quem criou esses astros? É ele que faz sair o seu exército em número certo e fixo; a todos chama pelo nome. Tal é o seu vigor, tão grande a sua força que nenhum deles deixa de apresentar-se" (Is 40,26).

A graça avassaladora de Deus

Hesed significa misericórdia ou bondade infinita. Hesed é a primeira emanação procedente de Binah via Da'at, o primeiro traço ou aspecto do pequeno rosto, que também é denominado o Noivo. Como o primeiro dos sete Sefirot inferiores, Hesed recebe a afluência de energia espiritual dos supernos e a distribui entre todos os Sefirot abaixo do abismo. Recordemos a nossa discussão de Da'at como o prisma sagrado pelo qual a luz superna passa para se converter nos muitos raios de glória irisada. Hesed é o primeiro raio de glória, que contém os outros raios de glória dos Sefirot que se seguem.

Gevurah, Tiferet, Netzach, Yesod e Malkut têm a sua raiz e a sua essência em Hesed, que tem a sua raiz e a sua essência nos supernos. Hesed é o amor ou misericórdia de Deus; portanto, a base e o propósito dos sete Sefirot de construção é o amor ou misericórdia de Deus. A própria criação e tudo o que Deus nela faz é a expressão do amor divino, que em Hesed é ilimitado e incondicional.

Essencialmente, Hesed é o todo-doador com relação aos Sefirot inferiores e, como tal, representa a atividade de Hokmah abaixo do abismo. Com relação aos supernos, Hesed é o todo-recebedor e, assim, representa a atividade de Binah abaixo do abismo, especificamente o rosto da Mãe brilhante.

No próprio Hesed não há juízo, restrição, limitação, limite ou condição imposta à graça. Hesed é amor incondicional, misericórdia ilimitada, luz infinita — em uma palavra, graça pura. É um fluxo irrestrito de bênção divina sem fim. A natureza das bênçãos que Deus outorga por meio de Hesed é o dom do próprio Deus. Todas as bênçãos que possam ser recebidas, espirituais, psíquicas ou materiais, incluindo a própria vida, são a manifestação da santa Shekinah — Deus compartilhando algo de si mesmo.

Deve haver um equilíbrio dinâmico entre Hesed e a sua contrapartida no pilar de severidade, Gevurah, que é juízo ou severidade. Sem um grau de restrição ou limitação, Hesed ocuparia rapidamente toda a criação. Gevurah atua como um regulador de Hesed. Anteriormente, falamos do princípio primordial, que teve lugar por meio de tzimtzum-constrição seguido por emanação uniforme. Primeiro, Deus teve de se recolher em si mesmo a fim de abrir espaço para a criação fora de si. Então, emanou-se em graus uniformes do nível de Ain Sof (o infinito) até o nível mais denso e limitado de criação finita, o universo físico ou material (Asiyah). Gevurah é o princípio de tzimtzum-constrição e Hesed é o princípio de expansão ou emanação. A interação dinâmica e o equilíbrio de Gevurah e Hesed é o que permite graus uniformes da luz superna e, assim, a existência da criação. Funcionando juntos, formam os graus da luz superna que são acessíveis para o espírito manifesto, sendo Tiferet-beleza o equilíbrio dinâmico dos dois.

Esse equilíbrio dinâmico é expresso tradicionalmente da seguinte maneira: a criação é sustentada pela presença e poder de Deus. Totalmente dependente de Deus, se Deus se recolhesse em si mesmo por completo, a criação imediatamente deixaria de existir. Mas, sendo Deus infinito e eterno, e a criação finita e temporal, se Deus não se limitasse nem se recolhesse em si mesmo em certa medida, a criação seria totalmente avassalada e destruída. Por ora, a criação não pode resistir à afluência direta da plenitude divina.

Isso revela um conceito errôneo, comum entre aspirantes inexperientes e indoutos: ao subir pela Árvore da Vida de um grau ao outro, entraríamos nos Sefirot dos pilares da misericórdia e da severidade. Mas, embora a alma seja atada a cada um dos Sefirot no processo de ascender de grau em grau, é sempre a partir do pilar do meio que ela se põe em contato com os Sefirot da direita e da esquerda, nunca diretamente. A realidade-verdade-contínuo é o pilar do meio: o pilar de misericórdia e o pilar de severidade representam os extremos, entre os quais existe a realidade ou criação. Assim como não resistiríamos a uma entrada direta na misericórdia absoluta de Deus, não resistiríamos a uma entrada na severidade absoluta porque qualquer extremo seria totalmente opressor. Enquanto permanece no pilar do meio, o iniciado pode buscar ruhaniyut e shefa à direita ou à esquerda e pode unir o aspecto correspondente da sua alma aos Sefirot da direita ou da esquerda, mas não pode entrar no pilar de misericórdia e nem no pilar de severidade. Por isso, na primeira cerimônia de iniciação nos mistérios da cabala, é dito ao neófito: "não se aventure à direita nem à esquerda, onde o aguarda certamente a destruição, mas permaneça no caminho do meio, sem se ligar ao direito e nem ao esquerdo, nem ao céu e nem ao inferno. Largo é o caminho que conduz à perdição, mas reto e estreito é o caminho que conduz à salvação. A verdadeira conquista é alcançada pela moderação".

Os treze atributos de Hesed-El

O Sefirah Hesed, no nível de Atzilut, é o nome divino El. El está para Elohim assim como Yah está para Yahweh, de modo que todo o potencial de Elohim está no nome El, da mesma forma que todo potencial de Yahweh está em Yah. Como vemos no nome Elohim, Aleph (א) é o Espírito de Deus, o hálito radiante de Deus, que dá ao humano uma alma viva de inteligência. Lamed (ל), que significa "aguilhada de boi", conota uma força condutora, especificamente na forma de um impulso que vem do interior. Essa é a natureza do amor e da misericórdia de Deus — a graça de Deus; é o Espírito Santo de Deus e o fator motivador da criação divina.

Moisés proclama treze atributos relacionados ao nome El (Êx 34,6-7 — tradução modificada): Deus (1) misericordioso (2) e benévolo (3), tardio (4) para a ira (5), e abundante em amor (6) e verdade (7); guarda misericórdia (8) para a milésima geração (9); perdoa o pecado (10), rebelião (11) e erro (12), e purificador (13).

Todas essas são bênçãos associadas a Hesed ou El, que o iniciado atrai unindo a sua alma ao nome El. A bênção suprema de unir a nossa alma ao nome El é a experiência de uma unificação consciente com Deus. A mais elevada manifestação da graça é Deus entregando-se plenamente a nós, penetrando na nossa alma e despertando a alma no próprio Deus (o ser de Cristo).

Deus é misericordioso por ter posto um impulso evolutivo na alma para que, nas profundezas da mesma, esteja o desejo de nos aproximar e de nos unir a El. Na medida em que nos aproximarmos de Deus, ele nos atrairá para si. Deus é benévolo, porque verte bênçãos sobre nós quando aderimos ao nosso Neshamah e à presença divina. A natureza das bênçãos que outorga é o próprio Deus.

Deus é tardio porque pôs na criação o princípio de estabilidade e uma pausa entre causa e efeito. Quando erramos o tiro ("pecado" significa na verdade "errar o tiro") ou engendramos karma negativo, não é imediato o resultado, a influência/efeito ou a conseqüência. Temos tempo para transformar a mente e o coração, modificar o nosso propósito e reparar o dano que causamos. A ira divina também é misericórdia e conota castigo, retificação ou disciplina, o que mitiga o karma negativo, conduz à cura e a uma maior qualidade de vida; ilumina e liberta a alma da escravidão.

Abundante em amor significa que o juízo e a disciplina nunca são em si um fim e não duram para sempre. O propósito final é sempre a redenção e a cura, portanto, a unificação. Não existe a condenação eterna. Nem o inferno dura para sempre, apesar do grande mal realizado. Como foi dito no capítulo anterior, a luz do céu e o fogo do inferno são a manifestação do Espírito Santo, que deseja instruir e, portanto, iluminar e libertar a alma. Deus ama igualmente os justos e os injustos e bendiz a um e a todos do mesmo modo. A verdade é o propósito da evolução criativa e a meta de Deus na criação é que a verdade perdure e seja revelada, que nada esteja oculto para sempre. A verdade final é a unidade sagrada que é Deus, na qual vivemos, nos movemos e temos o nosso ser — é que no mais profundo do nosso ser estamos sempre em unidade com Deus e com toda a criação.

Guardando misericórdia, Deus preserva e sustenta a vida. No sentido essencial, a morte nunca existiu. O que se chama morte é apenas uma transição de um estado de existência a outro. O Neshamah nunca nasceu e, portanto, nunca morre, mas habita perpetuamente a única força vital. Para a milésima geração são as inúmeras encarnações que Deus concede à alma para que possa se desenvolver e evoluir até o ponto mais elevado da vida e se realizar na consciência cristã. A idéia de que vivemos uma só vida e ganhamos a recompensa do céu eterno ou o castigo da condenação eterna é obscena e contradiz o propósito de Deus na criação, que é amor e misericórdia. Finalmente, todas as almas se realizarão em Deus.

Perdoando o pecado, Deus deu ao ser humano a capacidade de se arrepender e de reparar qualquer dano que a alma sofra no processo do seu desenvolvimento e evolução. Perdoando a rebelião, Deus dá a cada alma a oportunidade de resolver o karma negativo, até mesmo o maior mal feito com intenção consciente. Perdoando o erro, Deus nos dá a oportunidade de corrigir todos os nossos equívocos e de aprender com eles.

A purificação é a intenção de qualquer juízo ou manifestação colérica da santa Shekinah. Ao contrário da injustiça que os seres humanos chamam de justiça, a justiça de Deus não se baseia no castigo ou na vingança, mas se dirige sempre à reabilitação e à redenção. Deus é realmente justo. Que em todas as atividades Deus busque a purificação, alude à verdade de que a natureza e o ser mais profundo de todas as criaturas são a palavra e a sabedoria de Deus — que em nosso ser mais profundo somos bons.

Todos esses atributos de Hesed-misericórdia são o poder de El e estão em El. Aleph é o Espírito de Deus realizando misericórdia de acordo com esses atributos, e Lamed é a atividade em si mesma. Lamed é a letra hebraica da justiça e indica que o propósito último de Deus é a justiça ou retidão. A justiça que Deus busca é a iluminação e a libertação de todas as almas viventes. Portanto, Deus é um Deus compassivo, já que a iluminação e a libertação de tudo é o sagrado coração de Cristo (compaixão).

A natureza da justiça

Para cada Sefirah de construção, são atribuídos um homem e uma mulher de Deus. No caso de Hesed, Gevurah, Tiferet e Yesod são os patriarcas e matriarcas da Torá. Os mestres da Tradição dizem que o patriarca de um Sefirah é uma carruagem ou veículo da energia espiritual do Sefirah correspondente, e que a matriarca é a Shekinah-emanação do Sefirah. Desse modo, a história de vida do homem e da mulher de Deus que correspondem a um Sefirah revela os mistérios deste, e é uma forma de contemplar e meditar no Sefirah. Hesed é representado pela história de Abraão e Sara.

A história de Abraão e Sara começa quando Deus os conclama a sair da sua terra natal e da segurança da sua vida mundana na sociedade ignorante, e iniciar uma busca sagrada num deserto desconhecido, onde o Espírito de Deus seria o seu guia. Abraão e Sara obedecem e partem de imediato, seguindo o chamado do Espírito. A obediência é uma qualidade de Hesed, não tanto a obediência a algo imposto de fora, mas obediência ao impulso espiritual ou guia interior dentro de nós.

Abraão e Sara são observados por sua compaixão, generosidade e hospitalidade. Proviam os necessitados e, em vez de serem motivados pelo benefício, eram impulsionados pela justiça. Quando desconhecidos se aproximavam do acampamento de Abraão, ele saía rapidamente para lhes dar as boas-vindas e os convidava a entrar e compartilhar da sua comida. Sara preparava as melhores comidas possíveis e, junto com Abraão, servia os convidados, suprindo todas as necessidades dos mesmos. Abraão e Sara não julgavam os convidados. Eram hospitaleiros com os justos e os iníquos do mesmo modo, mostrando gratidão pelos justos e misericórdia para com os maus. Tão grande era o seu poder acolhedor que até os anjos santos de Deus apareciam como convidados e iam e vinham muitas vezes de suas tendas de campanha.

Essas qualidades de Abraão e Sara, que são os princípios de Hesed, estão no próprio coração do ensinamento de Yeshua no Evangelho. Ao falar do juízo, o Senhor Yeshua se refere diretamente às qualidades de Hesed que vemos em Abraão e Sara, quando diz:

> *Então dirá o rei aos que estiverem à sua direita: "Vinde, benditos de meu Pai, recebei por herança o reino preparado para vós desde a fundação do mundo. Pois tive fome e me destes de comer. Tive sede e me destes de beber. Era forasteiro e me recolhestes. Estive nu e me vestistes, doente e me visitastes, preso e viestes me ver." Então os justos lhe responderão: "Senhor, quando foi que te vimos com fome e te alimentamos, com sede e te demos de beber? Quando foi que te vimos forasteiro e te recolhemos ou nu e te vestimos? Quando foi que te vimos doente ou preso e fomos te ver?" Ao que lhes responderá o rei: "Em verdade vos digo: cada vez que fizestes a um desses meus irmãos mais pequeninos, a mim o fizestes."*
> (Mt 25,34-40)

Cuidar do enfermo e visitar o preso são uma extensão das qualidades de Hesed que, numa palavra, é caridade. Por meio do amor e da compaixão ativos, estabelecemos a causa da prosperidade e de uma vida longa.

Quando Deus anunciou a sua intenção de aplicar o seu juízo sobre Sodoma, Abraão defendeu a cidade diante de Deus, por amor e compaixão. No princípio, o número de tzaddikim necessário para preservar a cidade era cinqüenta, refletindo o número dos dez Sefirot dos cinco Olamot; no entanto, o número final de tzaddikim foi dez, o número essencial necessário para a preservação e continuação da vida na terra, refletindo a qualidade de Hesed, que conserva e sustenta a criação. Atuando de forma a preservar e a sustentar a vida dos outros, invocamos o fluxo de graça de Hesed.

A ação final de Abraão e Sara foi a disposição de dar a Deus a sua posse mais preciosa: seu único filho. Isso prefigura o sacrifício da primeira encarnação da Alma do Messias, o filho de José, por meio de quem todo o karma negativo é dissipado e é dada ao mundo uma forma de se unificar conscientemente com Deus. A misericórdia e o amor de Deus, encarnados em Yeshua Messiah, é Hesed, assim como é o amor de Deus em Abraão e Sara, que estavam dispostos a dar tudo de bom a Ele. O pedido de Deus para o sacrifício de Isaac não buscava a vida de Isaac, mas a perfeição da obediência sagrada, por meio da qual se faz possível a unificação suprema com Deus — quem obedece à presença de Deus dentro de si, encarna o divino.

Significativamente, Deus provê a Abraão e Isaac um carneiro para o sacrifício. Essa é a função de Hesed: se fizermos todo o possível para seguir o Espírito Santo, esgotando todos os nossos esforços e capacidades, o Espírito Santo entrará em cena e cumprirá a nossa missão. Quando nos entregamos completamente à graça divina, esta fará a grande obra em nós e nos realizará na consciência cristã. Essa é a promessa de Deus em Hesed.

Tzaddikim — adeptos e mestres da Tradição

Tzaddikim significa literalmente "justos". Por um lado, tzaddikim é um termo aplicado a todos os fiéis e eleitos. Por outro, é um termo usado especificamente para indicar indivíduos realizados — os adeptos e mestres da Tradição.

No cristianismo gnóstico, os graus de iniciação correspondem realmente a diferentes graus da experiência da iluminação. Portanto, os graus correspondentes aos adeptos e mestres da Tradição indicam estados de auto-realização que qualificam o iniciado a servir de mestre e guia espiritual para outros. Tzaddikim, como o termo é usado no gnosticismo cristão, indica adeptos e mestres encarnados e desencarnados; desse modo, inclui a idéia de mestres e adeptos de planos interiores. Diz-se que Hesed é a "esfera dos tzaddikim" porque é por meio deles que todos os ensinamentos e iniciações são compartilhados e que se recebe capacitação e ajuda espiritual no caminho em direção à auto-realização.

Na tradição gnóstica, fala-se de uma ordem divina tripla — exterior, interior e secreta. Anteriormente, mencionamos a ordem secreta, a ordem de Melquisedec, que representa a Tradição primordial, da qual derivam todas as tradições de sabedoria. Em cada tradição que se manifesta no mundo, há uma dimensão interior e uma exterior — a dimensão espiritual ou mística e as formas externas que adota. No cristianismo gnóstico, a ordem interior é chamada "ordem rosacruz verdadeira e invisível" e a exterior é representada por círculos gnósticos que servem de veículo para os ensinamentos e iniciações — a transmissão de luz — no mundo material.

Essencialmente, a ordem de Melquisedec é uma grande assembléia luminosa de seres iluminados, que trabalham para transmitir a luz a mundos de existência sensível, para a iluminação e libertação das almas. Para isso, iniciam várias correntes de transmissão de luz no mundo — daí as diversas tradições de sabedoria que aparecem. Uma ordem interior representa uma linhagem de adeptos e mestres que distribuem os ensinamentos e iniciações de uma corrente específica da transmissão de luz — os Tzaddikim de uma tradição de sabedoria específica. Basicamente, uma ordem interior é uma ramificação da ordem de Melquisedec dedicada a uma forma distinta da transmissão de luz.

As tradições de sabedoria autênticas se baseiam tipicamente no discipulado e na iniciação, o que significa uma transmissão de luz real compartilhada por um tzaddik e por seus discípulos, como vemos nos Evangelhos. Em geral, isso ocorre por meio dos tzaddikim encarnados, que representam uma linhagem de adeptos e mestres transmitindo os ensinamentos e iniciações de uma geração a outra. Isso não é uma exclusividade dos tzaddikim encarnados, pois há também adeptos e mestres desencarnados que servem para distribuir a transmissão de luz da tradição. Mas, de modo geral, é por meio dos tzaddikim encarnados que são formadas as ordens exteriores ou círculos gnósticos. Além disso, é por meio da associação com um tzaddik encarnado e com uma ordem exterior que recebemos a transmissão de luz.

Na Árvore da Vida, a ordem de Melquisedec, a ordem secreta, corresponde aos supernos. A ordem rosacruz do cristianismo gnóstico corresponde a Tiferet. A ordem exterior, na forma que adotar, corresponde à tríade de ação e, especificamente, a Malkut. Hesed representa, na Árvore da Vida, o ponto em que uma corrente específica da transmissão de luz emerge da Tradição primordial. A extensão do contínuo de luz no mundo por via de tzaddikim encarnados e desencarnados é considerada uma manifestação do amor e da misericórdia de Deus.

O Tzaddik e o discípulo

No Ocidente, muita gente procura as tradições orientais porque não conhece as profundezas espirituais da cabala na tradição ocidental. Igualmente, a maioria não sabe que no Ocidente há adeptos e mestres encarnados que encarnam um grau de auto-realização, assim como no Oriente. Contudo, embora haja tzaddikim em tradições ocidentais há mais de mil anos, as nossas sociedades no Ocidente não os reconhecem e nem lhes concedem o seu lugar, como no Oriente.

Em várias tradições gnósticas fundadas na cabala cristã, ainda há adeptos e mestres que ensinam e iniciam outros numa tradição ocidental de iluminação. Ao contrário dos gurus e lamas das tradições orientais, os adeptos ou mestres ocidentais não são parte de uma grande instituição: em geral, ensinam e fazem a iniciação num círculo relativamente pequeno, em segredo, em meio à sociedade ignorante. O caminho dos tzaddikim é muito diferente no Ocidente, assim como os métodos de auto-realização que ensinam. Ao contrário dos tzaddikim orientais, os ocidentais não costumam chamar a atenção pela sua indumentária e raramente se afastam da vida cotidiana comum. Os métodos que usam não exigem que deixemos para trás a vida mundana, mas nos ensinam a transformar a vida diária num veículo de auto-realização. Podemos ter um emprego, uma família e desfrutar plenamente a vida — e experimentar ao mesmo tempo vários graus de auto-realização. Em geral, os tzaddikim ocidentais não procuram se ajustar a imagens estereotipadas de mestres iluminados. Ensinam e fazem o necessário para ajudar os outros a avançar no caminho da iluminação.

Embora o termo "discipulado" desanime algumas pessoas, o seu sentido básico é de amizade espiritual. Em muitas tradições gnósticas, o discipulado é a base do caminho porque é por meio dessa amizade sagrada que recebemos ensinamentos secretos e experimentamos a transmissão de luz. O tzaddik é uma pessoa que encarna uma consciência superior — especificamente, encarna a luz-presença (Cristo) —, sendo, assim, um mestre e guia qualificado. Um tzaddik, homem ou mulher, por meio da amizade espiritual, pode transmitir essa consciência-força, despertando-a dentro de nós. É como uma vela acesa e uma apagada: aproximando-se as duas velas, a chama passa de uma para a outra e ambas ficam iluminadas. Essa é a base da verdadeira iniciação.

É uma grande bênção conhecer um tzaddik encarnado e é uma bênção ainda maior ser amigo espiritual íntimo do mesmo. Nem todo mundo consegue encontrar um tzaddik encarnado, e muito menos tornar-se um discípulo dele. Contudo, a transmissão de luz pode se dar pelo contato com adeptos ou mestres do plano interior. A experiência de São Paulo no livro dos Atos revela isso. Recebendo a iniciação dessa forma, ele se refere a si mesmo como o menor dos apóstolos de luz. Embora esse seja o modo menos estável da transmissão de luz, muitos receberam tal iniciação. Precisamos apenas ter o coração e a mente abertos e um desejo verdadeiro de iluminação e libertação.

O tzaddik e o corpo tríplice de Melquisedec

Dentro e por trás do corpo físico, há um corpo sutil de consciência, que é um corpo de energia. Quando falam da evolução da alma-ser, os ensinamentos se referem ao desenvolvimento e à evolução desse corpo sutil. No início do desenvolvimento da alma-ser, esse corpo sutil tende a ser muito débil, sem muita luz própria, mais parecido com a luz da lua do que com a luz do sol. Avançando por meio dos graus de iniciação e recebendo a transmissão de luz, o corpo sutil se torna cada vez mais radiante, brilhando com luz resplandecente. Ou seja, ao longo do caminho, o corpo sutil é transformado progressivamente em corpo de luz, que é chamado de corpo solar.

A geração do corpo de luz representa o desenvolvimento da consciência fora do corpo e, assim, representa uma evolução que vai além da necessidade de encarnação material. É por meio desse corpo espiritual que a alma experimenta ressurreição e ascensão — mais especificamente, uma ascensão ao mundo celestial de luz.

Na Tradição Sophia, esse corpo de luz é denominado corpo tríplice de Melquisedec, cuja geração total constitui a iniciação na ordem de Melquisedec — portanto, a consciência messiânica. Nos ensinamentos, fala-se de "três corpos", embora seja considerado um corpo sagrado, o verdadeiro corpo místico de Cristo. Os três aspectos desse corpo divino são o corpo da verdade, o corpo de glória e o corpo de emanação, correspondentes a Keter, Tiferet e Malkut, respectivamente.

Podemos entender o corpo tríplice da seguinte forma: o corpo da verdade é o Cristo ou, mais especificamente, consciência superna ou cristã. Essa dimensão do corpo divino é formada de luz transparente ou consciência radiante pura — a própria essência da consciência. Assim, o corpo da verdade é oculto e invisível, salvo para os tzaddikim que alcançam a consciência messiânica. Corresponde ao Ain e ao Yod do Tetragrammaton.

Se ficassem só no corpo da verdade, os tzaddikim não teriam relação com as almas ignorantes e com o mundo: seriam totalmente transcendentes e ocultos. Portanto, por amor e compaixão, o Tzaddik gera um corpo de glória que permite ao tzaddik aparecer e se manifestar nas dimensões interiores. Isso faz com que o tzaddik se ponha em contato com indivíduos cujos sentidos internos estão abertos para as dimensões sutis ou apareça nos sonhos e visões daqueles com quem procura entrar em contato. Esse corpo de glória é semelhante às imagens divinas visualizadas por iniciados da Tradição durante a oração, a meditação e o ritual. É um corpo de luz translúcida, semelhante ao corpo celestial de espíritos luminosos e anjos. Por meio desse aspecto do corpo tríplice, os tzaddikim podem aparecer para as almas de graus superiores. Corresponde a Ain Sof e ao primeiro He do Tetragrammaton.

As almas de graus superiores podem receber transmissões dos tzaddikim por via do corpo de glória, mas, em meio às massas da humanidade, essas almas são relativamente poucas. Portanto, o tzaddik gerará um corpo de emanação que aparece como corpo físico e é visível para todo mundo. Esse corpo pode ser um corpo puro de emanação, que é uma forma visível temporária, ou um corpo real de encarnação, que tem a duração de uma vida natural. O corpo de emanação é diferente do corpo físico comum porque é mais enérgico e pode servir como condutor de grandes energias espirituais, incluindo a luz-força superna. Basicamente, esse corpo sagrado é cheio de ruhaniyut e de shefa dos Sefirot e há campos de energia-inteligência divina ao seu redor. O corpo de emanação corresponde a Ain Sof Or e ao Vau do Tetragrammaton.

A aparição de Yeshua durante a sua vida e ministério terreno corresponde ao corpo de emanação. A sua aparição na transfiguração e depois da crucificação corresponde ao corpo de glória. A ascensão, em que aparentemente desaparece na luz-contínuo, corresponde ao corpo da verdade. O processo de emanação do corpo tríplice, que vai do corpo da verdade ao corpo da emanação, reflete diretamente a emanação dos Sefirot de Atzilut e Asiyah. No processo de auto-realização e recepção da transmissão de luz, esse corpo divino surge com cada buscador da verdade. Há muitos ensinamentos da Tradição Sophia sobre o corpo tríplice, mas o tempo e o espaço não permitem que sejam discutidos aqui.

O grande anjo de glória irisada — doador de todas as bênçãos

Hesed no nível de Beriyah se manifesta como o arcanjo Tzadkiel, que significa literalmente "retitude de Deus" ou "justiça de Deus". A cabala diz que Tzadkiel concede bênçãos às almas continuamente, de acordo com o desejo e a capacidade de receber de cada uma. Segundo a cabala, o desejo de receber só para si mesmo é a forma mais limitada do desejo de receber, enquanto o desejo de receber para compartilhar e dar é a forma maior, criando um fluxo interminável de bênçãos e graças por meio dessa pessoa. Esse é o verdadeiro segredo da prosperidade e da abundância em qualquer forma. O desejo de compartilhar e dar sempre cria um fluxo maior e tende a nos tornar mais receptivos ao poder de bênção de Deus. Quem dá mais recebe mais porque não bloqueia o fluxo de vida abundante.

Hesed representa o inesgotável depósito de energia, recursos, oportunidades e capacidades a que estamos estreitamente ligados no cosmos, no nível físico e metafísico. Essencialmente, a consciência dualista, produzida pela ignorância cósmica, cria uma ilusão de escassez, o que nos faz ter medo de não haver o suficiente, de não sermos suficientemente capazes — gerando em nós um estado de consciência de pobreza. O medo nos impede de viver a vida em sua plenitude e de realizar a verdadeira caridade. Deus quer que experimentemos a abundância de tudo o que é bom. Contudo, a cobiça e o temor nos impedem de receber as maiores bênçãos que Deus nos oferece. Ainda que Tzadkiel seja o arcanjo que nos outorga todas as bênçãos — materiais, psíquicas e espirituais — é ele também que nos ajuda a ver por meio da ilusão e a reconhecer a vida abundante que já temos.

Quando se diz que o Senhor Yeshua favorecia um discípulo mais do que os outros, ou que amava mais a uns do que a outros, surge naturalmente a pergunta: "Mas como? O Senhor Yeshua é a encarnação de Hesed, o amor puro e incondicional de Deus. Como poderia amar um discípulo mais do que a outros?" Está certo. Nosso Senhor ama todos igualmente, o amigo, o desconhecido e o inimigo do mesmo modo. Seja anjo, titã ou demônio, o Senhor ama igualmente todos os espíritos e almas. Contudo, nem todos são igualmente receptivos ao amor de Deus e, portanto, não são igualmente capazes de receber. É a autolimitação das criaturas que limita o amor de Deus.

Assim como Tzadkiel ajuda o aspirante a reconhecer a vida abundante em Cristo, ele o ajuda também a reconhecer o amor de Deus. Naturalmente, o segredo de experimentar o amor de Deus é o mesmo de experimentar o fluxo de vida abundante. Quando somos amorosos e amamos a Deus e aos demais, experimentamos, no ato de amar, o amor interminável de Deus.

Tzadkiel é invocado por iniciados gnósticos que buscam todos os tipos imagináveis de bênçãos, de dons e poderes espirituais a todo tipo de bênçãos psíquicas e até mesmo bênçãos mundanas e materiais — tudo o que é necessário para realizar a grande obra. No entanto, a maior bênção que Tzadkiel pode dar é o conhecimento da unidade sagrada, o amor espiritual e a Gnose da vida abundante em Cristo. Tal é a natureza de Tzadkiel.

Ouvindo e escutando os ensinamentos a respeito do arcanjo Tzadkiel, pode parecer a princípio que é fácil se aproximar e entrar na presença desse grande anjo, mas, em geral, não é esse o caso. O poder de Deus — o amor de Deus — que irradia desse anjo santo é tão grande que pode queimar. Pode ser muito difícil resistir, porque, quando vemos a grande glória de El na presença de Tzadkiel, vemos como caímos perto da grande glória. Desse modo, não podemos entrar na presença de Tzadkiel com dúvida extrema e autojulgamento. Devemos nos deixar ir em direção a Deus.

Tzadkiel aparece como um ser humano feito de luz irisada e translúcida — um ser angélico que é um ser irisado com asas de brilho branco. Essa imagem aparece num céu aberto e é totalmente auto-radiante. Os iniciados gnósticos invocam Tzadkiel com a entonação de El e com o canto Maggid Ha-El Elyon Tzadkiel, retendo essa imagem na mente.

Há mais algumas coisas que podemos dizer sobre Tzadkiel como conclusão. Tzadkiel é o grande anjo da assembléia luminosa e, portanto, é bom invocá-lo quando buscamos contato com um tzaddik desencarnado. A invocação de Tzadkiel garante que a nossa conexão seja mesmo com um verdadeiro espírito de Deus e não com outro tipo de espírito. Igualmente, Tzadkiel pode ajudar o aspirante a encontrar um tzaddik vivo e uma comunidade espiritual. A imagem do grande anjo implica o conhecimento de outro mistério secreto — a conquista do corpo irisado. Mas esse é um tema para outro momento e para outro livro.

Os silêncios falantes

Em Yetzirah, o mundo dos anjos, Hesed se manifesta como a ordem dos Hashmalim. *Hashmal* significa literalmente "silêncio falante" e Hashmalim é seu plural. O termo Hashmal aparece em Ezequiel, na culminação da sua visão, quando diz que Deus lhe fala a partir do silêncio — portanto, um "silêncio falante". Uma indicação do que seria um silêncio falante é dada em Êxodo, onde se diz que o povo "viu os sons" (Êx 20,18). Isso sugere a experiência da sinestesia, que pode ocorrer na meditação profunda e representa um estado de consciência radicalmente alterado. Na experiência da sinestesia, seria possível ver sons, ouvir um cheiro, tocar um cheiro ou uma cor e assim por diante. Nesse contexto, não podemos deixar de pensar na expressão zen budista "o som do silêncio".

A idéia de alterações radicais na consciência é a chave para compreender os Hashmalim porque, entre outras coisas, é isso que fazem os silêncios falantes. São anjos de Deus que alteram a consciência e facilitam a metanóia (transformação ou conversão espiritual). Isso é uma parte integrante da outra função central dos hashmalim: a manifestação de bênçãos. Para que uma bênção se manifeste, deve haver uma mudança na consciência porque tudo se manifesta com consciência, na consciência e por meio dela, e tudo é, na sua verdadeira substância, consciência; uma mudança na experiência ou no fluxo de circunstâncias, situações e acontecimentos da nossa experiência. Portanto, quando um hashmal concede uma bênção, esta deve também inspirar uma mudança de consciência.

O termo silêncio falante revela que os hashmalim são as bênçãos que Deus concede, como quando oramos e produzimos uma mudança de consciência e Deus responde às nossas preces, dando-nos exatamente o que pedimos. Muitas vezes, Deus fala diretamente por meio das bênçãos. Assim, quando recebemos uma bênção que pedimos, nós a chamamos de "resposta de Deus às nossas orações".

A palavra hashmal sugere algo mais. Você já percebeu que nos sonhos ninguém diz as coisas em voz alta? Mas interiormente você sabe o que os personagens do sonho estão dizendo e o que querem dizer. Deus e os anjos santos tendem a falar assim: falam diretamente dentro dos nossos pensamentos e emoções. São perfeitamente silenciosos, mas nós os ouvimos dentro de nós. Assim, os hashmalim são anjos de comunicação ou transmissão divina, especificamente do conhecimento direto.

A ordem dos Hashmalim nos lembra algo muito importante. Quando a mente está silenciosa, o coração está tranqüilo e estamos totalmente abertos e sensíveis, então os tzaddikim, os maggidim e o Espírito de Deus falam em nós. A oração é mais do que falar: é também ouvir e escutar. Assim, a diferença entre a verdadeira oração e a meditação sagrada desaparece na experiência do místico.

Práticas espirituais para Hesed

O centro transcendental — a testemunha silenciosa

- Recolha-se interiormente, dentro do coração, deixando para trás o que é superficial. Visualize o sol espiritual de Cristo que mora atrás do seu coração e recolha-se a essa luz-presença. Libere-se do passado e de todos os pensamentos do futuro. Que toda tensão, estresse e negatividade se desvaneçam na luz do sol espiritual (consciência radiante). Deixe-se simplesmente levar e fique no sol espiritual que há por trás do seu coração.

- Assim sentado em meditação, dirija a atenção a um ponto acima da sua cabeça — o centro transcendental, trinta centímetros acima da cabeça. Centrado nesse ponto, converta-se numa testemunha silenciosa. Quando surgirem pensamentos ou emoções, não os siga, faça por não se aferrar a eles e nem se identificar com eles. Não faça nada: não os invoque, não os expulse, não os julgue. Observe simplesmente o desdobramento radiante da mente e do coração, como testemunha silenciosa, sem nenhum juízo. Esse é o propósito da prática.
- Comece com um período curto de prática, talvez dez minutos duas vezes ao dia. Então, à medida que a sua capacidade aumentar, estenda o período da prática, cultivando a habilidade de permanecer como testemunha silenciosa durante períodos mais longos. Aprender a ficar assim por uma hora é maravilhoso. Primeiro, experimentamos uma paz inata. Segundo, criamos as condições necessárias para a transformação de pensamentos e emoções. Sempre que nos identificamos com os nossos pensamentos e emoções, pouco podemos fazer para modificá-los. Portanto, o primeiro passo para transformar pensamentos e emoções é aprender a nos desprendermos deles. Terceiro, por meio da própria prática, quando desenvolvemos a nossa capacidade como testemunhas silenciosas, podemos usar o mesmo método para entrar em contato com a assembléia luminosa dos tzaddikim.

Contato mente a mente com os tzaddikim

Só depois de cultivar a capacidade de permanecer como testemunha silenciosa por um período prolongado é que isso pode ser usado como método para entrar em contato com os tzaddikim e maggidim — porque a mente deve estar silenciosa e a consciência limpa.

- Vá a um lugar onde não seja perturbado. Acenda uma vela e um incenso. Siga então os passos da meditação da testemunha silenciosa. Enquanto a sua consciência se recolhe interiormente no sol espiritual, ore pedindo a Deus que envie um tzaddik sagrado que se comunique com você mente a mente e coração a coração — essa graça divina pode fluir e uma conexão forte e verdadeira pode ser formada. Ore pedindo a Deus que envie uma hoste de quarenta anjos santos que formem uma matriz de luz ao seu redor, de modo que o ambiente fique totalmente positivo e bom, e que nenhuma força klippótica consiga penetrá-lo. Ore para que a presença divina o purifique, bendiga e permaneça com você na sua meditação. Deixe que o seu coração ore quando estiver inspirado.

- Fique em silêncio e dirija a atenção para o centro acima da sua cabeça — converta-se na testemunha silenciosa. Em vez de levar o foco para baixo, para observar a mente e o coração, vá para cima e abrace a Shekinah e a assembléia luminosa. Ouça e escute, e esteja totalmente receptivo à presença e poder divino que se manifestar. Talvez só haja silêncio, ou talvez uma voz celestial. O propósito desse método não é uma visão, mas uma transmissão mente a mente e coração a coração. Pode ser que só depois da meditação você se dê conta de que ocorreu uma transmissão. Seja como for, no fecho da meditação, louve e dê graças ao Santo do Ser pelo que recebeu — tenha ou não recebido alguma coisa.
- Para ser realmente eficaz, essa prática deve fazer parte de um contínuo diário de oração e meditação. O melhor é usar esse método em conjunto com outras práticas, como meditações sobre a Mãe, Yeshua ou a Noiva Santa, usando outra meditação como prática diária e esta meditação de uma a três vezes por semana. Como acontece com qualquer prática espiritual autêntica, os resultados podem demorar algum tempo. Temos de ser pacientes e constantes, e aprender a esperar o Espírito Santo. "Todas as coisas boas chegam aos que esperam."

NOVE

GEVURAH — PODER, A FACE ESCURA DE DEUS

Atributos

Trinta e dois caminhos de sabedoria: consciência arraigada (Sekhel Nishrash). É assim chamado por ser a essência da unidade homogênea; está unificado na essência do entendimento, que emana do domínio da sabedoria original.

Gevurah: severidade ou rigor; também Din, juízo.

Posição na Árvore da Vida: o centro do pilar de severidade.

Nome divino: Elohim Givor.

Nomes divinos alternativos: Ha-Ash Ha Gedulah, grande fogo; Elohim Amet, Deus da verdade; Shafet, julgador; Day-yan, juiz; Ish Miylchamah, homem de guerra; Elohim Nisah, Deus provando e julgando.

Partzuf acima: Zer Anpin, como o grande guerreiro na carruagem de fogo.

Partzuf abaixo: o Senhor Yeshua exorcizando demônios e libertando almas; o Senhor Yeshua libertando almas no Hades e no inferno; Isaac e Rebeca.

Imagem divina: um guerreiro espiritual conduzindo o merkavah; Yeshua o exorcista; Miguel e os exércitos do céu.

Arcanjo: Kamael e Samael.

Ordem de Anjos: Serafins.

Atributo celestial: Madim, Marte.

Títulos dados a Gevurah: Pachad, temor ou respeito sagrado; tzimtzum; dia da justiça; dia do juízo; a ira de Deus; a face escura de Deus; a face escura da Mãe; fogo consumidor; esfera dos anjos da ira; pragas de Deus; o anjo da morte; semente de Mãe vermelha; a esquerda; profundidade do Norte; poder dos adeptos; força de Deus; a lei sagrada; pacificador; o segundo dia da criação; lugar de sacrifício; o agente da queda; o outro lado; o bode-emissário.

Nível da alma: Ruach, espírito humano, ou inteligência divina (especificamente, o Ruach superior).

Morada celestial: Makom, o sexto céu — lugar de reunião.

Experiência espiritual: a visão do poder; a prova rigorosa do poder; Gnose da lei; poder de discernimento-juízo.

Virtudes: auto-habilitação; valor; paixão; resolução de conflitos; força de caráter; integridade; direção; ação consciente; boa coordenação.

Vícios: intimidação; tendência ao despotismo; crueldade; opressão e exploração dos demais; fomentar a guerra; ira; ódio; intolerância; violência; covardia; violação; sexualidade masculina desequilibrada; propensão a acidentes ou falta de jeito.

Símbolos: a rosa silvestre de cinco pétalas; a corrente; o açoite; a espada da verdade; o pentagrama ereto e o invertido; a lança; o fogo purificador ou fogo alquímico; o arco e a flecha.

Mandamento: Honra teu pai e tua mãe (Êx 20,12).

Sermão da Montanha: Bem-aventurados *os puros de coração*, porque verão a Deus (Mt 5, 8).

Anjo do apocalipse e das igrejas: a segunda estrela e o segundo candelabro; a mensagem ao anjo da igreja de Esmirna (Ap 2,8-11).

O autodomínio de Deus e o do homem

Antes do princípio, como já vimos, a luz do infinito preencheu o espaço interminável e não houve "espaço" em que a criação pudesse surgir como realidade distinta de Deus e da Divindade. A qualidade de Hesed dominava e nada havia que fosse diferente de Deus — graça primordial. A primeira ação a abrir o caminho da criação foi o tzimtzum no qual Deus se recolheu em si mesmo, criando uma esfera de espaço infinita — o vazio primordial — que se converteu na matriz da criação.

No princípio, quando emanou a luz infinita no vazio primordial, por meio do poder do tzimtzum, Deus exerceu o domínio sobre si mesmo, moderando e limitando o fluxo de Hesed-misericórdia com Gevurah-severidade. A cada grau de luz infinita, Deus exerce um maior grau de auto-restrição — sendo que cada Sefirah representa uma maior limitação. Ou seja, no nível de Adão Kadmon, os Sefirot são quase completamente graça pura ou Hesed, mas, no nível de Asiyah, os Sefirot são principalmente Gevurah, ou seja, mais restringidos. A progressiva limitação da Shekinah de Deus, de um universo a outro, significa uma maior possibilidade de livre-arbítrio e individuação das criaturas com a geração de cada universo sucessivo, sendo que o universo de Asiyah representa os reinos e mundos de livre-arbítrio e a maior individuação possível.

Do mesmo modo que Deus se limita ao criar e ao se relacionar com a sua criação, as criaturas têm de exercer o domínio sobre si mesmas quando procuram se aproximar de Deus e chegar até Ele. No descenso ou involução da presença e poder de Deus, Ele progressivamente se restringe para tornar a Shekinah acessível às criaturas — portanto, Deus exerce Gevurah (severidade). Entretanto, na ascensão ou evolução das formas de vida até o ponto mais alto da existência (unificação consciente com Deus e com a Divindade) Gevurah se converte na auto-restrição das criaturas, na negação de todas as negações da unidade sagrada que é Deus. Descendo-involuindo, Deus tem de se limitar; ascendendo-evoluindo, nós temos de nos limitar. Para entrar nos Olamot superiores, temos de ser cada vez mais semelhantes a Deus, pois nos Olamot superiores só há o que está em Deus e algo do próprio Deus.

Entretanto, essa auto-restrição ou negação do que não é Deus em ascensão, não é na realidade restrição ou limitação, mas uma iluminação e libertação progressiva da alma, pois, como vimos, a parte mais profunda da alma está em Deus e é de Deus, e a nossa verdadeira liberdade de ser nós mesmos está na ascensão. Ao nos limitar, damos maior liberdade à presença e ao poder de Deus em nós. Isso se reflete diretamente no mistério da crucificação e da ressurreição do possuidor de Cristo quando, totalmente restringido, o possuidor do Cristo se converte plenamente em Cristo.

Segundo os trinta e dois caminhos de sabedoria, Hesed está enraizado em Keter-Hokmah, a graça ou misericórdia suprema de Deus, e Gevurah está enraizado em Hokmah-Binah, que serve para medir o fluxo da luz de Deus em inúmeros graus. Como já vimos, Hokmah representa as declarações sobre as quais está fundamentada a criação. Como descobrimos na nossa exploração de Binah, Binah representa os padrões supernos ou arquetípicos baseados nessas declarações criativas, que formam a matriz da criação. As declarações criativas e os arquétipos são a expressão celestial da Torá (lei). Assim, Gevurah tem suas raízes nessas declarações e arquétipos e é a execução ativa da lei na criação.

A lei é a auto-restrição que Deus exerce na interação com os seres humanos e com a criação — e é o domínio que os seres humanos têm sobre si mesmos para se aproximar de Deus e se unir a Ele. Gevurah-rigor, que é a lei, representa o veículo ou pacto por meio do qual estamos conectados a Deus numa relação harmoniosa e consciente. Hesed-amor, que é o cumprimento da lei, representa a realização dessa relação na nossa unificação com Deus.

O poder imponente de Deus

No nível de Atzilut, o Sefirah Gevurah se manifesta como Elohim Givor, que significa Deus forte ou poderoso. Elohim como Binah representa as formas arquetípicas ou padrões celestiais que a única força vital adota. Elohim como Gevurah representa essa manifestação real de poderes divinos distintos e individuais, que têm a sua origem em Hokmah e Binah — daí a graça medida de Deus por meio da qual se manifestam os sete Sefirot de construção. A forma em que aparecem esses poderes divinos, sejam pacíficos, bem-aventurados ou coléricos, é determinada pela lei, especificamente a lei do karma. Basicamente, os poderes divinos se manifestam de acordo com o equilíbrio do karma, seja aparecendo a uma alma individual ou a um coletivo de almas (coletivos de almas agrupadas em regiões, nações ou mundos, por exemplo).

Um exemplo das diferentes aparições que adotam os poderes divinos de acordo com a lei do karma é a história do Mar Vermelho. O Faraó e suas hostes perseguiam os filhos de Israel, encurralando-os às margens do Mar Vermelho. Entretanto, a Shekinah separou o Mar Vermelho, permitindo que os filhos de Israel escapassem, mas quando o Faraó e suas hostes tentaram segui-los, o Mar Vermelho os engoliu. Essa é uma história de Elohim Givor e da aparição de Elohim segundo o karma dos povos. Por um lado, para os filhos de Israel, Givor foi a manifestação do poder de Deus, libertando-os da escravidão e da destruição; por outro lado, para o Faraó e suas hostes, Elohim Givor foi a manifestação do poder de Deus como juízo e ira.

O Faraó e suas hostes representam o eu egoísta e a consciência fragmentada do indivíduo ignorante, mais especificamente as almas que se ligam ao domínio dos klippot — as forças titânicas e demoníacas. Moisés e os filhos de Israel representam um indivíduo integrado e de bom entendimento, estabelecido num grau de iluminação, ou seja, almas que se ligam aos Sefirot — os poderes divinos. Para a alma ignorante que se une às forças klippóticas, Gevurah aparece como juízo e ira, mas para a alma iluminada que se une ao Espírito de Yahweh, Gevurah aparece como o poder divino que resgata e liberta a alma da escravidão.

Segundo a Tradição, Deus e os santos anjos no céu não se alegraram pela destruição do Faraó e dos seus servos, mas lamentaram a dor e o sofrimento dos ignorantes. Entretanto, ao mesmo tempo, Deus e os anjos se alegraram com a iluminação e a libertação dos filhos de Israel, experimentando grande alegria na libertação de almas do domínio dos klippot. Na realidade — quando se entende a transmigração das almas —, todas as almas foram libertadas nesse dia: os filhos de Israel, para a busca de um maior grau de iluminação, e os servos do Faraó, para novas encarnações em que também pudessem buscar a iluminação e se aproximar de Deus. Gevurah sempre atua para transformar e libertar.

A aparição de Elohim na criação, de acordo com a lei do karma, é indicada por Givor, que é representado pelas letras hebraicas Gimel (ג) — Bet (ב) — Vau (ו) — Resh (ר). Gimel significa "camelo", conotando viagem e comércio, especificamente através do deserto. Representa a viagem da alma baseada no princípio de memória cósmica — a matriz kármica.

A letra Bet significa "casa", conotando uma morada e o centro da vida, especificamente o corpo e o mundo ao qual o corpo une a alma. Como primeira letra do livro do Gênesis, Bet representa a matriz da criação (as forças espirituais indicadas por Elohim), as encarnações e as forças espirituais que atuam dentro e por trás delas, que correspondem ao karma da alma.

Vau, como vimos ao estudar o Tetragrammaton, significa "cravo" ou "gancho", conotando unir ou conectar. Como número seis, representa os seis Sefirot entre Binah e Malkut. Vau representa as diversas forças espirituais às quais uma alma pode se unir, o que determina como Deus ou a realidade aparecem para a alma. As forças espirituais atuam como um princípio mediador entre Deus e a alma humana e, assim, determinam a relação da alma com Deus.

Resh significa "cabeça" ou "cara" e conota aparência, comunicação e relação. Alude ao estado de consciência que determina as aparências e a natureza da comunicação, e as relações que estas criam. Resh é a forma pela qual Deus ou a realidade se manifestam a nós.

Assim, Elohim Givor reflete o que dissemos anteriormente — que Deus (Elohim) é imutável, mas a aparição da presença e do poder de Deus (Givor) muda de acordo com as mudanças do nosso estado de consciência. Givor indica que as nossas almas estão atadas aos ciclos de interminável transmigração por condicionamento kármico, e que cada encarnação é uma matriz kármica, de maneira que cada circunstância, situação e acontecimento da vida — e nossa relação com a vida e com Deus — é o produto do karma, seja ele positivo, negativo ou neutro. Essencialmente, a vida, os sonhos, as visões e as experiências de além-mundo são o resplendor da nossa alma-ser ou a face de Elohim como Elohim aparece para nós.

Elohim Givor indica também que Deus tem domínio sobre todas as forças espirituais — que são sustentadas pelo poder de Deus e são a manifestação do poder divino. A melhor forma de entender como se manifesta o poder de Deus como forças espirituais, sejam elas divinas, titânicas ou demoníacas, é em termos da vida humana. A força vital é a mesma em todos os seres humanos, sejam eles devotos ou ímpios. Sendo única, a força vital se manifesta como seres humanos comuns, que não são particularmente bons e santos, nem iníquos e maus. A mesma força vital sustenta pessoas boas e justas e também malfeitores. Seja bom, mesclado ou mau, cada ser humano é sustentado pela única força vital e é uma manifestação desta. O mesmo se aplica aos seres-forças espirituais nas dimensões mais sutis de Asiyah, Yetzirah e Beriyah, seja um anjo, um titã ou um demônio.

A natureza do karma e o tikkune

Entendemos atualmente que as formas de vida evoluíram dentro da matriz da terra durante milhões de anos, como se, ungidas de vida, surgissem uma dentro da outra, movendo-se sempre para uma maior inteligência e autoconhecimento. Essencialmente, a inteligência e o autoconhecimento se manifestam quando surgem as formas de vida que podem apoiá-los e encarná-los. A humanidade, como é hoje, representa o pináculo da vida inteligente na terra. No entanto, segundo a cabala e o gnosticismo, há outros níveis de inteligência e autoconhecimento que serão desenvolvidos na humanidade, dos quais está destinada a surgir uma humanidade divina ou super-humanidade.

Isso se refere a graus de evolução da própria humanidade, sugerindo que dentro da humanidade há diferentes níveis de desenvolvimento e evolução, especificamente no nível da alma-ser. Quando falamos de inteligência e autoconhecimento, estamos nos referindo à alma ou à consciência. Em termos cabalísticos, a evolução das formas de vida é a evolução dos Nefeshim — e a evolução da inteligência, que gera autoconhecimento, é Ruachot.

Até o início da humanidade na terra, toda a evolução ocorreu num nível subconsciente, muito distante de um verdadeiro esforço consciente por parte da espécie. Foi essencialmente uma operação secreta do Espírito de Deus na natureza e ocorreu num nível muito profundo e oculto. Como indicamos, a humanidade marca uma transição significativa na evolução porque, ao contrário das formas de vida anteriores, o humano tem a capacidade de uma evolução consciente graças à maior inteligência que possui. A humanidade atual é basicamente o ser de transição na zona crepuscular entre a evolução inconsciente e a consciente.

No capítulo anterior falamos de um dom que Deus procura nos conceder, ou seja, o próprio Deus — e as Escrituras falam de um "povo escolhido" ou dos "eleitos" a quem Deus se dá. Exotericamente, isso foi entendido como os povos judeus. Mas, esotericamente, os eleitos são almas de suficiente evolução que podem receber o dom — portanto, almas de um maior grau de autoconhecimento. A natureza desse dom é uma inteligência ardente ou divina, ou seja, a luz ardente da consciência superna. Como já vimos, é por meio desse dom que um ser humano pode experimentar uma unificação consciente com Deus e a Divindade.

A cabala diz que os recipientes ou universos foram criados e destruídos muitas vezes no processo de formar o universo atual. Na evolução das formas de vida e das almas — Nefeshim e Ruachot — vemos refletido o mesmo processo. As formas de vida são criadas e destruídas no processo de evolução e as almas são geradas e reabsorvidas no processo de reencarnação. É como um movimento de ondas de avanço e retrocesso, numa ascensão em espiral.

O karma é, em essência, essa ação dual de evolução: avanço e retrocesso; é a lei cósmica de causa e efeito, cujo propósito é uma evolução criativa em direção ao mais elevado da vida. Embora possamos falar do karma em termos de ações positivas, neutras ou negativas, tudo se resume ao fato de uma dada ação facilitar ou retardar o desenvolvimento e a evolução da alma — ou seja, das nossas ações conduzirem ao desenvolvimento de uma humanidade superna ou divina, ou a um retrocesso em direção ao nosso passado bestial.

A evolução se dá por meio de um processo de progressão e regressão, similar à maré enchente do oceano. Cada avanço se adianta um pouco mais e cada retrocesso retrocede um pouco menos, de maneira que se apresenta como um movimento ascendente quando visto no decorrer do tempo. Quando fala da qualidade libertadora da criação, é isso o que a cabala indica. Embora possamos falar do puxão para trás e da tendência a amarrar inerente à lei cósmica, o que é muitas vezes chamado de karma negativo não passa de uma regressão em que as almas podem resolver os obstáculos na evolução. Em outras palavras, seja um avanço aparente (karma positivo) ou retrocesso (karma negativo), tudo na experiência representa uma oportunidade para nos desenvolvermos em evolução consciente. A prática e a vida espirituais, de uma perspectiva gnóstica e cabalística, não são mais do que resolver o que é necessário para o desenvolvimento e a evolução da alma-ser.

Na cabala, esse processo de resolver o que é necessário para o progresso continuado numa evolução consciente, é denominado tikkune, que significa correção, reparação, restauração ou cura. Segundo a Tradição, a estrutura metafísica do universo — os Sefirot e os Olamot — e a alma humana estão num processo de evolução e precisando de tikkune: a resolução e a cura do que é necessário para a realização última da evolução criativa. Como as almas humanas são o microcosmos do macrocosmo (o universo metafísico), o tikkune das almas humanas gera o tikkune dos Sefirot e Olamot.

O agente primário desse tikkune é Gevurah — a lei sagrada ou o próprio princípio de evolução. É o agente do tzimtzum por meio do qual surgem séries de Nefeshim e Ruachot como individuações da única força vital. Igualmente, é o agente que põe à prova cada desenvolvimento no processo de evolução criativa para ver se ele é forte, bom e autêntico. Quando está pronto, passa ao ciclo seguinte de desenvolvimento; o que não está pronto entra num ciclo de retrocesso para resolver o que é necessário para avançar — tudo de acordo com a lei. Nesse sentido é que podemos entender o título de Gevurah como Din, que significa juízo.

Três visões

No nível de consciência comum, tendemos a ficar amarrados pelo que é chamado de visão da ignorância, que é a visão kármica. As almas que têm formas de vida semelhantes compartilham um karma básico comum. Como temos corpo humano, compartilhamos karma humano. Isso é o que se conhece como reino humano e, sendo humanos, todos nós representamos a alma do humano.

No reino humano, temos um karma individual, que reflete as nossas vidas anteriores e a nossa história pessoal nesta vida. Cada um de nós nasce num determinado país, região ou comunidade, sob certas condições e numa família específica. Cada um teve uma educação diferente e diferentes influências, experiências de vida e crenças. Tudo isso forma a nossa condição kármica individual, refletindo a nossa evolução anterior por meio de vidas passadas. Somos, essencialmente, um complexo acúmulo de hábitos e ações passadas. Assim, cada um de nós tem o próprio conceito de mundo e uma perspectiva única das coisas. Podemos ser muito parecidos, mas somos muito diferentes na forma de ver as coisas. Na realidade, cada um tende a viver no próprio mundo individual, separado — e até que ponto esses mundos se encontram é uma grande pergunta. A visão kármica se baseia principalmente nas projeções subjetivas de cada um — condições anteriores, preconcepções e expectativas. Como a nossa visão é inerentemente limitada e parcial, e como a nossa auto-imagem é inerentemente defeituosa, essa visão é uma mescla de verdade e falsidade. É uma história que inventamos com base na história pessoal e uma ilusão de separação, o que representa condicionamento kármico — portanto, a visão de ignorância.

Na visão de ignorância, tudo se baseia em desenvolvimentos passados na evolução. Assim, sem um sentido de potenciais desenvolvimentos futuros, essa visão nos amarra ao passado — à repetição da história. Para romper essa visão kármica, precisamos de uma experiência espiritual ou mística que produza a visão de fé — portanto, a iniciação.

A visão de fé é essencialmente uma visão de experiência — uma revelação da verdade e da luz na nossa própria experiência, que depois podemos realizar na prática e na vida espirituais. Naturalmente, pode haver muitos níveis de manifestação para a visão de fé. Entretanto, no cristianismo gnóstico, ela chega por meio da transmissão de luz e da percepção direta do contínuo de luz — a unidade sagrada de Deus que sustenta toda a existência. Na medida em que reconhecemos, compreendemos e encarnamos essa verdade espiritual, entramos na visão da gnose, que é a visão que surge quando alcançamos a consciência cristã.

Esses três modos de visão se refletem no corpo tríplice de Melquisedec, visto no capítulo anterior. A visão de ignorância permite a percepção do corpo de emanação de um tzaddik; a visão de fé se manifesta por meio da percepção do corpo de glória do tzaddik; e a visão de gnose vem com a percepção do corpo da verdade — o estado de consciência radiante e pura. Assim, essas três visões refletem o avanço no caminho da auto-realização.

A prova rigorosa do poder e o tikkune da alma

A natureza do caminho gnóstico é uma aceleração da evolução da alma-ser e uma ascensão rápida à consciência superna ou cristã. Uma evolução da consciência que poderia levar centenas ou até milhares de vidas pelo meio normal de desenvolvimento progressivo, pode ocorrer em três ou sete vidas por meio do gnosticismo cristão e da prática da cabala. Isso naturalmente supõe que nos estabeleçamos plenamente no caminho e que recebamos a iniciação no contínuo de luz.

A recepção da transmissão de luz invoca a força kármica total de uma alma para que o processo do tikkune seja acelerado e, assim, se dê mais rapidamente a ascensão à consciência cristã. O caminho da iniciação não é um caminho de menor resistência, mas o de maior resistência. É como subir uma montanha em linha reta em vez de dar voltas em espiral até alcançar finalmente o cume. Isso se reflete nas palavras do Senhor Yeshua: "Entrai pela porta estreita, porque larga é a porta e espaçoso o caminho que conduz à perdição. E muitos são os que entram por ele. Estreita, porém, é a porta e apertado é o caminho que conduz à Vida. E poucos são os que o encontram" (Mt 7,13-14).

Não devemos deixar de empreender o caminho da iniciação por medo de invocar a força total do nosso karma. Essa força total não se manifesta no início do caminho mais do que o faz a manifestação plena do poder divino. No começo do caminho, é preciso aprender a enfrentar os desafios já presentes em nossa vida. À medida que avançamos de um grau a outro na experiência da iluminação, aprendemos a enfrentar desafios mais sutis e sublimes, tendo desenvolvido a capacidade de superá-los. O caminho é trabalho de uma vida inteira, talvez de várias vidas, e nossa capacidade em cada etapa é igual ao desafio que enfrentamos. Igualmente, não estamos sozinhos na grande obra. Sempre haverá graça divina em forma de direção, ajuda e habilitação diante de cada desafio para quem adotar a vida divina e se dedicar ativamente à prática e à vida espiritual. A verdade é que a invocação da força total do nosso karma é o que conduz à cura suprema da alma na iluminação e na libertação.

O adepto maior é o grau rozacruz que corresponde a Gevurah, e faz parte do nível do adepto maior que o iniciado experimente a força total do seu contínuo kármico. Ele surge na afluência plena da presença e do poder divinos. Se o discípulo se mostrar um receptor bem preparado quando se apresentar essa afluência radical de poder divino, a experiência será totalmente maravilhosa e feliz. E as imperfeições ou impurezas que ainda houver serão rapidamente reveladas. Se forem muitas e sem solução, é provável que o adepto se perturbe sob a pressão psíquica criada pela afluência da grande força. Isso é conhecido como a prova rigorosa do poder, em geral, conduz o adepto à segunda noite escura da alma, que é o desafio mais severo do caminho.

Embora o psiquismo e o ocultismo na Nova Era sejam muitas vezes confundidos com poderes mágicos indicativos de um grau superior da alma ou de uma verdadeira iluminação, esse não é necessariamente o caso. O poder em si não é auto-realização, embora seja um derivado do processo de auto-realização, e a capacidade de manejar um poder maior é parte da verdadeira realização. A verdade é que se deve ter fé, esperança e amor para resistir à prova rigorosa do poder — e conhecimento, entendimento e sabedoria para usá-lo apropriadamente na grande obra. Isso é o que indica a verdadeira iluminação. Isso se reflete nas palavras de Yeshua: "Nem todo aquele que me diz 'Senhor, Senhor', entrará no Reino dos Céus, mas sim, aquele que pratica a vontade de meu Pai que está nos céus. Muitos me dirão naquele dia: 'Senhor, Senhor, não foi em teu nome que profetizamos e em teu nome que expulsamos demônios e em teu nome que fizemos muitos milagres?' Então, sem rodeios, eu lhes direi: 'Nunca vos conheci. Apartai-vos de mim, vós que praticais a iniqüidade'" (Mt 7,21-23). Também se reflete perfeitamente no mito da tentação e nas perguntas feitas ao Mestre Yeshua pelo adversário, Satanás (Mt 4,1-11), que envolve o uso do poder divino.

Aqui, estamos falando especificamente da manifestação de diversos dons espirituais ou poderes mágicos que surgem naturalmente num certo ponto da experiência de iluminação; no entanto, a prova rigorosa do poder é comum em todos os reinos de evolução. Isso se demonstra claramente no desenvolvimento da humanidade em tempos modernos, com nosso crescente acesso a diferentes formas de poder por meio da ciência e da tecnologia. Cada vez mais, enquanto desenvolvemos a inteligência, temos acesso a maiores poderes materiais. A questão é se temos ou não o nível de maturidade no nosso ser mental e vital para manejar tais poderes e usá-los sabiamente no sentido de facilitar o progresso na nossa evolução. O conhecimento material e os poderes que a humanidade está obtendo podem ser usados para acelerar radicalmente o ritmo do progresso humano ou, da mesma forma, para causar um radical retrocesso na vida humana na terra. Segundo os mestres da Tradição, a nossa espécie e o mundo inteiro entraram na prova rigorosa do poder — o período do apocalipse, portanto.

Embora a prova rigorosa do poder, como é experimentada pelo adepto maior, possa ser distante para muitos de nós, a questão de como usamos o poder é relevante para todos os seres humanos nestes tempos e é importante para o aspirante espiritual logo de início, muito antes de chegar ao grau de adepto maior. Falando francamente, todos temos acesso ao poder. Basta considerar tais poderes materiais, como poder econômico, sexual, social ou qualquer outra forma de poder na vida cotidiana. Num nível prático, podemos nos perguntar: "a quem serve este poder?". Essencialmente, na prática do gnosticismo cristão, o propósito do iniciado é elevar todos os poderes ao divino, sejam eles materiais, psíquicos ou espirituais, e restaurar todos os poderes para o serviço da vontade e do reino divino. Essa é a própria essência do tikkune — da alma e do mundo.

Num nível fundamental, somos o mundo e a sociedade em que vivemos. Portanto, para produzir uma mudança nas sociedades e no mundo, temos de fazer uma mudança na nossa consciência. A nossa redenção e cura (tikkune) é a redenção e cura do mundo. Essa é a base da grande obra.

O amor do Senhor e o temor do Senhor

Há três classes de pessoas que podem se aproximar de um tigre selvagem num bosque e acariciar a sua cabeça. Um é o tzaddik perfeito, que está pleno do Espírito de Yahweh, de paz e de amor, para quem o tigre não é uma ameaça. Os outros dois são o idiota e o néscio. O idiota é estúpido demais para compreender o perigo do tigre e, assim, estúpido demais para ter medo dele. O néscio, por sua vez, é arrogante e temerário demais para reconhecer o seu temor. Enquanto o tzaddik perfeito pode acariciar o tigre e sair ileso, o mais provável é que o idiota ou o néscio sejam o jantar ou a diversão do animal.

"Um tigre é uma fera grande e poderosa, mas Deus é muito maior e mais poderoso do que um simples tigre, e potencialmente muito mais perigoso. Aquele que procura se aproximar do Senhor deveria ter consciência disso e proceder com atenção e cuidado. A vida é composta de grande beleza e grande perigo, e Yahweh é a força vital. Os sábios temem ao Senhor tanto quanto o amam, e devido ao seu temor preservam a vida" (Tau Elijah Ben Miriam).

Esse era um dos pensamentos preferidos do meu querido tzaddik quando transmitia ensinamentos sobre Gevurah, que é também denominado *pachad* (temor). Enfrentar os nossos medos e transpô-los é uma parte importante do caminho em direção à consciência cristã. Como também gostava de falar o meu mestre, "onde não há medo tampouco há valor". Para viver a vida plenamente, é preciso valor — e é preciso mais valor ainda para empreender a viagem mística. Assim como existem riscos materiais no mundo, também há riscos psíquicos e espirituais no caminho rumo à auto-realização.

Pachad não é um temor pueril e supersticioso do castigo de Deus, como se Deus fosse uma espécie de tirano ou pai abusivo, nem é o temor da ficção obscena da condenação eterna ao inferno. Tais coisas, como já vimos, são projeções ignorantes sobre Deus. Aqui, "temor" significa temor reverencial que, junto com o amor, também é um olhar de assombro. O temor reverencial e o assombro preenchem a alma que se aproxima de Deus e da Divindade, e onde não há respeito e assombro, a alma é separada do Espírito Santo. Dito de maneira simples, o temor reverencial e o assombro são a experiência natural da presença de Deus, como o dirá qualquer pessoa que tenha passado por uma experiência direta da Shekinah.

No começo do caminho, a maioria dos iniciados é pega de surpresa pela própria reação à primeira vez em que ocorre um movimento maior de energia no corpo sutil, ou quando experimentam pela primeira vez o contato com um dos arcanjos. Antes de receber plenamente a experiência espiritual ou mística, muitas vezes o jovem iniciado reage com retrocesso e temor. Isso acontece até mesmo no caso de um aspirante que trabalhou durante muito tempo para gerar tal desenvolvimento. Embora o novato sinta muitas vezes haver algo de errado com ele ou ter falhado em alguma prova, aos olhos de um adepto ou mestre experimentado da Tradição, o temor é um sinal de saúde e êxito. Ele diz ao tzaddik que o principiante estava consciente e teve conhecimento do verdadeiro poder que flui dentro e por trás da experiência, e que o novato teve um entendimento do que estava experimentando ou contatando.

É natural que tenhamos algum grau de temor, além de outras emoções, ao iniciar experiências novas e desconhecidas. Isso ocorre em circunstâncias mundanas e se aplica igualmente a circunstâncias supramundanas. Embora seja nocivo e indique um grave desequilíbrio ser dominado ou paralisado pelo medo, a presença do temor é bastante natural, deve ser esperada e muitas vezes serve como um guardião que nos impede de ir além da nossa capacidade. Tratar o medo é parte da busca sagrada. Ele às vezes é nosso amigo, invocando cuidado e vigilância, mas em outras ocasiões é um adversário e assim deve ser tratado. Devemos aprender a perceber a diferença e a responder conscientemente com base nesse discernimento, sabendo que, no final, teremos de aprender a transformar o temor em conhecimento concentrado.

Em termos de emoções humanas, o temor e o amor tipicamente caminham juntos. Qualquer pessoa que tenha passado pela experiência de realmente se enamorar de alguém, falará do medo que a invadiu. Pergunte a qualquer um que estiver enamorado, sabendo que encontrou a pessoa com quem se casará. O amor e o temor andam de mãos dadas e, onde não há temor, tampouco há amor verdadeiro.

O medo é tipicamente uma forma de resistência a alguma coisa — resistência a alguma coisa nova e desconhecida, alguma coisa incômoda, opressiva ou que nos faz perder o controle (como o amor). Em geral é um grande mestre, revelando debilidades, impurezas e imperfeições que devem ser resolvidas antes de se seguir em frente. Quando permitimos que o temor se converta em ira, esta se converte em ódio e somos dominados por nossos medos e inseguranças. O temor conduz ao lado escuro e ao mal, mas também pode ser o reconhecimento da escuridão e da maldade, afastando-nos do mal.

Se tantas coisas podem invocar o temor, se este tem tantas caras e faz parte das nossas primeiras experiências espirituais ou místicas, juntamente com outras emoções, como poderíamos então nos aproximar do Senhor e experimentar o imponente poder de Deus sem algum grau de medo e estremecimento? Ao encontrar diretamente a presença de Deus, experimentaremos toda a série de emoções humanas, e o temor estará entre elas. Assim, Gevurah também é denominado Pachad e está escrito: "O temor de Yahveh é o princípio do conhecimento" (Pr 1, 7). Como costumava dizer o meu mestre: "os que amam ao Senhor e são atraídos para o Senhor, também temem ao Senhor, porque têm consciência da grande e imponente força a que chamamos 'Deus'. É o poder da vida e da morte, e o universo inteiro".

A verdadeira natureza do sacrifício

A palavra "sacrifício" vem de uma raiz que significa "tornar sagrado" ou "santificar", e conota purificação e consagração. Algo sagrado ou santificado é algo separado do uso mundano e dedicado ao uso supramundano. Algo se torna sagrado devido ao significado que lhe damos, à maneira como o utilizamos e a nossa reverência por isso.

A palavra hebraica para sacrifício significa "aproximar-se", especificamente aproximar-se do Senhor, e conota um veículo de aproximação ou unificação com Deus. Como já vimos, essa aproximação se dá por meio da auto-restrição e, assim, o sacrifício é um ato de limitação — ou seja, o uso limitado de um objeto sagrado — ou um ato de domínio sobre nós mesmos, por meio do qual nos tornamos sagrados ou santos.

Aqui, auto-restrição significa purificação, que é a libertação de algo que não tem lugar em Deus ou que não é de Deus. Se Deus é verdade, então é libertação de ignorância e falsidade; se Deus é amor, então é libertação de ira e ódio; se Deus é o bem, então é libertação do mal, e assim sucessivamente. Podemos dizer que a viagem mística é um caminho de purificação no qual, quando se remove tudo o que obstrui a verdade e a luz, a nossa divindade inata brilha de maneira natural e espontânea a partir das profundezas do nosso ser, e reconhecemos que desde o começo estávamos unidos a Deus, a fonte de toda a vida. Entendendo desse modo o princípio do sacrifício — e não como meio de apaziguar uma deidade ou de acalmar os caprichos arbitrários de um deus titânico, como é a visão primitiva — o sacrifício é a libertação de algo inferior por algo superior — a libertação de algo menor por algo maior. O sacrifício não constitui uma perda, mas um ganho!

Muitas vezes, o termo oferenda é usado com o sentido de sacrifício, sugerindo a elevação ou transformação de alguma coisa de uma forma inferior para uma superior — mais especificamente, a passagem de algo mundano a algo supramundano. Nas mentes primitivas, esse era o significado das oferendas queimadas: na queima de um sacrifício, transformava-se algo material em algo espiritual, que poderia então ser recebido pela deidade, que é espiritual. Essa é também a idéia subjacente à cremação, que se destina a libertar rapidamente o espírito do corpo e, assim, entregá-lo ao abraço do grande Espírito, Deus.

Todas essas idéias de sacrifício se relacionam com a função de Gevurah e, portanto, Gevurah é chamado de lugar do sacrifício. Além de Yesod, a tentação tem uma correspondência com Gevurah, como também a noite de paixão e crucificação. Embora o mistério da Crucificação, como revelação divina, corresponda a Tiferet, como ato de domínio sobre si mesmo e sacrifício sagrado, corresponde a Gevurah — assim como Isaac, que estava disposto a se sacrificar para o Senhor.

O próprio mistério da crucificação e da ressurreição revela a verdadeira natureza do sacrifício: por meio do Crucificado, todo o karma negativo é dissipado (todos os klippot desunidos) e, por meio do Ressuscitado, todos nós nos aproximamos do Senhor e nos unimos a Deus. Este ato de sacrifício sagrado é o tikkune final — a fragmentação de todas as cascas de escuridão (klippot) e a libertação das centelhas sagradas nelas contidas, para a unificação com Cristo em Deus. Longe de ser morte ou perda, a crucificação representa o desprender-se de um plano inferior de existência para ascender a um plano superior, ou seja, uma ascensão rumo ao ser superno.

No gnosticismo cristão, o nome do rito da Sagrada Eucaristia representa bem a verdadeira natureza do sacrifício — a festa de bodas. É uma alusão ao sacrifício como ato de união mística e, especialmente, ato de amor e deleite. Um verdadeiro sacrifício é um ato de amor que gera união, da qual os frutos são a alegria e o prazer puros. O mesmo rito sagrado também revela o poder de transformação do sacrifício porque, no rito, o pão e o vinho são transformados no corpo e no sangue de Cristo — ou seja, a presença e a essência do Cristo que, quando consumidas, unem o corpo e a alma à Alma do Messias. O sacrifício é inerentemente um ato místico e mágico.

Na adoração gnóstica, as oferendas de flores, velas, incenso, comida e coisas do gênero são consideradas como símbolos de sacrifício, mas o verdadeiro sacrifício é oferecer a nossa vida à santa Shekinah e à grande obra. O estudo e a contemplação espiritual, a oração, a meditação e o ritual sagrado são sacrifícios sagrados porque, por meio deles, nós nos aproximamos do nosso Neshamah e do Senhor. Também o são as atividades mundanas, quando são dedicadas à evolução da alma-ser e quando estamos ligados ao espírito ao realizá-las. O ato sexual também é considerado um veículo do sacrifício sagrado no gnosticismo quando os enamorados se abraçam como o Senhor e a Shekinah, ou como o Noivo e a Noiva. Afinal, o propósito do iniciado gnóstico é transformar a vida na vida divina, sem deixar nada de fora — e assim encarnar o Cristo na existência, fazer da vida um sacrifício verdadeiro e sagrado ante a presença do Senhor.

O patriarca e a matriarca de Gevurah

Isaac e Rebeca são o patriarca e a matriarca de Gevurah e, desse modo, a sua história é a história de Gevurah. A vida de Isaac começa com uma concepção por intervenção divina da graça para que Isaac nasça por meio de Hesed, assim como Gevurah surge de Hesed. Ao se deixar ser atado ao altar como sacrifício ante a presença do Senhor, Isaac exerce domínio sobre si mesmo e reflete a atividade de Gevurah. Como, por meio desse ato de restrição, Deus determinou um outro sacrifício, Isaac reflete a ação de Gevurah, pondo em movimento um fluxo de graça.

Isaac não escolhe a própria vida, como fazem os outros patriarcas; um servo da casa do seu pai encontra Rebeca, refletindo mais uma vez auto-restrição, como o faz a própria Rebeca. Quando Rebeca concebe e engravida, a gravidez é de gêmeos — Esaú, que representa a alma bestial e a inclinação para o mal, e Jacó, que representa a alma divina e a inclinação para o bem. Isso reflete a qualidade dual de Gevurah — e o arcanjo oposto e o arquidemônio a ele atribuídos.

Os dois irmãos lutam no ventre de Rebeca e Esaú, sendo mais forte, emerge como o primogênito. Quando chega o momento de Isaac conceder a bênção patriarcal, pensa que a concede ao filho primogênito, Esaú. Entretanto, como a própria justiça, Isaac está cego. Com a ajuda de Rebeca, Jacó se faz passar por Esaú e recebe a bênção, como ordenado pelo céu, refletindo o equilíbrio kármico de Gevurah. Esaú havia vendido a primogenitura por comida e, conforme a lei, a bênção pertenceu a Jacó. Em todas as partes dessa história, aparece Gevurah.

O fogo purificador de Deus

Em Beriyah, o Sefirah Gevurah se manifesta como o arcanjo Kamael, cujo nome significa literalmente "queimador de Deus". A imagem de Kamael reflete o seu nome. Ele se manifesta como um humano feito de intenso fogo e calor, não com togas, mas com armadura, como o grande guardião da presença de Deus e o anjo do juízo. Com o nome de Elohim Givor e o canto *Ah Ya Ko Ma Kamael*, os iniciados invocam esse arcanjo, grande e poderoso pela justiça divina.

Diz-se que o arcanjo Miguel é o comandante dos exércitos do céu, mas Kamael é considerado o paladino de Deus, que subjuga todos os titãs à vontade divina conforme a lei da justiça perfeita, e é vitorioso sobre todo o mal. Ao falar de Yahweh como um homem de guerra, a Escritura está se referindo ao arcanjo Kamael, diante de quem mais ninguém pode resistir. Entretanto, Kamael não se dedica à guerra: é um fogo que consome o fogo, tornando tudo semelhante a si mesmo — e a sua mera presença é o "fim da escuridão e do mal".

Para o que arde com o Espírito de Yahweh, que adere ao Espírito do Senhor e representou a imagem do Senhor, a presença de Kamael é felicidade pura. Mas, para quem está separado de Deus e não projeta o nome do Senhor, a presença de Kamael é pavorosa e terrível — um grande fogo que queima e consome. Essa descrição representa, naturalmente, uma personificação da lei em Beriyah — porque em essência, Kamael é a aparição do karma da alma.

Podemos ter conhecimento de Kamael nas palavras de São Paulo, quando diz: "De fato, pela Lei eu morri para a Lei, a fim de viver para Deus" (Gl 2, 16). Diz também: "... nós também cremos em Cristo Jesus para sermos justificados pela fé de Cristo e não pelas obras da Lei, porque pelas obras da Lei ninguém será justificado" (Gl 2, 16). O significado é este: o corpo e a consciência superficial estão sujeitos à lei e não podem se livrar da lei. O Nefesh e o Ruach estão atados à matriz do karma porque são o produto do karma, mas o Neshamah e o eu interior e superior (ser de Cristo) não estão sujeitos à lei. Desse modo, por meio da fé na nossa natureza divina e no Cristo interior, somos libertados da lei do karma. Kamael, o queimador de Deus, consome todos os klippot, incluindo os klippot do nosso velho ser ignorante, revelando assim a alma de luz e o Cristo em nós. Tal é a função de Kamael-Gevurah.

Kamael transmite poder divino aos fiéis e eleitos do mesmo modo que Tzafkiel distribui bênçãos divinas. Essencialmente, Kamael atua para ajudar a remover obstáculos ao fluxo da graça e a distribuir a graça para que recebamos a bênção-poder de Deus. Esse grande anjo nos ajuda também a entender o nosso karma e, portanto, a natureza do tikkune que será desenvolvido. Kamael revela as debilidades, impurezas e imperfeições da consciência, de modo a nos fazer compreender o que precisamos resolver para avançar na auto-realização. Ao mesmo tempo, Kamael é o anjo de proteção divina, servindo de guardião da assembléia dos fiéis e eleitos — e de defesa contra os ataques psíquicos de forças escuras e hostis, além de ataques de magia negra e "mau-olhado". Quando um ancião ou tau procura manter um juramento, Kamael é invocado.

O adversário de Deus e da humanidade

O arquidemônio Samael (Satanás) é considerado como a manifestação de Gevurah no nível de Beriyah. Samael, que significa o "veneno de Deus", como já vimos, é a personificação da inclinação para o mal ou da inclinação para a autodestruição ou violência, que em hebraico é denominada sitra ahara. Embora possamos falar de forças cósmicas do mal (forças escuras e hostis), a cabala entende a maldade principalmente como a ignorância cósmica e a inclinação para o mal em nós. Ou seja, se é que há um agente do mal, ele só tem poder sobre nós na medida em que não pomos fim à nossa tendência inerente à violência.

A soberba e a arrogância (egoísmo), a luxúria e a cobiça, o ciúme e a inveja, a ira e o ódio, a insegurança e a dúvida — todas as formas de negatividade — são por natureza um veneno e geram karma negativo, conduzindo à morte e à destruição. A mesma mente que gera emoções e pensamentos positivos também gera emoções e pensamentos negativos; a mesma imaginação que visualiza os poderes divinos, também visualiza a escuridão e a maldade; a mesma força vital por meio da qual se realizam coisas boas e nobres, é a força vital por meio da qual se desenvolve o mal. Entendendo isso, vemos a relação entre Kamael e Samael.

Para conhecer o adversário, o mal, ou a face escura de Deus, basta considerar o significado do nome Samael e contemplar o resultado final, caso a humanidade continue envenenando o ambiente desta boa terra. Até que ponto o planeta será "bom" para futuras gerações, se continuarmos a viver da forma atual, egoísta, avara e odiosa, que contamina e envenena o ambiente? Será a água boa para beber, ou o ar apropriado para respirar? Será que a beleza da natureza refletirá a glória da presença de Deus? Satanás será efetivamente lançado sobre a terra, como diz o livro da Revelação, e somos nós que o estamos trazendo à terra.

O mesmo se pode dizer da guerra, do terrorismo e de toda forma de mal que possamos fazer contra nós mesmos e contra as criaturas desta boa terra. O que se aplica no nível material, também se aplica nos níveis psíquico e espiritual. O equilíbrio do bem e do mal depende do ser humano. Cada um de nós decide se quer ser visitado por Deus ou pelo diabo.

Os anjos do poder e a glória de Deus

Gevurah se manifesta no nível de Yetzirah como a ordem dos serafins. Serafim significa literalmente "serpente ardente" ou "anjo ardente". Os serafins aparecem na visão de Isaías, e diz-se que os grandes serafins são os anjos santos que habitam diretamente na presença do Senhor, adorando-o continuamente. Diz-se que esses serafins aparecem como a luz do sol, ardendo com o Espírito de Yahweh, e são descritos com seis asas — duas para cobrir a face, duas para cobrir os pés e duas para voar. A sua função é ocultar o que se senta ao trono e, ao mesmo tempo, revelar a glória do Santo.

Isaías diz que os serafins aparecem acima da imagem da glória de Yahweh e que "clamavam uns para os outros", dizendo: "Santo, santo, santo é Yahweh dos Exércitos, a sua glória enche toda a terra" (Is 6, 3). Os mestres da cabala dizem que, quando os grandes serafins adoram na presença de Yahweh, transpiram fogo e luz — uma luz ardente que flui por meio dos céus convertendo-se no rio de fogo que rodeia o terceiro céu, chamado Shehakim, que significa "nuvens de graça" ou parecidos com o firmamento. Diz-se que esse mesmo rio flui para os infernos, convertendo-se no rio do inferno. Recordemos que, segundo a cabala, o Espírito Santo é a luz do céu e o fogo do inferno. Desse modo, o poder do Espírito Santo é o que flui por meio dos grandes serafins, o que é chamado de "transpiração da adoração". Isso indica que os serafins são anjos do Espírito Santo e, especificamente, de iluminação e poder divino. Assim, enquanto os hashmalim concedem bênçãos, ou são bênçãos, os serafins concedem iluminação e poder ou são iluminações e poderes.

Segundo a tradição, com base no significado literal de serafim como serpente ardente, há outras duas formas de serafim, além dos grandes serafins descritos pelo profeta Isaías. Uma é mencionada no Sefer Yetzirah na Mishná, que fala de Theli, o dragão celestial. Diz-se que certas interpretações esotéricas da Mishná falam de serafins que são grandes dragões — considerados personificações de forças cósmicas que não são nem boas nem más, mas energia pura.

A outra forma de serafim é descrita como uma grande praga de serpentes de fogo ou serpentes venenosas com picada mortal, que o Senhor enviou para os filhos de Israel (Nm 21). Moisés buscou um remédio do Senhor para a mordida desses serafins. O Senhor disse a Moisés que fizesse uma imagem de bronze de um serafim e a pusesse sobre uma estaca, no centro do acampamento israelita. Qualquer pessoa que fosse mordida por uma serpente de fogo se salvaria se olhasse fixamente para essa imagem. Há muitos ensinamentos esotéricos na cabala cristã que dizem respeito a essa forma de serafim. No entanto, o mais significativo é a interpretação desses serafins como o poder secreto do Espírito Santo na coluna vertebral e, especificamente, nos canais do corpo sutil — aquilo que nas tradições orientais é chamado de "kundalini", "dakini" ou "energia shakti". Segundo se diz, despertar prematuramente essa serpente de fogo pode causar enfermidade e até a morte. Em vez de ser uma experiência feliz, pode ser uma experiência infernal. Não obstante, despertada no seu devido tempo, sublimada e dirigida por meio do canal central da coluna vertebral, o poder dessa serpente conduz à iluminação divina ou ao poder mágico. Assim, os ensinamentos dizem que há um serafim dentro de cada um de nós — o poder da serpente, que é o poder do Espírito Santo. O propósito do iniciado gnóstico é despertar esse poder divino e dirigi-lo para dentro e para cima — para Deus.

Prática espiritual para Gevurah

Proteção divina

- Quando sentir a necessidade de proteção divina, cante o nome divino de Elohim Givor. Enquanto entoa o nome, deixe a sua vibração preencher o corpo e todo o espaço que o rodeia — e deixe que ele encha a sua mente para se mesclar totalmente com ela. Ao terminar o canto, ore com o coração por proteção divina e pela graça do Senhor — e assim acontecerá.

- Uma alternativa é cantar o nome, deixar que a vibração do nome o preencha, assim como o espaço que o rodeia, e visualizar um círculo de fogo aparecendo magicamente à sua volta, onde a escuridão e o mal não podem entrar. Visualize um anjo ardente aparecendo com uma espada de fogo cintilante nas mãos, como um guardião do círculo sagrado. Onde quer que vá, o círculo de fogo e o anjo ardente estarão com você. Quando não tiver mais necessidade do anjo ardente, louve-o e agradeça a Deus pela proteção divina, e ore para que o anjo santo seja libertado da carga que diz respeito a você. Se realizar a prática para outra pessoa, visualize essa pessoa no círculo, em seu lugar.
- Da mesma forma pela qual o anjo ardente é invocado, o arcanjo Kamael pode ser invocado quando é grande a necessidade de proteção divina. Cantando o nome divino, entoe o canto de Kamael e visualize a sua imagem divina aparecendo magicamente no espaço à sua frente, com a grande espada da verdade na mão. Ore pela justiça divina e pelo tikkune na situação para a qual o grande anjo foi invocado e ofereça a situação ao Senhor na oração, confiando-a à vontade divina. Essa invocação é tipicamente desenvolvida por iniciados em resposta a uma grande injustiça no mundo para além deles mesmos.
- Da mesma forma, podemos visualizar o sol espiritual no coração e o nosso corpo transformado em luz espiritual — uma luz ardente que transforma em si mesma tudo o que toca. Nenhum mal ou escuridão pode se aproximar de quem permanece como sol espiritual — o Espírito do Messias.

DEZ

TIFERET, BELEZA DIVINA E O SOL DE DEUS

Atributos

Trinta e dois caminhos de sabedoria: consciência de afluência transcendental (Sekhel Shefa Nivdal). É assim chamado porque é por meio dele que se aumenta a afluência de emanação (Atzilut); outorga essa afluência em todas as bênçãos, que se unificam na sua essência.

Tiferet: beleza ou harmonia.

Posição na Árvore da Vida: o centro do pilar de compaixão (centro do pilar do meio).

Nome divino: Yeshua, também Yahweh Elohenu.

Nomes divinos alternativos: Yeshua Messiah; Adonai Yeshua; Yahweh Eloah Ve-Da'at, Ben Ha-El, o Filho de Deus.

Partzuf acima: Zer Anpin.

Partzuf abaixo: Yeshua Messiah ensinando e iniciando; Yeshua curando as pessoas; o Messias ressuscitado; Jacó, Lia e Raquel.

Imagem divina: o menino sagrado; o possuidor do Cristo crucificado; o Ressuscitado; a luz da cruz; Melquisedec.

Arcanjo: Rafael.

Ordem de anjos: Malachim.

Atributo celestial: Shemesh, o Sol.

Títulos dados a Tiferet: Melekh, o rei; o sol espiritual; o sol de Deus; o Ungido; Adão, o humano; Filho de Adão, Filho do homem; o grande Set; serpente boa; o sol da serpente; o Filho; o Filho da

Mãe; Santo; o começo da vida; a luz do mundo; a luz da vida; luz na escuridão; sol secreto; o Crucificado; Cristo interno; Senhor do Sabbat; profundidade do Leste; fez-se perfeito.

Nível da alma: Ruach (união do Ruach superior com o inferior).

Morada celestial: Ma'on, o quinto céu-morada.

Experiência espiritual: Gnose de Yeshua Messiah; Gnose do mistério da Crucificação e da Ressurreição; a visão do patrono que conecta.

Virtudes: verdadeira individualidade; vitalidade; habilitação; orgulho divino; motivação positiva; autodeterminação; vontade forte; valor; dignidade; espírito forte; autoconhecimento; devoção à grande obra; viver o Sagrado Evangelho.

Vícios: falta da verdadeira individualidade; falta de motivação — apatia; impotência; baixa auto-estima; timidez; falta de fé e devoção; distração; falta de autoconhecimento.

Símbolos: o crucifixo, a Cruz; a cruz rósea; o cubo; a pirâmide truncada; o selo da fé; o lamen do adepto; selo de duas faces; o selo de Amet; ouro; o pentagrama ereto como símbolo do ser humano ungido; estrela de Davi ou hexagrama.

Mandamento: Não matarás (Êx 20,12).

Sermão da Montanha: Bem-aventurados os misericordiosos, porque alcançarão misericórdia (Mt 5,7).

Anjo do apocalipse e das igrejas: terceira estrela e terceiro candelabro; a mensagem ao anjo da igreja em Pérgamo (Ap 2,12-17).

O patrono que conecta

O glifo da Árvore da Vida é composto dos Sefirot e dos caminhos que os conectam. Os caminhos da Árvore da Vida são representados pelas vinte e duas letras do alfabeto hebraico, o aleph-bet. Tiferet (beleza) é o centro da Árvore da Vida e, como tal, é o coração sagrado da árvore. Em termos mais simples, podemos entender a função de Tiferet na árvore como semelhante à do coração no corpo: distribuir o sangue e, portanto, o oxigênio para todo o organismo. Em termos da Árvore da Vida, os Sefirot representariam os órgãos ou os diferentes membros do corpo, e os caminhos representariam as artérias e veias, além do sistema nervoso. O sangue e o oxigênio, naturalmente, seriam o shefa (fluxo eterno) e o ruhaniyut (hálito radiante).

Na cabala judaica, o Sefirah Tiferet compartilha o mesmo nome divino de Hokmah, o Tetragrammaton, mas é pronunciado com diferentes vogais. Representa o Filho como a imagem do Pai, referindo-se especificamente à metáfora do Tetragrammaton como o tronco da árvore. Embora Abba-Hokmah seja o tronco em si mesmo e Keter a raiz, Ben-Tiferet, como o coração sagrado da árvore, é o tronco como função. Abba-Pai é completamente realizado em Ben-Filho.

As letras hebraicas também são palavras e números. Considerando letra por letra, o nome das letras e o nome de cada nova letra que aparece, há uma forma de extrair as vinte e duas letras do aleph-bet do Tetragrammaton, por meio de associações numéricas. Assim, além de conter todos os nomes divinos, o Tetragrammaton contém também todo o aleph-bet. As letras representam vinte e duas energias-inteligências, que são formas adotadas pelo ruhaniyut e pelo shefa. O atributo do Tetragrammaton para Tiferet faz alusão a todas essas energias-inteligências contidas em Tiferet em perfeito equilíbrio e harmonia — daí o título do Sefirah: beleza ou harmonia.

Se os nomes divinos são os Sefirot no nível de Atzilut, então o universo de Adão Kadmon é o universo de letras sagradas do qual derivam os nomes e a linguagem — portanto, o poder do humano para nomear as coisas e falar a palavra de Deus. Por essa razão, Adão é atribuído a Tiferet, onde as coisas são nomeadas e é falada a palavra de Deus. É a esse entendimento metafísico do aleph-bet que se refere a cabala judaica ao chamar o hebraico de linguagem de Deus e dos anjos santos. Conhecer as energias-inteligências representadas pelas vinte e duas letras é conhecer as forças e princípios espirituais sobre os quais está fundamentada a criação — e conseguir assim a gnose dos mistérios da criação.

Isso nos permite penetrar no significado esotérico da palavra de Deus. Porque essas vinte e duas energias-inteligências são emanações da palavra, e as combinações são a energia-inteligência por detrás de todas as coisas na criação — sendo cada criatura e cada coisa na criação uma manifestação individual única da palavra, formada conforme a sabedoria de Deus. Adão Kadmon é o universo da palavra-sabedoria primordial (Logos-Sophia). Tiferet é a palavra realizada e a verdadeira unidade sagrada que sustém a criação — o patrono que conecta.

Essa idéia da palavra como fonte e sustentação de toda a vida reflete-se no atributo do sol para Tiferet que, como corpo celeste, é a luz e a vida dos mundos que orbitam à sua volta, especialmente a luz e a vida de todas as formas de vida na terra. Nada pode surgir separado do sol. A vida está no sol e é a luz de todas as criaturas (consciência de todas as criaturas). Tal é a natureza da palavra com a qual "tudo foi feito" e sem a qual "nada foi feito de tudo o que existe" e na qual "estava a vida e a vida era a luz dos homens", segundo o prólogo do Evangelho de São João. Assim, Tiferet, a palavra do Senhor, é claramente o sol espiritual, que é a luz e a vida de todos os mundos.

O próprio termo aleph-bet prova uma interessante consideração em conjunto com a palavra Adão. Como já vimos, Adão é Aleph-Dam, espírito no sangue; aleph-bet significa espírito na casa ou casa do espírito. Por um lado, aleph-bet é a criação ou o macrocosmo, que é a casa do espírito. Por outro lado, é Adão, o humano ou o microcosmo, que é a casa do espírito. O aleph-bet, o poder da palavra, está no humano, o que se reflete no autoconhecimento e na capacidade para a linguagem complexa e sofisticada nas raças de vida inteligente (seres humanos). É o poder da palavra que separa o reino humano dos reinos animal, vegetal e mineral. Igualmente, é o conhecimento e entendimento (Gnose) das dimensões espirituais ou metafísicas do poder da palavra que separa o reino humano do reino super-humano, como vemos na pessoa de Yeshua Messiah. Ao falar da Gnose de Yeshua Messiah na cabala cristã alude-se a esse conhecimento e entendimento do poder espiritual da palavra. Essa Gnose divina é Tiferet — a palavra de Deus, o sol de Deus.

Seguindo-se a Hesed e Gevurah, Tiferet é a graça medida de Deus, o equilíbrio dinâmico e a harmonia de misericórdia e juízo, conhecida como rahamin (compaixão). É diretamente ligado a todos os Sefirot da Árvore da Vida por meio dos caminhos-letras, exceto a Malkut, ao qual se diz que é ligado por um caminho secreto e somente sob certas condições. Como já vimos, o excesso de severidade ou o excesso de misericórdia não é compaixão no absoluto. Onde há excesso de severidade há crueldade, opressão, destruição e morte; onde há excesso de misericórdia, imperam o mal e a escuridão e há uma unidade de esquecimento inconsciente. Igualmente, a compaixão é o equilíbrio dinâmico e a harmonia de todas as energias-inteligências e de todas as forças divinas. Tiferet é a plenitude divina de todas as energias-inteligências em equilíbrio dinâmico e harmonia — "a harmonia de todas as esferas de influência", que atua como inteligência mediadora, outra tradução comum de Sekhel Shefa Nivdal.

Essa é a função de Zer Anpin (o pequeno rosto) com relação a Arik Anpin (o grande rosto) e Nukva (a filha). Zer Anpin é o mediador ou interface entre os dois — e por meio de Tiferet, Keter e Malkut são unidos em harmonia perfeita. Nesse aspecto dos ensinamentos, devemos ter presente que Zer Anpin é na realidade os seis Sefirot entre Aima e Nukva, sendo os Sefirot Hesed, Gevurah, Netzach, Hod e Yesod extremidades de Zer Anpin. Tiferet, como o de número seis, é o Vau do Tetragrammaton, por meio do qual são unidos o He superior (Aima Binah) e o He inferior (Nukva-Malkut). Como a parte superior do Vau é Yod, Zer Anpin é a extensão de Abba e a manifestação de Arik Anpin sob o grande abismo. Esse mistério do Filho — que é a revelação do grande rosto, a imagem do Pai, a união da Mãe e da Filha, do Noivo e da Noiva — é o que se representa no Evangelho gnóstico. Porque na cabala cristã, Tiferet é o centro de Cristo e Yeshua Messiah é a encarnação do poder da palavra, que é o partzuf Zer Anpin acima.

O Senhor teu Deus — o caminho da alma

No nível de Atzilut, o Sefirah Tiferet se manifesta como o nome divino de Yahweh Elohenu, que significa literalmente o "Senhor teu Deus". Como já vimos, "Senhor" indica o aspecto transcendental de Deus, enquanto "teu Deus" indica o aspecto imanente de Deus. Sugere também o mistério de dois aspectos do divino na nossa experiência — o impessoal e o pessoal. Na nossa experiência, o divino se manifesta como força impessoal, especificamente como energia-inteligência; mas o divino também se manifesta na nossa experiência como ser divino ou como uma pessoa que adota personalidades (partzufin) por meio das quais podemos experimentar uma relação pessoal. Por um lado, Deus é uma força completamente impessoal; por outro, Deus é claramente uma pessoa com quem temos uma relação pessoal, na qual força e ser representam modos de consciência.

Os iniciados também têm essa experiência em termos de manifestações como "anjos". Os anjos podem se manifestar como seres espirituais ou como forças espirituais — dependendo do indivíduo para quem aparecem. Alguns tendem a vê-los como forças, enquanto outros são mais propensos a vê-los como seres — e há quem os encontre como seres e forças. O mesmo se aplica a Deus. Deus pode ser impessoal ou pessoal na nossa experiência, dependendo da perspectiva de nossa visão. Na realidade, Deus é uma força divina impessoal e a pessoa do ser divino. Deus não é uma coisa ou outra, mas ambas. Esse é um nível do significado de Yahweh Elohenu.

Yahweh Elohenu como Tiferet indica que, no nível de Tiferet, podemos conhecer e entender a Deus, e conhecer e entender as forças espirituais que atuam dentro e por detrás da criação. É esse o significado do nome alternativo Tiferet Yahweh Eloah Ve-Da'at, que significa literalmente "Senhor Deus e conhecimento" ou o "Senhor Deus como Deus é conhecido". Yahweh Elohenu é Deus como cada indivíduo conhece e entende a Deus. Assim, Deus é totalmente acessível no nível de Tiferet na Árvore da Vida, especificamente por meio de Ruach, que implica o nosso autoconhecimento.

Na cabala cristã, o nome de Tiferet é o nome de Yeshua. Yeshua é a pronúncia aramaica do nome hebreu Yehoshua (Joshua) ou o nome grego Jesus. Às vezes os iniciados pronunciam o nome bendito como Yeheshuah, para dar ênfase às letras que formam o nome. Mais comumente, a pronúncia é usada porque é a da verdadeira linguagem falada pelo Mestre e a verdadeira pronúncia do nome do Mestre no tempo do Evangelho. Por meio da pronúncia do nome Yeshua, nós nos ligamos diretamente ao tzaddik perfeito, aos apóstolos e ao Evangelho.

O nome de Yeshua, como se indicou previamente, é o Tetragrammaton com a adição da letra Shin (ש) e significa literalmente "Yahweh liberta". Yahweh significa literalmente "o que foi, é e para sempre será", o que alude ao ser do devir ou à realidade como é — portanto, a verdade. Assim, o nome de Yeshua significa literalmente "a verdade que liberta" ou "a verdade nos libertará".

Yeshua é então a encarnação da verdade que ilumina e liberta e, assim, o termo Messias é semelhante ao termo oriental "Buda" — iluminado. Enquanto grande parte da cristandade chegou à crença degradada em Yeshua Messiah como isolado na pessoa do Mestre e, assim, como algo fora de si mesmo, o cristianismo gnóstico sustenta a crença em Yeshua Messiah como presença e poder divino dentro de si mesmo — uma natureza iluminada dentro de nós. Naturalmente, o gnóstico tem fé na encarnação, assim como na crucificação e na ressurreição. No entanto, o gnóstico tem fé no próprio destino divino para se converter em Cristo ou Messias — para ser ungido como Jesus foi ungido. Essa auto-realização é representada por Tiferet na Árvore da Vida — daí o título de centro de Cristo.

Como indica o nome Yahweh Elohenu, essa presença divina está dentro de nós e para além de nós. Assim, Tiferet representa especialmente a Gnose do Cristo interior e o Cristo cósmico. Portanto, Yeshua é o nome do nosso eu interior e superior, o ser de Cristo; e Messiah é a natureza divina da nossa alma. O nosso Neshamah é, em essência, uma emanação individual única da

Alma do Messias e, encarnando o nosso Neshamah, encarnamos o Messias, o sol de Deus.

Shin é uma letra significativa: é a letra que indica a inteligência ardente ou o poder do Espírito Santo que, como vimos, é o espírito dos profetas, o espírito dos iniciados e o Espírito do Messias. A forma dessa letra sagrada se refere a esse espírito tríplice, cujo poder se manifesta como o corpo tríplice de Melquisedec e, como veremos, cuja presença se manifesta como o santuário tríplice da Gnose divina. Pelo dom da inteligência ardente, que é o poder da palavra, nós nos convertemos em verdadeiros iniciados e podemos tomar o shefa e o ruhaniyut do grande nome *Yahweh* e dos outros nomes divinos. Yeshua é o nome de qualquer verdadeiro iniciado em quem essa inteligência ardente tenha despertado e que tenha realizado a inteligência ardente em si mesmo, em grau maior ou menor. Por isso é chamado de nome dos nomes, já que por meio do nome Yeshua, o poder dos nomes divinos está no ser humano ungido.

A vida divina de Yeshua

Na tradição gnóstica, faz-se uma distinção importante entre o possuidor do Cristo (a pessoa de Yeshua) e a verdadeira presença de Cristo (a alma do Messias). Segundo a tradição gnóstica, embora a alma de Yeshua fosse uma grande alma de luz, ele não nasceu como um ser iluminado ou como Cristo, mas, como todos nós, nasceu como um ser humano na escravidão da ignorância cósmica. Alguns pensam que tal crença degrada o Mestre perfeito, mas, na realidade, ela exalta o Santo ainda mais. Por ter sido totalmente humano e depois totalmente iluminado, ele é uma verdadeira imagem de iluminação divina — a glória e a graça de Deus se revelam ainda mais por meio da pessoa de Yeshua Messiah.

Os Evangelhos de São Mateus e de São Lucas narram histórias do parto virginal de Maria. Examinando-os, vemos que não se trata da mesma história, mas que as histórias relatadas são radicalmente diferentes. Assim, os gnósticos vêem tais histórias como metáforas e não cometem o erro de aceitá-las literalmente. Segundo o Evangelho de São João e o Evangelho de São Marcos, Yeshua se converte no Messias por meio da iniciação do batismo ministrada pelo profeta João Batista. Essa é a visão gnóstica de Yeshua convertendo-se em Messias.

No evangelho gnóstico, Yeshua é desde menino um prodígio espiritual e estuda com dois mestres diferentes: um que lhe ensina a fé judaica, juntamente com a cabala mística da época, e outro que lhe ensina a cabala mágica já madura. Diz-se que Yeshua aprendeu com rapidez, que diversas conquistas foram fáceis para ele e que, mesmo sendo um homem muito jovem, superou os mestres em conhecimento e capacidade, embora tenha sempre permanecido como discípulo fiel. Foi só quando conheceu João Batista que encontrou o seu verdadeiro tzaddik sagrado. Foi João que lhe ensinou a união entre a cabala mística e a mágica, e quem o iniciou nos mistérios de Baal Shem (o mestre do nome) e no nível secreto mais profundo da cabala. Vemos o amor de Yeshua por seu tzaddik no Evangelho de São Mateus, quando o Senhor Yeshua expressa o louvor de um discípulo a seu mestre, dizendo: "Em verdade vos digo que entre os nascidos de mulher, não surgiu nenhum maior do que João, o Batista..." (Mt 11,11). Inclusive, se acreditamos no parto virginal como literal e histórico, Yeshua nasceu de uma mulher — e coloca João acima de si mesmo ao dizer isso. Ainda que um discípulo possa ultrapassar um mestre, aos olhos do discípulo o mestre é sempre o mestre, o tzaddik sagrado. Assim, ao dizer isso, Yeshua se refere a João Batista como o seu tzaddik.

Segundo a Tradição, a relação entre o tzaddik e o discípulo não era nova para as almas de João Batista e Yeshua. Porque a alma de João foi a alma antes encarnada como o profeta Elias, e a alma de Yeshua era a alma de Eliseu, o protegido de Elias que se tornou o seu sucessor. No segundo livro dos Reis, há a história de uma promessa que Elias fez a Eliseu antes da ascensão do profeta. Ao longo do caminho onde ocorreria a ascensão, Elias põe três vezes seu discípulo à prova, pedindo a Eliseu que fique para trás. Mas Eliseu se nega a abandonar a presença do seu tzaddik e continua a viagem com o profeta. Então, depois de dividir o rio Jordão e atravessar para o outro lado, Elias diz a Eliseu: "Pede o que queres que eu faça por ti antes de ser arrebatado da tua presença". Eliseu responde dizendo: "Que me seja dada uma dupla porção do teu espírito!" E Elias responde: "Pedes uma coisa difícil: todavia, se me vires ao ser arrebatado da tua presença, isso te será concedido; caso contrário, isso não te será dado" (2 Reis 2, 9-10). Eliseu assistiu à ascensão de Elias. Não obstante, a promessa não foi cumprida na encarnação de Eliseu, mas na encarnação de Yeshua. Segundo a tradição, cumpriu-se no batismo de Yeshua realizado por João, no mesmo ponto onde o rio Jordão foi dividido por Elias e a promessa original foi feita. E assim está escrito:

> *Aconteceu, naqueles dias, que Jesus veio de Nazaré da Galiléia e foi batizado por João no rio Jordão. E logo ao sair da água, ele viu os céus se*

abrindo e o Espírito, como uma pomba, descer sobre ele, e uma voz veio dos céus: "Tu és o meu filho amado, em ti me comprazo". (Mc 1,9-10)

O Espírito do Messias, que é "uma dupla porção" do Espírito de Elias, entrou em Yeshua porque o Espírito do Messias é a união do espírito de Elias (os profetas) e do espírito de Henoc (os iniciados). Com isso, entendemos que Yeshua não nasceu sendo o Messias, mas se converteu no Messias por meio da busca espiritual. Entendemos também que a alma-ser do Mestre passou por uma série de encarnações na vida humana, criando as condições necessárias para a encarnação divina.

Yeshua, o possuidor do Cristo, se uniu à presença de Cristo no batismo, mas a unidade completa de Cristo com o possuidor de Cristo não ocorre até a ressurreição, quando o corpo e a pessoa do Senhor Yeshua são totalmente transformados no corpo solar de Cristo. Há muitas partes dos Evangelhos onde isso se reflete, mas a mais evidente é a frase do Senhor Yeshua na cruz, quando diz, *"Eloi, Eloi, lamá sabachtháni"* que, traduzida, significa "Deus meu, Deus meu, por que me abandonaste?" (Mc 15,34). Essas são palavras do possuidor de Cristo, quando a presença de Cristo se retirou na noite escura final da alma, indicando uma divisão sutil entre Cristo e o possuidor do Cristo antes da graça da ressurreição.

Na tradição gnóstica, o importante a respeito dessa distinção entre o possuidor do Cristo e Cristo é que o Senhor Yeshua é visto evoluindo continuamente na plenitude divina de Cristo ao longo do Evangelho, do mesmo modo que avançamos de um grau a outro de auto-realização ao longo da vida. No entanto, no caso de Yeshua Messiah, esse desenvolvimento ocorre muito mais rápido graças à conquista anterior da sua alma sagrada. Assim, no nascimento, Yeshua era um ser humano como qualquer outro e, depois da sua morte e ressurreição, é totalmente Cristo, o sol de Deus. A viagem do Senhor Yeshua é a viagem de toda alma que se esforça conscientemente para evoluir até a consciência cristã — uma viagem que, tipicamente, se dá por meio de várias vidas.

Entretanto, essa distinção não é tão simples e clara como parece. Ao longo do Evangelho, enquanto se dedica ativamente à transmissão de luz, Yeshua muda constantemente de um nível de consciência a outro: em certas ocasiões é totalmente transparente para a presença de Cristo, mas, em outras, é muito diferente da presença de Cristo. À medida que o Evangelho se desenvolve e o Senhor Yeshua revela a auto-realização na consciência cristã, cada vez mais está em unidade com a presença de Cristo e assim é inseparável do Cristo. Por um lado, o Senhor Yeshua é a imagem do humano nascendo na consciência cristã. Mas, por outro lado, Yeshua Messiah é o Cristo se comunicando com o mundo. É neste último sentido que a experiência de Yeshua é totalmente diferente da nossa, já que a alma de Yeshua era o possuidor do Cristo para a humanidade na Terra e, por detrás da aparência de separação e união, foi Cristo o tempo inteiro. Afinal de contas, a encarnação divina ocorreu no mistério, que só é entendido na nossa alma quando nos estabelecemos na consciência cristã.

A serpente e o Salvador — o grande Set

Ninguém subiu ao céu, a não ser aquele que desceu do céu, o Filho do Homem. Como Moisés levantou a serpente no deserto, assim é necessário que seja levantado o Filho do Homem, a fim de que todo aquele que crer tenha nele a vida eterna. (Jo 3,13-15).

Embora o Senhor Yeshua tenha poucas vezes falado de si mesmo como o "Filho de Deus", referiu-se muitas vezes a si mesmo como o filho do homem (Adão). Ao fazê-lo, denomina-se o grande Set, porque, segundo as Escrituras, depois que Caim matou Abel e foi desterrado, Deus abençoou Adão e Eva com outro filho, chamado Set, que é a imagem e semelhança de Adão. Diz-se que essa imagem e semelhança é andrógina — portanto, o humano antes da separação em homem e mulher, Adão e Eva. Assim, essa é a imagem e semelhança de Yahweh Elohim.

O nome Set é significativo porque é formado pelas últimas duas letras do aleph-bet hebraico, Shin (ש) e Tau (ת). Como já sabemos, Shin é a letra que representa o Espírito Santo e a Shekinah. Dessa forma, representa a inteligência ardente. Tau é a cruz e representa terminação, perfeição e cumprimento. Como a cruz, indica a união de masculino e feminino, Logos e Sophia — daí o estado andrógino do humano. Set significa literalmente a "luz da cruz", mas também se refere à unificação de Logos e Sophia num corpo de luz. Esse é o significado de "segundo Adão" no gnosticismo.

Se considerarmos a história de Moisés e das serpentes ardentes (Números 21) e a imagem de uma serpente de bronze colocada em cima de um pedestal no centro do acampamento israelita, a imagem tem a forma do Tau – a cruz. Essa imagem sugere diretamente a fonte de luz no Mestre perfeito e a verdadeira natureza de luz da cruz.

Como dissemos, as letras hebraicas também são números. Portanto, cada palavra hebraica também representa um número. Na cabala, duas palavras que compartilham o mesmo valor numérico representam manifestações da mesma consciência-força. A palavra "Messiah", que significa "o ungido", e a palavra "Neschash", que é a serpente do jardim do Éden, equivalem cada uma ao número 358. Assim, a serpente e o Salvador representam a mesma força espiritual e, em essência, o Messias é a serpente redimida. No versículo que aparece mais acima, a natureza da serpente é uma serpente de fogo. Dessa maneira, a fonte de luz no Mestre é a serpente ardente, que nas escolas orientais é chamada de "kundalini".

Essa correspondência numérica entre a serpente e o Salvador significa que a inteligência ardente que se manifesta como consciência messiânica também se manifesta como a condição ignorante — assim, "a força que ata é a força que liberta". Isso permite um conhecimento mais profundo da inteligência ardente mencionada no gnosticismo cristão, já que entendemos o poder do Espírito Santo como um poder secreto oculto dentro de nós que, ao despertar, conduz à consciência superna ou messiânica (cristandade).

Segundo os mestres da Tradição, é o poder divino que se ativa na recepção da transmissão de luz: o poder do Espírito Santo desce de cima, despertando abaixo. A união das forças descendente e ascendente do Espírito Santo manifesta uma terceira força — a luz-força superna. Hesed representa a força descendente e Gevurah representa a força ascendente. Tiferet representa a manifestação da luz superna — portanto, o estado de iluminação celestial, denominado sol espiritual e sol da serpente no gnosticismo cristão.

No Evangelho gnóstico, há um batismo tríplice: batismo de água, de fogo e do espírito — um rito exterior, interior e secreto do batismo. O primeiro representa a autopurificação necessária para ativar apropriadamente a energia da serpente; o segundo representa o despertar e a elevação da energia da serpente, guiada na sua ascensão pelo ser interior ou ser de Cristo; e o terceiro representa o cumprimento da auto-realização na consciência superna ou messiânica.

Aquele em quem é despertado esse poder divino arde, literalmente, com o Espírito de Yahweh — o espírito da única força vital. Como Tiferet, que é chamado de inteligência mediadora, a pessoa em que é ativada essa energia encarna a luz-presença, une o céu e a terra — o mundo material e o mundo de luz superna — e é um veículo da transmissão de luz no mundo — daí Set, o tau de luz. Todos os nomes divinos associados a Tiferet indicam, essencialmente, essa realização, sendo que os graus rosacruzes de Tiferet e Keter representam diferentes níveis da iluminação divina que chega no despertar dessa inteligência ardente.

O mistério da crucificação e da ressurreição

No cristianismo gnóstico, o propósito da encarnação divina é a revelação do fluxo contínuo de luz e o despertar da inteligência ardente na humanidade. A crucificação e a ressurreição são entendidas como o ato central num drama de mistério representado pelo Mestre Yeshua com o objetivo de abrir caminho para a transmissão total de luz e colocar em seu contexto apropriado os ensinamentos que ministrou aos discípulos. Uma coisa é falar do desenvolvimento da consciência além do corpo e de uma ascensão a planos superiores de existência; outra coisa é demonstrar realmente a verdade-consciência e ministrar os ensinamentos interiores e secretos do Evangelho a partir do corpo solar da ressurreição.

Formas ortodoxas do cristianismo encontraram os seus dogmas e doutrinas quase que exclusivamente nos ensinamentos externos que o Senhor Yeshua transmitiu durante a sua vida e ministério, especialmente nas interpretações desses ensinamentos por São Paulo que, ironicamente, chama a si mesmo de "o menor dos apóstolos". Mas o cristianismo gnóstico se concentra principalmente nos ensinamentos interiores e secretos posteriores à Ressurreição. Isso se reflete em muitos dos livros da biblioteca de Nag Hammadi, que pretendem conter ensinamentos secretos revelados aos discípulos mais íntimos pelo Senhor Yeshua depois que o drama da crucificação e ressurreição foi realizado. Enquanto o cristianismo ortodoxo enfatiza ao máximo a crucificação como "sacrifício pelos pecados do mundo", o cristianismo gnóstico vê a crucificação e a ressurreição como um veículo de revelação divina.

Cristo, a luz-presença, não pode ser crucificado; ou melhor, o crucificado é o possuidor do Cristo. Essencialmente, no momento da crucificação, há uma clara separação que ocorre entre Cristo e o possuidor de Cristo. Na visão gnóstica da crucificação, o Cristo é visto como uma luz-presença sobre a imagem do crucificado, havendo apenas uma conexão sutil e sublime com o Mestre em forma de luz clara. No momento da morte, Yeshua, como possuidor do Cristo, transfere o centro da sua consciência à luz-presença, demonstrando a forma de transferência da consciência além do corpo. Identificando-se com a humanidade inteira, eleva todo aquele que forme uma conexão espiritual com ele no contínuo de luz.

Num certo nível, a crucificação foi um grande ato místico e mágico — talvez a maior façanha de magia divina já realizada. Ao se submeter à crucificação, o Senhor Yeshua fez do seu corpo o talismã do contínuo kármico do mundo e, dessa maneira, fez do seu corpo um talismã mágico de libertação. Na realidade, a ignorância cósmica, a lei e a matriz kármica foram crucificadas (suspensas), para que aqueles que se identificam com o Senhor Yeshua e se unem misticamente a ele possam experimentar a libertação da escravidão kármica. Como vimos, o verdadeiro significado do sacrifício é "se aproximar" e Yeshua se fez um veículo para que outros se aproximem do ser superno.

Essa ação foi feita especificamente a favor dos discípulos do Mestre — discípulos do passado, do presente e do futuro — cuja visão kármica impede a visão pura do contínuo de luz. Isso se reflete na história da transfiguração, quando o Senhor Yeshua tentou compartilhar a transmissão de luz: como resultado, os discípulos que com ele estavam caíram inconscientes devido ao condicionamento kármico. Assim, ele experimenta a crucificação e a ressurreição para dissipar todos os obstáculos kármicos da transmissão de luz.

Parte da dissipação da visão kármica se dá quando o Senhor se desprende do corpo físico e veste um corpo de luz, do mesmo modo que alguém tira uma roupa e veste outra. Com isso, demonstrou a natureza ilusória da consciência dualista e da morte, revelando o verdadeiro significado dos seus ensinamentos. Assim, preparou o terreno apropriado para a transmissão da raiz, coração e essência da luz superna, que correspondem a Malkut, Tiferet e Keter, respectivamente — além do corpo de emanação, do corpo de glória e do corpo da verdade de Melquisedec. Entretanto, o verdadeiro propósito da crucificação e da ressurreição foi a transmissão de luz e a gnose secreta a ela associada.

Podemos falar da crucificação e da ressurreição como um processo de elevar almas até o mundo de luz superna. No entanto, ao mesmo tempo, o mundo de luz superna é baixado à terra, de maneira que os discípulos do Mestre conheçam a matriz de luz celestial em cima e embaixo, dentro e em volta deles. Esse foi o propósito da crucificação e da ressurreição — a revelação divina.

Essa atividade de se elevar e baixar é refletida por Tiferet, o centro de Cristo na Árvore da Vida. Porque, por um lado, Tiferet eleva Malkut (o mundo) em união consigo mesmo e, portanto, em união com os supernos. Por outro lado, Tiferet baixa a luz dos supernos até Malkut. Como o Cristo Ressuscitado, Yeshua Messiah é a encarnação e a revelação de Tiferet — a consciência de afluência transcendental.

O Noivo e a Noiva Santa

No Evangelho gnóstico, a Alma do Messias é encarnada como o Noivo e a Noiva Santa — Senhor Yeshua e Senhora Maria Madalena. Como dissemos, a Senhora Maria é vista como co-pregadora com o Senhor Yeshua. Em todos os aspectos ela é a sua alma gêmea. Cristo, a Sophia, em união com Cristo, o Logos. Portanto, no cristianismo gnóstico, é impossível falar do Senhor Yeshua sem falar da Noiva Santa. Falar de um é falar do outro porque espiritualmente são inseparáveis.

A maior parte da cristandade não vê Yeshua como alguém que se casasse e tivesse relações sexuais. Entretanto, os cristãos gnósticos acreditam que Santa Maria Madalena foi a consorte e esposa de Yeshua. Segundo as Escrituras, marido e mulher são "uma só carne" e estão unidos em corpo, espírito e alma. Assim, tudo o que ocorre na vida do Senhor Yeshua também se apresenta na vida da Senhora Maria.

Se estivermos familiarizados com os ensinamentos sobre Vajra Guru e Vajra Dakini no budismo tântrico, Shiva e Devi no tantra hindu, teremos uma boa idéia da visão gnóstica da relação de Yeshua e Maria — o Senhor é o ser superno e nossa Senhora é a consciência-força superna. Em essência, todo o desdobramento mágico do Mestre é a Noiva Santa. É por meio dela que os discípulos recebem a transmissão da inteligência ardente, a da energia da serpente e a luz superna. Isso se reflete na relação de Tiferet e Malkut na Árvore da Vida. Tiferet transmite o ruhaniyut e o shefa, via Yesod, a Malkut, e este o distribui na criação. Na realidade, Malkut é a santa Shekinah. Do mesmo modo, a Noiva é a personificação do poder do Espírito Santo nas criaturas e na criação, enquanto o noivo é a personificação do ser divino de toda a criação.

Num nível interno, segundo os mestres gnósticos, a história do primeiro milagre nas bodas de Caná (Jo 2,1-11) é na realidade uma alusão esotérica ao despertar da presença de Cristo na Senhora Maria e a união mística de Yeshua e Maria. A luz-presença superna já tinha descido sobre o Senhor Yeshua e, nele, a energia da serpente já se havia ativado e elevado plenamente. Desse modo, a festa das bodas de Caná simboliza a mesma iniciação, ocorrendo em Santa Maria Madalena. O autor do Evangelho segundo São João também mostra a Senhora Maria como o primeiro apóstolo que recebeu o Cristo Ressuscitado e como a pessoa escolhida para comunicar a boa nova aos discípulos — em seguida, os discípulos recebem a visita do Mestre e a iniciação do sopro sagrado e radiante.

Embora se diga que a transmissão da luz ocorre por meio do mistério da crucificação e ressurreição, no nível mais profundo considera-se que acontece por meio do abraço místico do Noivo e da Noiva. Isso também se reflete no ensinamento cabalístico concernente à relação de Tiferet e Malkut porque, como se diz, quando embaixo há uma união do Rei (Tiferet) com a Noiva Santa, acima há uma união correspondente de Abba e Aima. Essa união de Abba e Aima, como vimos, forma Arik Anpin (o grande rosto) e por meio da união em cima e embaixo, a luz-força superna flui para o mundo por meio do Noivo e da Noiva. Assim, por dentro e por trás da transmissão de luz que ocorre por meio da representação da crucificação e da ressurreição, está a transmissão de luz por meio do abraço místico de Cristo, o Noivo, e Cristo, a Noiva (Logos e Sophia). Poderíamos dizer que a crucificação e a ressurreição são uma manifestação externa do mistério interior da união mística entre a Noiva e o Noivo, que seria impróprio representar abertamente.

Quando Yeshua Messiah é chamado de segundo Adão (Bet Adão), a perfeição de Adão Ha-Rishon é uma alusão ao abraço místico entre o Senhor Yeshua e a Noiva Santa porque, assim como o primeiro Adão foi masculino e feminino num só corpo, o segundo Adão é masculino e feminino num corpo de luz. À parte da união mística com a Noiva Santa, o Senhor Yeshua não seria semelhante a Adão Ha-Rishon e, assim, não poderia revelar a verdadeira glória celestial do reino divino. Desse modo, quando a Noiva Santa é realizada no Senhor Yeshua, o Senhor Yeshua é realizado na Noiva Santa. São uma só presença e poder divino, o ungido com a luz superna de Deus.

O santuário tríplice sagrado — exterior, interior e secreto

Por meio da encarnação da Alma do Messias no Senhor Yeshua e na Senhora Maria, e da transmissão de luz encarnada na sucessão apostólica, estabelece-se um santuário sagrado de fé e gnose. O santuário é composto de objetos de refúgio, por meio dos quais os fiéis e eleitos recebem asilo frente às influências negativas das forças klippóticas. Esses objetos de refúgio também atuam como veículos da graça divina.

Os iniciados recebem o asilo e as bênçãos da graça divina por meio da fé e da identificação com os objetos de refúgio — unificando-se com as imagens divinas do santuário sagrado. Quando dirigimos a mente, o coração e a vida ao santuário, os nossos pensamentos, sentimentos-emoções, palavras e ações são naturalmente elevados e preenchidos com as bênçãos e a bondade do santuário. Isso tende a nos proteger da negatividade e a dissipa, dispersando o karma negativo e gerando karma positivo no seu lugar.

O santuário tríplice tem uma manifestação exterior, uma interior e uma secreta, sendo que cada uma representa dimensões mais sutis e sublimes do santuário, cada vez mais próximas do espírito e da verdade. O santuário exterior é chamado de santuário dos fiéis, o interior se conhece como santuário dos eleitos e o secreto é chamado de santuário da Gnose divina.

Santuário exterior

O santuário exterior é composto de três objetos de refúgio: Yeshua Messiah (Cristo), o Evangelho (ensinamentos de Cristo) e o círculo gnóstico (comunidade espiritual fundada nos ensinamentos de Cristo).

Como vimos, por meio da fé na encarnação divina e, especificamente, da fé no mistério da crucificação e ressurreição, estamos ligados espiritualmente a Yeshua Messiah. Por meio desse vínculo espiritual, somos libertados da matriz kármica e da escravidão no domínio dos klippot e, da mesma forma, somos estabelecidos no caminho da grande ressurreição e ascensão. Yeshua Messiah é o primeiro objeto de refúgio porque é o centro da encarnação divina na primeira vinda e, portanto, todas as bênçãos fluem dele.

O segundo objeto de refúgio é o Evangelho, que são os ensinamentos e iniciações espirituais ministradas pelo Senhor Yeshua. O sermão da Montanha, que aparece no Evangelho de São Mateus, é freqüentemente considerado o coração do ensinamento de Yeshua. Na Tradição Sophia do gnosticismo, os Evangelhos de São Tomás, São João e São Marcos são o principal foco de estudo e contemplação, juntamente com a carta aos Hebreus e o livro da Revelação. Entretanto, no gnosticismo, o Evangelho é muito mais do que está escrito: inclui ensinamentos internos e secretos. Assim, existe o Evangelho escrito e o Evangelho oral. No gnosticismo, e termo "Evangelho" se refere realmente ao conhecimento e ao entendimento do Evangelho por parte de um iniciado e, especificamente, à verdade e à luz que são reveladas na experiência do iniciado. Mais que isso, faz alusão ao contínuo de prática e vida espiritual, por meio do qual o iniciado se faz "semelhante a Cristo" e pode avançar em direção à consciência cristã. Aquele que vive a vida divina do Evangelho permanece no santuário sagrado.

O terceiro objeto de refúgio é o círculo gnóstico ou comunidade espiritual. Obtemos fortaleza, apoio e estímulo na comunidade espiritual, além da oportunidade de receber dos outros e de dar aos outros. Transcendemos por meio de uma irmandade espiritual sadia. No círculo gnóstico, recebemos ensinamentos e iniciações na sabedoria secreta do Evangelho — sendo o círculo uma Escola de Mistérios da qual recebemos a nossa educação espiritual. Freqüentando a escola, somos educados e nos convertemos em praticantes conhecedores de uma ciência e arte espiritual. As comunidades são essenciais para o cristianismo gnóstico e, participando de uma delas, somos recebidos no santuário sagrado.

Santuário interior

O santuário interior é composto do tzaddik (mestre espiritual), do grande anjo (a transmissão da luz) e da Noiva Santa (a inteligência ardente da transmissão da luz). Portanto, é o santuário do discipulado. Essa é essencialmente a dimensão energética do santuário sagrado, experimentada na prática e na vida espirituais — a vida divina.

O primeiro objeto de refúgio é o tzaddik, o nosso mestre e guia espiritual, por meio de quem a luz-presença é encarnada e nos é manifestada. Embora o tzaddik possa ser desencarnado, como foi explicado anteriormente, o ideal é um tzaddik encarnado com quem possamos ter uma interação mais fácil e objetiva. Por meio do tzaddik, somos unidos diretamente à transmissão de luz manifesta como sucessão apostólica — a todos os tzaddikim, passados, presentes e futuros, e à Mãe santa, ao Senhor Yeshua e à Senhora Maria. Assim, o tzaddik é uma porta física da santa Shekinah e funciona como veículo pelo qual a transmissão de luz é ministrada em ensinamentos e iniciações na sabedoria secreta. Há uma clara presença viva e um campo de energia espiritual ao redor de um tzaddik autêntico, que transmite as suas bênçãos de maneira natural e espontânea, e serve para nos proteger durante períodos de vulnerabilidade espiritual ou psíquica. Desse modo, um tzaddik autêntico é um verdadeiro objeto de refúgio, por meio do qual experimentamos o santuário.

No entanto, ao falar do tzaddik não estamos nos referindo à personalidade do tzaddik, mas à luz-presença que se manifesta dentro e por trás da aparência da pessoa sagrada, que reflete diretamente o Cristo interior dentro de nós. Na verdade, o mestre externo é uma manifestação exterior do nosso mestre e guia interior — o nosso Neshamah e o ser de Cristo. No processo de autorealização, descobrimos que o mestre exterior e o mestre interior são a mesma luz-presença. Assim, como objeto de refúgio, o tzaddik representa o Cristo interior, que é o verdadeiro objeto de refúgio no nível do santuário interior no gnosticismo cristão. O objetivo de um mestre espiritual, encarnado ou desencarnado, é manifestar a luz do Cristo interior.

O apóstolo santo representa também a força descendente que experimentamos e realizamos por meio das práticas espirituais — esotericamente entendida como o Noivo. Quando essa força flui, temos um verdadeiro refúgio no tzaddik — aquele que conduzirá a ascensão da serpente de fogo.

O segundo objeto de refúgio é o grande anjo, que é o meio em que o tzaddik transmite a inteligência ardente ao discípulo e que reflete a individualidade única do discípulo. Portanto, o grande anjo representa a via do iniciado no caminho. Segundo a cabala cristã, há um nível em que os quatro grandes arcanjos (Rafael, Gabriel, Miguel e Uriel) representam rotas específicas no caminho em direção à consciência cristã. Rafael personifica a senda do conhecimento, Gabriel a da devoção, Miguel a do poder e Uriel a do trabalho. Dependendo da sua natureza e do seu temperamento, o iniciado se inclinará naturalmente a uma dessas sendas e será esse o enfoque central da sua prática e da sua vida espirituais — a via do iniciado no caminho. Há uma quinta senda, representada por Metatron-Sandalfon, que é o entrelaçamento das outras quatro. Essa é a estrada ideal no gnosticismo sophiano e é a base dos ensinamentos e iniciações da Tradição. O Tzaddik ensinará e iniciará a cada aspirante de acordo com a estrada à qual este se incline naturalmente.

Esotericamente, o grande anjo representa o produto da união da força descendente e da força ascendente da energia da serpente e a Gnose do Evangelho, que adquirimos por meio da experiência direta do espírito e da verdade. Nesse ponto, podemos considerar o grande anjo mencionado na Revelação a São João. O grande anjo personifica a recepção da transmissão de luz, e o que São João escreve é essencialmente a sua própria experiência da Gnose de Cristo. De forma similar, cada iniciado terá a sua própria experiência da transmissão de luz ou Gnose de Yeshua Messiah — uma experiência espiritual direta do Evangelho, por meio da qual se obtém conhecimento, entendimento e sabedoria.

Nas primeiras etapas de desenvolvimento, o grande anjo é chamado de "sagrado anjo guardião do iniciado". E é assim chamado porque, inicialmente, a experiência que o aspirante tem do espírito e da verdade é em grande parte subjetiva e diz respeito somente a ele (ou ela). No entanto, quando um aspirante avança no Evangelho, revelando auto-realização de graus superiores, o grande anjo é chamado de "anjo do Senhor", porque a experiência espiritual do aspirante já não é tão subjetiva, mas está mais próxima da verdadeira experiência da consciência superna ou messiânica. Afinal, o grande anjo é a personificação do iniciado estabelecido na experiência da consciência cristã até um determinado grau, seja no nível da consciência cósmica ou no nível da consciência superna.

O terceiro objeto de refúgio é a Noiva Santa, que é o desdobramento radiante da santa Shekinah, no interior e à volta do tzaddik e do círculo gnóstico que se forma em torno deste. O tzaddik e o círculo gnóstico são essencialmente um veículo do Espírito Santo ou da santa Shekinah no mundo material, como nós também o somos, como membros do corpo místico de Cristo. O Espírito Santo é a base do círculo gnóstico por meio do qual a transmissão de luz é finalmente recebida e compartilhada.

A Noiva Santa também representa a força ascendente da energia da serpente ou a própria serpente de fogo que, ao ser despertada e elevada, estabelece as condições necessárias para a recepção da luz superna e para a plena obtenção da consciência messiânica. Dessa maneira, o santuário interior é o abraço místico do Noivo e da Noiva Santa — sendo o grande anjo a imagem divina do ser perfeito na consciência cristã.

Santuário secreto

O santuário secreto é composto do corpo tríplice de Melquisedec: o corpo da verdade, o corpo glorificado e o corpo de manifestação. Assim, essencialmente, o santuário secreto é a conquista da consciência superna ou messiânica — completa iluminação e libertação. Quando a alma-ser está totalmente estabelecida na consciência cristã e libertada dos ciclos de transmigração, o santuário supremo ou último foi alcançado. Na conquista do santuário secreto, nós nos convertemos no santuário sagrado para outras almas que ainda são escravas da rede kármica e do domínio da ignorância.

Na Árvore da Vida, o santuário exterior corresponde a Malkut, o interior a Yesod e o secreto a Tiferet. Assim, Tiferet é a própria essência do santuário sagrado na nossa experiência — o Cristo interior.

Lutar contra o Anjo e o grau de adepto menor

Está escrito: E Jacó ficou só. E alguém lutou com ele até surgir a aurora. Vendo que não o dominava, tocou-lhe na articulação da coxa, e a coxa de Jacó se deslocou enquanto lutava com ele. Ele disse: "Deixa-me ir, pois já rompeu o dia". Mas Jacó respondeu: "Eu não te deixarei se não me abençoares". Ele lhe perguntou: "Qual é o teu nome?" — "Jacó", respondeu ele. Ele retomou: "Não te chamarás mais Jacó, mas Israel, porque foste forte contra Deus e contra os homens e prevaleceste". Jacó fez esta pergunta: "Revela-me o teu nome, por favor". Mas ele respondeu: "Por que perguntas pelo meu nome?". E ali mesmo o abençoou. Jacó deu a este lugar o nome de Fanuel [Peniel ou "a face de Deus"], "porque", disse ele, "eu vi a Deus face a face e a minha vida foi salva". (Gn 32,25-31)

Muito se poderia dizer sobre as correspondências — nas histórias de Jacó, Lia e Raquel — com o Sefirah Tiferet. Entretanto, no centro da história está esse acontecimento que representa a noite escura da alma, que deve ocorrer antes de qualquer entrada real em Tiferet ou de uma realização do Cristo interior. Essa história representa essencialmente a integração do ser exterior com o interior, ou a transformação de Nefesh Behamit em Nefesh Elokit, que depois serve de recipiente sagrado para o Ruach e o Neshamah.

Quando a Escritura diz que Jacó ficou só, significa que a Shekinah se afastou dele. Essa partida da Shekinah representa a primeira noite escura da alma, que se segue ao primeiro ciclo de avanço no caminho. Ao iniciar o caminho, experimentamos um grande entusiasmo ao descobrir a nossa conexão com o espírito e começamos a ter algumas experiências espirituais ou místicas. Os ensinamentos que recebemos nos elevam, as iniciações nos ativam e começamos a experimentar direção interior. No entanto, quando se revela essa etapa do caminho, encontramos um conflito que surge entre a divindade que se manifesta e o nosso antigo ser. Começamos a ver quanto trabalho devemos realizar em nós mesmos para seguir o guia interior. O entusiasmo se desvanece rapidamente e começa uma luta em meio a uma grande tensão psíquica. É o primeiro desafio real no caminho e, francamente, muitos aspirantes bem-intencionados sucumbem a ele e não resistem para ir adiante.

O "homem" com quem Jacó luta é na realidade um anjo. Por um lado, é o anjo de Esaú, o irmão de Jacó, que personifica o Nefesh Behamit de Jacó — o eu externo e ignorante. Por outro lado, Peniel é um anjo de Deus ou, mais especificamente, a verdade e a luz reveladas na experiência de Jacó ou a voz do guia interior. Em outras palavras, Peniel é a personificação dos demônios internos de Jacó e, ao mesmo tempo, a personificação do seu sagrado anjo guardião — o dualismo da própria consciência de Jacó em conflito. A vitória de Jacó representa a resolução desse conflito por meio de um trabalho consigo mesmo que une harmonicamente o eu exterior e o eu interior, de modo que a personalidade e o desdobramento da vida (Nefesh) se convertem no veículo do eu interior e superior, ou o Ruach e o Neshamah. Em termos cristãos, Jacó toma a sua cruz e segue o Cristo interior. Portanto, Jacó já não é a mesma pessoa, mas se converteu numa pessoa santa, num homem de Deus e, assim, recebe um novo nome: Israel. Israel significa literalmente "aquele que luta com

Deus e é vitorioso", e esse é o nome de qualquer iniciado que atravesse a primeira noite escura da alma, da assembléia dos fiéis à assembléia dos eleitos.

Essa transição da assembléia dos fiéis à assembléia dos eleitos é representada pelo grau rosacruz associado a Tiferet, o de adepto menor. Essencialmente, o iniciado que é um adepto menor atravessou a primeira noite escura da alma, fazendo da sua personalidade e do seu desdobramento de vida um veículo do Cristo interior, de maneira que vive a partir do centro de Cristo. Aos olhos do adepto menor, ele (ou ela) é o servo do Cristo interior em todas as atividades da vida e, desse modo, não vive para si mesmo, mas em Cristo e para Cristo em todas as coisas. A vida de um adepto menor é dedicada à grande obra — a iluminação e libertação de si mesmo e a elevação dos outros. O adepto menor é, em termos rosacruzes, um "verdadeiro cristão" — uma pessoa que é como Cristo.

Do que foi dito, entendemos que ser um verdadeiro cristão não se limita aos que se dizem "cristãos" porque uma pessoa de qualquer religião pode ser um cristão autêntico. Vejamos Yeshua, por exemplo: ele era judeu, e tão cristão que se converteu em Cristo. Em essência, um verdadeiro cristão é aquele que vive conforme a vontade divina do eu interior e superior — portanto, aquele que realiza a sua verdadeira vontade. Entender isso como cristão gnóstico é muito importante, já que o reconhecimento do espírito da verdade em todas as tradições de sabedoria do mundo é essencial para o gnosticismo. O espírito universal da verdade é o Cristo cósmico. Assim, cada vez que a verdade é encontrada, Cristo é encontrado, seja qual for o nome pelo qual a verdade é conhecida.

Tiferet representa fundamentalmente o espírito da verdade no centro de qualquer religião ou o objeto central de devoção em qualquer fé. Aquele que vive conforme o espírito da verdade da sua religião é um adepto menor da tradição. Ao fazê-lo, a pessoa reconheceu a verdade e a luz dentro de si mesma e a está realizando por meio da sua vida. Krishna, a natureza do Buda, o Cristo interior ou outros nomes podem ser usados, mas se trata da mesma luz-presença que, na Árvore da Vida, é representada por Tiferet. Há muitos ramos da verdadeira fé e muitas faces do amado.

O poder curativo de Deus

No nível de Beriyah, o Sefirah Tiferet se manifesta como o arcanjo Rafael, cujo nome significa literalmente "poder curativo de Deus". Como dissemos anteriormente, Rafael personifica a senda do conhecimento no caminho e, assim, podemos entender que as artes de cura da cabala estão fundamentadas no conhecimento (gnose). Inversamente, entendemos que as enfermidades e os males são produtos da ignorância cósmica que, ao ser dissipada, termina naturalmente em cura.

A cura sugere "tornar íntegro", "fazer bem" ou "restaurar o equilíbrio e a harmonia", especificamente uma "restauração da unidade do ser". As artes de cura aplicadas no mundo material se dirigem à cura física e à preservação da vida no corpo. Porém é na aura, no corpo sutil e na alma que está a origem dos males e enfermidades: portanto, a verdadeira cura é de natureza psíquica e espiritual. Isto se reflete nos Evangelhos porque, acima de tudo, o Mestre Yeshua foi célebre por seu ministério de cura e talvez tenha sido o maior curador espiritual que já passou pela terra. No Evangelho, todas as curas foram de natureza psíquica e espiritual. Muitas vezes, o Senhor Yeshua situa a causa dos males e enfermidades na mente, no coração e na alma, quando diz aos que são curados "vai e não peques mais", portanto, "não abrigues negatividade nem geres karma negativo". De maneira semelhante, o Senhor Yeshua costumava dizer às pessoas que curava que se apresentassem ao templo e fizessem a correspondente "oferenda pelo pecado" e a oferenda de ação de graças, indicando a necessidade de dissipar a causa interior da enfermidade ou mal. Quando o Senhor Yeshua não dizia "vai e não peques mais", ou "apresenta-te aos sacerdotes e faz a oferenda necessária", dizia "tua fé te curou". Todas essas expressões revelam diretamente a natureza psíquica e espiritual das curas que realizava o Mestre. Sua forma de curar reflete o tikkune da alma — corrigir, reparar ou curar as feridas provocadas na alma pelo karma negativo — e o dano na aura e no corpo sutil, que é a conseqüência do karma negativo.

O corpo sutil é essencialmente um corpo de consciência, especificamente um corpo de energia, e a aura é o campo energético ao redor da matriz do corpo físico e sutil, que estão unidos como um só corpo na encarnação. Como corpo de consciência, esse corpo sutil é composto dos nossos pensamentos, sentimentos-emoções, imaginações, palavras e atos. Como corpo de energia, é formado por forças espirituais com que nos unimos por meio dos nossos pensamentos, sentimentos-emoções, imaginações, palavras e atos. Assim, a cura se dá por meio de uma mudança na consciência e nas forças espirituais com as quais estamos ligados na consciência. Dessa maneira, os pensamentos, sentimentos-emoções, visualizações, palavras e ações de caráter positivo são o meio pelo qual ocorre toda cura verdadeira — tikkune no coração e na alma, na mente e na vida.

A autocura, como a auto-iniciação, é certamente possível para quem tem esse conhecimento e entendimento — além do poder da fé para fazê-lo. Mas, como já dissemos, no caso das pessoas mais comuns, o corpo sutil tem apenas uma energia mínima e, nestes tempos modernos, muitas vezes faz falta o poder da fé. Os pensamentos, sentimentos-emoções, visualizações, palavras e atos positivos geram energia e nos unem a forças espirituais divinas. Antes de mais nada, gerar a cura exige energia — como também orar, meditar e realizar rituais sagrados. Portanto, a ajuda de um curador muitas vezes é necessária, assim com a ajuda de um mestre e guia espiritual. A natureza desse apoio invisível é a geração e a transmissão da energia-inteligência necessária para produzir a cura. No caso do Senhor Yeshua, o seu corpo sutil era um grande corpo de luz — um corpo solar: ele era efetivamente a luz do mundo, como o sol. Graças a esse corpo de luz, conseguiu realizar tantas curas fenomenais. A energia é transmitida do corpo de luz do curador ao corpo sutil da pessoa necessitada e, dessa forma, se dá a cura. Entretanto, para receber o poder curativo, a pessoa que busca ser curada deve ter fé — ser completamente positiva — para formar o vínculo psíquico e espiritual necessário, que atua como um circuito por meio do qual a energia é transmitida. A presença da fé no interior da pessoa que está sendo curada é o "fio-terra" que forma o circuito que permite fluir a energia curativa.

No processo do trabalho de cura, quem conhece o caminho curativo da cabala baixa, o shefa e o ruhaniyut dos Sefirot ao corpo sutil, converte-se em veículo ou canal da força vital e, depois, por meio de diversos métodos, transfere essa energia espiritual ao corpo sutil da pessoa necessitada. Sons, visualização, gestos e tato desempenham muitas vezes um papel importante, e é comum a imposição das mãos. Em algumas ocasiões, o iniciado nas artes curativas transporta a sua consciência para o corpo de luz, projetando-o independentemente do corpo físico, e, em seguida, une o seu corpo de luz ao corpo sutil da pessoa que vai ser curada. Isso se faz quando é preciso mais energia ou quando a cura será realizada a uma grande distância.

Essa arte curativa reflete a gnose do verdadeiro Evangelho, que é a gnose do nome Yeshua Messiah no contexto em que falamos desse nome. Como esse conhecimento divino está no coração do cristianismo gnóstico, diz-se ao iniciado rosacruz que a única afirmação adequada para um iniciado da sua ordem é "curar gratuitamente". Um verdadeiro iniciado rosacruz é, portanto, um curador espiritual, como os discípulos originais do Senhor Yeshua, e a verdadeira ordem rosacruz é um corpo curativo.

Entretanto, é preciso entender que nem toda cura ocorre necessariamente num desses corpos materiais. Com freqüência, a cura da alma se dá quando o corpo sutil se afasta do corpo físico, dissolvendo-se na natureza divina da alma, naquilo que chamamos de "morte". Desse modo, assim como serve para curar e preservar a vida, o iniciado gnóstico como curador também serve de guia às almas "na encruzilhada", ou no processo da morte, do mesmo modo que a cura é realizada. Assim, os adeptos da Tradição podem oferecer ajuda aos moribundos e aos mortos. Assim como o adepto da Tradição pode transferir a sua consciência para o corpo de luz, pode também ajudar outras pessoas a fazer o mesmo e a ativar esse corpo sutil. A transferência da consciência a um corpo de luz é a própria essência do mistério da ressurreição e é a forma última da cura espiritual.

Entender o que é a cura espiritual nos permite penetrar no conhecimento do arcanjo Rafael, que é atribuído a Tiferet e é o grande anjo de Cristo, o sol espiritual. Tudo o que já falamos a respeito da cura espiritual é personificado por Rafael e se reflete na sua imagem. Esse arcanjo aparece como uma forma humana composta de pura luz solar, como se o corpo do grande anjo fosse formado pelo próprio sol. Esse ser espiritual ou solar brilha num céu azul como o "sol ao amanhecer" e é a luz do nosso mundo, especificamente a luz do mundo vindouro. Ao ser entoado o nome divino de Tiferet e o canto *Ar Iyah Rafael,* o grande anjo solar é invocado e se diz que é a luz do nosso corpo solar.

Os iniciados que procuram uma intimidade mais profunda com Rafael criam, na prática diária, o hábito de saudar o sol nascente ao amanhecer, rememorando a grande ressurreição e o arcanjo, que aparece no quarto oriental do círculo sagrado. Nessa saudação do sol ao amanhecer, uma prática comum é pegar um copo com água doce e invocar Rafael — e o sol espiritual — para que bendiga a água e a carregue com o poder curativo e iluminador do sol espiritual. Ao beber a água, o iniciado toma o poder da bênção divina. Essa é considerada uma boa prática para a cura de si mesmo.

Rafael ensina o caminho do conhecimento e das artes curativas — e oferece entendimento da verdadeira compaixão. Quando há conflito numa situação, a invocação de Rafael traz harmonia e paz. Segundo os mestres da Tradição, Rafael foi um dos anjos santos na ascensão do Senhor, sendo o outro, Gabriel. Portanto, Rafael tem o conhecimento secreto concernente à grande ascensão. Nos ensinamentos rosacruzes, Rafael é o arcanjo da segunda vinda e tem um vínculo secreto com a Noiva Santa e com a nova Jerusalém, sendo visto como a presença angélica que está por trás do sol que ilumina o nosso sistema solar.

Em outras palavras, Rafael é uma presença angélica muito acessível, assim como a ordem dos malachim sob o seu domínio.

Os mensageiros de Deus

No nível de Yetzirah, Tiferet se manifesta como a ordem dos malachim. Malach significa "mensageiro" e, dessa forma, os malachim são os mensageiros de Deus. A idéia de um mensageiro conota uma mensagem, seja ela escrita, falada ou comunicada em imagens simbólicas, e se refere especialmente à inteligência e à palavra. Os malachim são anjos de inteligência divina e da palavra de Deus, e comunicam o conhecimento de Deus e da sua vontade. Quando oramos pelo conhecimento de Deus e pela realização de sua vontade numa situação específica e percebemos intuitivamente a sua presença ou vontade nessa situação, foi em geral um malach que comunicou o conhecimento à nossa mente e ao nosso coração. Qualquer comunicação de Deus com as criaturas ou com a criação ocorre por meio dos malachim.

Freqüentemente nos encontramos com os malachim em orações e meditações. Cada vez que recebemos uma mensagem do divino, seja por meio de uma intuição direta, de uma visão ou de um sonho, estamos nos encontrando com os malachim. Em circunstâncias em que não obtemos a mensagem, os malachim usam outras pessoas para comunicá-la — o nosso tzaddik, um amigo ou membro da família ou crianças pequenas, que costumam ser especialmente abertas e sensíveis ao contato dos anjos. Segundo os mestres da Tradição, um malach pode usar até mesmo um animal para nos trazer uma mensagem — fazendo com que um animal apareça num determinado momento, quando podemos notá-lo e nos abrir ao significado do sinal. Muitas vezes os malachim se comunicam por meio de sinais e presságios, seja na consciência de vigília ou em sonhos. Como o termo "mensageiro" se aplica na Tradição a um profeta, sabemos que os malachim são mensageiros de profecia.

Cada vez que Deus quer comunicar a sua palavra, envia um malach para que o faça. Como sabemos que cada criatura é uma palavra de Deus, sabemos que os malachim muitas vezes nos ajudam a penetrar e a compreender os mistérios da alma. Como o Messias é chamado de palavra de Deus, sabemos que os malachim transmitem percepções de Cristo, especialmente do Cristo interior na alma.

A experiência mais comum dos malachim entre os iniciados cristãos está na forma do que se conhece como "palavra de conhecimento". Uma palavra de conhecimento vem como uma intuição ou conhecimento direto na mente e no coração — pode ser a percepção intuitiva de um grande mistério ou um conhecimento intuitivo de algo prestes a acontecer no plano físico. Por exemplo, há alguns anos, numa sessão de aconselhamento com um estudante, discutíamos coisas profundas da cabala. Nesse tempo, eu trabalhava também num hospital para pacientes com AIDS, como voluntário e capelão. Meus pensamentos não se dirigiam ao hospital nesse momento, mas, de repente, soube que uma mulher estava moribunda e que eu precisava estar presente, perto dela. Havia uma prática espiritual que eu devia fazer e soube exatamente o que era e o que aconteceria nessa noite. Tudo se passou exatamente como "eu" soube que seria. Isso foi uma palavra de conhecimento compartilhada pelos malachim.

Não se trata tanto de invocar ativamente os malachim, mas de estarmos abertos e sensíveis ao Espírito Santo e ao contato com os anjos de Deus. Na visão da escadaria de Jacó, diz-se que Jacó viu anjos subindo e descendo os degraus. Ao dizer que os anjos subiam, antes de dizer que desciam, a Torá indica que os anjos estão entre nós e se encontram o tempo todo na dimensão sutil da terra. Nos tempos modernos, a maioria das pessoas comuns não os vê ou não experimenta um contato consciente com eles unicamente porque tendem a fechar a mente aos anjos e não crêem que existam. Mas os anjos são espertos e não se rendem facilmente. Usam qualquer meio e adotam a forma que se fizer necessária para levarem a cabo a vontade divina da qual estão encarregados. Numa era tecnológica, quando é mais provável que as pessoas acreditem em formas superiores de vida extraterrestres do que em Deus ou nos anjos — adivinhem! — eles aparecem exatamente sob formas aceitáveis para as pessoas comuns. Muitos contatos extraterrestres são na realidade experiências de seres angélicos, segundo os mestres modernos da Tradição — e os contatos em que as pessoas sentem que sofreram danos ou abusos por parte de alienígenas, são muitas vezes contatos com demônios. Bem-vindos ao universo de Yetzirah — o mundo dos anjos!

A nossa experiência com anjos torna perfeitamente claro que os Olamot de que fala a cabala ocupam o mesmo espaço ao mesmo tempo, de modo que o mundo dos anjos existe numa dimensão interna do mundo material. Na realidade, o mundo de anjos, espíritos titânicos e demônios é a manifestação de forças espirituais dentro e por trás do mundo material. Vivemos num universo místico e mágico, que é inerentemente espiritual, além de ser material. Quando compreendemos isso e nos ligamos conscientemente a forças divinas e angélicas, o que parece impossível se torna bastante possível e muitas coisas maravilhosas podem acontecer — magia verdadeira!

Práticas espirituais para Tiferet

Segundo a tradição oral, uma vez um homem se aproximou do Senhor Yeshua em segredo, durante a noite, e o Senhor o recebeu. O homem estava profundamente preocupado e disse ao Senhor: "Adonai, vejo que veio, mas não me sinto preparado. Estou tolhido pela vida mundana e incrustado de klippot. No dia em que eu morrer não será diferente. Como serei recebido por ti? Diz-me, Senhor, o que posso fazer?" O Senhor se compadeceu do homem e viu que ele estava atado ao pecado. Vendo a centelha de santidade nas profundezas do coração do homem, disse-lhe: "Como viestes a mim esta noite, vem a mim na tua morte. Quando estiveres no teu leito de morte, visualiza teu coração como um sol espiritual e recolhe-te nele. Em seguida, veja a minha imagem sobre ti e projeta-te como a luz na minha luz-imagem, e te receberei. Não digas a ninguém nada do que te disse, para que isso fique entre nós diante do Pai. Encontrar-te-ei no outro lado do que os homens chamam de morte".

Esse é um método essencial para a transferência da consciência num corpo sutil de luz: se é praticado em vida, ocorrerá no momento da morte. A prática é parte de muitos métodos de meditação gnóstica e também aparece nas escolas orientais. Primeiramente, temos de aprender a visualizar o nosso corpo convertendo-se em luz e depois aprender a nos ver como luz fluindo para o corpo de luz que forma a imagem divina da meditação. Por meio de tais práticas, muitos iniciados experimentaram a cura e outras maravilhas. É a forma pela qual os iniciados gnósticos se estabelecem no caminho da grande ressurreição e ascensão.

Meditação essencial sobre o Ressuscitado

- Visualize dentro do coração a imagem do sol espiritual e recolha-se nele. Deixe que o seu corpo e a sua mente sejam preenchidos com essa luz-presença, removendo toda escuridão e negatividade. De dentro do sol no seu coração, veja um raio de luz saindo e aparecendo magicamente no espaço à sua frente, como a imagem do Ressuscitado.
- A sua toga interior é brilho branco e a sua toga exterior é ametista. O seu corpo resplandece como se fosse feito de luz solar e há uma aura

irisada que o rodeia, com a faixa vermelha perto do corpo e a faixa violeta na borda externa.

- Veja que o Senhor lhe sorri e ore com o coração. Enquanto ora, veja o Senhor sorrir e abençoá-lo. Visualize a bênção como jorros de luz fluindo do coração do Senhor para o seu, fazendo com que o seu corpo, o seu coração e a sua mente brilhem cada vez mais — à semelhança da imagem do Senhor.
- Quando a sua oração silenciar, abra a mente, o coração e a vida para a presença do Senhor, fazendo-se totalmente transparente diante dele. Enquanto canta o seu nome bendito, visualize a imagem divina do Ressuscitado dissolvendo-se em luz fluida, penetrando você a partir da parte superior da cabeça (coroa) e reaparecendo no seu corpo de luz. *Adonai Yeshua Messiah.*

- Cantando, a sua mente se converte na mente de Cristo; o seu coração se converte no coração sagrado de Cristo; o seu corpo se converte no corpo místico de Cristo e você está em unidade com o Senhor. Há luz sobre luz no espaço da meditação, e essa luz é a luz do mundo. Permaneça em unidade com o Senhor pelo maior tempo possível. Ao sair do espaço de meditação, ande no mundo como um possuidor de Cristo.
- É bom meditar num lugar especial, reservado para essa atividade, ou diante do santuário na casa. Ao orar e meditar, é conveniente oferecer incenso e velas, se tiver vontade de fazer isso. No tocante a isso, faça como quiser. Depois de algum tempo de prática diária com essa meditação essencial, seria bom tentar o método de transferência de consciência.
- Trata-se basicamente da mesma meditação, exceto pelo fato de a imagem divina aparecer magicamente, por si só. Além disso, ao cantar o nome bendito, em vez de visualizar a imagem do Senhor se dissolvendo em luz e fluindo para você, visualize-se se dissolvendo em luz e fluindo para a imagem do Ressuscitado — projetando a sua consciência como luz por meio da coroa na presença do Senhor, unindo-se a ele desse modo. Isso pode dar liberdade para se dedicar a trabalhos no plano interior e nos preparar para a transferência de consciência no momento da morte. Não há espaço suficiente para mencionar as grandes virtudes dessa prática ou como é usada em conjunto com as artes que fazem milagres — mas quem a desenvolver fielmente entenderá perspectivas maiores.

Meditação curativa com Yeshua

Essa meditação é usada para receber energia curativa ou para compartilhar energia curativa com outras pessoas. Em geral, a energia curativa é vista como luz dourada, correspondendo ao sol espiritual ou Tiferet, que é a fonte de toda cura. No entanto, na prática curativa avançada, são empregadas cores específicas, correspondentes à natureza do mal ou enfermidade e ao Sefirah em que é encontrada a causa sutil. A imagem do Senhor Yeshua usada nessa prática é mais densa ou material porque o método se dirige à geração de cura no corpo físico. Da mesma forma que a maioria das práticas apresentadas neste livro, ela foi formulada para o praticante novato e deve dar resultados efetivos para qualquer pessoa que deseje empregá-la.

- Ore ao Senhor pedindo a cura. Enquanto isso, visualize a imagem de Yeshua, o curador, aparecendo magicamente no espaço à sua frente. Ele veste uma toga branca de um suave matiz marfim, e sobre a cabeça tem um chale branco feito do mesmo tecido. A sua tez é oliva e os seus olhos são da cor do café escuro, cheios de amor e compaixão. O seu sorriso é sutil e reconfortante e a sua presença o preenche de fé e confiança. Há uma luz dourada sutil em volta dele e a sensação de uma grande presença angélica.
- Cante o nome do curador — *Ah Da Na Ya Yeshua, Adonai Rafael* ("Senhor Yeshua, Senhor poder curativo de Deus"). Enquanto canta, visualize a luz dourada em torno da imagem do Senhor, crescendo e ficando mais brilhante. Ao chegar ao final do canto, visualize as mãos do Senhor como mãos de luz e veja-o aproximando-se e colocando as mãos sobre você. Veja-o alcançar o seu corpo com as mãos de luz e tocar a sua dor ou mal-estar com a luz curativa que flui para a causa da sua dor. A área de dor no corpo é uma obscuridade que o Senhor preenche com luz dourada, curando-a. Quando o Senhor tiver compartilhado a transferência do poder curativo e tirar as mãos do seu corpo, escute interiormente a palavra do Senhor. Escute o que a presença divina lhe pede para fazer ou a bênção que a presença divina compartilha. Muitas vezes, é transmitida uma mensagem ou palavra de conhecimento. Visualize depois a imagem do Senhor desaparecendo magicamente, como apareceu. Dê graças e louve a Deus pela encarnação divina e pelo poder curativo.
- Do mesmo modo, podemos realizar essa meditação curativa para outras pessoas. Basta ver o Mestre colocar as mãos sobre a pessoa que precisa

ser curada. Se essa pessoa estiver aberta para isso, o melhor é desenvolver a prática com ela, orando com ela e guiando-a. Às vezes, os iniciados da Tradição se visualizam convertendo-se na imagem do Senhor, vendo o poder curativo como luz dourada dentro e em torno deles — e depois impõem as mãos sobre o paciente, tornando-se veículos da presença e do poder divino de Yeshua, o curador. A cura maior nos chega quando atuamos como recipientes sagrados do poder curativo para outras pessoas. Encontrar uma oportunidade de compartilhar e oferecer aquilo que recebemos é sempre uma bênção inestimável.

ONZE

NETZACH, O DOMÍNIO DIVINO

Atributos

Trinta e dois caminhos de sabedoria: consciência oculta (Sekhel Nistar). É assim chamado por ser o resplendor que ilumina as forças transcendentais que são vistas com a imaginação e com o sonho da fé.

Netzach: vitória ou domínio.

Posição na Árvore da Vida: a base do pilar da misericórdia.

Nome divino: Yahweh Tzavaot.

Nomes divinos alternativos: Sar Shalom, regente pacífico.

Partzuf acima: Zer Anpin como o profeta.

Partzuf abaixo: Yeshua Messiah abrindo o caminho; Moisés e os profetas maiores.

Imagem divina: a imagem do humano no céu antes da alvorada; uma mulher nua e formosa coroada.

Arcanjo: Haniel ou, às vezes, Uriel.

Ordem de anjos: os Elohim.

Atributo celestial: Nogah, Vênus.

Títulos dados a Netzach: estrela d'alva, sol da manhã, porta do refúgio interior; esfera do espírito criativo; lugar dos mártires; vitorioso; regente de domínios; profundeza da altura; espelho claro de profecia; portador da luz; esfera de filósofos e místicos; morada mística; graça da natureza; esfera dos deuses menores; casa dos poderosos; o portal; estrela do Oriente; arauto de Cristo; sinal do dia eterno.

Nível da alma: Ruach (Ruach inferior ou consciência humana comum).

Morada celestial: Zebul, o quarto céu — vivenda.

Experiência espiritual: visão do domínio divino; consciência da presença de Deus na criação; visão da glória de Deus; inspiração do espírito criativo.

Virtudes: inspiração; talento artístico; apreciação da beleza e da arte; harmonia; cooperação; paixão; aperfeiçoamento; generosidade; compreensão dos valores; estabilidade monetária; méritos sociais; afetuoso; auto-expressão positiva.

Vícios: falta de criatividade ou inspiração; desapaixonado; luxúria; infidelidade; pouca socialização; dissonância; auto-expressão negativa; frívolo com o dinheiro; falta de apreciação pela arte; libertinagem.

Símbolos: o jardim secreto; a rosa; orvalho da manhã; a lâmpada e o candelabro sagrados; a faixa; peru real; o fogo no círculo sagrado.

Mandamento: Não cometerás adultério (Êx 20,14).

Sermão da Montanha: Bem-aventurados os que têm fome e sede de justiça, porque serão saciados (Mt 5,6).

Anjo do apocalipse e das igrejas: Quarta estrela e quarto candelabro, e a mensagem ao anjo da igreja de Tiatira (Ap 2,18-29).

O reino de ação oculto

Há um véu entre a tríade moral e a tríade de ação, que é chamado de véu de *paroket*. É o reflexo do princípio de relatividade de Da'at abaixo, representando o plano causal, que divide os planos espiritual e superno acima dos planos vital superior, mental, astral e material abaixo. Embora o poder de ilusão cósmica surja no nível de Da'at por meio de Gevurah e a força de união da matriz kármica tenha assim a sua raiz em Da'at, a matriz propriamente dita é o plano causal ou o que é chamado de véu de paroket, na cabala.

Como o universo de Adão Kadmon está além da compreensão do ser mental e da humanidade atual, muitas vezes não é mencionado na transmissão de ensinamentos da cabala, pois o enfoque é dirigido a Atzilut, Beriyah, Yetzirah e Asiyah. Quando os ensinamentos sobre os Sefirot e Olamot são dados sem alusão a Adão Kadmon, a tríade superna corresponde ao universo de Atzilut, a tríade moral ao universo de Beriyah, a tríade de ação a Yetzirah e o Sefirah Malkut a Asiyah. Nesse sistema de atribuição dos Olamot às tríades sefiróticas da árvore, podemos ver a interconexão entre os Olamot e os planos interiores da consciência. Os planos supernos correspondem ao universo de Atzilut e à tríade superna. Os planos espirituais, que contêm os céus superiores, correspondem ao universo de Beriyah e à tríade moral. Os planos vital superior, mental e astral correspondem ao universo de Yetzirah e à tríade de ação, e o plano material corresponde ao universo de Asiyah e Malkut. Assim, o plano causal ou véu de paroket serve de grande divisão ou abismo entre o plano vital superior e o espiritual. Como o véu de paroket é a verdadeira matriz kármica, entendemos que os planos vital superior, mental, astral e material aparecem de acordo com o condicionamento kármico, correspondendo, portanto, à visão kármica.

Nesse sentido, são planos de ilusão cósmica e inerentemente enganosos, sendo reflexos da luz dos planos superno e espiritual dentro da consciência presa à ignorância cósmica. A alusão a esses planos inferiores como "planos de ilusão cósmica" não é uma sugestão de que são em si irreais ou ilusórios, mas que as nossas percepções subjetivas da realidade nesses níveis são de natureza ilusória — a nossa visão kármica tende a impedir a visão e o conhecimento verdadeiros.

Os planos supernos não são percebidos pela mente, mas pela metamente de consciência radiante pura, que não pode ser descrita ou explicada em termos da nossa razão linear e finita. Os planos espirituais não são percebidos ou conhecidos por meio dos conceitos do ser mental: são percebidos por meio da intuição pura. Portanto, tudo o que até agora dissemos na nossa exploração dos Sefirot e da Árvore da Vida só pode ser conhecido e entendido por meio da percepção intuitiva e da consciência radiante pura, até que tenhamos conseguido nos estabelecer na visão de fé e evoluir em direção à visão da verdadeira gnose.

Na realidade, falamos dos mistérios em termos dos planos inferiores para indicar a realidade maior dos mistérios nos planos superiores. O que conseguimos captar dos verdadeiros mistérios depende da compreensão intuitiva que temos da verdade maior e dos conceitos, associações emocionais e imagens mais ou menos em harmonia com a verdade maior, que conseguimos formar. Assim, o que temos são iluminações mentais e vitais dos mistérios (poderes transcendentais) vistos por meio da imaginação e das contemplações de fé, como indica o texto dos *Trinta e Dois Caminhos de Sabedoria* ao falar de Netzach.

Netzach, Hod e Yesod compõem a tríade de ação. É impossível falar de um desses Sefirot sem falar dos outros, pois atuam juntos como uma unidade integral, ainda que as suas funções sejam distintas. O mesmo acontece com os Sefirot que compõem cada tríade, os pilares e a árvore inteira. Os Sefirot existem como uma unidade sagrada do único ser-consciência-força que é Deus e a criação. Essencialmente, Netzach é a qualidade energética da consciência ou da mente, que gera sentimentos-emoções, pensamentos e imagens, e é a qualidade energética da consciência divina, que gera as forças, os padrões e as formas reais da criação. Netzach é a energia espiritual criativa que gera as dimensões sutis da verdadeira existência ou vida.

Netzach aparece na nossa experiência imediata como a criatividade espontânea da consciência, mais especificamente como instintos, sentimentos, emoções e imaginação criativa. No nível de Netzach, essa energia não tem limites ou formas bem definidos: é mais fluida e corrente, interpenetrando e interatuando de maneira sintética. É só por meio de Hod e Yesod que ela é claramente definida e estabelecida em formas reais de pensamentos e imagens. O mesmo acontece com a consciência-força divina no nível de Netzach. Assemelha-se mais à força ou energia pura, dentro e por detrás das formas sutis, do que a algo distinto, individual ou independente. Portanto, em Netzach, em vez de individuação definida, tudo existe mais em termos de coletivos ou do que se pode chamar de "almas coletivas".

Netzach emana diretamente de Tiferet — que, por sua vez, emana Hod e Yesod — e contém assim o potencial para formações distintas, individuais e independentes, tendendo a gerá-las. Netzach gera tais formas por meio de Hod e as formas sutis aparecem em Yesod, que é a substância sutil da consciência — portanto, a luz astral e os planos astrais.

Netzach e Hod atuam essencialmente um sobre o outro para criar a forma das imagens que aparecem em Yesod. Essa interação pode ser entendida da seguinte maneira. Os instintos, sentimentos e emoções correspondem a Netzach, enquanto os pensamentos ou conceitos correspondem a Hod. Por um lado, os instintos, sentimentos e emoções formam os pensamentos, mas, por outro, os pensamentos formam os instintos, sentimentos e emoções. Desse modo, o sentimento-emoção e o pensamento se formam entre si, e essas formas aparecem como imagens na imaginação. Tudo o que há no mundo humano surgiu dessa maneira — primeiro por meio de sentimentos-emoções, pensamentos e imagens na mente, e depois numa manifestação real no plano material. Nós mesmos somos o produto dos sentimentos-emoções, pensamentos e imagens na mente dos nossos pais, que conduziram ao encontro sexual físico por meio do qual fomos concebidos. É por meio desse mesmo processo, nos planos interiores da consciência, que surge tudo o que há no mundo humano e tudo o que há na criação. Tudo é concebido e formado nas dimensões interiores antes de se manifestar no plano físico ou material — assim, o universo de Yetzirah (formação) é atribuído à tríade de ação.

Saber que as coisas concebidas e formadas ocorrem nas dimensões interiores antes da manifestação real no plano material é a chave para entender a profecia, além da ciência e da arte da magia divina. Quem vê os movimentos da força e da forma nas dimensões interiores da consciência, vê o que se passará no mundo material. Quem dirige conscientemente esse fluxo de forças e formas espirituais, tem a capacidade de modificar o que se manifesta no mundo material — e, portanto, pode realizar milagres. Na realidade, não existe milagre, mas uma ciência do conhecimento que, por meio da aplicação de certos princípios ou leis em planos superiores de consciência, pode produzir uma influência/efeito correspondente nos planos inferiores. É isso que se chama de magia divina. Por isso, a profecia é atribuída a Netzach e a magia é atribuída a Hod — Netzach é o espelho claro da profecia e Hod é o espelho enevoado da profecia.

Tudo de acordo com a sua classe

No nível Atzilut, o Sefirah Netzach se manifesta como Yahweh Tzavaot, que significa o "Senhor dos exércitos". Tzavaot em Netzach representa classes ou tipos de criaturas: as almas coletivas das diferentes espécies de animais, as ordens de anjos, as legiões de demônios e os espíritos de diversos domínios, como os planetas ou elementos. Recordemos que, na grande Árvore da Vida, o Netzach de um universo superior é o Hokmah de um universo inferior. Portanto, Netzach de Yetzirah é Hokmah de Asiyah, e assim se manifesta como os doze signos do zodíaco — as doze classes ou tipos de almas humanas.

Quando um espírito ou alma desce dos planos supernos e espirituais por meio do plano causal, movendo-se em direção à encarnação, a classe de criatura que se tornará é determinada pelo seu prévio desenvolvimento e evolução — o karma. Uma alma humana entrará pela porta de um dos signos zodiacais, que determinará o tipo ou classe de encarnação humana por meio da qual nascerá. No nível de Netzach, o tipo que a alma adotará está estabelecido, mas, só quando passar por Hod, será uma entidade da sua classe distinta e individual. Desse modo, Yahweh Tzavaot é o poder divino que gera a diversidade infinita de todos os tipos de criaturas na criação, e Elohim Tzavaot é o poder divino que gera a diversidade infinita de criaturas únicas e individuais — cada uma de acordo com sua classe ou tipo.

Isso pode ser entendido em termos da encarnação humana. Adão Ha-Rishon é a alma coletiva, por assim dizer, da humanidade, e há doze classes por meio das quais se manifestam as almas humanas. Passando à encarnação, a alma humana é formada por um dos tipos de ser humano — entrando no domínio de um dos signos zodiacais. Nesse ponto, o Nefesh é a energia pura dessa porta, existindo numa unidade indiferenciada, sem forma específica ou individuação além dessa porta, que é semelhante a um campo de energia. O Nefesh se converte num raio de energia pura que passa de Netzach a Hod (no plano mental), ou do plano vital superior ao plano mental e, por meio da matriz de Hod, o Nefesh adota uma forma sutil, convertendo-se num Nefesh único e individual dessa porta zodiacal. Em seguida, essa forma de energia emerge e aparece nos planos astrais (Yesod), que são os planos vitais inferiores, tornando-se ainda mais distinta e individual — depois, passa do astral à encarnação física no plano material. A posição do sol, da lua, dos planetas e das estrelas no momento do nascimento real reflete a matriz kármica por meio da qual foi gerado o Nefesh individual único. Essa matriz é uma configuração específica das energias-inteligências dos Sefirot, representada pelo nome divino de Netzach e Hod unidos — Yahweh Elohim Tzavaot.

Assim como os Nefeshim individuais são gerados e surgem, reinos e mundos inteiros são gerados, já que são conjuntos de inumeráveis formas de vida, incluindo formas animadas e inanimadas. Como tudo na existência é uma forma do único ser-consciência-força, tudo está vivo e, portanto, é uma forma de vida aos olhos da cabala. Assim como cada Nefesh é distinto e individual, cada reino ou mundo é único e individual, sendo o produto do karma coletivo dos inúmeros espíritos e almas de que é composto. Assim, Yahweh Elohim Tzavaot é a matriz de forças espirituais, nas dimensões sutis dentro e por detrás do plano material, que forma a base do universo material.

Semelhante à idéia de progressões na nossa carta natal — que representam o movimento das influências celestiais que formam novas configurações e relações e, desse modo, criam ciclos de fluxos e refluxos de forças espirituais — a matriz de forças espirituais nas dimensões sutis é ativa e dinâmica, sempre mudando e se reconfigurando. Portanto, assim como um astrólogo poderia falar de conjunções, oposições, quadraturas e trígonos numa carta astrológica, há também um jogo constante de forças espirituais nas dimensões sutis, criando fluxos e refluxos da força vital e, assim, manifestações propícias e não propícias nos reinos e mundos.

A manifestação propícia de um fluxo total e livre de forças espirituais corresponde à função de Yahweh Tzavaot. Uma restrição no fluxo de forças espirituais ou uma manifestação não propícia corresponde à função de Elohim Tzavaot. Assim, no jogo de forças espirituais, Yahweh Tzavaot corresponde à misericórdia ou graça, e Elohim Tzavaot corresponde à severidade ou juízo. Como vimos na exploração de Gevurah, o equilíbrio entre misericórdia e juízo não é determinado por Deus, mas pelas criaturas, de acordo com o seu desenvolvimento e evolução — portanto, pelo karma dos seres. Nos mundos em que existem seres humanos (formas de vida inteligente), o equilíbrio no jogo de forças espirituais é determinado principalmente por eles. Na terra, somos nós que determinamos a ordem de forças espirituais nas dimensões interiores da mesma.

As forças espirituais que se manifestam nos planos vital superior, mental e astral são determinadas essencialmente pela nossa imaginação criativa, que é a faculdade primária do espírito criativo de Deus em nós. Os sentimentos, emoções e desejos são a energia; os pensamentos, palavras e atos são as formas que a energia adota. Emoção-sentimento-desejo e pensamentos se formam entre si e produzem imagens na imaginação. Nos planos astrais, essas imagens se convertem em veículos para as forças espirituais que correspondem à natureza dos desejos e pensamentos que as formam e, por meio de nossas palavras e atos, nós nos convertemos em veículos dessas forças espirituais no plano material. Quando os nossos sentimentos-emoções, pensamentos, palavras e atos estão em harmonia com a presença e o poder divino dos planos supernos e espirituais, nós nos ligamos aos poderes divinos e criamos veículos desses poderes nos planos inferiores, baixando-os assim para a terra. Quando os nossos sentimentos-emoções, pensamentos, palavras e atos não estão em harmonia com a presença e o poder divino nos planos superiores, nós nos ligamos às forças klippóticas do outro lado e, formando veículos para elas, trazemos os klippot ao mundo. Assim, os pensamentos, sentimentos-emoções, palavras e atos coletivos — a imaginação criativa — da humanidade determinam o equilíbrio das forças espirituais nos planos inferiores, especialmente nos planos astrais. Isso, por sua vez, determina as circunstâncias, situações e acontecimentos que se apresentam no plano material e, assim, o destino da terra e de tudo o que há nela.

O poder da mente e da imaginação humana é grande, mas o poder de muitas mentes e imaginações humanas é ainda maior — e as imagens ou formas que geramos nas dimensões sutis são poderes reais, que trazem uma influência para o bem e para o mal. A vida dos seres-forças espirituais que trazemos à terra astral depende da carga emocional e da forma dada pelo pensamento. Uma vez na terra astral, o ser-força espiritual tem poder para influenciar as mentes, os corações e as vidas da humanidade pela duração da sua vida, e pode atuar independentemente de acordo com a sua natureza — seja ela divina, combinada ou demoníaca — até que a força vital da forma astral se dissipe e o veículo de conexão se dissolva. Alguns seres-forças espirituais trazidos ao plano astral existem somente por alguns momentos, representando um pensamento ou emoção em rápida passagem pela mente. Entretanto, outros seres-forças espirituais existem durante um longo tempo, até mesmo durante muitos séculos, enquanto gerações da humanidade fortalecem a força vital e a forma astral com pensamentos, sentimentos-emoções, palavras e atos — *alimentando*, essencialmente, a entidade espiritual. Enquanto alguns seres-forças espirituais têm apenas um pequeno poder para influenciar, outros têm muito mais poder e há os que tenham níveis de poder mágico inimagináveis para a maioria dos seres humanos comuns — tais como as entidades espirituais que chamamos de arcanjos e arquidemônios.

A cabala mágica ensina um princípio-chave: "Se criarmos as condições ou o ambiente necessário para que algo ocorra, isso se manifestará natural e espontaneamente". Embora as formas astrais que geramos por meio de pensamentos e emoções sejam ilusórias, sem ter inicialmente vida e poder real além da nossa mente, as forças espirituais que representam, e que atuam por meio delas, são muito reais. Cada vez que criamos uma forma astral correspondente a uma força espiritual, criamos as condições ou o ambiente necessário para que essa força espiritual se manifeste nos planos interiores. Finalmente, ela entrará na imagem astral e atuará por meio desta. Essas formas são representações talismânicas das forças espirituais que aparecem na visão psíquica ou na imaginação, e não forças reais. Assim, a aparição das forças espirituais nos planos inferiores é inerentemente enganosa e é só por meio da intuição que pode ser percebida a verdadeira natureza de uma força. Entretanto, essas entidades espirituais são bastante reais no seu próprio plano de existência e têm um poder muito real para influenciar a manifestação das coisas no plano material.

Estamos constantemente trazendo seres-forças espirituais para a terra astral e essas entidades são influenciadas e alimentadas pelos nossos pensamentos, emoções, palavras e atos. Mas, por outro lado, essas entidades também nos influenciam e alimentam — de modo que somos interdependentes e estamos interconectados com o jogo de forças espirituais. Como a maioria dos seres humanos comuns é totalmente inconsciente do jogo de forças espirituais e da luz-presença do seu Neshamah e ser de Cristo, a humanidade, em geral, é inconscientemente compelida pelas forças espirituais. Mas quando os seres humanos reconhecem a luz-presença dentro de si mesmos e tomam consciência do jogo de forças espirituais e da lei que lhes serve de base, todas as forças espirituais ficam sujeitas ao humano, que é a imagem e semelhança de Yahweh Elohim, tendo assim o poder de Yahweh Elohim Tzavaot.

A obra da criação e a obra da carruagem divina

Ma'aseh Bereshit (a obra da criação) é um termo aplicado aos mistérios da alma e à Criação. Ma'aseh Merkavah é um termo aplicado aos mistérios de Deus e à revelação divina ou profecia. Esses termos também são usados para indicar duas etapas distintas no desenvolvimento da prática espiritual e do avanço no caminho da auto-realização.

Quando começamos a nos dedicar a uma prática espiritual, a própria prática é produto da nossa mente, especificamente da nossa imaginação criativa. Geramos sons, cores, luzes e imagens na mente e a prática espiritual é semelhante a um vôo da fantasia, embora idealmente um vôo controlado. Não tem vida ou poder além daquele que lhe damos. Estamos cultivando as faculdades para avançar na auto-realização e criamos um veículo (carruagem) para a experiência espiritual ou mística. Entretanto, no começo, estamos longe da auto-realização e temos pouca, se alguma, experiência espiritual ou mística autêntica na nossa prática. Praticamos apenas a oração, a meditação e os rituais, cultivando as capacidades necessárias e os veículos por meio dos quais finalmente se revelará a experiência espiritual ou mística. Essa etapa de geração é denominada Ma'aseh Bereshit na cabala.

Em algum momento, nossa experiência na prática espiritual mudará. A prática deixará de ser apenas gerada pela nossa mente e os seres-forças espirituais, nela representados por sons, cores, luzes e imagens simbólicas, entrarão na prática espiritual e nossa prática vai adquirir vida e poder — presença e poder divinos. A presença divina se comunicará conosco nas práticas espirituais e experimentaremos comunhão com os poderes divinos — diversas experiências espirituais e místicas se revelarão. Essa é a mudança rumo à etapa de realização, quando as práticas espirituais geram bons frutos. É o que se conhece como Ma'aseh Merkavah na cabala — quando a nossa prática espiritual se converte num verdadeiro veículo da presença divina e dos poderes divinos.

Ma'aseh Bereshit expressa o trabalho da assembléia dos fiéis ou iniciados da ordem exterior e corresponde diretamente ao tríplice santuário exterior. Ma'aseh Merkavah expressa o trabalho da assembléia dos eleitos ou dos adeptos da ordem interior e corresponde diretamente ao tríplice santuário interior — portanto, a verdadeira grande obra. Do que já discutimos, entendemos que a mudança de Ma'aseh Bereshit para Ma'aseh Merkavah não beneficia apenas o iniciado individual, mas toda a humanidade e o mundo, pois quando Ma'aseh Merkavah se manifesta, a graça divina flui dos planos supernos e espirituais por meio dos planos inferiores até o mundo material. Os iniciados que trabalham juntos podem, dessa forma, mudar o equilíbrio do jogo de forças espirituais na terra astral, contrabalançando as forças de escuridão com as forças de luz e, assim, atuar como agentes conscientes da vontade divina e do reino divino na terra (Keter-Malkut).

É nesse contexto que entendemos o que pretende dizer o gnosticismo cristão quando declara que "não há salvação pessoal" — ou o que a cabala sugere quando diz que "os fiéis e eleitos não praticam só por eles mesmos, mas pelo céu". Com efeito, na prática espiritual, não apenas nos elevamos e iluminamos, mas elevamos e iluminamos a humanidade, o mundo e tudo o que há nele. Praticamos para o mundo e a favor do reino dos céus. Essa é a obra da carruagem divina — a grande obra de aperfeiçoar e completar a criação conforme a vontade divina.

O caminho do êxtase divino

O próprio centro do misticismo é uma experiência interior de união com o divino. Assim, no coração da cabala mística, é o que se conhece como devekut

— adesão ao divino, que conduz a uma união extática. Segundo a cabala, há muitos graus de devekut, mas no nível mais básico é o cultivo da alegria e do entusiasmo energizado.

Os sábios dizem que a Shekinah não pode vir a descansar sobre uma pessoa deprimida e, da mesma forma, o espírito divino não pode entrar onde se permite morar a escuridão. Para experimentar a santa Shekinah ou receber o espírito divino, devemos deixar para trás a negatividade e nos elevar — aumentando, portanto, a vibração da consciência. A negatividade representa essencialmente vibrações inferiores e discordantes. Os pensamentos, sentimentos-emoções, palavras e atos positivos representam vibrações superiores e harmoniosas. Por meio da nossa vibração, nós nos unimos às forças espirituais e determinamos a nossa experiência na vida, seja ela positiva ou negativa.

Qualquer coisa que façamos para cultivar a alegria e o entusiasmo energizado é devekut. Um exemplo perfeito conhecido por todos é a música. Segundo as Escrituras, o rei Saul sempre pedia a David que tocasse o seu instrumento e cantasse para lhe elevar o ânimo. Muitos de nós, num momento de mal-estar, ouvimos nossa música preferida para nos recuperarmos. Conscientemente ou não, desenvolvemos assim uma prática básica do devekut.

Antes de tudo, temos de praticar o devekut em coisas simples — encontrando momentos na vida em que experimentamos uma amostra da união extática. Podemos encontrar essa alegria num passeio ou num pôr-do-sol, numa flor formosa, numa meia-lua suave no céu noturno estrelado ou na algazarra de crianças brincando. O deleite propiciado pelas Belas Artes, pelas descobertas científicas ou pelo fechamento de um acordo comercial importante pode conduzir ao devekut. O prazer de um banho, a boa comida, a brisa no rosto, o calor e a beleza de uma fogueira, fazer amor e outras atividades diárias são oportunidades para o devekut. Só temos de abrir o coração e a mente para a unidade sagrada que sustém a vida e o mistério da fonte da qual ela flui — e desfrutar o momento com gratidão e apreço pela vida. Esse é o nível mais básico de devekut.

Muitas tradições de sabedoria se concentram em eliminar os elos que nos prendem ao mundo e em dissipar totalmente as emoções apaixonadas. Entretanto, a cabala nos ensina a cultivar a paixão e o desejo — e a transformar os nossos elos em veículos de êxtase divino. Portanto, a cabala nos anima a viver a vida plenamente e a desfrutar as suas bênçãos. Temos apenas, em meio à vida, que recordar a fonte de todas as bênçãos e, com consciência e prazer, dar graças e louvar.

O devekut nas atividades diárias é o terreno para o devekut na prática espiritual — oração, meditação e ritual sagrado. Por meio do conhecimento dos Sefirot — nomes divinos e partzufim, nomes de profetas e apóstolos, arcanjos e anjos, mistérios da criação, da alma e de Deus —, temos muitos veículos por meio dos quais podemos nos elevar e experimentar níveis mais intensos de união extática. Tudo o que precisamos fazer é preencher a mente e o coração com o objeto de devoção e deixar que os nossos pensamentos, emoções, palavras e atos o reflitam completamente. Com isso, experimentaremos unificação com esse aspecto do divino.

Quando o meu tzaddik falava do devekut, dizia: "procura conhecer Yahweh, a única força vital, com todos os teus caminhos". Sobre o último estado do devekut, ele disse: "é o amor mais intenso e apaixonado, em que não ficamos separados do amado sequer por um momento". Esse é em essência o propósito do devekut — experimentar o amor de Deus e o conhecimento de Deus em todas as coisas. A experiência última do devekut é a unificação consciente com Deus, especificamente a unificação com a nossa alma celestial, Cristo dentro de nós e além de nós, e o contínuo de luz.

Os filósofos de fogo

Philosophus é o grau rozacruz correspondente a Netzach e significa "o que contempla a sabedoria e é sábio". Às vezes, esse termo é enganoso porque, no conhecimento convencional da sociedade profana, a idéia de filósofo sugere uma pessoa intelectual e, acima de tudo, mental. Mas o título philosophus é atribuído a um Sefirah que representa emoções, sentimento intuitivo e inspiração criativa — numa palavra, arte. No conhecimento esotérico, o filósofo é mais artista do que cientista, sendo associado ao coração, e não à cabeça. Com o título "philosophus", os mestres da Tradição se referem a alguém que conhece o próprio coração — o desejo mais profundo do coração — e procura cumprir esse desejo sagrado.

Em tempos antigos, o filósofo era chamado de sábio e a filosofia era a contemplação da ética e da moralidade, além da teologia e da teosofia — a contemplação de Deus e da sabedoria. É nesse sentido — a idéia de sábio — que o termo philosophus é usado para os iniciados gnósticos.

Na Antigüidade, o coração — e não a cabeça — era considerado a sede da inteligência, concebida como atividade conjunta do coração e da mente, por meio dos quais brilhava a luz do espírito e da alma. O mesmo se passa atualmente no conhecimento esotérico, já que o coração é a morada do Cristo interior e da nossa inteligência divina. Assim, philosophus representa um estado de devekut — união com o Cristo interior e com o nosso Neshamah por meio do Ruach superior. A natureza dessa adesão se manifesta como o que é freqüentemente chamado de gênio divino — que implica um certo conhecimento e entendimento das coisas invisíveis e ocultas mas, por outro lado, conota um fluxo de inspiração criativa. Em outras palavras, o philosophus é um iniciado educado, sendo que educação significa aqui "aquele que manifesta o que está dentro de si mesmo". Manifestar é deixar nascer o gênio divino ou o ser de Cristo, dentro de nós e da nossa vida. A plenitude desse nascimento marca a transição do grau de philosophus para o de adepto menor.

Assim como é difícil distinguir o magister templi de um adepto eleito, é igualmente difícil distinguir o adepto menor do philosophus. Entretanto, enquanto o coração do philosophus arde com o Espírito de Yahweh, a consciência-ser total do adepto menor arde com o Espírito do Senhor. A diferença é de grau — o grau de paixão divina com que o iniciado se une ao Cristo interior e se identifica com o gênio divino.

Essa qualidade do ser ardendo com o Espírito de Yahweh e com o estado de devekut é o que gerou o termo "filósofos de fogo", como título para os iniciados rosacruzes. Porém, como vimos na exploração da Gnose de Yeshua Messiah em Tiferet, esse termo implica a ativação e elevação da serpente de fogo, sendo que o centro do coração é a câmara nupcial onde as forças descendentes e as ascendentes estão unidas como presença e poder divinos. Assim, entendemos os diferentes graus de devekut como reflexo direto das etapas da ativação da energia da serpente, sendo os estados superiores do devekut o resultado da ativação total da dita energia.

Philosophus é o grau mais elevado da ordem externa ou assembléia dos fiéis, e assinala a transição de Ma'aseh Bereshit a Ma'aseh Merkavah, como se discutiu anteriormente. Em essência, a serpente de fogo está despertando no philosophus e este experimenta estados cada vez mais elevados de devekut com o Cristo interior, que tende a se manifestar em diversas formas de experiência mística ou em impulsos de criatividade. No nível do philosophus, a iluminação divina é tipicamente instável e imprevisível, e grandes períodos secos podem ocorrer entre fluxos de graça divina. Não obstante, o iniciado desse grau é vitorioso e apropriadamente chamado de sábio nobre. Quando o devekut é aceso até as chamas, ele ou ela estará entre os filósofos de fogo e ingressará entre os adeptos da ordem interior.

O devekut dos profetas e dos apóstolos de Deus

Vimos anteriormente a distinção entre os profetas maiores e os profetas menores. Segundo a Tradição, o profeta menor estuda a lei sagrada e, com base no conhecimento e no entendimento da mesma, pode ver o que acontecerá. Mas os profetas maiores são os santos Baal Shem, mestres do nome. Por meio do nome sagrado, os profetas maiores podem se unir totalmente à Shekinah de Deus, unindo-se assim à lei. Portanto, o profeta maior não só tem a capacidade de examinar a lei e ver o que vai acontecer, mas, por ter o poder do nome, tudo acontecerá como ele disse. Desse modo, o profeta maior vê no espelho claro da profecia, e o profeta menor contempla as suas visões no espelho enevoado da profecia. A distinção entre o profeta maior e o menor é, portanto, de conhecimento intuitivo direto (gnose completa) e de visão psíquica indireta (gnose parcial). Especificamente, a distinção é de devekut-união, sendo que o profeta menor experimenta a consciência profética por meio de graus inferiores de devekut e o profeta maior por meio de graus superiores de devekut.

Os graus rosacruzes de philosophus, adepto menor e adepto maior representam os graus inferiores de devekut e, assim, as conquistas dos profetas menores. Os graus de adepto eleito, magister templi e magus representam graus superiores de devekut e, portanto, as conquistas dos profetas maiores. O grau de ipsissimus representa o estado supremo de devekut — unificação completa com Deus e com a Divindade, como é encarnada em Yeshua Messiah. Assim, Yeshua Messiah é corretamente chamado de "Adonai", tendo o poder do nome essencial Eheieh ("eu sou").

Como já dissemos, os espelhos de profecia enevoado e claro correspondem a Hod e a Netzach respectivamente — e Hod e Netzach estão logo abaixo de Tiferet na Árvore da Vida. Portanto, a luz-presença refletida no espelho de profecia é o sol espiritual, Tiferet. Netzach representa a imaginação, os sentimentos e as emoções da mente; Hod representa os pensamentos da mente. Yesod, que é a união de Netzach e Hod, representa os desejos que surgirão por meio da atividade da mente. Dessa forma, pelo atributo do espelho de profecia para a tríade de ação, a cabala está dizendo que o espelho de profecia é a mente e o coração humanos e que a profecia é uma resposta ao desejo humano, a revelação do ratzon de Deus especificamente, para que o desejo-vontade humano reflita o desejo-vontade de Deus.

Enquanto Netzach, Hod e Yesod refletem Tiferet e transmitem o ruhaniyut e o shefa de Tiferet até Malkut, a tríade de ação, juntamente com Malkut, emana de Tiferet. Assim, não apenas refletem Tiferet, mas são a sua emanação nos planos inferiores. Tiferet é o que se reflete na consciência e é a consciência dentro da qual é refletido. Ou seja, a luz-presença que se reflete na consciência é a própria consciência — consciência radiante e pura.

Essa realização é a diferença entre a sucessão profética e a sucessão apostólica. Isso porque o profeta maior, embora pudesse alcançar a unificação completa com a lei sagrada e, assim, o poder do grande nome de Yahweh, não reconheceu e nem realizou a inseparabilidade da própria consciência a partir da luz-presença. Portanto, o profeta maior sempre se sentiu separado e distinto da luz-presença. Em maior ou menor grau, o profeta refletiu a luz-presença superna e experimentou a Shekinah descansando sobre ele, mas não conseguiu se unir à luz-presença e nem experimentar a Shekinah morando dentro de si. Basicamente, acreditando que o ápice da consciência cósmica é a conquista última e suprema para um ser humano, o profeta maior não concebeu uma conquista superior e, por isso, não lutou pela auto-realização na consciência superna. No entanto, o Senhor Yeshua reconheceu a inseparabilidade da luz-presença superna e da consciência dentro de si mesmo e, assim, ultrapassou o ápice da consciência cósmica, encarnando a auto-realização da consciência superna ou messiânica. Em Yeshua Messiah e na sucessão apostólica, nós tomamos consciência dessa conquista superior e de como obtê-la. Assim, podemos evoluir conscientemente até a consciência superna. Esse conhecimento sagrado é o que cumpre a lei e os profetas e, por meio dele, o apóstolo santo toma o nome essencial de Eheieh — eu sou ou eu serei.

Salmos, profecias e milagres

Na fé exotérica, judaica e cristã, os salmos são vistos como louvores a Deus — cantos e melodias de adoração. No entanto, conhecendo os diversos termos das Escrituras para os estados meditativos que conduzem a níveis superiores de consciência e às profecias, descobrimos que muitos deles aparecem com freqüência nos salmos. Isso sugere que o livro dos Salmos tem um lugar importante nas disciplinas meditativas e proféticas. Embora a palavra hebraica para salmos, *tehillim*, que vem da raiz *halal*, seja muitas vezes traduzida como "louvar", há outros dois significados possíveis, que revelam o propósito espiritual mais profundo dos salmos.

O primeiro significado alternativo de halal alude à idéia de brilho ou brilhante. Halal aparece nesse contexto em Jó 25,5: "Se até a própria lua não brilha e os astros não reluzem a seus olhos [...]" e Jó 29,3: "[...] quando sua lâmpada brilhava sobre minha cabeça e a sua luz andava na escuridão!". O segundo significado alternativo vem da palavra *hodelut*, que compartilha da raiz halal e significa loucura ou um estado radicalmente alterado que se assemelha à demência. Isso sugere que a palavra halal indica uma condição em que saímos do estado de consciência normal e experimentamos a iluminação divina. Halal conota especificamente louvor destinado a nos levar à experiência de iluminação por meio de um estado de auto-abandono e de autotranscendência.

O estado de loucura ou embriaguez divina é comumente associado à experiência de místicos e a estados proféticos. Rumi, que talvez tenha sido o maior poeta sufi, fala muito disso na sua poesia espiritual. No dia de Pentecostes, quando o fogo do Espírito Santo desceu sobre os apóstolos e eles começaram a pregar num estado de iluminação divina, foram acusados de estar bêbados. O próprio Yeshua foi acusado de ser um bêbado ou demente por possessão demoníaca. Há muitas partes do Antigo Testamento em que a profecia é relacionada especificamente a estados de loucura. A idéia de loucura divina se relaciona diretamente com ser levado pela paixão divina ou possuído pelo Espírito de Deus. A pessoa parece louca para o ignorante porque não tem consciência do conhecimento convencional da sociedade pouco instruída e nem de si mesma, sendo dirigida pelo Espírito Santo conforme a sabedoria divina.

Assim, tehillim da raiz halal designa os salmos como veículos por meio dos quais podemos entrar num estado de iluminação divina ou na consciência profética, que é exatamente como a cabala vê o livro dos Salmos. Segundo a Tradição, os salmos são invocações do espírito da profecia e conjuros mágicos ou feitiços, tendo cada um deles um propósito específico.

Enquanto muitos salmos representam orações ou meditações que dirigem a mente e o coração a um estado de consciência mais elevado, outros representam declarações inspiradas da mente e do coração de uma pessoa já em estado de iluminação divina. Por isso, segundo os mestres da Tradição, os salmos que começam dizendo "salmo de David" são salmos de aspiração a um estado de consciência superior enquanto os salmos que começam dizendo "de David, salmo", são salmos falados ou cantados quando David já estava estabelecido num estado de iluminação. Os salmos 24 e 110 são bons exemplos destes últimos, refletindo claramente um conhecimento profundo dos mistérios expressos e tendo qualidade profética.

No estudo e contemplação dos salmos, vemos três formas distintas de invocação ou conjuração, correspondentes à misericórdia, à severidade e à compaixão — representando assim os três pilares da Árvore da Vida. Os de misericórdia representam o devekut-união da alma com os Sefirot correspondentes ou os atributos divinos invocados. Os de severidade representam invocações para dissipar ou desterrar forças klippóticas, enquanto os de compaixão representam o desterro de forças klippóticas e invocações dos poderes divinos.

Na Tradição, fala-se dos salmos em conjunto com Netzach devido à relação que têm com o devekut, a profecia e o misticismo, que correspondem a Netzach. Entretanto, no nível mais exterior, os salmos são expressões criativas e Netzach representa a qualidade energética que há por trás de todas as formas de criatividade e criação.

Nada de novo sob o Sol

Na contemplação da ciência e da arte, que são atribuídas a Hod e Netzach, respectivamente, surge uma observação interessante. A ciência é claramente um processo de descoberta de coisas já presentes, embora não reconhecidas anteriormente, enquanto a arte parece ser a criação de algo novo. Porém, na experiência real de inspiração criativa, descobrimos que a arte não é na realidade a criação de algo novo, mas, como a ciência, um processo de descobrimento.

A idéia de descobrimento sugere diretamente a verdadeira natureza da tríade de ação. Não há nada de novo na tríade de ação; ainda assim, ela realiza o potencial espiritual das tríades superna e moral. Em essência, Netzach, Hod e Yesod descobrem ou revelam o potencial divino para além do véu de paroket. É a essa qualidade de descobrimento que alude o Eclesiastes ao dizer: "[...] nada há de novo debaixo do sol!" (Ecl 1,9).

É dada a Adão (a humanidade) a tarefa de nomear as coisas. Nomear conota reconhecimento ou descobrimento e realização de potencial. Isso porque o que é nomeado já existia antes, mas, sem o reconhecimento do nome, o que é nomeado não é realizado. Até hoje Adão continua nomeando coisas — reconhecendo ou descobrindo as profundidades ocultas da criação e realizando o inesgotável potencial divino da força vital. Nesse sentido, os seres humanos são co-criadores com Deus, tomando o potencial não manifesto da criação, reconhecendo-o e realizando-o.

Esse princípio pode ser considerado em termos de desenvolvimento e evolução da alma-ser por meio do processo de gilgulim (transmigração). Embora o potencial do Neshamah e do Ruach superior exista dentro de cada ser humano em cada encarnação, até que a natureza divina da alma seja reconhecida e realizada, o potencial do Neshamah e do Ruach na realidade não existe: permanece imanifesto. Até que sejam realizados, o Cristo interior e a inteligência divina não são essencialmente parte da experiência de uma pessoa e não existem no mundo para essa pessoa. O mesmo acontece com todas as forças cósmicas da criação, sejam elas espirituais, psíquicas ou materiais. Até que sejam descobertas, reconhecidas e realizadas, permanecem como potencial imanifesto. Ao dizer que a atividade embaixo, no mundo material, gera atividade acima, no mundo espiritual, os mestres da cabala estão indicando esse princípio de realização porque, embora existam potencialmente, os poderes divinos permanecem imanifestos nos mundos espiritual e material, até a sua realização pela humanidade.

Os atributos da ciência e da arte, juntamente com a profecia, para Netzach e Hod, refletem que o cientista, o artista e o profeta compartilham um espírito semelhante — o do descobrimento e da revelação da verdade e da luz dentro da criação, por meio da qual a humanidade é elevada até Deus. Embora um profeta não seja necessariamente um cientista ou um artista, e um cientista ou artista não seja necessariamente um profeta, há ciência e arte na profecia, e algo de profético na ciência e na arte verdadeiras. Segundo os mestres da Tradição, o papel do profeta é dar direção à exploração científica e à expressão artística. O papel do cientista e do artista é o reconhecimento e a realização da vontade divina e do reino divino contemplado na visão do profeta. A ciência, a arte e a profecia estão destinadas a trabalhar juntas para a realização da humanidade e do plano divino na criação.

A religião dogmática causou uma grande divisão entre a exploração profética, científica e artística. Porém, aos olhos do cristão gnóstico, toda verdade descoberta é verdade de Deus, seja ela profética, artística ou científica. Para o cumprimento último do plano divino na terra, o profeta, o cientista e o artista devem trabalhar juntos pela preservação e pela evolução consciente da humanidade nesta boa terra. A espiritualidade sozinha não tem todas as chaves para a realização do plano divino na terra, assim como a ciência e a arte, separadas da espiritualidade, tendem a se tornar destrutivas e perversas. Para compreender isso, é preciso considerar o fundamentalismo na religião, o uso da ciência para criar armas de destruição em massa ou o lado escuro e perverso da arte moderna.

O profeta, o cientista e o artista são, na realidade, almas gêmeas. Quando a ciência e a arte são veículos ou canais da alma humana, a luz do criador brilha por meio delas, assim como brilha por meio do profeta e da profecia. Isso pode ser dito a respeito de qualquer atividade humana — na medida em que atua como um veículo da alma e do espírito humano e esteja unida à Shekinah, qualquer atividade pode ser um canal da luz superna e servir à vontade divina e ao reino divino.

O espírito criativo, o místico e o artista

Na atual condição dualista, há uma grande diferença entre a objetividade da ciência e a subjetividade da arte. Em grande parte, é essa distinção entre o objetivo e o subjetivo que separa o cientista do artista. Enquanto a ciência tenta nos dizer como são exatamente as coisas, a arte procura oferecer interpretações das coisas. Ambas, cada uma à sua maneira, tentam abrir os nossos olhos para novos horizontes. O mesmo se passa com o misticismo. No entanto, no misticismo, a diferença entre o objetivo o subjetivo tende a desaparecer, de modo que, na experiência do místico, o sujeito e o objeto se unem: o conhecedor (sujeito) e o que é conhecido (objeto) são o mesmo. Quando a ciência ou a arte conduzem a um conhecimento da unidade de sujeito e objeto, a ciência ou a arte adquirem um caráter místico.

A partir da época de Einstein e com o avanço da teoria da relatividade, muitos cientistas descobriram uma dimensão mística nas suas respectivas ciências, na qual o objetivo e o subjetivo parecem se sobrepor. Por exemplo, hoje o cientista sabe que o observador modifica o experimento e pode, inclusive, modificar o resultado do mesmo. Isso ficou ainda mais claro quando os cientistas tentaram descobrir o nível subatômico da matéria: um grupo de investigadores acreditava que achariam partículas nesse nível e outro achava que encontrariam ondas. No final, os cientistas que procuravam partículas acharam partículas, e os que procuravam ondas encontraram ondas. Essa descoberta faz alusão a uma verdade: a matéria e a consciência, o objetivo e o subjetivo, estão interconectados e, assim, a consciência pode mudar a forma pela qual as coisas se manifestam. Apesar de ainda resistir a essa verdade, a ciência moderna tropeça nela cada vez mais à medida que avança. Se, só com a observação, a interpretação e a perspectiva, o observador muda as coisas, então há mais poder na arte do que conseguem reconhecer os artistas modernos. Se um artista capta uma visão diferente das coisas e a transmite aos outros, elevando assim a consciência das pessoas e lhes abrindo a mente para novas possibilidades, então é muito possível que o artista seja capaz de mudar o mundo humano tanto quanto o cientista. Porque, se as coisas se manifestam como esperamos que o façam, mudar a nossa expectativa pode mudar o que na realidade se manifesta. Um artista que toma consciência desse poder criativo é um místico e um mago.

A ciência da magia é atribuída a Hod. No entanto, sem a realização de Netzach — sem a verdade mística e artística do espírito criativo — não existe a magia e nem o mago. O poder da ciência que faz milagres depende da plena realização mística e da inspiração criativa própria da boa arte. Na realidade, segundo os mestres da Tradição, temos de alcançar um certo grau de realização mística ou espiritual e explorar a criatividade, antes de praticarmos a cabala mágica e de nos convertermos em mágicos de luz. Enquanto o conhecimento da magia está em Hod, o poder de fazer milagres está em Netzach. Por isso, assim como é chamada de ciência, a magia também é chamada de arte — e o mágico de luz deve estar bem estabelecido em Netzach.

Pondo de lado a ciência e a magia, a arte e a criatividade oferecem melhores possibilidades para que as pessoas se aproximem de Deus e tenham a experiência do Espírito de Deus. É mais provável que a arte e a criatividade nos levem a cultivar a nossa humanidade e a descobrir a luz da alma. Igualmente, é mais provável que o desenvolvimento dos sentimentos-emoções e da imaginação nos leve a uma experiência de unificação consciente com Deus e não apenas à geração de conceitos e à análise intelectual. Portanto, a arte, a criatividade e o desenvolvimento dos sentimentos-emoções e da imaginação são básicos para a viagem mística, assim como o desenvolvimento do intelecto e de outros aspectos da inteligência. Em termos de Netzach, por meio da música, das canções, do bailado, da poesia e de outras formas de arte, podemos contatar e experimentar mais facilmente o poder divino que ele representa. Deus é o criador e o Espírito de Deus é um espírito criativo. Assim, ser criativos nos aproxima naturalmente de Deus.

A Mãe divina e a esfera da natureza

Nem todo mundo é artista. Todos temos talentos e habilidades únicas, mas isso não exclui a capacidade de sermos criativos ou de nos dedicarmos à expressão criativa. Embora nem todo mundo seja artista — compositores, músicos, poetas, pintores etc. —, podemos obter inspiração na arte de outras pessoas e experimentar a nossa própria expressão criativa por intermédio do talento dos que o são. De maneira semelhante, podemos obter inspiração do artista ou criador supremo — Deus — por intermédio da arte divina, que é a natureza e a criação. Assim como podemos facilmente alcançar o poder divino de Netzach e nos aproximar de Deus por meio da criatividade e da expressão artística, podemos fazê-lo também por meio da natureza e do reconhecimento da glória de Deus nas criaturas e na criação. Enquanto a manifestação da criação — a Mãe natureza e esta boa terra no plano material — é Malkut, o espírito criativo, as forças da natureza e da vida na terra têm a sua raiz em Netzach. Portanto, quando ficamos admirados e maravilhados, quando temos uma sensação de conexão por meio da natureza ou quando ficamos comovidos ou inspirados pelas criaturas ou pela criação, estamos sentindo o contato com Netzach.

Segundo a Tradição, a natureza é uma operação secreta do Espírito Santo e, como já vimos na cabala cristã, o Espírito Santo é o Espírito da Mãe. Assim, a natureza é concebida como uma manifestação da Mãe divina. Assim como o gnosticismo fala do Pai celestial, fala também da Mãe terrenal, vendo a própria natureza como a manifestação da glória de Deus — presença e poder de Deus. Igualmente, assim como nos ensina a respeito dos anjos do Pai celestial, o gnosticismo nos ensina também sobre os anjos da Mãe terrenal. Por um lado, os anjos da nossa Mãe terrenal são as forças da natureza, especificamente as forças espirituais ou cósmicas no cerne e por trás das forças naturais. Por outro lado, os seus anjos santos são tudo o que aparece na criação — oceanos e desertos, montanhas e vales, rios e fontes, incluindo elementos como rochas, vegetação e criaturas. Em outras palavras, o Espírito de Deus nos fala constantemente por meio da natureza e como natureza, e por isso os profetas e apóstolos de Deus muitas vezes vão ao deserto para se comunicar com Ele. Com isso em mente, não podemos deixar de refletir sobre a história dos corvos que alimentaram o profeta Elias quando ele fugia à perseguição, ou sobre a história de Daniel saindo ileso da cova dos leões. Lembramos também dos profetas de Deus manejando as grandes forças da natureza, das revelações do espírito de Deus aos santos em montanhas e em covas, e das inúmeras ocasiões em que a Shekinah ou os anjos de Deus apareceram a pastores que cuidavam de rebanhos no deserto. Tudo isso reflete a Mãe terrenal e os seus anjos santos, tanto quanto o Pai celestial e os anjos dos céus.

Ninguém sabe onde terminam os anjos do Pai celestial e começam os anjos da Mãe terrenal. Na nossa experiência, eles são completamente interdependentes e estão totalmente interconectados, sendo, assim, inseparáveis. Entretanto, experimentamos de maneira distinta os anjos terrenais, os anjos celestiais e todas as classes de espíritos bons de Deus. Assim como o gnóstico procura contato e comunhão com os anjos celestiais, procura também contato e comunhão com os anjos terrenais. Dentro de cada lugar da natureza, há um anjo terrenal — há espírito e poder. Dentro de tudo o que aparece na natureza há um anjo terrenal — espírito e poder. Assim como as ordens de anjos celestiais estão no domínio de um arcanjo celestial, muitos anjos terrenais menores estão no domínio de um grande anjo terrenal, tal como uma montanha, um rio, um deserto e coisas desse gênero. Como expressa o ditado hermético, "acima, como embaixo; embaixo, como acima". Enquanto o Gnóstico Sophiano busca uma união extática com o Espírito de Deus por meio da natureza, o iniciado gnóstico também busca o conhecimento dos anjos terrenais e de todos os espíritos ocultos na natureza. De maneira semelhante à de nossos irmãos nativos americanos, nós também descobrimos que o Grande Espírito envia mensageiros em forma de gente, animais e fenômenos naturais, juntamente com mensageiros do outro mundo dos céus. No entanto, ao contrário do que se verifica nas religiões pagãs, o gnóstico não adora as forças da natureza ou os anjos da nossa Mãe terrenal. O gnóstico vê os anjos terrenais como irmãos e irmãs, e dirige a sua adoração ao Altíssimo.

Como já dissemos, a natureza é uma operação secreta do Espírito Santo. A natureza está se tornando consciente de si mesma na humanidade e, assim, as forças da natureza estão se tornando conscientes. O poder do Espírito Santo está despertando com o humano e por meio dele. Por um breve período, os seres humanos existem sob o domínio dos anjos santos, que são semelhantes a irmãos maiores. Mas o espírito humano está destinado a ascender para mais além dos anjos santos, tanto os celestiais quanto os terrenais. E, ao ascender, o humano leva consigo os anjos santos. A natureza, a nossa Mãe terrenal, e os anjos da nossa Mãe terrenal são redimidos da ignorância cósmica por meio da humanidade, quando a humanidade mora na consciência da unidade sagrada e se une ao Deus Altíssimo (El Elyon). Ao fazê-lo, a humanidade liga o céu e a terra numa união mística e a criação se faz perfeita e completa. Esse é Netzach-vitória, o propósito espiritual da grande obra que está no centro do Gnosticismo Sophiano.

A musa divina

No universo de Beriyah, o Sefirah Netzach se manifesta como o arcanjo Haniel, que significa "glória de Deus", "graça de Deus" ou "o que vê a Deus". Segundo a Tradição, Haniel tem uma estreita relação com o arcanjo Uriel, que significa "luz de Deus" e é o arcanjo associado ao elemento terra, ao planeta Terra e ao quarto norte do círculo sagrado. Segundo a Tradição, Yeshua Messiah encarnou o poder de sete arcanjos, os grandes anjos dos Sefirot de Binah a Yesod. Mas, na atribuição dos sete arcanjos do Cristo, muitas vezes se põe Uriel no lugar de Haniel.

Haniel e Uriel são dois arcanjos diferentes, mas a substância da glória e da graça de Deus é luz, e é por meio dessa luz que se vê a Deus. Portanto, esses dois grandes anjos estão interconectados e ambos personificam a iluminação divina. Podemos dizer que Uriel é, de certo modo, como o meio — a substância e a encarnação — da expressão criativa e que Haniel é como a própria expressão criativa, ou inspiração.

Enquanto Uriel está ligado a Eretz (a terra), Haniel se une a Nogah, que significa "brilho" e representa uma das formas de luz contempladas na visão profética. Ao mesmo tempo, significa "estrela d'alva", ou Vênus. A conexão entre a "luz de Deus" e a idéia de brilho é evidente, embora haja vínculos esotéricos mais sutis e sublimes que podem não ser tão óbvios. Antes de mais nada, quando a estrela d'alva aparece no Leste, anuncia a chegada do amanhecer e a luz na terra. Quando aparece no Oeste anuncia o pôr-do-sol e a partida da luz da terra. Diz-se que uma estrela brilhante guiou os três Reis Magos ao lugar do nascimento de Cristo. Diz-se igualmente que a estrela d'alva surgiu na conclusão da tentação de Cristo e no despertar da iluminação do Buda. Segundo a Tradição Sophia, a mesma estrela apareceu na ressurreição, quando a Noiva Santa recebeu Yeshua Ressuscitado. Recordemos em Da'at que a estrela Sírio corresponde à ordem de Melquisedec e que, segundo a tradição gnóstica, Vênus é o transmissor da energia espiritual de Sírio no sistema solar — portanto, o veículo da transmissão de luz ao planeta Terra. Tudo isso se refere à relação secreta de Uriel e Haniel e, especificamente, à natureza mais profunda de Haniel, que é considerado o grande anjo da transmissão de luz na Terra. Enquanto que Uriel atua como o guardião da terra e especificamente sobre a vida humana, Haniel é o guardião da iluminação na Terra. Nesse contexto é que a missão de Uriel e a de Haniel se sobrepõem.

No livro de Judas, ficamos sabendo de um livro sagrado que não aparece nas Escrituras canonizadas — o livro de Enoc. Diz-se que esse livro, como sugere o nome, foi escrito por Enoc, fazendo um relato da sua ascensão aos céus e a todos os mistérios, moradas celestiais e seres angélicos que encontrou ao longo do caminho. Segundo a Tradição, Haniel é o arcanjo que guia Enoc na ascensão. Assim, entre os grandes anjos de Deus, Haniel é aquele que abre o caminho e guia os eleitos. No processo de guiar Enoc, Haniel lhe explica as suas visões. Portanto, diz-se que Haniel conhece os mistérios de todos os anjos santos, os céus e, especificamente, o caminho da grande ascensão.

Haniel também é chamado de musa divina pelos mestres da Tradição — o arcanjo que inspira todas as formas de arte. Assim, lemos no Êxodo:

> *"Vede, Yahweh chamou a Beseleel* por seu nome, o filho de Uri, filho de Hur, da tribo de Judá, e o encheu com o espírito de Deus, de sabedoria, habilidade e perícia para toda espécie de trabalhos; para elaborar desenhos, para trabalhar o ouro, a prata e o bronze, para lapidar pedras de engaste, para trabalhar a madeira e para realizar toda espécie de trabalho artístico. Também lhes dispôs o coração, a ele e a Ooliab, filho de Aquisamec, da tribo de Dã, para ensinar aos outros. Encheu-lhes o coração de sabedoria para executar toda espécie de trabalho, para entalhar, para desenhar, para recamar a púrpura violeta e escarlate, o carmesim e o linho fino, e para tecer; hábeis em toda espécie de trabalhos e desenhistas de projetos.* (Êx 35,30-35)

É por meio de Haniel que Yahweh transmite conhecimento, destreza e inspiração a Beseleel e Ooliab — e a qualquer pessoa criativa que se converta num recipiente sagrado da inspiração artística divina.

A imagem de Haniel é a de um ser andrógino muito formoso, vestido de uma luz translúcida verde-esmeralda. O seu rosto brilha com luz dourada e a luz branca resplandece no seu coração, cintilando com todas as cores, como um diamante. As suas asas são uma transparência clara que mal se vê e as palavras desse grande anjo de Deus são como a música de inspiração pura. Muitos já ouviram a harmonia das esferas celestiais na presença de Haniel. Mantendo essa imagem na imaginação, os iniciados invocam Haniel, entoando o nome divino de Netzach e o canto *Hal Al Ha Na Haniel*.

Meu mestre disse uma vez: "Se morarmos no amor do Senhor e invocarmos o arcanjo Haniel, veremos o rosto do Deus de Jacó, que é a visão de Zer Anpin. Sabemos disso pelo Salmo 24, do qual se diz: 'Haniel inspirou Davi a escrever'."

---

* **Nota à Revisão:** *Beseleel* é a grafia usada na *Bíblia de Jerusalém* (Edições Paulinas, S.Paulo, 1981) usada para a padronização em português de todas as citações desta tradução. A versão do texto bíblico transcrita pelo autor usa *Bezalel*. Na versão do padre Ferreira D'Almeida aparece *Bezaleel*. O mesmo em relação a *Oholiab*, do texto original: *Ooliab* na *Bíblia de Jerusalém* e *Aholiab* segundo Ferreira D'Almeida.

Principados, dominações e autoridades

Netzach em Yetzirah se manifesta como a ordem de elohim. Quando elohim não está escrito com maiúscula, designa essa ordem de anjos, que contém os anjos denominados *dominações, principados* e *autoridades*. Recordemos que, ao falar dos aralim associados a Binah, indicamos a estreita relação entre tronos e dominações, como na idéia de um trono e um reino. Desse modo, entre os elohim estão as dominações que têm um vínculo íntimo com os tronos. Podemos considerar os tronos como o conhecimento e as dominações como a habilidade e o poder por meio dos quais se manifesta um tipo específico de conhecimento. Isso dá uma idéia do que são as dominações entre os elohim e de como se manifestam na nossa experiência. Entretanto, as dominações são alguma coisa mais. São também moradas — reinos e mundos — que, na visão mística, descobrimos que são seres espirituais ou matrizes de forças espirituais. Nesse sentido, os elohim representam seres espirituais, que são os reinos e os mundos que aparecem na criação — e são as matrizes de forças espirituais por trás dos mesmos.

Segundo a Tradição, as dominações são regidas pelos principados e autoridades, sendo que os principados representam especificamente a personificação dos princípios divinos sobre os quais se estabelece uma dominação, enquanto as autoridades são chefes que têm autoridade numa dominação por meio dos principados. Podemos examinar essa disposição por meio de um ensinamento do Zohar, que diz que há um chefe que governa cada nação na terra. Uma "nação" representa uma dominação terrena. Cada nação se fundamenta em certos princípios (principados), por meio dos quais é governada. O chefe é a autoridade governante, que opera dentro dos parâmetros do principado ou dominação que preside. Segundo o Zohar, uma autoridade, um principado e uma dominação estão encarregados de cada nação e são governados pela providência divina, determinando o equilíbrio kármico das pessoas que moram nelas. Assim, um chefe só pode atuar conforme a autoridade divina e só pode fazê-lo além dos seus limites (como na invasão da dominação de outro chefe) de acordo com o equilíbrio da lei. Falando disso em termos de dominações terrenas, o Zohar revela a verdade de todas as dominações, pois a mesma tríade de seres-forças espirituais se aplica a todos os reinos e mundos em todos os planos de existência. Essas três classes de anjos estão dentro da ordem de elohim.

As dominações podem ser relativamente limitadas e pequenas — ou enormes. De maneira correspondente, os principados podem ter mais ou menos influência, e refletir ou não a vontade divina e o reino divino. Entre as autoridades ou chefes, há chefes maiores e menores, e os maiores podem ter um poder incrível. Recordemos que o nome elohim pode significar "deuses" e "deusas". Assim, os chefes maiores são muitas vezes chamados de deuses ou deusas e adorados como tal. Os deuses e deusas menores de adoração pagã estão, na realidade, entre os anjos da ordem de elohim, que inclui forças cósmicas e naturais que formam a matriz da criação. Podemos nos perguntar que tipo de anjo procuraria ser adorado no lugar do único Deus. Não obstante, devemos entender que entre os elohim estão as forças cósmicas denominadas demiurgo e arcones, o falso criador e os regentes presos à ignorância cósmica. Na realidade, esse tipo de elohim crê que é responsável pela criação e não tem consciência de que depende de uma causa superior, a única força vital (Yahweh). O poder de ilusão cósmica não apenas afeta as criaturas no plano material, mas influi em todas as classes de seres-forças sob o plano causal.

Embora os chefes tenham a sua autoridade por meio da providência divina e da lei sagrada, isso não significa que todos eles sejam necessariamente anjos santos de Deus ou que busquem servir à vontade divina e ao reino divino. Assim como os Beni Elohim em Hod, muitos dos elohim não são propriamente poderes divinos, mas seres-forças titânicas e escuras. É preciso ter sempre presente que, no nível de Beriyah, um terço das forças cósmicas são titânicas e escuras e, no nível de Yetzirah, metade dos seres-forças espirituais são mesclados e escuros, segundo o que diz a Tradição. Desse modo, associados a cada ordem angélica estão também os seres titânicos e demoníacos. São Paulo faz alusão a isso quando diz que os chefes e principados são "forças espirituais do mal em lugares celestiais". Ao ensinar sobre os elohim e os Beni Elohim, os anciãos da Tradição sempre dizem que precisamos pôr à prova todos os espíritos para ver se são de Deus ou do outro lado.

Entre a ordem de elohim, há anjos associados ao Pai celestial sob o domínio de Haniel e que, como este, são inspirações ou musas; entre os elohim estão igualmente os anjos da Mãe terrena, como se mencionou anteriormente. O fato de médiuns confundirem muitas vezes os anjos da ordem de elohim com deuses se reflete na história de Saul, em visita à médium ou adivinha de Endor, que lhe fala da sua visão dizendo: "Vejo um espectro (elohim) que sobe da terra" (1Sm 28, 13). Como resultado, naturalmente, o que a médium experimenta é uma visão do profeta Samuel, e não a de um deus ou anjo. O emprego da palavra elohim na Torá revela que, entre os elohim, estão todas as classes de espíritos associados ao psiquismo e espíritos que concedem poderes mágicos. O motivo pelo qual as Escrituras falam com tanta força contra o psiquismo e os médiuns é que, ao desejar veementemente poderes mágicos ou psíquicos, a pessoa pode se unir ao tipo errado de espírito e não trabalhar por um desenvolvimento espiritual autêntico. Da mesma forma, em geral as pessoas vão atrás de médiuns em busca de respostas para perguntas mundanas de desejos mesquinhos, e isso tende a invocar os espíritos errados. Enquanto o uso da astrologia espiritual para conhecer o nosso caráter e personalidade, a viagem da alma e o tikkune da alma seja considerado benéfico pela cabala, a adivinhação deve ser evitada por causa dos perigos inerentes ao psiquismo.

Práticas espirituais para Netzach

Sentir a melodia

- Às vezes a oração não chega facilmente. Pode ser que estejamos um pouco indispostos ou que nos falte a atitude apropriada. Nesses casos, a música pode ser muito útil. Da mesma forma, a música pode se converter em oração, meditação e adoração, dependendo do nosso propósito. Sentir a melodia pode elevar o coração e a mente, de maneira a sermos inspirados à oração, e pode ser em si uma forma de oração, meditação e adoração.
- Escolha uma música inspiradora e edificante, que tenha para você uma conotação espiritual. Ponha a música para tocar e deixe que o seu coração e a sua mente sintam a melodia. Permita que a música encha a sua mente e o seu coração e que o eleve ao abraço do amado.
- Do mesmo modo, é possível tomar a inspiração da música e deixar que ela se converta em orações no seu coração, louvando e agradecendo a Deus e regozijando-se na presença do Santo. Onde há alegria, a Shekinah vem rápido para perto de quem a convida e recebe, e o Espírito Santo é naturalmente atraído por um coração cheio de luz e alegria.
- Por meio de gestos e do corpo, também podemos orar e adorar. Deixando-se inundar pela boa música, a sua oração ou adoração pode se expressar por meio de gestos e do bailado. Basta que haja intenção consciente. Enquanto realiza o bailado sagrado, você pode visualizar o Senhor Yeshua e a Senhora Maria dançando juntos e os espíritos de santos e anjos reunidos em volta, na presença de Deus, adorando ao Senhor teu Deus em espírito e verdade. Sozinho em casa, você poderá facilmente se ver no meio de uma congregação luminosa!

DOZE

HOD, O ESPLENDOR DE DEUS

Atributos

Trinta e dois caminhos de sabedoria: consciência perfeita (Sekhel Shalem). É assim chamado porque é a disposição original, não há raiz pela qual possa ser ponderado, exceto por meio das câmaras de grandeza que emanam da essência da permanência.

Hod: esplendor, submissão, empatia.

Posição na Árvore da Vida: a base do pilar de severidade.

Nome divino: Elohim Tzavaot.

Nomes divinos alternativos: Ash Adumah, fogo vermelho, Elohim Tzavaotainu, Deus dos nossos exércitos.

Partzuf acima: Zer Anpin como o mágico de luz.

Partzuf abaixo: Senhor Yeshua como o fazedor de milagres; Aarão e os profetas menores.

Imagem divina: a imagem do mágico no círculo de luz; um hermafrodita.

Arcanjo: Miguel.

Ordem de anjos: Beni Elohim.

Atributo celestial: Kokab, Mercúrio.

Títulos dados a Hod: justiça rápida, profundeza das profundezas; espelho enevoado da profecia, esfera de visão psíquica; mente de trono; a casa da perdição; a morada da ciência; casa do alquimista; esfera de titãs; luz do esplendor; luz da verdade; mensageiro veloz.

Nível da alma: Ruach inferior.

Morada celestial: Shehakim, o terceiro céu — nuvens de graça ou similares no firmamento.

Experiência espiritual: visão de glória; gnose do fazedor de milagres; avivamento da mente.

Virtudes: lógica sólida, comunicação hábil, clareza mental; honestidade; percepção clara; boa capacidade para solucionar problemas; curiosidade produtiva; conhecimento.

Vícios: desonestidade; mente turvada; percepção errônea; confusão de informações para conhecimento; curiosidade ociosa; preguiça mental; incapacidade de se comunicar; falar em demasia; pequena capacidade para resolver problemas; falta de lógica.

Símbolos: vestimentas sacerdotais; nomes; livros e versos; materiais de escrita; água no copo; o metal mercúrio.

Mandamento: Não furtarás (Êx 20,15).

Sermão da Montanha: Bem-aventurados os mansos, porque eles herdarão a Terra (Mt 5,5).

Anjo do apocalipse e das igrejas: quinta estrela e quinto candelabro e a mensagem ao anjo da igreja em Sardis (Ap 2,18-29).

Relação com o humano e com Deus

Falamos anteriormente do universo de caos e vazio que surgiu quando a unidade original de Adão Kadmon se fragmentou — um estado primordial em que os Sefirot não tinham como se conectar uns aos outros e, portanto, não se relacionavam entre si. A restauração dessa primeira fragmentação veio por meio de Atzilut e dos nomes divinos e do partzufim de Atzilut, que criaram uma nova ordem de relações entre os Sefirot. Esse mesmo processo se repetiu na geração de Beriyah, Yetzirah e Asiyah. A nova ordem de relações no nível de Beriyah é formada pelos arcanjos; no nível de Yetzirah, é formado pelas ordens de anjos; e, no nível de Asiyah, pela configuração do sol, da lua, dos planetas e das estrelas.

Os próprios Sefirot e Olamot foram criados como um veículo por meio do qual o infinito pudesse ficar em relação com a criação sem negá-la completamente e pelo qual os seres humanos pudessem estabelecer relações com

Deus. Os nomes divinos e os partzufim, os arcanjos, as ordens de arcanjos e os corpos celestiais formam conexões entre o infinito e a criação finita, sendo assim a base da relação sagrada entre Deus e o humano. Numa palavra, os Sefirot e Olamot têm a ver com *relação*.

Isso vale especialmente para os seis Sefirot das tríades moral e de ação, que são graus que ligam a morada superna do infinito à criação (Malkut). Essas duas tríades de Sefirot representam essencialmente os dois modos primários de relação, não recíproca e recíproca.

A tríade moral representa a relação humana que não é recíproca. Hesed é o todo doador e Gevurah é o todo recebedor. Uma relação Hesed-Gevurah é semelhante à que se forma entre um aluno e seu mestre, em que o aluno deve exercer total domínio sobre si mesmo para permitir que o mestre ministre plenamente o seu conhecimento. Portanto, Tiferet representaria uma relação unidirecional entre o aluno que recebe e o mestre que transmite. Em essência, Tiferet é uma imposição do dar sobre outra pessoa numa situação em que não há possibilidade de reciprocidade. Há circunstâncias em que tal relação é correta e apropriada; mas, fora das circunstâncias convenientes, o mesmo tipo de relação poderia ser igualmente inadequado.

A tríade de ação representa uma relação que é recíproca, cujo mais básico exemplo é a relação entre um homem e uma mulher. Netzach é uma palavra derivada de *menatzeach*, que significa "vencer", "conquistar" ou "dominar". Alguns homens acham que têm de controlar totalmente a mulher na relação, até que ela perca por completo a individualidade e a personalidade. Igualmente, algumas mulheres dominam completamente o homem, até o ponto de não permitir que o marido seja ele mesmo. Numa relação exclusivamente Netzach, uma pessoa domina a outra e não há verdadeira reciprocidade.

Hod é o oposto. Hod significa "esplendor", mas também tem relação com a palavra *hoda'ah* que significa "empatia" ou "submissão". Numa relação Hod, a pessoa se aferra à idéia de que precisa se anular totalmente, perdendo-se por completo na relação. Enquanto a relação Netzach tende a ser mesquinha e opressiva, a relação Hod tende a permitir e estimular o mal. Esses dois tipos de relação, seja entre um casal de namorados ou entre dois amigos, são insalubres, já que não criam a possibilidade de reciprocidade, que corresponde a Yesod-base. O Yesod-base dessas relações desequilibradas é defeituoso e por isso as relações não são funcionais.

Para que uma relação seja realmente recíproca, as pessoas nela envolvidas devem alternar entre dominação e submissão, permitindo concessões mútuas na relação. Uma boa conversa é um bom exemplo disso. Embora uma conversa unidirecional — numa aula dada por um mestre aos seus alunos — seja boa, a verdadeira conversa é falar e escutar. Enquanto uma pessoa fala, a outra tem de escutar, e o papel de escutar deve ser alternado entre as pessoas envolvidas na conversa. Isso conduz à reciprocidade e a uma boa conversa. Quem fala demais e não dá aos outros a oportunidade de falar, tem Netzach em excesso; quem é mais calado e não participa da conversa tem Hod em excesso — qualquer uma dessas duas pessoas impossibilitaria a conversa. Em qualquer nível, quando há um fluxo equilibrado de dar e receber entre pessoas, temos uma relação Netzach-Hod e o intercâmbio entre elas representa Yesod. O exemplo ideal de uma relação perfeitamente recíproca é um homem e uma mulher na intimidade sexual baseada no amor mútuo, onde ambos recebem prazer ao mesmo tempo. O deleite de um é o deleite do outro e, em seu prazer compartilhado, se dá a unificação. A relação Hod-Netzach gera unificação em algum nível, seja da mente, do coração ou do corpo.

A maioria das relações humanas saudáveis e a psicologia nelas envolvida representa uma relação Hod-Netzach equilibrada. As relações que são propriamente Hod-Gevurah, como as de um aluno e um mestre, apontam para uma realização final na tríade de ação porque, depois de aprender totalmente a matéria, o aluno se converte em mestre. Ele pode então dar ao mestre, compartilhando novas idéias sobre o tema ou sobre o que aprendeu com outros e assim propagar os ensinamentos.

Em termos das relações humanas, o equilíbrio entre Hod e Netzach determina a natureza das forças psíquicas e espirituais que entram em jogo na relação. Yesod é o aspecto interior e psicológico da relação e Malkut é a manifestação externa. Quando há um equilíbrio apropriado entre Hod e Netzach, e o desejo da alma sagrada e do ser de Cristo é cumprido pela relação, então Tiferet-beleza é revelado por essa relação. Desse ponto de vista, podemos considerar o que disse o Senhor Yeshua: "E aquele que receber uma criança como esta por causa do meu nome, recebe a mim" e "Pois onde dois ou três estiverem reunidos em meu nome, ali estou eu, no meio deles" (Mt 18,5 e 20).

Se podemos falar de Netzach e Hod em termos das relações que se formam entre os seres humanos, podemos também falar de Netzach e Hod a respeito das nossas relações com outras criaturas e com a criação. Segundo a Torá, como seres humanos criados à imagem e à semelhança de Deus temos domínio sobre todas as criaturas em torno de nós, na nossa boa Terra. Segundo o Evangelho, como seres humanos estabelecidos em Cristo, também temos domínio sobre todos os seres-forças espirituais. No entanto, esse Netzach-domínio deve ser exercido com Hod-empatia, ou seja, com o entendimento de que aquilo que fazemos a outras criaturas e ao nosso ambiente fazemos a nós mesmos — e que devemos, portanto, atuar com respeito por tudo o que é vivo. Na realidade, foi-nos concedido domínio como co-criadores com Deus, mas esse domínio é a favor da vontade divina e do reino divino, além do bem-estar de todos os espíritos viventes, visíveis e invisíveis. Como seres humanos criados à imagem e semelhança de Deus, temos a capacidade de dominar, mas temos também a capacidade da empatia e o conhecimento da nossa interdependência e interconexão com tudo o que vive. Isso deve estar de acordo com o domínio que exercemos.

Assim como devemos construir inter-relações Netzach-Hod com outros seres humanos, temos também de desenvolver relações Netzach-Hod com outras criaturas e com a criação, por meio das quais nos inclinemos ativamente para o bem-estar de outras criaturas e cumpramos o plano de Deus nesta boa Terra. Netzach-domínio não significa exploração e opressão, mas indica confiança sagrada pelo bem maior. As criaturas e a Terra apóiam a vida da humanidade, que deve, por sua vez, apoiar a vida da Terra e das suas criaturas. O mesmo se pode dizer da nossa relação com os espíritos invisíveis. Embora muitas formas de magia cerimonial sejam apenas a exploração e a opressão de espíritos para servir à vontade do mago, na magia divina da cabala, o mágico de luz busca a iluminação e a libertação dos espíritos, assim como a sua ajuda na grande obra. Portanto, Hod-Netzach indica a relação que temos uns com os outros e com a criação — quando a nossa mente, o nosso coração e a nossa vida estão alinhados com a vontade de Deus (a nossa verdadeira vontade).

Na nossa relação com Deus, Hod e Netzach significam algo muito diferente em termos das relações que temos uns com os outros e com a criação. Deus é Deus e a relação adequada entre o ser humano e Deus é de total empatia ou submissão. Como já dissemos muitas vezes, a vontade de Deus não é algo fora de nós ou algo separado e à parte de nós, mas o verdadeiro desejo da nossa alma sagrada e do nosso ser divino — a nossa verdadeira vontade.

A empatia é a capacidade de experimentar os sentimentos e emoções dos outros como se fossem nossos, e a telepatia é a capacidade de experimentar como nossos os pensamentos dos outros — a telepatia e a empatia correspondem a Hod. Por Hod-submissão a Deus, a cabala se refere à telepatia e empatia com relação a Deus, o que significa experimentar os sentimentos-emoções e pensamentos de Deus como nossos e viver conforme esse conhecimento sagrado. Embora a religião se fundamente numa submissão externa a Deus conforme uma autoridade exterior, a verdadeira espiritualidade ou misticismo se baseia numa submissão interior à presença de Deus experimentada interiormente — sendo, assim, a entrega a uma direção ou autoridade interior. Esse é o caminho dos profetas e apóstolos de Deus — e o caminho indicado por Hod-Netzach na Árvore da Vida.

A nossa relação com Deus é essencialmente designada pela tríade moral porque, na relação com Deus, somos inteiramente recebedores e Deus é inteiramente doador. Trata-se de uma relação unidirecional, em que não há verdadeira reciprocidade. Assim, a tríade moral corresponde à nossa relação com Deus, enquanto a tríade de ação corresponde à relação que temos uns com os outros e com a criação. Entretanto, misteriosamente, Deus ordenou uma criação em que possamos lhe devolver alguma coisa. Devido à ilusão cósmica de separação e ao livre-arbítrio que ela produz, podemos buscar a Deus e nos reunir a ele, por assim dizer, entregando-nos a Ele. Ao buscarmos a Deus e nos unirmos a Ele, revelamos um processo de auto-realização. Assim, damos uma moradia à presença de Deus, encarnamos algo de Deus e devolvemos algo novo, um ser realizado. Nesse sentido, temos uma relação recíproca com Deus, refletindo-O e, desse modo, contemplando o processo criativo.

Deus e os exércitos de criação

No nível de Atzilut, Hod se manifesta como Elohim Tzavaot, o Deus dos exércitos. Falamos muito de Elohim Tzavaot com relação a Yahweh Tzavaot, mas é preciso dizer mais sobre esses dois nomes e, especificamente, sobre o nome divino Tzavaot. Quando Tzavaot significa todas as hostes, criaturas celestiais e terrenas, então Yahweh Tzavaot indica o domínio de Deus sobre todas as criaturas e toda a criação diretamente, enquanto Elohim Tzavaot sugere o domínio de Deus sobre todas as criaturas indiretamente, por intermédio de forças criativas tais como os arcanjos. Assim, Yahweh Tzavaot indica momentos em que Deus intercede diretamente na criação e interage de forma direta com as criaturas. Elohim Tzavaot representa momentos em que Deus intercede indiretamente e atua de forma indireta com as criaturas valendo-se de intermediários (arcanjos e anjos).

Isso é sugerido pelos atributos do espelho enevoado de profecia para Hod e do espelho claro de profecia para Netzach. Assim, quando o profeta maior é visitado pelo Senhor, não é por meio de uma intervenção de seres angélicos: o

Senhor fala diretamente com ele. "Menor" e "maior", neste caso, representam graus de intimidade e transparência na consciência do profeta.

É interessante observar que, da nossa perspectiva, as profecias espetaculares são em geral as dos profetas que contemplam a sua visão no espelho enevoado de profecia no nível de Yetzirah, já que nelas há elaboradas descrições de anjos e reinos celestiais. Essas são as profecias que mais freqüentemente se apoderam do coração e da imaginação do ser humano, que revela algo acerca delas. Representam a palavra e a sabedoria de Deus mais próximas da humanidade, exatamente a função do mundo de anjos (Yetzirah). Nesse sentido, o espelho enevoado de profecia e a intervenção dos anjos santos representam a Hod-empatia de Deus pela humanidade: Deus chegando à humanidade por meio de graus inferiores.

Entretanto, Deus não apenas desce, mas também eleva a humanidade até Ele. Embora não possamos nos relacionar com a experiência do profeta maior tão facilmente como com a do profeta menor, na medida em que aderimos à palavra do Senhor revelada pelos profetas maiores, somos levados com eles na ascensão até Deus. Desse modo, Hod e Netzach se relacionam com a ação dupla da revelação divina — a descida da luz à humanidade e a elevação da humanidade à luz. Quando se diz que a Torá e os profetas se cumprem por meio da encarnação na pessoa de Yeshua Messiah, indica-se a unificação completa dessa ação dupla de revelação divina. Como disse um apóstolo santo, na pessoa do Senhor Yeshua, Deus se torna completamente humano para que o ser humano possa ser totalmente divino. Deus entrou na humanidade para que esta entrasse em Deus. Do mesmo modo que nos comovem as visões de reinos celestiais e seres angélicos, também nos comove a idéia de uma encarnação de Deus. Além disso, assim como somos elevados com o profeta maior quando aderimos à palavra do Senhor que foi comunicada a ele, quando nos unimos à encarnação divina somos elevados em rapto divino. Não apenas somos levados em ascensão por meio da encarnação divina, mas experimentamos uma unificação completa com Deus. Porque a ação de Yahweh Tzavaot e Elohim Tzavaot é a mesma no Espírito do Messias.

No centro do cristianismo gnóstico está a gnose de Cristo em todas as coisas e de todas as coisas unidas a Deus por meio de Cristo — portanto, de Cristo como o patrono que conecta. Tzavaot como nome divino se refere ao Cristo em todas as criaturas, celestiais e terrenas. Yahweh Tzavaot se refere à presença de Deus em todas as criaturas e Elohim Tzavaot se refere a todas as criaturas como manifestação da presença e do poder de Deus, cada uma de acordo com a sua classe. Em termos do gênero humano, somos filhos e filhas de Deus — filhos da luz. De todos os tipos de criaturas da Terra, temos a maior capacidade para a luz e podemos colher a luz que há em nós e em toda a criação. Embora, na nossa atual condição, possa nos parecer uma coisa distante a relação direta com o infinito nas relações que temos uns com os outros e com as criaturas de Deus, experimentamos uma relação com Deus na medida em que nos tornarmos conscientes de Cristo nos outros e na criação. Desenvolvendo as nossas relações com base nesse conhecimento sagrado, colhemos a luz que há em nós mesmos e em todas as nossas relações. Na cabala cristã, Tzavaot representa esse conhecimento sagrado.

Tzavaot é escrito com as letras hebraicas Tzaddi (צ) — Bet (ב) — Aleph (א) — Vau (ו) — Tau (ת). Tzaddi, como palavra, significa "anzol". Recordemos Yeshua falando dos seus discípulos como pescadores e do significado simbólico que se dá à palavra grega para peixe, *Ichthos*, considerada um anagrama para "Jesus Cristo, Filho de Deus, Salvador" nos primórdios da Igreja. Um anzol implica colher alguma coisa e, no contexto cristão, colhe especificamente a luz-presença (Cristo). Bet significa "casa" e conota criaturas e criação. Assim, trata-se de colher algo das criaturas e da criação. Esse algo é designado por Aleph, que conota o espírito (espírito de Cristo). Vau, como já vimos, conota um vínculo ou uma conexão — e sugere colher o espírito por meio de relações. Tau significa "cruz" e, mais especificamente, a idéia de ser ungido, de se tornar perfeito e completo. Esse é o resultado natural de colher o Cristo de dentro de nós mesmos, das criaturas de Deus e da criação — nós mesmos e todas as coisas de Deus são ungidas com a luz superna de Deus. Portanto, Tzavaot indica o propósito da criação e, mais especificamente, do ser humano na criação. Isso sugere que quando desenvolvemos relações apropriadas uns com os outros e também com as criaturas de Deus à nossa volta, experimentamos naturalmente a presença e o poder de Deus na nossa vida e nos unimos a Deus na criação (Elohim).

Há outra distinção que deve ser feita a respeito de Elohim Tzavaot e Yahweh Tzavaot. Enquanto Elohim Tzavaot representa a nossa capacidade de nos unir a Deus na criação (na Terra), Yahweh Tzavaot representa a nossa capacidade de nos unir a Deus para lá da criação (no céu). Desse modo, quando aderimos a Deus na criação e para lá da criação, nós nos unimos a ela com Deus e unimos o céu e a terra. Por meio do Neshamah, podemos nos unir a Deus acima e, por meio do Nefesh Elokit, podemos nos unir a Ele abaixo. É por meio do Ruach que o Neshamah e o Nefesh se unem como uma alma de luz. Quando se diz que o humano é criado à imagem e semelhança de Yahweh Elohim, imagem de Yahweh indica o Neshamah e semelhança de Elohim indica o Nefesh Elokit. Quando se diz que Yahweh Elohim soprou o espírito no humano, espírito indica o Ruach, que é a capacidade de unir a alma celestial à terrena. Segundo a cabala, essa capacidade é o que nos torna realmente humanos e, ao unir o céu e a terra em nós, manifestamos a imagem e semelhança de Deus — e assim temos domínio sobre Tzavaot como o grande Set.

Ser mental e a mente de trovão

Netzach-domínio corresponde aos planos vitais superiores, ao passo que Hod-empatia corresponde aos planos mentais. É por meio do ser mental e vital superior que podemos dirigir conscientemente as forças espirituais nos planos astrais, que correspondem a Yesod. Portanto, a profecia e a arte mágica exigem o desenvolvimento e o domínio do ser mental e vital — a mente, o coração e a vida.

Na cabala, mente significa muito mais do que a mente comum do intelecto e da razão finita, que são apenas a mente superficial. Para além da superfície está a mente superior, a mente iluminada, a mente intuitiva e a mente universal ou consciência cósmica. Embora o propósito do gnóstico seja a transcendência completa do ser mental, essa transcendência vem por meio do desenvolvimento do ser mental de um nível ou grau a outro até que, no nível da mente universal, a pessoa pode atravessar o grande umbral chamado "cessação" em direção ao estado de metamente da consciência superna. Esse último desenvolvimento é chamado no gnosticismo cristão de "mente de trovão perfeita", que está totalmente além do ser mental.

A base do ser mental está em Hod, embora o ápice esteja em Binah, como já vimos antes. Em termos dos Olamot, o ser vital corresponde a Yetzirah e o ser mental corresponde a Beriyah, sendo que Atzilut representa o ser supramental ou superno. Assim, o ser supramental corresponde aos nomes divinos, o ser mental corresponde ao domínio dos arcanjos e o ser vital corresponde ao universo dos anjos. Do mesmo modo, os Sefirot são canais ou veículos da luz superna; o ser mental, o ser vital e o ser físico, inclusive, são os canais ou veículos da consciência-força superna. Entretanto, o ser vital deve ser purificado e o ser mental totalmente desenvolvido, da base ao ápice, sendo que todos os níveis da consciência mental e vital são unidos num estado de ser integral.

Todos temos familiaridade com a mente comum e, de tempos em tempos, a maioria de nós experimenta a mente superior e a mente iluminada.

A mente superior é percebida como lampejos de conhecimento, referentes a coisas mundanas ou supramundanas. A mente iluminada é mais do que apenas lampejos de conhecimento: é sentida como correntes de inspiração em que as percepções são unidas, formando um fluxo que pode se estender durante um período maior ou menor de tempo. A mente intuitiva é menos comum. É a experiência de campos inteiros de conhecimento e entendimento, que surgem na mente como se o conhecimento e o entendimento de um tema completo de repente a inundasse. O que chamamos de "gênio" tende a ser a função da mente intuitiva. Na forma como é usado no conhecimento convencional, esse termo normalmente indica apenas as formas de gênio que podem ser exploradas para os interesses da sociedade ignorante, excluindo assim muitas formas que não são reconhecidas. Igualmente, no que se refere ao gênio reconhecido, em geral não são estabelecidos vínculos entre níveis inferiores do ser mental e do ser vital; portanto, o gênio é muitas vezes um estado parcial e desequilibrado — daí as disfunções psicológicas comumente associadas a muitos gênios.

A mente universal ou consciência cósmica é algo que vai além do que tipicamente chamaríamos de gênio e poderíamos dizer que representa um estado de "gênio maior". A mente universal representa essencialmente conhecimento e entendimento de múltiplos campos de saber, combinando conhecimento mundano e supramundano. Enquanto a mente intuitiva pode se manifestar em assuntos mundanos ou supramundanos, a mente universal sempre inclui o espiritual e o metafísico. É possível ser ateu e alcançar a mente intuitiva. Mas no desenvolvimento da mente universal, há uma consciência da unidade sagrada que sustém a existência e um conhecimento da fonte. Sejamos ou não teístas, a mente universal é inatamente espiritual e somos compelidos pelo amor e pela compaixão. De uma forma ou de outra, nós nos tornamos conscientes de uma inteligência cósmica no universo e sabemos que nada está separado dela. Essa inteligência cósmica se reflete na nossa mente e, com ela, o estado de gênio maior que manifesta.

Como o amor e a compaixão estão inatamente presentes com o estado da mente universal, entendemos a inseparabilidade do ser vital e do ser mental no desenvolvimento pleno da consciência mental. Na realidade, em termos de um desenvolvimento espiritual-mental, o cultivo dos níveis superiores do ser vital é absolutamente essencial, já que o ser mental não pode ser universalizado sem ele. Qualquer super-humanidade concebida por meio da vontade à parte do amor é a marca do que só pode ser chamado de "magia negra", que conduz a um estado do ser titânico ou demoníaco. Isso se reflete no enfoque do filósofo moderno Nietzsche comparado ao caminho do Budismo. O amor e a compaixão não estavam incluídos na filosofia de Nietzsche e, por esse motivo, ele não alcançou um verdadeiro estado super-humano, mas terminou a vida num manicômio. Por outro lado, o budismo ensina uma trilha que dá ênfase ao desenvolvimento do amor e da compaixão, tendo conduzido muitas almas à iluminação e à libertação.

O desenvolvimento dos níveis superiores do ser vital corresponde a Netzach, e o desenvolvimento do ser mental corresponde a Hod. Como já se indicou em termos das relações humanas sadias, deve haver um equilíbrio dinâmico entre Hod e Netzach e, para evitar a disfunção, os dois devem funcionar juntos como uma unidade.

Embora muitas pessoas experimentem a mente superior e a mente iluminada e algumas experimentem a mente intuitiva, a experiência desses estados superiores da consciência mental não reflete necessariamente a verdadeira conquista. Esta implica que a pessoa entre e saia à vontade de um estado superior de consciência, seja a consciência mental ou a consciência vital superior. Embora muita gente experimente níveis superiores de consciência vital e mental de tempos em tempos, essa experiência é em geral fortuita e inconsistente, sem nenhum controle consciente. Na maioria dos casos, a pessoa não sabe como aconteceu e não consegue invocar conscientemente a experiência outra vez. Portanto, não a realizou ou alcançou. Para realmente realizar um nível superior do ser mental ou vital, é preciso desenvolver a autodisciplina espiritual e, especificamente, o poder de concentração ou consciência focalizada (*kavvanah*).

Contemplação e meditação — evolução consciente

Há muitos termos hebraicos para indicar os estados de contemplação e meditação que aparecem nas Escrituras. A chave para todos eles é o que se conhece como *kavvanah*, que se traduz por "concentração", "sentimento" e "devoção". A palavra kavvanah vem da raíz *kaven*, que significa "dirigir" e conota um estado de consciência dirigido a um objetivo específico ou à idéia de propósito consciente. O fato de sentimento e devoção estarem associados a kavvanah indica que se trata de uma concentração do coração e da mente juntos, aludindo à conexão íntima entre o kavvanah e o devekut. Se designássemos a contemplação e a meditação como "pensamento e emoção controlados", então kavvanah seria o termo básico para qualquer prática de contemplação e meditação.

Kavvanah é muitas vezes usado como um termo para indicar oração e adoração, para dizer que, onde há verdadeira concentração ou propósito consciente, a adoração e as orações são efetivas. Designando estados mais profundos de contemplação e meditação, além da oração e da adoração, kavanah sugere que a linha entre oração-adoração e meditação é muito tênue e freqüentemente desaparece por completo. Nos métodos de adoração gnóstica, há muitos pontos especificamente destinados a serem usados como contemplações ou meditações com o objetivo de entrar em estados superiores de consciência. Estes pontos são chamados de kavvanot e se dirigem a diversos estados de devekut, por meio dos quais se realiza o yichudim (unificação). Por exemplo, no Shema (*Shema Israel, Adonai Elohenu, Adonai Achad,* "Escuta, Israel, o Senhor é teu Deus, o Senhor é uno"), quando o iniciado canta "Shema Israel", concentra-se em Malkut e, desse modo, une a sua alma a Malkut-reino. Quando canta "Adonai Elohenu", o iniciado eleva a mente e o coração a Tiferet, unindo a alma ao centro de Cristo. Cantando "Adonai Achad", o iniciado se concentra totalmente em Keter, unificando-se com o altíssimo ou o "eu sou" divino. Assim, há três kavvanot no Shema, que são três degraus de ascensão a Yichud e ao êxtase divino que vem de *tornar-se um* (a consciência se unifica com o universo).

Kavvanah também é associado a boas obras, tais como atos de caridade. Qualquer ação realizada com kavvanah pode ser um ato de devoção ou adoração ao amado, ou seja, qualquer ação em que esvaziamos a mente de todos os pensamentos e emoções alheias, concentrando-nos totalmente na tarefa em curso. Essa capacidade de remover a distração e focalizar completamente a mente, o coração e a vida numa única ação é crucial para os estados proféticos e para a verdadeira magia.

Além do conceito geral de kavvanah, a palavra é muitas vezes usada na cabala para indicar trabalhos devocionais de natureza mística, compostos de coleções de meditações de kavvanot, ou trabalhos de natureza mágica, compostos de coleções de rituais de kavvanot. Esses kavvanot são usados para dirigir a consciência ao longo de trilhas interiores e secretas, definindo-se pela meditação ou pelo ritual, que tem um objetivo muito específico.

O kavvanah está ligado a um outro termo para contemplação e meditação: *hitbonenut*. Essa palavra significa literalmente "autoconhecimento" ou "auto-entendimento". Ao observar uma flor e apreciar a sua beleza e fragrância, podemos permanecer relativamente impassíveis ante a experiência. O simples fato de examinar uma flor detalhadamente e desfrutar dela por alguns momentos não significa necessariamente encontrar uma passagem para uma consciência superior por meio da flor. Entretanto, se contemplarmos e meditarmos sobre a flor com o propósito de usá-la para alcançar um nível superior de consciência ou como um meio de alcançar um grau de auto-entendimento, então essa atividade será uma meditação de hitbonenut.

Muitas vezes, o termo hitbonenut designa a meditação em que contemplamos a criação de Deus e, especificamente, as meditações sobre os mistérios da criação e sobre a presença de Deus no interior da mesma. Podemos facilmente ter a experiência de um forte devekut e do amor de Deus por meio de tal contemplação — e talvez entrever mundos dentro e além da esfera da natureza. O que vem dessa forma de hitbonenut é mais do que a consciência da presença de Deus na criação, pois ela conduz naturalmente à consciência da presença de Deus dentro de nós e ao conhecimento do nosso lugar na criação — daí a profundidade do amor e o sentido de união que o amor tende a invocar.

Porém, hitbonenut é mais do que meditação por meio da contemplação da natureza. É meditação por meio da contemplação de qualquer coisa. Pode ser a contemplação do céu noturno estrelado, de uma pedra, de uma ave voando; pode ser a contemplação de um objeto ou símbolo sagrado, de um versículo das Escrituras, de um Sefirah ou de diferentes coisas por meio das quais possamos adquirir conhecimento e entendimento de nós mesmos no contexto de uma realidade maior, ou da luz de Deus. Hitbonenut é essencialmente uma meditação contemplativa em que preenchemos a mente e o coração com o objeto da meditação. Em hitbonenut, concentramos a mente num só objeto de meditação, sem permitir que nada mais entre nela. Isto conduz naturalmente a um estado de kavvanah e a níveis superiores de consciência mental e vital.

Há outro termo-chave associado a kavvanah, que vai ainda além dos estados alcançados por hitbonenut: é *hitbodedut*, que significa, literalmente, "auto-isolamento". Há basicamente duas formas de hitbodedut: auto-isolamento externo e auto-isolamento interno. O primeiro envolve reclusão física ou retiro para estar só consigo mesmo e com Deus. Tal retiro espiritual é parte importante da prática e da vida espiritual e, em certas ocasiões, é decisivo para avançar no caminho. Os iniciados gnósticos não consideram qualquer tipo de retiro permanente fora do mundo e das atividades diárias, mas os iniciados da Tradição fazem retiro espiritual por determinados períodos, seja na sua própria casa durante alguns dias, ou por meio de uma viagem ao deserto para orar, meditar e desenvolver rituais sagrados. Essa é uma forma de hitbodedut.

O auto-isolamento interno consiste em libertar a mente de todos os estímulos externos, incluindo os pensamentos e as emoções. Trata-se essencialmente de esvaziar a mente por completo ou de se elevar acima do nível dos pensamentos e das emoções. Quando falamos da mente silenciosa e vital, estamos nos referindo ao hitbodedut, que é o verdadeiro estado meditativo. A capacidade do hitbodedut é decisiva para alcançar qualquer grau superior da experiência de iluminação porque é por meio do estado de hitbodedut que podemos passar à cessação e, assim, penetrar na consciência superna.

Hitbonenut é qualquer método de meditação em que preenchemos a mente com a contemplação de um objeto, enquanto hitbodedut é qualquer método de meditação em que esvaziamos a mente por completo. Seja pela mente cheia ou pela mente vazia, os estados superiores de consciência são o resultado natural desse kavvanah.

Hitbonenut é como dirigir a mente a um só objeto de focalização, enquanto hitbodedut é como unir totalmente a consciência e o objeto de focalização, para que o sujeito (meditador) e o objeto (meditação) sejam a mesma coisa. Nesse sentido, hitbonenut e hitbodedut são etapas da própria meditação, sendo hitbonenut a entrada no estado meditativo e hitbodedut o verdadeiro estado meditativo. Assim, hitbonenut representa um nível de kavvanah e hitbodedut representa um nível de kavvanah muito mais profundo (ou superior). Nesse sentido, a nossa prática de meditação é hitbonenut e, quando realmente experimentamos o estado meditativo, converte-se em hitbodedut.

Yeshua fala de meditação hitbonenut quando diz: “Aprendei dos lírios do campo, como crescem, e não trabalham e nem fiam. E, no entanto, eu vos asseguro que nem Salomão, em todo o seu esplendor, se vestiu como um deles (Mt 6,28-29). Do mesmo modo, indica muito claramente a prática da meditação hitbodedut quando diz: “Mas tu, quando orares, entra no teu quarto e, fechando a porta, ora ao teu Pai ocultamente; e o teu Pai, que vê o que está oculto, te recompensará” (Mt 6,6).

Qual é a recompensa da oração e da meditação? É a experiência dos estados superiores de consciência, tanto vital quanto mental, e a experiência de conexão com o Espírito. No final, as recompensas da oração e da meditação são a iluminação e a libertação — a experiência da consciência superna ou messiânica. Numa palavra, a recompensa é uma evolução consciente.

O mágico de luz e a cabala mágica

A arte da magia divina corresponde a Hod, especificamente na forma de magia cerimonial ou ritual. De tudo o que já falamos sobre os graus de magia divina, recordamos que a forma mais elevada de magia se dá puramente por meio de uma volição silenciosa ou do mero pensamento na mente do iniciado, e que um mestre da arte mágica não depende de algo externo para produzir um resultado mágico ou o que alguns chamariam de milagre. A forma seguinte de magia é comumente chamada de trabalho no plano interior. Nesse método de magia, o adepto transporta a consciência a um corpo de luz e desenvolve o ato mágico nos planos interiores, tipicamente no nível dos planos astrais. O nível mais baixo de magia divina é a magia cerimonial ou ritual, que depende das insígnias da arte — círculo mágico, armas mágicas, talismãs e amuletos, conjurações e coisas similares — portanto, um verdadeiro ritual físico de magia.

Kavvanah — concentração da mente, do coração e da vida — é a chave de toda magia, e o propósito da magia cerimonial é facilitar e desenvolver o poder do kavvanah. Essencialmente, tudo no espaço sagrado de um ritual mágico corresponde ao kavvanah-propósito da cerimônia. Para onde quer que o iniciado lance o seu olhar fixo, está esse pensamento, esse propósito consciente, em nada diferente desse pensamento. Assim, o ambiente da cerimônia e o próprio ritual mágico servem para focalizar a mente do mágico sobre uma coisa: o propósito mágico para o qual foi criado.

A capacidade de transportar o centro da consciência para o corpo sutil e desenvolver a arte mágica nos planos interiores, e a capacidade de realizar a arte mágica por meio de uma vontade silenciosa ou do mero pensamento representam graus superiores de kavvanah. No estudo e na prática da cabala mágica, o iniciado aprende primeiramente a arte da magia cerimonial como método para apoiar e desenvolver o kavvanah. À medida que os graus superiores de kavvanah vão se desenvolvendo, o iniciado vai passando para os métodos de trabalho do plano interior.

Como já dissemos, as coisas tendem a se manifestar como esperamos e, quando as circunstâncias e o ambiente estão presentes para que alguma coisa se manifeste, ela surgirá de maneira natural e espontânea. Esse é o mesmo princípio sobre o qual opera a magia cerimonial. Um mago cerimonial prático é um especialista em correspondências e, usando esse conhecimento esotérico, pode criar as circunstâncias e os ambientes necessários à manifestação das coisas de acordo com seu desejo. No caso do mágico de luz, o seu desejo é a vontade divina e o reino divino: assim, ele não serve à sua própria vontade, mas ao bem maior e à vontade de Deus.

Para entender como funciona a magia cerimonial, devemos nos dar conta de que há dimensões interiores correspondentes a qualquer espaço material, sendo os planos astrais as dimensões sutis mais próximas do plano físico. Os planos astrais são formados por uma substância energética chamada luz astral, em que as coisas tomam forma como no plano físico, embora a substância das formas astrais seja muito mais sutil do que a das formas materiais. Essa dimensão astral é a matriz sutil que está dentro e por trás do plano material, atuando como um receptor-transmissor de forças espirituais dos planos superiores. Assim, a dimensão astral une o mundo material ao mundo dos espíritos e a outros mundos que estão mais além. Todo o mundo material tem uma manifestação correspondente nos planos astrais, que reflete os seres-forças espirituais a que estão ligadas as coisas no mundo. Os planos astrais são formados por pensamento e emoção e, no nível astral, podem-se fazer mudanças por meio de uma mudança correspondente nos nossos pensamentos e emoções. Quando nos movemos no plano material, também geramos movimento no plano astral — e fluem conosco seres-forças espirituais correspondentes aos pensamentos e emoções que abrigamos. Em geral, isso ocorre inconscientemente. Entretanto, na arte mágica, nos movemos com kavvanah — concentração e propósito consciente — e podemos influenciar/efetuar mudanças na dimensão astral que produzem mudanças correspondentes na dimensão física. Até que possamos dirigir a nossa consciência para dentro e para cima sem depender de algo externo que apoie o nosso kavvanah, a magia cerimonial ou ritual é um método poderoso.

Embora essa explicação seja um tanto simplista e parcial, ela nos dá uma idéia de como a magia é possível. Sugere também que o que chamamos de magia não é exclusividade daquele que comumente vemos como um mágico. Qualquer coisa que façamos na vida pode ser um ato mágico desde que a ação seja desenvolvida com kavvanah, ou seja, com a força total de concentração e propósito consciente. Quando o nosso centro de concentração é o divino e a nossa intenção consciente reflete a vontade divina, então o ato mágico é divino. Por isso, o meu mestre gostava de dizer: "O mago nunca atua sem propósito claro e consciente no que faz, e o mágico de luz busca em tudo a direção divina, esperando o Espírito do Senhor antes de atuar. Qualquer ação em que haja kavvanah é inerentemente mágica e qualquer ação realizada em harmonia com a nossa verdadeira vontade produzirá um resultado mágico".

Para ilustrar a idéia de um ato mágico que não se parece necessariamente com o que consideraríamos mágico, podemos citar o exemplo de uma recomendação moderna nas escolas de negócios: "vista-se para triunfar". Essa é inerentemente uma idéia mágica porque, embora ainda não tenha triunfado, quem se veste como tal tem mais probabilidade de triunfar. Vestindo-se bem, a pessoa vai se sentir melhor consigo mesma e é mais provável que sinta e pense que terá sucesso — criando assim o seu sucesso final. Por outro lado, isso inspirará os outros a pensar de forma semelhante e, provavelmente, a acreditar na capacidade dessa pessoa para o sucesso. Assim, a nossa maneira de nos vestir se converte num talismã mágico, e atuar com atitude positiva se converte num ritual mágico.

Naturalmente, as aplicações mundanas dos princípios mágicos, tais como as do nosso exemplo, não fazem necessariamente um mago e muito menos um mágico de luz. A magia divina tem a ver especificamente com os seres-forças espirituais que se movem dentro e por trás do que acontece, e com a manifestação do reino divino. O mago é essencialmente consciente do jogo de forças espirituais por meio do qual se manifesta o que chamamos de realidade, e busca conscientemente participar desse jogo de forças e gerar um equilíbrio entre as forças cósmicas. O mágico de luz, por sua vez, trabalha para expulsar forças escuras e hostis da esfera psíquica da humanidade e da terra, e invoca ativamente os poderes divinos. Igualmente, o mágico de luz procura curar toda forma de mal ou enfermidade, seja ela psíquica ou espiritual, e restabelecer nos outros a saúde e a felicidade — para realizar o tikkune do mundo. O propósito final do mágico de luz é atuar como um apóstolo santo — buscando a iluminação e a libertação de todos os espíritos e almas viventes.

Sem o desenvolvimento do kavvanah, a verdadeira magia é impossível. Igualmente, sem a geração de energia ou mérito positivo, não podemos desenvolver eficazmente uma cerimônia mágica. Por isso, um famoso livro de magia, *The Book of the Sacred Magic of Abramelin* (Livro da Magia Sagrada de Abramelin), recomenda que nos dediquemos a atos de caridade antes de nos dedicarmos à arte mágica. Na tradição mágica da cabala, a arte da magia cerimonial está estreitamente relacionada com a conquista espiritual ou mística e com um contínuo de oração e meditação diárias. A oração e a meditação desenvolvem kavvanah e geram naturalmente energia ou mérito positivo. E o que é mais importante ainda: por meio da oração e da meditação diárias, o iniciado permanece num estado de conexão espiritual, sentindo assim a direção divina na arte mágica.

A necessidade de um contínuo de prática e vida espiritual diária se reflete no grau rosacruz associado a Hod, chamado *practicus*: é o grau do iniciado que integra o caminho à vida por meio da verdadeira prática espiritual. Trata-se de um trabalho em nós mesmos, que busca a perfeição da nossa humanidade e, mais ainda, a realização da divinidade em nós. O termo practicus sugere a idéia de um esforço constante até que se obtenha êxito, ou de experimentação continuada até a descoberta final. Como diz o ditado, "se a princípio não tiver êxito, tente, tente outra vez". O único fracasso real em qualquer atividade ocorre quando a pessoa renuncia à esperança de sucesso e permite a entrada da negatividade e da dúvida, deixando para trás os seus esforços pela vitória final. Portanto, practicus conota êxito perfeito, considerando qualquer fracasso como parte de um processo que resolve o que poderia impedir ou obstruir o nosso êxito. Essa visão de êxito perfeito é parte integral de qualquer prática espiritual e, mais especificamente, da arte da magia divina.

O grande Anjo da Mãe Santa e o Messias

Hod se manifesta em Beriyah como o arcanjo Miguel, cujo nome é, na realidade, uma pergunta: "Quem (*Mi*) é semelhante a Deus?". Segundo a Tradição, o arcanjo Metatron é o maior de todos os anjos, já que é a imagem angélica de Enoc, o ser humano que ascende para além dos céus mais altos, até o mundo de luz superna — sendo assim exaltado acima de todos os anjos. Entretanto, entre os próprios seres angélicos, diz-se que Miguel é o anjo mais elevado, cuja verdadeira imagem é "semelhante a Deus". Nesse sentido, Miguel é o anjo da guarda da humanidade porque é o modelo superno de Adão, aquele que é criado à imagem e semelhança de Deus.

Diz-se que Rafael, Miguel e Gabriel são os três arcanjos que visitam Abraão e Sara. Segundo a lenda, Rafael é enviado para curar a ferida de Abraão; Gabriel é enviado para levar justiça a Sodoma e Gomorra; e Miguel é enviado para anunciar a concepção de Isaac. Quando Abraão estava a ponto de sacrificar Isaac, dizem os sábios que foi Miguel quem deteve a sua mão e dirigiu a atenção de Abraão para o carneiro preso pelos chifres num arbusto.

Miguel é o anjo do Senhor que aparece a Moisés como a sarça ardente, sendo assim considerado precursor e arauto da Shekinah. Também se diz que é o Maggid Cohen Ha-Gadol do templo celestial, e o grande ministro angélico da ordem de Melquisedec. Embora Miguel apareça com o Messias no sétimo céu e também como a glória do Messias no terceiro céu, o seu domínio está no quarto céu. Neste, diz-se que entrega as almas dos justos como oferenda diante de Yahweh, transformando assim as almas em espírito puro e facilitando a sua ascensão às moradas celestiais superiores.

No círculo sagrado, o arcanjo Miguel se localiza no Sul e é o grande anjo que tem domínio sobre o elemento fogo. Igualmente, é o arcanjo do solstício de verão e da festa de ascensão que, no gnosticismo cristão, é celebrada nesse solstício.

Miguel é enviado como o anjo da guarda de Yeshua Messiah na sua missão. Quando chegou o momento da ascensão da Mãe, foi Miguel quem o anunciou e quem guiou a Mãe na sua ascensão. Segundo a Tradição, foi Miguel quem lhe colocou a coroa sagrada sobre a cabeça. Quando Yeshua Messiah ascendeu, Miguel converteu-se no grande guardião do apóstolo dos apóstolos, a Noiva Santa — e quando Santa Maria Madalena partiu com o seu filho para uma terra distante, Miguel os acompanhou. Diz-se que ele é guardião do sangue real e está presente a cada encarnação da alma do primeiro apóstolo. Por isso, na Tradição, a ordem secreta dos iniciados que protegem os descendentes de Santa Maria Madalena e as encarnações da Noiva Santa é chamada de ordem de São Miguel.

O arcanjo Miguel aparece com a mulher de luz no livro da Revelação, onde se lê: "Houve então uma batalha no céu: Miguel e seus Anjos guerrearam contra o Dragão. O Dragão batalhou, juntamente com seus Anjos, mas foi derrotado, e não se encontrou mais um lugar para eles no céu" (Ap 12,7-8). Miguel é o comandante dos exércitos do céu e é o grande anjo que tem domínio sobre o espírito do dragão. Devido a essa associação, Miguel é o arcanjo principal invocado nos ritos gnósticos de exorcismo e diz-se que é "o grande guardião dos que vigiam os caídos".

Miguel está associado a Kokab (Mercúrio) e, assim, com a comunicação e as viagens. No sistema esotérico de atributos planetários para as sete estrelas interiores, ou centros do corpo sutil ensinados na tradição rosacruz, Mercúrio corresponde à estrela coroa, no topo da cabeça — a sede do Cristo cósmico. Esse centro é o umbral da consciência superna e, assim, diz-se que Miguel se assemelha à imagem superna do ser. Num sentido mais profundo, esse é o centro por meio do qual os adeptos e mestres transportam a sua consciência para o corpo de luz no momento da morte. De acordo com os ensinamentos da cabala cristã, quem desenvolve essa capacidade pode, na hora da morte, pedir a Miguel que guie e proteja a sua alma na transição. Dessa forma, Miguel é muitas vezes invocado como guardião dos moribundos. Da forma semelhante, diz-se que, se estivermos num sonho escuro ou atormentados pela escuridão num estado de além-mundo, basta pedir ajuda a Miguel que seremos imediatamente libertados da escuridão.

A imagem de Miguel é às vezes semelhante à de Kamael — uma forma humana com armadura, empunhando uma grande espada ou lança — com a diferença de que, no caso de Miguel, o corpo inteiro é formado de luz brilhante como a luz do sol. Mas, comumente, Miguel é visualizado como um grande anjo que aparece como ser humano, cujo corpo é luz solar e cujo rosto é brilho branco, com grandes asas formadas de luz translúcida vermelho-rubi com matizes de verde-esmeralda. Outras vezes, Miguel é visto como a sarça ardente porque os mestres da Tradição dizem que a sua imagem não pode ser descrita em termos humanos e, na verdade, não aparece como algo próximo da nossa concepção de ser humano. Focalizando na mente uma dessas imagens e entoando o nome divino de Hod e o canto *Ya Mi Ha Miguel*, os iniciados invocam esse grande anjo.

Miguel está associado ao caminho do poder e, portanto, à magia divina. Assim, além de tudo o que corresponde aos aspectos de Miguel previamente mencionados, os gnósticos muitas vezes invocam esse arcanjo para adquirir um conhecimento e um entendimento mais profundos da arte mágica. Miguel também pode ser invocado em assuntos relativos a valor, fortaleza de fé, força de vontade, descobertas científicas e avanço tecnológico (especificamente o uso correto da ciência e da tecnologia).

Filhos da luz e filhos da escuridão

Hod em Yetzirah se manifesta como Beni Elohim que significa literalmente "filhos de Deus". Entretanto, entre os Beni Elohim estão os anjos que podem ser apropriadamente chamados de filhos da luz, e os que são chamados de filhos da escuridão — porque entre os Beni Elohim há muitos anjos de ira, além de seres titânicos e demoníacos de grande poder. A primeira aparição dos Beni Elohim nas Escrituras é no livro do Gênesis, onde se lê:

> *Quando os homens começaram a ser numerosos sobre a face da terra, e lhes nasceram filhas, os filhos de Deus viram que as filhas dos homens eram belas e tomaram como mulheres todas as que mais lhes agradavam. Yahweh disse: "Meu espírito não se responsabilizará eternamente pelo homem, pois ele é carne; não viverá mais que cento e vinte anos". Ora, naquele tempo (e também depois), quando os filhos de Deus se uniam às filhas dos homens e estas lhes davam filhos, os Nefilim habitavam*

sobre a terra; estes homens famosos foram os heróis dos tempos antigos.
(Gn 6, 1-4)

Segundo a lenda, os Beni Elohim que desceram dos céus são os caídos. Embora o termo "caídos" diga respeito a todos os seres titânicos e demoníacos, é usado também para se referir aos Beni Elohim que entraram para a esfera terrestre e, especificamente, a uma determinada classe de demônios que havia entre eles. Foi feito um filme que mostra os poderes míticos atribuídos a essa classe muito poderosa de demônios.

A característica única dos Beni Elohim entre as ordens de anjos é a capacidade de adotar uma encarnação física real e, no caso de certos seres extramundanos dessa ordem, capacidade para possuir e controlar rapidamente criaturas encarnadas. A maioria dos seres angélicos, titânicos ou demoníacos atua principalmente por influência. Entre os seres demoníacos, a maioria pode obsedar ou possuir uma pessoa apenas por algum tempo, ou entrar rapidamente por meio de indivíduos cuja esfera psíquica esteja rompida. No entanto, os seres escuros que vêm da ordem dos Beni Elohim podem deixá-lo à vontade e de imediato, com quase qualquer ser humano comum ou animal.

Os Beni Elohim têm tal poder porque são os seres angélicos que conhecem mais profundamente os mistérios de Aiyah — o plano material, as forças materiais e as formas materiais. Embora se diga que os Beni Elohim têm grande conhecimento mágico, também se diz que estão por trás de todos os avanços científicos e tecnológicos. Segundo o Zohar, os Beni Elohim chamados de "filhos da luz" inspiram a magia divina, a ciência e a tecnologia que edificam a humanidade, adiantam a evolução da vida na terra e servem ao reino divino. Os Beni Elohim chamados de filhos da escuridão ensinam artes de feitiçaria e inspiram a ciência e a tecnologia usadas para a guerra e para a corrupção da vida na terra.

Em essência, podemos dizer que qualquer conhecimento científico ou tecnológico é um Beni Elohim, já que é a forma de força cósmica dominada por meio do conhecimento correspondente. Nesse sentido, podemos ver os Beni Elohim como algo neutro, que se torna bom, mau ou uma combinação dos dois, dependendo do que fazem os seres humanos com o conhecimento e o poder. Há uma alusão a isso numa outra parte das Escrituras em que os Beni Elohim são mencionados:

No dia em que os Filhos de Deus vieram se apresentar a Yahweh, entre eles veio também Satanás. Yahweh então perguntou a Satanás: "Donde

> *vens?" — "Venho de dar uma volta pela terra, andando a esmo", respondeu Satanás.* (Jó 1, 6-7)

Esses seres celestiais são Beni Elohim e o fato de Satanás ou Samael estar entre eles faz alusão à inclinação maligna ou violenta, que tende a perverter ou corromper a ordem natural das criaturas e da criação. Isto sugere que a aparição dos Beni Elohim — e do conhecimento e poder que representam — serve tanto à boa quanto à má inclinação, dependendo do equilíbrio kármico do observador.

Todas as ordens angélicas são formadas por uma grande série de diferentes classes de anjos e os Beni Elohim não são exceção. Além dos já descritos, há também os anjos de ira, filhos de Deus que exercem poderes de pestilência, pragas e má sorte — e inúmeras classes entre eles que se dedicam exclusivamente à adoração de Deus. Entre as classes de Beni Elohim dedicadas à adoração há as que inspiram e guiam as criaturas a adorar também. Esses filhos de Deus bendizem os que adoram com kavvanah, realizando a adoração acima correspondente à adoração abaixo — unindo desse modo a adoração na terra e no céu.

O nome "Filhos de Deus" é tipicamente aplicado a essa ordem de anjos e associado a Hod; entretanto aparece também como um título de seres humanos, especificamente fiéis e eleitos. Recordemos a bênção do Senhor Yeshua sobre os pacificadores, de quem ele diz que serão chamados Beni Elohim — ou Filhos de Deus. No Evangelho de São João, o Senhor Yeshua se refere indiretamente à associação do termo Beni Elohim com os seres humanos e à idéia de filhos da luz e filhos da escuridão quando diz:

> *Este é o julgamento: a luz veio ao mundo, mas os homens preferiram as trevas à luz, porque as suas ações eram más. Pois quem faz o mal odeia a luz e não se aproxima da luz, para que suas obras não sejam descobertas. Mas quem age segundo a verdade aproxima-se da luz, para que se manifeste que suas obras são feitas em Deus.* (Jo 3,19-21)

Essa associação entre a ordem de anjos chamada Beni Elohim e os seres humanos também chamados Beni Elohim reflete a natureza do ser humano como veículo ou canal de forças espirituais no mundo material. A questão não é se os seres humanos canalizarão ou encarnarão forças espirituais ou não. A questão é a que tipo de forças espirituais nós nos uniremos — divinas, mescladas ou demoníacas.

Como vimos, entre as ordens de anjos há formas de seres-forças espirituais que procuram influenciar os seres humanos porque é por meio da humanidade que os seres-forças espirituais ganham domínio no plano material. Esse conhecimento motiva o iniciado gnóstico a estudar e a praticar a magia divina para não ser mais compelido inconscientemente pelo jogo de forças espirituais ou cósmicas — tornando-se um participante consciente a favor do reino divino. Na beatitude que une os seres humanos ao termo Beni Elohim, o Mestre nos ensina o propósito desta magia divina — trazer a paz.

Práticas espirituais para Hod

Meditação contemplativa

A cabala contemplativa se fundamenta em métodos de meditação em que preenchemos por completo a mente com o sujeito/objeto da contemplação. É um dos principais métodos pelos quais os iniciados procuram experimentar a revelação interior dos mistérios secretos. Podemos realizar a meditação contemplativa sobre os Sefirot (esferas), Olamot (universos) ou Netivot (caminhos) da Árvore da Vida. Podemos fazê-lo igualmente com correspondências de letras, números e palavras, além de passagens das Escrituras, do Sepher Yetzirah, do Bahir, do Zohar e de outros textos sagrados. Qualquer coisa pode ser uma fonte de meditação contemplativa, que é uma forma de hitbonenut que desenvolve kavvanah naturalmente.

O propósito da meditação contemplativa é alcançar a inteligência divina para adquirir conhecimentos novos e mais profundos dos mistérios, ou receber direção divina sobre algum assunto — já que os métodos de contemplação podem ser aplicados a circunstâncias, situações e acontecimentos da nossa vida. Por meio da contemplação, os iniciados buscam essencialmente gnose, e o método básico é uma forma poderosa de adquirir conhecimento sobre quase qualquer coisa.

➢ Quando quiser se dedicar à meditação contemplativa, escolha o sujeito/objeto de contemplação e sente-se num lugar em que não seja perturbado. Deixe que o corpo encontre o seu ritmo natural de respiração e relaxe — mas permanecendo alerta. Quando estiver centrado, preencha a mente com o sujeito-objeto de contemplação, revisando sistematicamente cada detalhe que souber sobre o sujeito/objeto, sem pensar em nada que não seja esse sujeito/objeto. Quando tiver experimentado tudo o que sabe sobre o sujeito/objeto, libere-se dele totalmente e permaneça em meditação silenciosa, como se a deixasse por conta da sua alma sagrada. Se a mente começar a divagar, dedique-se à contemplação outra vez, revisando-a totalmente e libertando-a mais uma vez em meditação silenciosa. Faça isso várias vezes e, chegue ou não a alguma coisa, conclua a sessão de contemplação e ocupe-se de outros assuntos do seu dia. Uma vez que mantenha a mente profunda — seu subconsciente — dessa forma, continuará a contemplação.

➢ É como pescar: a contemplação é preparar o anzol e a meditação silenciosa é lançar a linha à água. Às vezes, adquirirá um novo conhecimento rapidamente, mas em outras ocasiões conseguirá alguma coisa só depois de algum tempo. Haverá vezes em que não conseguirá nada. É comum que a percepção e o conhecimento inundem a mente em momentos em que não se está praticando ativamente a meditação contemplativa. O novo conhecimento ou percepção pode chegar até mesmo por meio de um sonho. Às vezes, temos de contemplar e meditar sobre um sujeito/objeto muitas vezes antes de obter uma resposta da inteligência divina. Não importa se o conhecimento e o entendimento aparecem rapidamente ou se levam algum tempo para chegar: pratique com freqüência a meditação contemplativa sobre o sujeito-objeto até que surja a percepção e o conhecimento. Contemplando constantemente o sujeito-objeto, obterá por certo o que está procurando, no seu devido tempo. Os que dominam a arte da meditação contemplativa conseguem dirigir a mente a um sujeito/objeto e obter conhecimento e entendimento de imediato, como que do nada.

➢ Podemos acender uma vela e um bastão de incenso ao praticar a meditação contemplativa ou orar de antemão, para que Deus dê poder à meditação. É útil também cantar nomes divinos que correspondam ao sujeito/objeto da meditação, ou invocar os espíritos dos santos e anjos (tzaddikim e maggidim). Mas o método de meditação contemplativa continua sendo o mesmo e pode ser usado sozinho, sem apoios.

TREZE

YESOD, A BASE DE TUDO

Atributos

Trinta e dois caminhos de sabedoria: consciência pura (Sekhel Tahor). É assim chamado porque purifica os Sefirot; prova o decreto da sua estrutura e a essência interior da sua unidade, fazendo-a brilhar; são então unificados sem corte ou separação.

Yesod: base ou reciprocidade.

Posição na Árvore da Vida: próximo à base do pilar de compaixão, entre Tiferet e Malkut.

Nome divino: Shaddai, El Shaddai, Shaddai El Chai.

Nomes divinos alternativos: Kol, todo; Brit, pacto; Kodesh Tzaddik, justo sagrado.

Partzuf acima: Zer Anpin como o Tzaddik sagrado.

Partzuf abaixo: o apóstolo santo, João Batista, o patriarca José.

Imagem divina: Yeshua Messiah pondo as mãos em transmissão; o apóstolo santo numa toga de luz irisada; um homem jovem, belo e desnudo.

Arcanjo: Gabriel.

Ordem de anjos: Querubins.

Atributo celestial: Levanah, a lua.

Títulos dados a Yesod: a passagem; as portas do céu e do inferno; a matriz; esfera de visão; o intermediário; casa de encantamentos;

casa de espelhos; mar astral; o membro sagrado; o orbe de prata; domínio das forças; morada das imagens; o abrigo do dragão; profundidade do Oeste; o centro do sonho; sinal do pacto.

Nível da alma: Ruach e Nefesh (Ruach inferior unido com o Nefesh).

Morada celestial: Rakiya, o segundo céu — o firmamento.

Experiência espiritual: visão de forças na terra astral; visão da matriz ou rede; visão dos mecanismos secretos do universo.

Virtudes: estabilidade emocional; capacidade visionária; independência; imaginação forte; mutabilidade; boa memória; receptividade; reciprocidade; sensibilidade; conhecimento dos ciclos; intuição; força feminina; bom ritmo.

Vícios: emocional em demasia; incapacidade para perceber a realidade; subjetividade extrema; credulidade; instabilidade; loucura; sonhos visionários; personalidade fraca; memória defeituosa; ociosidade; mudanças radicais de humor; insensibilidade; tendências obsessivas; tendências compulsivas.

Símbolos: luz difusa; prata; um espelho; incensos; uma vasilha d'água; adaga; leque; óleos essenciais; triângulo de evocação.

Mandamentos: Não dirás falso testemunho contra o teu próximo (Êx 20,16).

Sermão da Montanha: Bem-aventurados os aflitos, porque serão consolados (Mt 5,4).

Anjo do apocalipse e das igrejas: sexta estrela e sexto candelabro, e a mensagem ao anjo da igreja em Filadélfia (Ap 2,18-29).

A base da criação

A palavra Yesod significa "base" e conota reciprocidade. Yesod aparece no pilar do meio, entre Tiferet e Malkut. Assim como o alicerce de um edifício, que funciona como interface entre a terra e a estrutura, Yesod serve de base da Árvore da Vida — a interface dos Sefirot acima com o Sefirah Malkut abaixo. Segundo a cabala, é chamado de base do palácio das luzes e, assim como o alicerce de um edifício dá estabilidade à estrutura, Yesod-base dá estabilidade ao palácio das luzes.

Yesod recebe a afluência do ruhaniyut e do shefa de todos os Sefirot que estão acima dele e a distribui a Malkut, imbuindo-o da força vital. A parte dos "trinta e dois caminhos de sabedoria" diz que "purifica as emanações", ou seja, atua como um filtro, difundindo a luz superna para que Malkut a receba sem ser levado de roldão. A força da afluência da luz superna e as energias espirituais dos Sefirot fluindo para Yesod é demasiadamente intensa para ser recebida diretamente por Malkut. Assim, Yesod absorve a força da afluência e serve para controlar o fluxo de ruhaniyut e shefa em Malkut.

Esse processo de filtragem e difusão, segundo os trinta e dois caminhos de sabedoria, "prova o decreto da sua estrutura e a essência interior da sua unidade, fazendo-a brilhar". Aquilo que Yesod recebe é ideal e o ideal deve ser ajustado e aperfeiçoado antes de ser aplicado e realizado na prática. É o que observamos na nossa experiência, com relação às idéias formadas pela mente. Há em geral uma grande diferença entre uma idéia inicial concebida na mente e a sua verdadeira manifestação no mundo material. Para uma idéia se manifestar, ela tem de ser desenvolvida e aperfeiçoada antes de ser levada a cabo. Quando ela afinal se manifesta, não é a idéia em si que se manifesta, mas uma representação da idéia que tem suas raízes na concepção original. Da mesma forma, no processo de filtrar e difundir a luz superna, Yesod aperfeiçoa e desenvolve o ideal na verdadeira manifestação — a culminância da tríade de ação.

Como já vimos, Yesod representa os planos astrais e, especificamente, a substância sutil dos mesmos, chamada de luz astral. Trata-se de uma substância curiosa, que compartilha a natureza da mente e da matéria. É essencialmente a substância da própria consciência, no ponto de transição entre o que chamamos de mente e a matéria — sendo a matéria simplesmente uma manifestação mais densa da consciência. Assim, a luz astral é a substância sutil dentro e por trás da matéria — a substância sutil dentro e por detrás de todos os objetos materiais e do universo material — o nível de consciência onde a mente e a matéria se unem.

A luz astral é fundamentalmente o meio sutil em que as forças espirituais dos planos superiores tomam forma num nível interior, o que se traduz depois numa manifestação real num nível exterior do plano material. Tudo o que surge ou acontece no plano material é gerado e ocorre primeiro nos planos astrais: assim, tudo no plano material tem uma representação na luz astral. Embora o conceito de Zelem, a nossa imagem ideal ou celestial, se refira tipicamente à imagem superna do nosso Neshamah, ele pode ser usado também como alusão à nossa imagem ideal na luz astral ou corpo astral. Esse corpo sutil é a base do corpo de luz e serve como matriz sutil do corpo material.

O conhecimento de Yesod — e a capacidade de produzir conscientemente mudanças no nível dos planos astrais — é a chave secreta para qualquer forma de magia concebida para ser realizada no mundo material. É também a base da profecia porque, vendo o que está ocorrendo no plano astral, saberemos o que sucederá no mundo material.

No ensino provisório sobre os planos interiores, os planos astrais são divididos em superiores, médios e inferiores. O plano astral superior representa mundos e reinos sob a influência dos poderes divinos e os primeiros dois céus aparecem no astral superior, Vilon (o véu) e Rakiya (o firmamento). Os mundos e reinos do astral superior são ocupados pelos espíritos dos santos, dos anjos e de todas as classes de espíritos justos que servem à vontade divina. Os mundos e reinos desse nível são radiantes e gloriosos — e uma experiência encantadora na consciência.

O astral médio também é luminoso, embora menos do que o astral superior. Os seus mundos e reinos estão sob o domínio das forças mescladas ou titânicas, tais como os deuses e deusas menores da religião pagã. São habitados por seres míticos, espíritos planetários, elementais e seres-forças espirituais de natureza similar. Esses seres-forças espirituais não são exclusivamente bons nem maus, pois não facilitam nem se opõem necessariamente à vontade divina. Atuam de acordo com os próprios interesses, às vezes em harmonia com o plano divino e outras vezes opondo-se a ele. Nesse sentido, os mundos e reinos do astral médio são muito semelhantes ao nosso mundo humano, que pode ou não servir ao reino divino.

O astral inferior é uma região mais escura do plano astral, composta de mundos e reinos dominados por forças demoníacas ou caóticas. É povoado por espíritos maus e impuros, forças escuras e hostis, seres caóticos e aparições monstruosas de lendas escuras (fantasmas famintos, espectros escuros, duendes, espíritos vampirescos e similares). As moradas do inferno, os sete infernos e todos os domínios do caos existem no astral inferior, dos quais algumas dimensões são semelhantes a um universo antiastral — diz-se que estão "fora do cosmos".

Segundo os mestres da Tradição, há um atrito constante entre os seres-forças espirituais no plano astral, especialmente entre os do astral médio e do astral inferior, que lutam entre si para dominar a mente e o coração dos seres humanos e, assim, obter domínio sobre o mundo material. Como os planos astrais superior, médio e inferior se interceptam na terra astral, esse conflito de forças cósmicas se apresenta constantemente na dimensão astral da terra. Ocorre especificamente na mente e no coração das pessoas que permanecem sob a influência da ignorância cósmica. A rede de inter-relações e interações entre esses seres-forças espirituais e os seus domínios pode ser bastante complexa e confusa, como a política, as alianças e as lutas entre os povos humanos e as nações lutando pelos próprios interesses e ambições. Por um lado, os seus movimentos se refletem diretamente nas massas da humanidade ignorante que tende a viver inconscientemente sob seu domínio. Por outro lado, os seus movimentos são determinados por pensamentos e emoções abrigados nas mentes e nos corações humanos. Assim, há uma relação recíproca entre os seres-forças da dimensão astral e os seres-forças da dimensão material.

De acordo com a cabala, o equilíbrio de forças espirituais em Yesod é determinado pelos pensamentos, pelos sentimentos-emoções, pelas palavras e pelos atos dos seres humanos. Desse modo, os planos astrais são essencialmente o resplendor da consciência humana e especificamente o produto da imaginação criativa da humanidade. Se reconhecermos que a mente e a matéria não são, na verdade, tão separadas como muitos poderiam pensar — e que por meio da mente é possível gerar mudanças radicais no mundo material —, entenderemos que o segredo por trás da profecia e da magia está na imaginação criativa. E o que é mais importante, compreenderemos como pesam os pensamentos que abrigamos na mente e as fantasias do nosso coração — é por meio deles que se determina o nosso destino e a nossa sorte, e o destino do mundo. A base da criação é o poder do desejo-energia em nós e a imaginação criativa que o dirige.

O único que vive

Entendendo o Sefirah Yesod como a luz astral, que flui e reflui, e como os planos astrais superior, médio e inferior, veremos que a aparição de Yesod muda constantemente. A associação de Levanah com os seus ciclos reflete isso, assim como as três variações do nome divino correspondente a Yesod — Shaddai, El Shaddai e Shaddai El Chai.

Shaddai significa "Todo-poderoso", El Shaddai significa "Deus Todo-poderoso" e Shaddai El Chai é traduzido por "Deus vivo Todo-poderoso". Shaddai é a raiz sagrada dos três nomes pelos quais se conhece Yesod e é escrito com três letras hebraicas: Shin (ש) — Dalet (ד) — Yod (י). Shin, como já vimos, é a marca da inteligência ardente ou Shekinah; Dalet é uma porta ou passagem, sugerindo um ponto de entrada e uma saída; Yod é uma janela através da qual passam a luz e o ar, e é o número dez, que representa a essência dos dez Sefirot.

Portanto, Shaddai como Yesod indica que Yesod é a porta ou passagem pela qual a presença e o poder divino entram na verdadeira criação e que a aparição da presença divina depende do fluxo de energias espirituais dos Sefirot. Shaddai equivale a 314, como o nome do arcanjo Metatron, quando o Nun é contado como cinqüenta. Essa correspondência alude à conexão entre Da'at e Yesod e à idéia da luz superna como fonte secreta da luz astral. O propósito último de Yesod é essencialmente refletir e transmitir a luz superna na criação por intermédio dos planos astrais. Entretanto, Yesod só pode refletir e transmitir diretamente a afluência de luz superna quando há recipientes sagrados em Malkut capazes de recebê-la. Os recipientes em Malkut são seres humanos e, assim, a aparição de Yesod é determinada pelo estado da humanidade ou, mais especificamente, pelo estado da consciência humana.

Recordemos a lenda de Enoc que, segundo se diz, foi transformado em Metatron: Diz o Gênesis: "Enoc andou com Deus". O nome divino usado nesse versículo é Elohim, correspondente a Binah e à Shekinah superior. Dizer que Enoc "andou" com Deus é uma indicação de que ele pode baixar o poder superno dos Sefirot e encarná-lo e, sendo transformado por essa inteligência ardente, ascendeu por arrebatação divina. Isso indica o poder dos seres humanos para invocar as energias espirituais dos Sefirot, que só se manifestam quando há seres humanos que se fazem recipientes da luz-presença superna.

Como já vimos, os três pilares da Árvore da Vida representam três modos diferentes pelos quais pode aparecer a presença divina — misericórdia (pacífico), juízo (colérico) e compaixão (bem-aventurado), correspondentes a Hesed, Gevurah e Tiferet respectivamente. A aparição de Yesod como Shaddai é a manifestação de Yesod sob a influência do juízo (colérico) e a aparição de Yesod como El Shaddai é a manifestação de Yesod sob a influência da misericórdia (pacífico). O equilíbrio dinâmico entre juízo e misericórdia, estando Yesod sob a influência da compaixão (bem-aventurado), é chamado Shaddai El Chai.

Isso pode ser entendido em termos dos planos astrais superior, médio e inferior, e das forças espirituais com que se unem os seres humanos. Quando os seres humanos invocam os poderes divinos e se unem ao espírito divino, Yesod é estabelecido como El Shaddai, Deus Todo-poderoso, e os poderes divinos que fluem por meio do astral superior têm o equilíbrio do domínio da terra astral. Quando os seres humanos não invocam os poderes divinos, mas se unem a seres-forças espirituais do astral inferior (os klippot), então Yesod aparece como Shaddai, o Todo-poderoso, e as forças escuras e hostis têm o domínio na terra astral. Yesod é estabelecido como Shaddai El Chai, Deus vivo Todo-poderoso, quando há entre os seres humanos um equilíbrio entre os que buscam a luz e os que vivem na escuridão — sendo que nem as forças da luz e nem as forças da escuridão têm domínio na terra astral. No estado atual de evolução humana, este último estado é o ideal, já que a humanidade não pode suportar um domínio completo da escuridão e é incapaz, pelo menos até agora, de resistir à afluência total da luz superna. Por isso, os tzaddikim trabalham para manter o equilíbrio entre as forças da luz e da escuridão na terra, e buscam preservar essa expansão da vida humana até que um segmento maior da humanidade esteja preparado para receber a totalidade da luz superna.

Como dissemos, o nome divino de um Sefirah é uma manifestação do mesmo no nível de Atzilut, o arcanjo é a sua manifestação no nível de Beriyah e a ordem de anjos é a sua manifestação no nível de Yetzirah. Portanto, quando querem mudar o equilíbrio no jogo de forças espirituais nos planos astrais, os iniciados da cabala cantam os nomes divinos e invocam os arcanjos e as ordens de anjos que correspondem à mudança que desejam produzir. Isso forma vínculos entre os universos e planos, já que o poder do nome divino é baixado ao arcanjo e o poder do arcanjo é baixado à ordem de anjos, formando assim um fluxo dos planos superno e espiritual aos planos vital superior, mental e astral. O iniciado é o vínculo ou condutor no plano material e, desse modo, o fluxo de presença e poder divino é unido ou canalizado de Atzilut a Asiyah — e ocorrem os milagres.

Podemos considerar esse método em termos dos três nomes divinos de Yesod. Para invocar justiça ou juízo, o iniciado canta o nome divino de Shaddai e isso forma a manifestação de Gabriel e dos querubins que, como veremos, têm aparições pacíficas e coléricas. Quando invoca o fluxo de presença e poder divino por meio do pilar médio, o iniciado entoa Shaddai El Chai, em busca de um equilíbrio dinâmico de misericórdia e severidade. Mas quando o iniciado quer invocar misericórdia e graça, canta o nome divino de El Shaddai. Se é preciso uma força maior ou se o iniciado tem em mente um propósito específico que exige energia espiritual de outros Sefirot, então ele unirá a invocação de Yesod com a invocação de outros Sefirot. O nome divino de Yesod, usado em invocações sefiróticas, serve literalmente de base da invocação e determina a sua natureza básica, seja do pilar de misericórdia, do pilar de severidade ou do pilar de compaixão.

Segundo a Tradição, desde a época de Enoc até a do profeta Moisés, ninguém usou o nome de Yahweh. Deus era chamado pelo nome de El Shaddai. Assim, El Shaddai é o nome com que os patriarcas e matriarcas invocavam a presença do poder divino e, entre os nomes divinos dos Sefirot, diz-se que é o mais acessível, junto com o nome de Malkut, Adonai.

Há dons espirituais específicos associados a cada nome divino: assim, se um aspirante canta freqüentemente um determinado nome, pode adquirir os dons espirituais correspondentes a ele. Os dons associados a Shaddai são os sonhos proféticos e a capacidade de interpretar os sonhos, como vemos com relação ao atributo do patriarca José com Yesod. Como se diz que El Shaddai foi o principal nome usado até a época de Moisés e dos profetas, e como esse nome é associado especificamente aos sonhos e à interpretação dos mesmos, sabemos que, antes de Moisés, a profecia se dava principalmente por meio dos sonhos e não com visões em estado de vigília. Quando se diz que Shaddai é o mais acessível dos nomes divinos, indica-se que todos os seres humanos podem receber direção divina por meio dos sonhos e que os planos astrais são a primeira e principal experiência dos planos interiores nas primeiras etapas de desenvolvimento no caminho. Podemos dizer que Shaddai El Chai é o único que vive nos nossos sonhos e que neles fala quando chamamos o seu nome.

O encanto dos sonhos

Yesod é denominado o "centro do sonho" e, como sabemos, está estreitamente ligado a Da'at, o Sefirah oculto, que representa a capacidade de comunicar a nossa inteligência. Yesod está associado também à área genital do corpo, o que indica que Yesod é fundamentalmente desejo-energia. Assim, os sonhos são uma comunicação da nossa inteligência e são a expressão do nosso desejo por meio da imaginação criativa.

Os sonhos são um grande mistério e representam muitas coisas. Todos nós sonhamos, mas nem todos nos lembramos dos nossos sonhos. Muitos deles são de natureza puramente subconsciente, refletindo a vida mundana, os desejos e temores na esfera material; entretanto, todos têm ligação com o plano astral. O que chamamos de pesadelos e os sonhos mais obscuros estão ligados ao astral inferior e os que são um pouco mais claros estão conectados com o astral médio. Em geral, os sonhos com conteúdo mais espiritual e uma grande lucidez estão ligados ao astral superior. Às vezes, os sonhos se convertem em portais para os planos superiores, passando pelos planos astrais: nesse caso, são chamados de visões.

Segundo a cabala, quando dormimos, a alma sai do corpo mais ou menos como sai no momento da morte. Mas, no sono, permanece uma ligação sutil e vital entre o corpo e a alma — e na morte ela é totalmente cortada. Por exemplo, os sábios dizem que dormir e sonhar é "um sessenta avos do poder da morte". Quando sai do corpo durante o sono, a alma vai a mundos e reinos além do físico e entra em contato com seres-forças espirituais, assim como o faz em estados de fantasia. Há também uma dissolução semelhante na consciência e uma mudança para um corpo de consciência mais sutil, como na morte. Assim, a alma dos fiéis e eleitos que adoram a Deus em espírito e verdade, e que invocam os poderes divinos e se unem ao Espírito do Senhor, é levada em ascensão até as moradas celestiais e o abraço do amado. Por outro lado, os que aderem ao outro lado ou estão unidos à esfera dos deuses menores, não podem ascender além dos planos inferiores e ficam presos abaixo. A cabala fala de seres-forças espirituais que tentam enganar a alma e impedir a sua ascensão às moradas celestiais e ao mundo da luz superna durante o sono e o sonho, e também no momento da morte.

O astral e todos os planos da consciência abaixo do plano causal são inerentemente enganosos, pois são o produto do poder da ilusão cósmica. Para ir além do domínio da ignorância cósmica e das forças cósmicas da ignorância, a alma precisa antes atravessar os planos astrais e inferiores, que são os seus domínios. Como as forças cósmicas da ignorância dominam a esfera mundana, quando os nossos desejos se limitam às coisas do mundo, a alma não pode ir além do domínio da ignorância cósmica que se manifesta como os planos inferiores — os planos astral, mental e vital superior.

Sabendo disso, nós nos damos conta de que estão equivocadas as escolas de pensamento segundo as quais todos os sonhos transmitem obrigatoriamente conhecimento mais profundo ou representam a comunicação do eu interior ou superior. Na verdade, os sonhos refletem o estado da alma ou o estado da consciência. A inteligência divina e o Neshamah só farão parte dos nossos sonhos se fizerem parte da nossa vida. A morte reflete a vida e os sonhos refletem a vida. Os seres-forças espirituais que encontramos nos sonhos e na morte correspondem àqueles com que nos unimos na consciência desperta ou na vida. A morte e o sonho são apenas mudanças para dimensões sutis da mesma consciência: assim, as experiências de fantasia e os sonhos são experiências radiantes da consciência, seja ela iluminada ou ignorante.

O Ruach superior ou inteligência divina é o que pode entrar e permanecer nos céus superiores e nos planos espirituais e o Neshamah é o que pode entrar e se unir ao mundo de luz superna e experimentar o abraço mais íntimo do amado. Quando unimos o Ruach inferior e o Nefesh ao Ruach superior e ao Neshamah, então o ser de Cristo e de Deus fala nos nossos sonhos e, neles, temos contato com os tzaddikim e os maggidim. Tais sonhos são puro prazer e abrem o caminho para o deleite dos deleites — o repouso consciente da alma em Deus e na Divindade.

A experiência visionária dos planos espiritual e superno é uma grande bênção e algo maravilhoso. No entanto, a capacidade de manter a continuidade de autoconsciência no estado mais profundo do sonho representa a essência da conquista suprema, porque o estado meditativo mais elevado e o estado de sonho mais profundo são a mesma coisa. Portanto, o estado de sonho mais profundo é a experiência do nível de consciência mais sutil e sublime. Não obstante, no estado de sonho profundo, a pessoa está inconsciente e é incapaz de reconhecer essa natureza mais profunda do ser. A natureza mais profunda é Ain Sof — o infinito — e, no reconhecimento e na realização da mesma, nós nos reunimos ao infinito.

O reconhecimento da natureza mais profunda do ser corresponde ao corpo da verdade de Melquisedec. Assim, o corpo da verdade corresponde ao estado de sono mais profundo, o corpo glorificado corresponde ao estado de sonho e o corpo de manifestação corresponde à consciência desperta na experiência do tzaddik. Como o Tzaddik perfeito habita o corpo da verdade, diz-se que os tzaddikim já não têm a necessidade de sonhar, assim como não têm necessidade de encarnar. Tal é a natureza da iluminação e libertação — a ressurreição e ascensão do gnosticismo.

A capacidade de transportar o centro da nossa consciência para o corpo sutil, entrar conscientemente nos planos astrais e ascender aos planos superiores, requer muito kavvanah-concentração e energia, e fazê-lo de maneira deliberada e constante exige muito tempo e prática. O mesmo ocorre com o sonho lúcido e com os sonhos visionários, em que a pessoa passa aos planos anteriores por meio do sonho. Muito antes de desenvolver a capacidade de transportar a consciência para o corpo sutil na meditação e no ritual, é provável que tenhamos sonhos lúcidos e sonhos visionários. Na verdade, é muito comum que os sonhos lúcidos comecem a surgir naturalmente à medida que nos dedicamos mais à prática e à vida espiritual diária. Da mesma forma, com a prática espiritual constante e um entendimento da dimensão esotérica das Escrituras — a cabala — por meio dos sonhos, começamos a perceber o movimento dos seres-forças espirituais dentro e por trás das circunstâncias, situações e ocorrências da vida. Os sonhos em maior grau de ignorância comunicam o tikkune que deve ser feito na alma, desde que saibamos como interpretá-los, e os que buscam o Cristo interior e seguem o caminho da presença de Cristo descobrirão que a direção divina lhes aparece cada vez mais nos sonhos. Na experiência dos iniciados, os sonhos são muitas vezes o primeiro contato consciente com os tzaddikim e maggidim dos planos interiores e a resposta às orações e a revelação dos mistérios também costuma vir por meio de sonhos. É simplesmente uma questão de se abrir à graça divina.

Os métodos para o desenvolvimento da consciência fora do corpo ou para a transferência da consciência para o corpo sutil, e os métodos para a geração de sonhos lúcidos e visionários, são tipicamente praticados ao mesmo tempo na Tradição, já que tendem a se facilitar mutuamente, pois o desenvolvimento de um corresponde ao desenvolvimento do outro. Nessas práticas, o papel da arte mágica tem um lugar significativo no desdobramento da auto-realização: seja no sonho ou na projeção astral, temos de saber como pôr à prova todos os espíritos para ver se são do divino ou se provêm do outro lado. Na passagem da alma por meio dos planos inferiores isso é essencial, porque esses planos são em si mesmos uma esfera de engano. Os rituais mágicos da Tradição são os que ensinam aos iniciados como examinar os seres-forças espirituais, como expulsar os espíritos impuros e malignos e como invocar os poderes divinos.

O fundamento dessas práticas é o estudo e a contemplação espiritual, a oração e a meditação, por meio das quais a mente e o coração se enchem com coisas celestiais e divinas, e o desejo é dirigido para o reino dos céus, ou seja, para dentro e para cima — em direção a Deus. Todos os desenvolvimentos da consciência superior dependem da direção do nosso desejo-energia. Até que modifiquemos o equilíbrio interior, experimentaremos níveis superiores de consciência de maneira natural e espontânea. Como dizem os mestres da Tradição, temos de aprender a estar no mundo sem ser do mundo, ou seja, temos de aprender a viver a partir do centro de Cristo e não apenas na superfície, limitados ao nome e à forma. Quem realizar isso não experimentará o aguilhão da morte, mas ascenderá conscientemente a um plano superior de existência quando chegar o momento da transição. É o que indica o Senhor Yeshua ao dizer que devemos alcançar a ressurreição enquanto vivemos, para experimentá-la ao morrer. Todas as tradições de sabedoria concordam nesse ponto — embora o termo para ressurreição possa diferir de uma tradição a outra.

Agonia, morte e vida vindoura — o apocalipse da alma

Yesod é chamado de profundidade do Oeste. No círculo sagrado, o quadrante ocidental está associado à agonia e à morte. Segundo o Zohar, a Árvore da Vida domina durante o dia e, quando o sol se põe na porta do Oeste e chega a noite, a árvore da morte rege o mundo. Isso alude à correspondência entre o sonho e a morte, entendidos como a saída da alma para fora do corpo. Também diz respeito à estreita relação entre Yesod e Da'at, pois Da'at é a porta entre a Árvore da Vida e o outro lado, ou a árvore da morte.

Com Da'at, recordamos a nossa discussão sobre o Apocalipse que, na realidade, significa "revelação". Apocalipse é um termo apropriado para agonia e morte porque o processo da morte é uma revelação progressiva do nosso ser mais profundo quando se dissolvem os níveis denso e sutil da consciência, semelhantes a véus que ocultam a nossa verdadeira natureza. Basicamente, morremos como vivemos e a experiência do além reflete a vida da qual a alma partiu. Mais que a vida exterior, a experiência da morte e a vida vindoura refletem a vida interior — as intenções na vida e o estado da consciência. Até o momento da morte, sempre é possível produzir uma mudança na consciência e, assim, uma mudança na experiência da morte e dos estados de além-mundo. Entre tudo na vida, é o estado de consciência no momento da morte que mais influencia a experiência da vida vindoura.

É curioso o fato de "apocalipse", a palavra grega para revelação, ter adquirido na nossa língua o sentido de escuridão, horror e destruição — pois originalmente indicava uma promessa de redenção e uma revelação mais profunda do caminho da grande ascensão. O fato de o Apocalipse implicar algo negativo para nós reflete apenas que tendemos a nos identificar demais com as coisas más e não entendemos o que realmente somos. Pode-se dizer o mesmo do grande medo da morte que existe na nossa cultura. Tememos a morte porque nos identificamos demais com o nome e com a forma, com o mundo material e com as posses materiais. Assim, não conhecemos a alma de luz que há em nós — a nossa natureza infinita — e a morte aparece diante de nós como um grande adversário ou um grande mal.

É um equívoco a idéia de que a morte é o fim e de que nada há depois dela. Na realidade, a morte é apenas uma transição a um novo nível de experiência — a um novo começo — que pode ser um passo em direção à luz ou por meio de uma grande escuridão, dependendo do estado da alma ou da consciência. O que falamos a respeito de Da'at, que adota uma aparência relativa para o observador ou para quem o experimenta, ocorre também com a morte. Assim como a vida tem muitas possibilidades, a morte e a vida vindoura também as têm.

Os ensinamentos da cabala sobre agonia, morte e vida vindoura — e também sobre dormir e sonhar — preencheriam um livro inteiro e ainda sobraria muito a ser dito. Aqui, faremos apenas um esboço das idéias básicas sobre as quais se fundamentam esses ensinamentos. Em linhas gerais, a agonia e a morte constituem um processo de dissolução dos elementos densos e sutis da consciência na sua natureza primordial. A natureza primordial do ser-consciência é Ain Sof. Assim, a morte é um regresso da alma a Deus e à Divindade. A alma que reconhece Ain Sof, especificamente Ain Sof Or, e percebe a sua unidade com o infinito, consegue o repouso em Deus e na Divindade. Mas, quando a alma não reconhece a unidade sagrada, esse processo de dissolução conduz mais uma vez a um processo de reencarnação, dando continuidade aos ciclos de gilgulim. Como a morte é um processo de regresso a Deus e à Divindade e tem o potencial da iluminação e da libertação da alma, pode ser transformada num veículo de auto-realização por meio do entendimento do processo e da prática espiritual. Aos olhos do iniciado gnóstico, oferece uma oportunidade maravilhosa e é vista como a última aventura que a vida lhe oferece.

Segundo a Tradição, o processo de morrer começa no momento em que nos pomos em contato com a causa da nossa morte. O processo da morte pode ser curto ou longo, dependendo da causa. No caso de um acidente repentino, o processo é muito curto, mas, no caso de algumas doenças terminais, pode abranger um período mais longo da vida. O fato de a Tradição dizer que a agonia começa no momento em que nos pomos em contato com a causa da nossa morte indica que os dois fenômenos, que chamamos de vida e de morte, se sobrepõem, estão entrelaçados e dizem respeito à interconexão dos universos e dos planos de consciência. Indica também a verdadeira natureza da nossa experiência da realidade: estamos sempre em transição de um estado de consciência para o outro. A realidade da experiência está sempre mudando, assim como nós. Nada é estático ou fixo na criação.

No caso de uma doença terminal prolongada, vemos mais claramente o processo da morte. À medida que a pessoa vai ficando mais doente, a vida física decai. A pessoa já não se dedica a tantas atividades físicas, às vezes as posses materiais vão diminuindo e, infelizmente, menos pessoas a visitam. As atividades, as posses, as amizades e outras coisas são extensões do corpo e da vida e, à medida que se desenvolve o processo da morte, elas diminuem e se dissolvem. É como se o mundo da pessoa moribunda estivesse encolhendo — como se o círculo da vida se fechasse no seu centro. Quando chega o dia da morte, o mundo do agonizante é do tamanho do quarto em que está o seu leito de morte.

No leito de morte, quando se desenrola o verdadeiro processo do falecimento, o que ocorre é a dissolução final da matriz densa e sutil que une a alma ao corpo — a dissolução dos elementos densos e sutis, que são terra (forma), água (sentimento), fogo (percepção), ar (intelecto) e espírito-espaço (consciência). A terra se dissolve em água, a água em fogo, o fogo em ar e o ar se dissolve em espírito-espaço. Depois o espírito-espaço se dissolve em si mesmo, ou seja, dissolve-se na sua natureza mais profunda (Ain-nada). A dissolução da terra, da água, do fogo e do ar representa a dissolução interior ou dos elementos sutis.

Dissolução exterior

Quando o elemento terra se dissolve no elemento água, o corpo perde a força e toda a energia lhe é tirada. Fica difícil se mover e o corpo se sente muito denso e pesado. Não podemos nos levantar sozinhos e é impossível, inclusive, levantar a cabeça. Aparece a palidez da morte e fica difícil abrir e fechar os olhos. A mente fica agitada e pode delirar, mas a sonolência nos invade e oferece paz. Isso significa que a energia do elemento terra está saindo do corpo e já não provê uma base para a consciência. Interiormente, podemos experimentar visões de miragens resplandecentes e é comum ver espíritos ou imagens dos que já morreram.

Quando o elemento água se dissolve em fogo, experimentamos uma perda de controle de todos os fluidos corporais. Podemos experimentar fluxos pelo nariz, lágrimas e incontinência. Segue-se depois a secura na boca e na garganta, nos olhos e no nariz e é provável sentir muita sede. Um tremor ou movimento nervoso pode invadir o corpo e as sensações corporais começam a se dissipar. Podemos experimentar uma oscilação entre prazer e dor, calor e frio e a mente pode ficar frustrada, nublada, inquieta e irritável. É provável que tenhamos interiormente visões de espirais de uma substância semelhante à névoa subindo, parecida com a fumaça de uma vareta de incenso.

Quando o elemento fogo se dissolve em ar, a sensação de secura se intensifica e todo o calor passa das extremidades para o coração. Já não bebemos e nem comemos mais. A lembrança da família e dos amigos se dissipa: esquecemos os seus nomes e não os reconhecemos. A vista e o som ficam cada vez mais confusos e já não percebemos as coisas fora de nós. Alguns contemplam interiormente o vôo de faíscas saindo, como as faíscas que sobem de uma fogueira ao ser atiçada.

Quando o elemento ar se dissolve em espírito-espaço, fica mais difícil respirar, parece que a respiração nos escapa. Podemos começar a ofegar; as inspirações se tornam cada vez mais curtas, as exalações cada vez mais longas. Os olhos podem se mover para cima e cessa todo o movimento voluntário. A mente já não tem consciência do mundo externo. A sensação de contato com o mundo desaparece e a mente fica aturdida. Tendem a surgir visões na mente. Quem tem muita negatividade na vida pode ver imagens terríveis e espantosas e os momentos mais escuros da existência podem se refletir na mente. Para os que viveram de maneira amorosa e compassiva, as visões podem ser celestiais, radiantes e plenas de felicidade — e nelas aparecem entes queridos, santos e anjos. Quando a dissolução se completa, é o ponto em que a medicina clínica declara a pessoa "morta". Mas, no nível psíquico e espiritual, a morte só ocorre depois da dissolução interior que se segue a essa dissolução exterior, normalmente cerca de vinte minutos depois da morte clínica.

Dissolução interior

A dissolução interior corresponde à dissolução dos pensamentos e estados emocionais mais sutis — o ser interior mental e vital. É essencialmente a inversão do momento da concepção, quando a semente branca do pai se uniu à semente vermelha da mãe e a nossa alma-ser foi trazida à matriz por meio do jogo do karma (a lei). Segundo os mestres da Tradição, a energia-essência da semente do pai se aloja no topo da cabeça quando o feto se desenvolve e a semente da mãe se aloja na base da coluna vertebral. Correspondem à força ascendente e descendente da energia da serpente, sendo a semente do pai suave e fria e a semente da mãe ardente e quente. No processo da morte, essas sementes de energia se movem para o coração-centro do corpo sutil e o corpo sutil se dissolve nesse ponto central.

Quando a semente do pai desce pelo canal central até o coração, há uma experiência de brilho, como a luz da lua cheia brilhando num céu limpo. A mente fica muito mais tranqüila e clara — totalmente lúcida, e se dissolvem todas as formas de pensamento que vêm do temor, da ira e do ódio. Uma paz profunda invade a alma e não há temor. Quando a semente da mãe sobe pelo canal central até o coração, é como se um sol resplandecente brilhasse num céu limpo — e a alma experimenta uma grande felicidade. Todas as formas de pensamento que vêm do desejo, da luxúria e da cobiça desaparecem totalmente e não resta nenhum desejo. A experiência de paz se aprofunda ainda mais. Os movimentos dessas duas sementes são chamados de caminho branco e caminho vermelho — e correspondem a Hesed e Gevurah.

No momento em que as sementes do pai e da mãe se encontram no coração-centro, revela-se o chamado caminho negro. É como se a pessoa ficasse submersa num abismo de negrume, semelhante a uma matriz cósmica, e então a mente se liberta de todos os pensamentos — a ignorância e todas as formas de ilusão chegam ao fim. Segundo se diz, é Tiferet passando por meio de Da'at em união com Keter (Ain). O caminho negro é chamado de paz perfeita e culmina na saída espontânea da luz transparente, como a luz do céu na alvorada. A entrada no caminho negro é o verdadeiro momento da morte e, portanto, a conclusão do processo.

Embora essa descrição do processo da morte possa parecer um pouco complicada, quem tem consciência dele e o entende, pode transformá-lo num veículo de auto-realização e assim experimentar a ressurreição e a ascensão no momento da morte. Segundo os mestres da Tradição, unindo-nos à Mãe Santa, ao Filho ou à Noiva, em qualquer ponto do processo da morte, podemos alcançar a consciência superna ou messiânica nesse momento e seremos levados em arrebatação divina. Mas, para isso, temos de praticar meditações de união mística e a transferência da consciência em vida — ou ter formado um vínculo vital com um adepto ou mestre que nos ajude a realizar isso.

A vida vindoura acima

O caminho negro é semelhante ao vazio do espaço primordial que surgiu do tzimtzum no princípio da criação e os estados de além-mundo que o seguem refletem a emanação de Or Ain Sof no processo de criação. Segundo os mestres da Tradição, a alma permanece no caminho negro durante três ou quatro dias, antes que os estados de além-mundo comecem a se revelar. No caso da pessoa comum, os primeiros estados, que são mais sutis, passam desapercebidos.

Correspondem aos Olamot de Adão Kadmon, Atzilut e Beriyah. A menos que a alma tenha criado uma conexão com esses níveis superiores por meio da prática espiritual em vidas anteriores, a pessoa permanece inconsciente quando aparecem esses níveis mais sutis. Assim, os estados iniciais na experiência da vida vindoura se apresentam apenas para iniciados que trabalharam para experimentá-los na vida por meio da prática espiritual diária, especificamente a prática da meditação.

O primeiro estado que surge, e o mais sutil, é a essência mais profunda da luz superna, chamado de estado de luz transparente. Esse estado corresponde a Keter e à fase inicial do universo de Adão Kadmon — o humano primordial. Segundo se diz, é como a luz do céu na alvorada e a essência mais profunda da alma de luz, emanada de Or Ain Sof. Ninguém pode descrever essa luz de consciência primordial, mas um mestre da transmissão de luz, que encarna esse aspecto mais sutil da presença de Cristo, pode ajudar o praticante a reconhecê-la na meditação. A experiência do estado de luz transparente pode durar o tempo que o iniciado permanecer e descansar sem distração nessa consciência primordial pura. Essa é a essência secreta do corpo da verdade de Melquisedec e a realização última da ressurreição e da ascensão — o mais alto grau de iluminação, correspondente ao grau de ipsissimus. No reconhecimento dessa luz transparente como a natureza radiante da nossa alma sagrada, ela se une a Deus e à Divindade em descanso perfeito e se converte totalmente em Cristo. Yeshua Messiah fala desse estado de auto-realização no livro do Apocalipse quando diz: "Eu sou o Alfa (Aleph) e o Ômega (Tau), o Primeiro e o Último, o Princípio e o Fim" (Ap 22,13).

Se o iniciado se distrai ou fica inconsciente, a alma sai do estado de luz transparente e surge outro estado de além-mundo, menos sutil e sublime. A luz transparente se converte numa luz branca brilhante, que se condensa em pontos de luz que, por sua vez, se convertem em esferas luminosas. As esferas de luz produzem emanações em forma de raios de luz. Assim, a essência do mundo de luz superna aparece plena de glória irisada — um universo de luz, som e cor. Isso não surge à parte do praticante, mas vem do interior do coração-centro do corpo de luz, em que a alma se manifesta nos estados iniciais de além-mundo. O iniciado é um ser de luz-energia num universo de luz-energia e, se reconhece essa visão de consciência radiante pura como a natureza radiante da sua alma sagrada, experimentará o alcance da plenitude divina e será libertado por meio da unificação em Cristo com Deus. A visão de consciência radiante pura corresponde à retificação do universo de Adão

Kadmon e à matriz interior do corpo da verdade de Melquisedec, correspondendo à auto-realização do grau de magus.

Caso o iniciado não consiga reconhecer esse estado, revela-se um outro estado de além-mundo, chamado de grande visão da luz-presença. A matriz de luz se converte nas formas de luz dos nomes divinos e partzufim. As imagens divinas da Mãe Santa, de Yeshua Messiah e da Noiva, aparecem juntamente com imagens dos santos — os profetas e apóstolos de Deus. Depois aparecem os arcanjos, as ordens de anjos e os sete céus — todo o reino divino e a grande assembléia luminosa. É uma visão do mundo de luz superna, o corpo místico de Cristo. Essa grande visão da luz-presença corresponde a Atzilut e à matriz exterior do corpo da verdade, que é o corpo glorificado de Melquisedec. É a auto-realização do grau de magister templi — e o iniciado que reconhece a unidade sagrada da sua alma sagrada com o mundo de luz superna é libertado dos ciclos de gilgulim e levado à morada celestial.

Essa visão divina é um brilho deslumbrante e a vibração do som é incrivelmente grande. É como a luz de mil milhões de sóis e o som de dezenas de milhares de trovões. A menos que a alma consiga a unificação, pode haver pavor e terror e ela ficará inconsciente. Depois, a grande visão da luz-presença se transformará na visão do resplendor escuro. Essa é a visão da árvore da morte e da presença divina ardente. Aparecem os anjos de ira, os sete infernos e as moradas do caos, e todas as legiões do grande vazio e do caos. É a mesma presença divina, mas contemplada pela mente e pelo coração, cheios de medo. Se o iniciado reconhece a natureza não dual da luz e da escuridão e reconhece nessa visão a natureza radiante da alma sagrada, será libertado e levado à morada de luz superna. Essa visão corresponde ao universo de Beriyah, onde surge o domínio da escuridão e a matriz interior do corpo de glória, da qual o segredo é a união da luz com a escuridão.

A visão do resplendor escuro pode facilmente ser opressiva e, se a alma ficar oprimida, surge a visão do infinito. O reino divino e o reino demoníaco aparecem juntos, e todos os mundos e reinos entre o mundo da luz superna e o domínio da escuridão — toda a matriz de criação preenche a visão de espaço interminável e o iniciado vê com a luz de Adão Ha-Rishon, do princípio ao fim da criação. Essa visão divina está totalmente além da imaginação mortal. Nela, cada possibilidade de criação está presente — desde a luz da grande ascensão até a escuridão e o abismo de destruição. É semelhante à visão do Apocalipse de São João, embora não tenha o seu centro no planeta Terra, mas no universo inteiro com todos os mundos e reinos que há nele.

Nessa visão, a alma é dotada de um grande poder de clarividência, sendo totalmente empática e telepática. Ela pode ver *diretamente* todos os mistérios da alma, da criação e de Deus, e percebe todas as encarnações passadas e futuras. Cada ensinamento, iniciação ou instrução de prática espiritual recebidos é lembrado claramente e o iniciado pode intuir mistérios secretos nunca antes revelados. A visão do infinito também é chamada de visão do grande nome de Deus porque aparecem todos os Olamot, de Adão Kadmon a Asiyah, que correspondem às quatro letras do nome sagrado.

Essa visão divina representa uma grande oportunidade de iluminação e libertação para as almas que se estabeleceram no santuário sagrado em vidas anteriores. Se a alma reconhece esse grande desdobramento mágico como o resplendor da alma de luz e, assim, se unifica a Cristo em Deus, será então libertada dos gilgulim e levada à morada de luz superna. Da mesma forma, a graça divina pode habilitar a recordação da alma sagrada e o iniciado pode experimentar a arrebatação divina por meio da graça, nesse ponto dos estados de além-mundo. Essa visão corresponde à matriz exterior do corpo glorificado de Melquisedec, que é o corpo de manifestação ou emanação. Caso essa visão divina passe sem ser reconhecida, a alma adota um corpo astral parecido com a imagem de si mesma na vida da qual partiu, dirigindo-se mais uma vez às correntes dos gilgulim.

No caso dos seres humanos comuns, os ciclos iniciais da experiência de além-mundo são como relâmpagos na mente, desaparecendo logo que surgem. O karma positivo gerado pela prática e pela vida espiritual, que permitirá à alma alcançar a auto-realização, não foi desenvolvido em vidas anteriores. Esses estados se relacionam principalmente com os fiéis e eleitos que permaneceram no caminho para a iluminação como ensina uma das tradições de sabedoria do mundo, e que trabalharam pelo desenvolvimento e evolução da sua alma-ser. Essas visões refletirão, naturalmente, o conhecimento e o entendimento do indivíduo que as experimenta e adotarão formas correspondentes à sua respectiva Tradição.

A vida vindoura abaixo

Para a maioria das almas, a experiência de além-mundo começa no universo de Yetzirah ou dos planos astrais, especificamente na dimensão astral da Terra. Saindo do caminho negro, a alma passa para a luz branca brilhante, fica inconsciente e recupera a consciência na terra astral, onde adota um corpo astral. A experiência é semelhante ao sonho comum, em que a pessoa fica adormecida e, num estado mais profundo, surgem os sonhos — mas ela esquece que está adormecida e sonhando. De maneira semelhante, quando a alma sai do caminho negro e aparece na terra astral, a pessoa não lembra que morreu.

Esse corpo astral é muito menos energético e luminoso do que o corpo de luz nos estados de além-mundo anteriores, embora tenha todos os sentidos e seja extremamente leve, sutil e móvel — segundo se diz, é dez vezes mais luminoso do que o corpo físico. Tem uma capacidade básica de clarividência e é empático e telepático até certo ponto, embora a clarividência não esteja sob o controle consciente. Até a experiência de além-mundo, chamada de juízo, esse corpo se parece com a pessoa da vida anterior na flor da juventude. Tem perfeita saúde e nenhum defeito (mesmo que a pessoa sofresse em vida de alguma incapacidade física). Como não tem uma base física, esse corpo pode atravessar objetos sólidos e se transportar até uma pessoa ou lugar só pelo pensamento. Mas, inconscientes desse corpo sutil e inconscientes de termos morrido, a maior parte dos movimentos não é controlada pela volição consciente. Nesse sentido, essa fase da experiência de além-mundo é como o sonho, porque ocorre igualmente fora do controle consciente da pessoa comum.

Esse ciclo da experiência de além-mundo é essencialmente o itinerário da alma na terra astral paralela à terra material, de modo que a pessoa vê os acontecimentos da dimensão material, mas não pode interagir com o mundo material. A alma tende a ir a lugares conhecidos e procura visitar seres queridos e amigos. Mas, com a exceção de algumas crianças ou de raras pessoas dotadas de percepção psíquica, não pode ser vista pelos vivos. A pessoa tentará ser vista e notada pelos outros e tentará tocar os amigos e parentes, mas em vão. Tentará influir nas coisas do plano material ou usar as suas posses materiais, mas descobrirá que não consegue. Impotente, presenciará o luto da família e dos amigos, verá os preparativos para o seu funeral e a divisão dos seus bens. Muitas pessoas rapidamente percebem que estão mortas, mas em outras pode surgir uma forte negação. Em casos extremos, o espírito do morto permanece ao redor do corpo e das posses durante muitas semanas e às vezes durante muitos anos. Nesse estado, a pessoa visitará todos os lugares por onde passou em vida e recordará acontecimentos com grande clareza, como se lá estivesse.

Essa experiência é muito intensa porque, com o poder clarividente desse corpo astral, sentimos os pensamentos e as emoções dos outros. Para quem levou uma vida boa e compassiva, essa experiência pode ser muito agradável. Mas quem causou muitos problemas e danos aos outros, pode ter uma experiência terrível. Nesse estado, ficamos extremamente sensíveis e sentimos os efeitos de tudo o que fizemos aos demais — o prazer e a dor aumentados.

Na terra astral, há todos os tipos de espíritos, incluindo os de outros que morreram — assim, entramos em contato com os espíritos. Somos igualmente sensíveis à energia dos espíritos e o tipo de espíritos que encontramos corresponde diretamente aos seres-forças espirituais com os quais nos unimos habitualmente em vida. Essa também pode ser uma experiência maravilhosa ou horrível, dependendo do contínuo kármico da alma-ser.

Durante esse ciclo da experiência de além-mundo, diz-se que a cada sete dias a alma revive a sua agonia e morte. Considera-se que a duração média desse ciclo vai de quarenta e nove dias a um ano, embora possa ser significativamente mais curta ou mais longa. Algumas almas continuam ligadas aos interesses terrenos durante muitos anos e outras durante séculos, antes de seguir adiante. Esse ciclo dura até que a alma deixe para trás a vida passada e esteja pronta para avançar. Quando isso ocorre, a alma passa para a experiência de além-túmulo conhecida como juízo.

Nesse ponto, a alma encontra uma grande luz-presença que adota uma forma relativa à alma-ser individual. Esta luz-presença é cálida, amorosa e indulgente — é toda boa. É essencialmente o resplendor divino do ser de Cristo que está em unidade com Deus e a Divindade. Nessa presença divina, revivemos a nossa vida inteira na mente, integrando todos os conhecimentos e experiências adquiridos, enquanto prestamos contas. Se há julgamento, não vem da luz-presença, mas do nosso interior. Se há algo que não possa ser perdoado, é nossa a incapacidade de perdoar — a nós mesmos ou a outras pessoas. Isso é bem exemplificado no Pai-Nosso e nas palavras do Senhor Yeshua: "Bem-aventurados os misericordiosos, porque alcançarão misericórdia".

O juízo não precisa ser um julgamento: tudo depende de como vivemos. Se adquirimos conhecimento, entendimento e sabedoria, se servimos para elevar o espírito humano e se fomos amorosos, essa pode ser a experiência mais feliz e maravilhosa. Mas, se fizemos o mal e estivemos unidos à escuridão, podemos encontrar uma presença de grande ira. Pacífico, muito feliz ou colérico, é o resplendor da nossa alma-ser, o estado da nossa consciência que contemplamos. Do juízo, algumas almas são levadas às moradas celestiais, enquanto outras entram em mundos e reinos do astral médio. Algumas deambulam numa dimensão astral da terra — no que pode ser chamado de estado de *purgatório* — e depois podem ser levadas a uma das moradas celestiais ou renascer no mundo. Há almas que passam por um dos infernos ou moradas de caos para se purificar antes da encarnação seguinte. Todos esses estados representam transições para a encarnação material seguinte. A maioria das almas regressa à terra para a encarnação física, mas algumas vão para outros mundos, além desta terra. Embora a alma possa passar ao céu mais elevado — o sétimo céu —, mesmo que atinja a auto-realização celestial, acabará regressando a uma encarnação material para continuar o seu desenvolvimento e evolução.

Ao contrário das experiências iniciais de além-mundo, em que o poder divino aparece espontaneamente, quando a alma entra na fase astral da vida vindoura, os poderes divinos só aparecem quando ela concentra neles a sua mente e os invoca. Para isso, temos de lembrar desses poderes — o que significa ter formado um vínculo vital com eles em vidas anteriores. Os ciclos astrais da vida vindoura oferecem muitas oportunidades para a iluminação e a libertação, já que tudo o que invocarmos — um nome divino ou partzuf, um arcanjo ou ordem de anjos — aparecerá de imediato e a nossa alma poderá ser levada em ascensão. Para quem se dedicou à prática e à vida espiritual, tais invocações serão uma parte natural da experiência de além-mundo que tem, potencialmente, condições de terminar em consciência superna. Também encontramos a grande virtude quando temos um tzaddik encarnado — ao visitar a família e os amigos, a alma se aproximará do tzaddik sagrado, que provavelmente perceberá a alma e lhe oferecerá ajuda.

Alguns iniciados colhem em vida os frutos das suas práticas espirituais e recebem dons espirituais ou poderes mágicos, enquanto outros obtêm muito pouco resultado durante a vida. Para muitos, o fruto do trabalho na grande obra vem somente no momento da morte e nos estados de além-mundo que a ela se seguem. Isso se reflete no título do grau rosacruz associado a Yesod, theoricus, implicando conhecimento sem a geração de talentos ou dons espirituais. Segundo o Zohar, há muito mérito gerado por quem procura adquirir conhecimento e se dedica à prática espiritual sem colher nenhum fruto durante a vida, já que isso pode conduzir a um resultado maior durante a transição da alma fora do corpo. A morte e a vida vindoura são a verdadeira revelação do desenvolvimento e da evolução da alma-ser. Dizem as Escrituras que “para o que vive pela fé, lhe será contada como justiça”.

O tema da agonia, da morte e da vida vindoura pertence exclusivamente a Yesod porque a maior parte da experiência de além-mundo é principalmente astral e corresponde a Da’at-Yesod na Árvore da Vida. Toda a experiência de além-mundo ocorre dentro da nossa consciência, mas assim também acontece com a vida. Assim, o reconhecimento do que aparece como a natureza radiante da nossa alma sagrada é parte da prática gnóstica na vida, como também nos estados de além-mundo. Esse processo de que falamos em termos da morte e da vida vindoura ocorre ao dormir e sonhar; sucede num nível sutil o tempo todo, inclusive na consciência em estado de vigília. Se nos perguntarmos onde estão os céus e os infernos, e todos os mundos e reinos dos planos interiores, todos existem no mesmo espaço e tempo, aqui e agora. Estamos neles e eles existem em nós. É apenas uma questão de ter plena consciência e de desenvolver uma continuidade de autoconhecimento em todos os estados da consciência. Logo nos daremos conta da natureza metadimensional da criação e da unidade sagrada que a sustém. É isso, em essência, o que os gnósticos querem dizer quando falam da ressurreição e da ascensão — um despertar para uma realidade maior.

O profeta do apóstolo de luz

> *Conforme está escrito no profeta Isaías: Eis que eu envio o meu mensageiro diante de ti a fim de preparar o teu caminho; voz do que chama no deserto: preparai o caminho do Senhor, aplainai as suas veredas.*
>
> *Assim, João Batista esteve no deserto proclamando um batismo de conversão para a remissão dos pecados. E iam até ele toda a região da Judéia e todos os habitantes de Jerusalém, e eram batizados por ele no rio Jordão, confessando seus pecados.*
>
> *João se vestia de couro de camelo e se alimentava de gafanhotos e mel silvestre. E proclamava: "Depois de mim, vem o mais forte do que eu, a quem não sou digno de, abaixando-me, desatar a correia das sandálias. Eu vos tenho batizado com água. Ele, porém, vos batizará com o Espírito Santo".* (Mc 1,2-8)

A cabala diz que não precisamos nos afastar do mundo para buscar estados superiores de consciência e auto-realização. Na realidade, no caso da maioria das almas entre os fiéis e eleitos, a missão do Neshamah exige um forte contato com o mundo, tanto como com os poderes divinos de cima. Entretanto, a cabala também diz que há almas de graus superiores que não estão destinadas a ter muito contato com o mundo material, pois têm uma missão ultramundana e devem evitar a interação com a esfera mundana. São tzaddikim muito raros e especiais, que se qualificam ao título de "maggid" (angélico), porque a sua missão é semelhante à de um grande anjo e a sua alma fica mais nos céus do que no corpo. Segundo a Tradição, João Batista era um tzaddik sagrado desse tipo, sendo muitas vezes chamado de maggid do Sagrado Evangelho.

Como já dissemos, a alma de Elias reencarnou como João Batista e a cabala cristã diz que todos os grandes profetas enviaram uma centelha sagrada do seu Neshamah para a alma de João, de modo que a plenitude divina do Baal Shem — o mestre do nome — se encarnasse nele. Ele próprio foi uma grande luz-presença no mundo, encarnando a luz da sucessão de profetas que vieram antes e, no entanto, está escrito sobre ele: "Houve um homem enviado por Deus. Seu nome era João. Este veio como testemunha, para dar testemunho da luz, a fim de que todos cressem por meio dele. Ele não era a luz, mas veio para testemunhar a luz, a luz verdadeira que, vindo ao mundo, ilumina todo homem" (Jo 1,6-9). Segundo um midras cristão (história, mito ou lenda) associado a esses versículos, João não veio apenas dar testemunho da encarnação da luz superna, a alma do Messias, mas também abrir caminho para ele e servir de parteiro.

João era apenas seis meses mais velho que Yeshua e, desde a mais tenra juventude, teve um Baal Shem de uma assembléia de profetas para ser criado. Viveu sempre no deserto, afastado da sociedade mundana e, até ser encarcerado por ordem de Herodes, nunca tinha posto o pé num povoado ou cidade do sistema humano profano. Ele recordou os ensinamentos que recebeu desde a primeira instrução, e o caminho do merkavah lhe chegou facilmente, como se fosse uma brincadeira de criança. Quem mais poderia ser o tzaddik sagrado de quem seria o primeiro entre a humanidade a ser ungido com a luz superna de Deus?

Quando João e Yeshua estiveram juntos no rio Jordão, os grandes anjos Metatron e Sandalfon estavam com eles, os sete arcanjos do Cristo formaram um círculo à volta deles, as ordens correspondentes de anjos santos formaram um círculo do lado de fora desse círculo interior e as almas dos justos e dos espíritos dos profetas também se congregaram. Foi como se João e Yeshua tivessem se convertido numa porta de luz superna no mundo material. Essa é a dimensão visionária do batismo de Yeshua realizado por João, que é visto na meditação gnóstica no advento do Messias entrando no mundo.

Segundo um midras cristão que fala do batismo, quando o espírito do Messias entrou no Senhor Yeshua, despertou também em Santa Maria Madalena — e a união do Senhor Yeshua com o Espírito Santo foi a união do Noivo e da Noiva Santa num nível interior. Assim, no batismo, João é como um tzaddik presidindo um casamento. Por isso, diz-se que as asas dos grandes anjos de

Keter e Malkut são o dossel da boda e quando *Mazzal Tov* (boa sorte) foi proclamada, foi boa sorte para o mundo, completando a bênção da criação no princípio, quando Deus disse que "isso era bom".

Na cabala cristã, João Batista é o partzuf (partzuf abaixo, personificação ou encarnação) de Yesod. Primeiro porque é o tzaddik do mestre perfeito e Yesod é o Sefirah do tzaddik sagrado; segundo, porque é o tzaddik que preside as bodas do Noivo e da Noiva, e Yesod representa a união do Noivo (Tiferet) e da Noiva Santa (Malkut). Quando Malkut se une a Tiferet, a luz superna de Keter desce. Esta é a própria essência do batismo sagrado.

Nas invocações cristãs gnósticas, João Batista desempenha um papel tão central quanto o da Mãe Santa e da Noiva. A Mãe é invocada muitas vezes e se pede a ela que ajude a dar a luz a Cristo em nós, e a Noiva Santa é invocada e se pede a ela que ponha a nossa alma em total unidade com Cristo. O espírito de João Batista é invocado para que abra o caminho e atue como parteiro no nosso processo de dar à luz a consciência cristã. Da mesma forma, João Batista é chamado quando buscamos conhecimento do caminho dos profetas e consciência profética. Muitas meditações gnósticas se concentram na imagem de João Batista quase da mesma forma que na imagem da Mãe, do Filho e da Noiva; o maggid do Evangelho é considerado inseparável da encarnação divina, assim como Yesod é inseparável do pilar de compaixão.

No judaísmo se diz que o espírito de Elias visita cada rito de Milah (circuncisão) e que a alma de Elias chega entre os fiéis em cada festa da Páscoa. Na tradição cristã gnóstica, diz-se que o Espírito de João está presente em cada rito de batismo e que a Alma de João assiste a cada festa de ressurreição.

A força do Todo-Poderoso

O arcanjo Gabriel é a manifestação de Yesod em Beriyah. Gabriel significa, literalmente, "força de Deus", ou "Deus é minha força". Talvez mais do que qualquer outro arcanjo, Gabriel revela a natureza enigmática dos seres angélicos. Muitas vezes, projetamos ideais humanos sobre os arcanjos e anjos, e tornamos os anjos sentimentais, mas, na verdade, eles são diferentes do humano e têm uma natureza ultramundana. A motivação dos anjos não pode ser entendida em termos humanos ou valores mortais. Embora os anjos possam ser muito úteis para os humanos, em certas ocasiões podem ser muito perigosos e até mesmo prejudiciais. Assim como servem aos interesses humanos alinhados com a vontade divina, podem se opor a outros interesses humanos. O que os anjos são para nós depende essencialmente da nossa relação com o divino.

Gabriel está no quadrante ocidental do círculo sagrado e, embora esteja associado a amor e devoção, também se relaciona com escuridão, morte e destruição. Segundo a Tradição, foi Gabriel quem lutou com Jacó em Peniel, ferindo-o no músculo; e foi Gabriel quem realizou a destruição das cidades de Sodoma e Gomorra. Quando o Senhor quis matar Moisés depois da revelação da sarça ardente (Êx 4,24), foi Gabriel quem espreitou Moisés, adotando a forma de um grande dragão, parecido com o Leviatã. Entretanto, Gabriel é o arcanjo da anunciação, que traz boas notícias à Mãe Santa e anuncia o nascimento do Menino Santo aos pastores. Também se diz que Gabriel é um dos anjos presentes na ressurreição e na ascensão. Na visão de Daniel, Gabriel é o homem de roupa branca auxiliado por Miguel e, segundo a cabala, é o homem vestido de branco na visão de Ezequiel. Quando Santa Maria Madalena estava perdida e andando a esmo antes do seu despertar, Gabriel atuou como o seu anjo da guarda e é considerado o anjo que expulsou os demônios quando ela foi exorcizada pelo Senhor. A ele se atribui também o salvamento de três homens santos de um forno em brasa. Diz-se que ele é o guardião do patriarca José e, segundo a tradição islâmica, é o anjo que falou ao profeta Maomé.

Gabriel é conhecido como o príncipe do paraíso (Tebel-Vilon), o primeiro céu, e é o regente dos guardiões do paraíso e dos grandes guardiões do contínuo-pacto. Ele-ela também tem domínio sobre os ciclos da Lua e sobre o elemento água, e diz-se que é um provedor de sonhos e visões. Gabriel é também o guardião das portas do abismo e o grande anjo que tem as chaves do abismo de Abadon (destruição). Esses atributos do arcanjo Gabriel descrevem a natureza enigmática dos seres angélicos. Os ensinamentos sobre Gabriel se destinam a lembrar aos iniciados que a verdadeira natureza dos seres angélicos será sempre um mistério — algo que se deve ter em mente ao invocá-los.

Há várias imagens usadas nas invocações de Gabriel. Talvez a mais antiga seja a imagem de um ser humano vestido de branco brilhante, com o corpo feito de fogo puro. Outra é a imagem de um grande anjo alado, com uma toga de ametista e asas de glória irisada. Gabriel também é visto em toga azul com sutis matizes cor de laranja, quando é invocado em correspondência com a força elementar da água. Numa determinada forma de invocação, Gabriel é visualizado na imagem do grande dragão. Todas essas imagens divinas fazem alusão aos mistérios de Yesod em Beriyah. Nas invocações mais básicas de Gabriel, usa-se o nome divino de Shaddai El Chai e o canto *Gya Ko Ho Ge Ba Gabriel*.

Muitas vezes, Gabriel é chamado para produzir revelação divina por meio de sonhos e visões e para uma compreensão mais profunda das profecias. No ritual gnóstico mais usado para consagrar a Sagrada Eucaristia, a invocação de Gabriel desempenha um papel-chave. Ele-ela também é invocado para facilitar a justiça e para a proteção do contínuo. Associado à lua, Gabriel é muitas vezes invocado em ritos lunares. Como um dos quatro grandes anjos do círculo sagrado, Gabriel tem muitos papéis no contínuo.

Os guardiões e as portas

No nível de Yetzirah, o Sefirah Yesod se manifesta como a ordem dos kerubim (querubins). A palavra *kerub* está estreitamente ligada a merkavah e a rakhav, que significa "montar". Assim, kerub conota um veículo, meio de transporte ou algo que se conduz. Essa idéia se revela quando é escrito: "Ele [...] cavalgou um querubim e voou, planando sobre as asas do vento" (Sl 18,10).

No Santo dos Santos do templo, aparecem as imagens de dois querubins na Arca da Aliança. Num versículo onde são mencionados, há outra associação dos querubins com a palavra merkavah: "[...] Deu-lhe o modelo do carro divino, dos querubins de ouro com as asas abertas cobrindo a Arca da Aliança de *Yahweh* [...]" (I Cr 28,18). Quando a Arca da Aliança se encontrava no tabernáculo e no templo do rei Salomão, diz-se que o espaço entre os querubins era um ponto de focalização para a meditação profética. Ao falar da Arca da Aliança, o Senhor disse a Moisés: "Ali virei a ti, e, de cima do propiciatório, do meio dos dois querubins que estão sobre a arca do Testemunho, falarei contigo acerca de tudo o que eu te ordenar para os filhos de Israel" (Êx 25,22). As imagens dos querubins tinham "rostos pequenos", ou seja, rostos de criança; os querubins olhavam um para o outro e as suas asas se estendiam de um para o outro, formando uma espécie de porta. A arca continha as duas tábuas de pedra da lei, o rolo original da Torá (chamado "Árvore da Vida"), a vara de Aarão que floresceu e uma porção do maná celestial que alimentou os filhos de Israel no deserto. As poderosas emanações espirituais dos objetos sagrados eram focalizadas entre os querubins, de modo que uma porta ou portal se formasse na dimensão espiritual. Assim, concentrando a mente nesse espaço entre os querubins, um profeta podia entrar na consciência profética. Com conhecimento dos nomes divinos, um profeta podia até mesmo trazer poderes espirituais dos mundos superiores por meio dessa porta ou portal.

Isso indica que os querubins são portas de uma dimensão a outra, ou de um mundo ou reino a outro e, como tal, funcionam como veículos entre uma dimensão e outra ou como conexões entre dimensões, mundos e reinos da criação. Mas os querubins não apenas formam as portas: são também os seus guardiões. Nas Escrituras, isso é indicado pelo querubim que diz ter sido posto na entrada do jardim do Éden, em cujas mãos havia uma espada flamejante volteando continuamente para que ninguém entrasse no paraíso, senão pela vontade de Deus. Assim, os querubins são as portas e os guardiões: a porta e o guardião são a mesma coisa. Qual é a natureza da sua proteção? Ao passar pela porta, a alma resistirá ou não à força espiritual maior que há no outro lado. Tal é a natureza da proteção divina de uma porta ou portal.

Na visão de Ezequiel, os querubins são a aparência que adotam os Hayyot Ha-Kodesh, o que indica uma associação muito estreita entre os Hayyot e os querubins. Isso se reflete na correspondência entre Yesod e Da'at na grande árvore, e o ensinamento de Da'at representa o que é revelado de Keter. Enquanto os querubins da Arca da Aliança têm uma cara cada um e os seus rostos são de criança, outros entre os querubins têm quatro caras, como os Hayyot — a cara de um ser humano, de um leão, de uma águia e de um boi. Isso alude aos querubins como "portas das estrelas" e "portas da terra", por meio das quais entram as emanações do mundo espiritual na terra astral — e os associa aos ofanim e aos aralim.

Considerando os querubins diante da porta do jardim do Éden e os querubins na arca da aliança, quando se diz que João e Yeshua formaram uma porta de luz no momento do batismo, não podemos deixar de pensar nos querubins. Da mesma forma, quando olhamos a Árvore da Vida, não podemos deixar de ver os pilares de misericórdia e severidade como grandes querubins, sendo o pilar de compaixão a porta da ascensão, formada entre eles. Por isso, os mestres da Tradição dizem que um querubim de misericórdia e outro de juízo devem estar juntos para formar uma porta, pois a passagem entre dimensões, mundos e reinos requer misericórdia e juízo.

Sempre que há uma mudança ou projeção da consciência, de uma dimensão, mundo ou reino a outro, a ordem dos querubins está envolvida. Como guardiões entre os mundos, a eles é atribuído um grande conhecimento dos mistérios secretos, como os aralim (tronos). Como as portas ou intervalos compõem a matriz da criação e ligam entre si diversas partes da mesma, diz-se que os querubins têm o poder de unir as coisas e revelar a sua ordem correta. É dos querubins que os iniciados adquirem o conhecimento das chaves necessárias para invocar e atravessar portas — e eles são invocados como guardiões do contínuo e dos lugares sagrados. Embora seja comum falar dos querubins como portas no espaço, para compreendê-los apropriadamente temos de considerá-los também como portas no tempo, pois o espaço-tempo é inseparável. Isso faz alusão ao poderoso papel dos querubins nas profecias e à sua invocação na magia divina que envolve o espaço-tempo.

Além das classes superiores de querubins que servem de portas e guardiões, há também, segundo a Tradição, classes de querubins que realizam intercessão divina e outras que ficam continuamente em oração, realizando milagres por meio da sua comunhão com a presença de Deus. Além dessas, diz-se que há classes de querubins extremamente escuros e coléricos, que não são invocados com freqüência pelos iniciados por serem imprevisíveis e também devido à sua ferocidade. Como as outras ordens de anjos, os querubins também são representados por uma grande diversidade de classes e tipos — certamente mais do que o espaço permite descrever neste livro. Ainda assim, o que já foi dito basta para localizar o papel dos querubins na cabala.

Práticas espirituais para Yesod

A invocação e meditação de João Batista

- Pode-se adquirir muito conhecimento sobre o Evangelho Sagrado e a encarnação divina por meio da meditação no maggid, João Batista. Igualmente, por meio da invocação do espírito de João, pode-se obter conhecimento dos profetas e do seu caminho. Quando se busca a gnose dos mistérios profundos, é comum o iniciado realizar o rito do batismo e continuar com um retiro no deserto para invocar o espírito dos profetas e praticar a meditação no maggid.
- Diga a invocação:

  Eheieh, Yahweh, El Shaddai, Adonai — oh, Santo do Ser, concede-me a bênção da comunhão com o espírito dos profetas. Em nome de Moisés, Samuel e Natan e Isaías, Jeremias e Ezequiel. Em nome do Ungido, o Noivo e a Noiva Santa, o Espírito dos profetas, Espírito de João Batista, vem aqui comigo. Aparece em minha mente, fala no meu coração e ilumina a minha vida — divide a bênção da tua presença comigo e comunguemos no Espírito de Santidade.

- Depois da invocação, visualize a imagem divina do maggid aparecendo magicamente no espaço à sua frente, vestido com uma roupa de pele de camelo, com um cinturão de couro, cabelos revoltos e olhos penetrantes. Um dos pés está sobre um rio e o outro sobre a terra, e a imagem total é radiante de glória — a imagem do profeta é formada por luz translúcida.

➢ Às vezes são cantados os nomes de Deus e dos profetas e outras vezes a meditação é feita em silêncio, tudo de acordo com a inspiração. Pode ser que o espírito de João lhe fale, ou é provável que o toque e o abençoe. Uma palavra de conhecimento pode vir, ou talvez a revelação de um mistério secreto; em algumas ocasiões, pode haver uma visão. Seja como for, deixe que passe o que se apresentar. Quando a meditação estiver completa, visualize-se sendo batizado pelo profeta com luz e glória, o corpo-mente radiante de luz — e a imagem do maggid desaparecendo assim como apareceu. Em seguida, dê graças a Deus pela revelação divina por meio dos profetas e louve ao Senhor. Essa é a meditação básica com João Batista.

Meditação do pilar do meio

No círculo gnóstico, as práticas usadas pelos iniciados podem variar enormemente de um para o outro. Mas a meditação do pilar do meio é tipicamente um ponto em comum no contínuo de práticas espirituais entre os iniciados da Tradição. É o método básico para ativar a energia da serpente, estabelecer centros-chave no corpo sutil e fazer circular a energia espiritual por meio do corpo sutil e da aura. Ao mesmo tempo, é um método essencial para receber o ruhaniyut e o shefa do pilar do meio da Árvore da Vida e, especificamente, para introduzir luz superna no corpo sutil — um método para a geração do corpo de luz. Assim, é mais do que uma prática para despertar a serpente de fogo, sendo uma invocação do Espírito do Messias e dos poderes divinos. Na prática básica, são usados apenas os nomes divinos do pilar do meio, mas, depois de realizar o pilar do meio, os iniciados podem invocar também os arcanjos da Árvore da Vida e as ordens dos anjos, ou invocar partzufim como Yeshua Messiah, a Mãe ou a Noiva. Muitas vezes, essa prática se une a outras.

A meditação do pilar do meio é usada para gerar a energia espiritual necessária para a projeção da consciência num corpo sutil, para trabalho de cura e magia divina. Descrito nos termos mais simples, o pilar do meio é o gerador de energia do contínuo de prática espiritual do iniciado — assim, serve de pedra angular sobre a qual se constrói um contínuo de prática espiritual diária. É uma excelente prática de autocura e está no centro do caminho curativo na cabala sagrada. Todas as práticas de cura são desenvolvidas por modificação do pilar do meio. É também um método básico de defesa psíquica e espiritual, já que energizar o corpo sutil e a aura impede que as forças klippóticas formem vínculos ou realizem ataques psíquicos para causar dano. Quando somos como o sol espiritual, a escuridão e a negatividade não têm lugar. Essa é uma prática espiritual poderosa e versátil, fácil de aprender e usar. É igualmente boa para o principiante e para o adepto e costuma ser a primeira prática que se ensina a um iniciado novato.

- ➢ Sentado ou em pé, como preferir, fixe a mente na respiração, deixando que o corpo encontre o seu ritmo respiratório natural. Recolha a consciência dentro do coração e fique tranqüilo por alguns momentos — simplesmente seja.
- ➢ Dirija a atenção ao topo da cabeça e visualize sobre ela uma esfera de luz branca brilhante — uma luz diamantina que brilha com as cores do arco-íris. Imagine que está respirando por meio desse centro sobre a cabeça e complete pelo menos três ciclos de inspiração e expiração por meio dele. Depois, dê vida ao centro entoando o *Eheieh* pelo menos três vezes (três ciclos de respiração entoando o nome divino é o número mínimo para cada centro nessa prática).
- ➢ Visualize um canal de luz descendo através do topo da cabeça até a garganta, onde se forma um centro de luz lavanda translúcida. Respire por meio desse centro. Em seguida, dê vida a esse centro entoando o nome divino de *Yahweh Elohim*.
- ➢ Visualize a luz descendo até o centro do corpo, no plexo solar, e formando aí um centro de luz dourada translúcida. Respire por meio desse centro. Depois ative o centro entoando o nome divino de *Yeshua* (também pode ser usado *Yahweh Elohenu*).
- ➢ Visualize a luz descendo até a área da virilha e formando nela um centro de luz violeta translúcida. Respire por meio do centro e em seguida dê-lhe vida com o nome divino de *Shaddai El Chai*. (Para um fluxo especial de graça, pode empregar o nome de *El Shaddai* ou, para proteção divina especial, o nome de *Shaddai*.)
- ➢ Visualize a luz baixando até os pés e formando neles um centro de escuridão radiante — como luz obsidiana translúcida. Respire por meio desse centro e depois entoe o nome divino de *Adonai*. (Para um equilíbrio de energia mais forte, empregue o nome divino de *Adonai Ha-Eretz*; para uma prática mais devocional, use o nome divino de *Adonai*

Melekh. Os devotos da Noiva Santa usam, muitas vezes, o nome divino de *Kallah Messiah.*)

- Visualize uma energia ardente acesa na esfera de Malkut (a esfera negra nos seus pés) e imagine um grande aumento de movimento e pressão, até que um fio de energia ardente rompe o canal de luz formado pelo pilar do meio. Visualize a energia ardente ascendendo e mesclando-se à luz em cada centro, e a energia combinada de luz ardente subindo rapidamente e saindo pelo topo da cabeça, como se você tivesse se convertido numa grande fonte de luz ardente. Veja essa luz fluindo sobre você e penetrando a sua aura ou esfera de sensação.
- Imagine o fluxo de luz se unindo à sua respiração de maneira que, ao respirar e visualizar, possa dirigir conscientemente essa luz ardente. Ao expirar, visualize uma corrente de luz ardente descendo pela parte da frente do seu corpo. Ao inspirar, visualize a mesma corrente subindo pela parte de trás do corpo, criando assim um circuito à sua volta.
- Uma vez estabelecida a primeira corrente, visualize outra, que desce pelo lado esquerdo do corpo e sobe pelo lado direito, junto com a expiração e a inspiração.
- Agora, visualize uma esfera translúcida de luz ardente ao seu redor e as correntes movendo-se independentemente na esfera. Visualize o seu corpo como luz ardente translúcida e veja todos os centros no corpo de luz, e a força descendente e ascendente fluindo. Fique em meditação com essa visão pelo tempo que puder. Isso conclui a prática. (Às vezes a prática é aberta e fechada com a cruz cabalística. Se o pilar do meio é desenvolvido para defesa contra a negatividade, visualize a esfera exterior de luz tornando-se sólida e impenetrável, até se converter num cristal radiante.)
- Em princípio pode parecer estranha a idéia de respirar por meio de centros, levar a energia por meio da aura e o corpo sutil respirar. Mas dentro e por trás da respiração comum, há uma *respiração espiritual* ou *respiração energética* — o hálito radiante e sagrado. Na verdade, há cinco respirações diferentes dentro do hálito sagrado e radiante no corpo sutil, que correspondem aos cinco elementos. A prática de respirar por meio dos centros é uma boa forma de tomar consciência dessa respiração da alma e, assim, se inclui como parte da prática básica. Em práticas avançadas, são dados exercícios de respiração específicos, para realizar ainda mais o poder do hálito sagrado.

QUATORZE

MALKUT, O REINO DIVINO

Atributos

Trinta e dois caminhos de sabedoria: consciência cintilante (Sekhel MitNotzetz). É assim chamado porque se eleva, sentando-se no trono do entendimento; brilha com o resplendor de todos os luminares e dá uma afluência de aumento ao príncipe da face.

Malkut: o reino.

Posição na Árvore da Vida: a base do pilar de compaixão.

Nome divino: Adonai.

Nomes divinos alternativos: Adonai Ha-Eretz, Adonai Melekh, Kallah Messiah.

Partzuf acima: Kallah, a Noiva; Nukva, a Filha.

Partzuf abaixo: Santa Maria Madalena; também o rei David.

Imagem divina: a imagem da Noiva Santa; Santa Maria Madalena; a donzela de luz coroada e entronizada.

Arcanjo: Sandalfon.

Ordem de anjos: Ashim.

Atributo celestial: Holem Ha-Yesodot, esfera dos elementos fundamentais; Eretz, a terra.

Títulos dados a Malkut: a comunidade de Israel; o círculo gnóstico; o corpo de Cristo; a porta; vale da sombra da morte; porta da morte; filha do vivente; noiva santa; matriz da vida; donzela de luz; shekinah inferior; árvore da morte; pomba da paz; terra de promessa; Jerusalém; a terra que flui com leite e mel; porta de oração; profundidade do mal; porta das lágrimas; porta da justiça; sophia nigrans; o reino dos céus; a princesa; a rainha; a virgem; a senhora do deserto; morada sagrada; jardim do éden; o espírito dos profetas.

Nível da alma: Nefesh, alma vital (Nefesh Behamit e Nefesh Elokit).

Morada celestial: Vilon, o primeiro céu — o véu; tebel, paraíso terrestre.

Experiência espiritual: Gnose do reino de Deus; união extática com a mãe natureza; visão do mundo vindouro; visão da dama de vermelho; visão da nova Jerusalém.

Virtudes: visão centrada e em foco; harmonia com a natureza; comodidade com o corpo; alegria na vida; sentido da aventura; distinção ou discernimento; consciência do entorno; consciência da abundância.

Vícios: falta de foco; falta de harmonia com o entorno e a natureza; desprezo pelo corpo; cobiça; ilusão de escassez ou pobreza; mau discernimento; preguiça; desânimo; falta de alegria e vitalidade na vida; mau vizinho.

Símbolo: o círculo sagrado ou círculo mágico; o santuário do templo sagrado; o lugar de reunião; a casa do Tzaddik; quadrado; cruz de braços iguais; cruz de Malta; qualquer lugar sagrado; natureza; uma pedra ou cristal; o pentáculo sagrado ou moeda de redenção; qualquer moeda corrente; sandálias ou sapatos.

Mandamento: Não cobiçarás (Êx 20,17).

Sermão da Montanha: Bem-aventurados os pobres em espírito porque deles é o Reino dos Céus (Mt 5,3).

Anjo do apocalipse e das igrejas: a sétima estrela e o sétimo candelabro e a mensagem ao anjo da igreja em Laodicéia (Ap 2,18-29).

O reino sagrado

Uma árvore amadurece quando é fértil e dá bom fruto — ou seja, o fruto que contém semente. A vida de uma árvore está no fruto e, em essência, uma árvore existe para gerar frutos, que por sua vez criam novas árvores. O mesmo se passa com a Árvore da Vida, já que o Sefirah Malkut é o fruto sagrado da árvore. Os Sefirot, de Keter a Yesod, existem para gerar Malkut, que é o recipiente sagrado de todas as energias espirituais dos Sefirot. Malkut (o reino) contém as energias espirituais dos Sefirot acima dele e é composto das energias espirituais de todos os Sefirot, representando assim a matriz imanente das forças espirituais que se manifestam como a criação.

Malkut é representado pelo último He do Tetragrammaton, que indica a soberania da presença e do poder divino na criação e conota a idéia de receber. Como já vimos, o primeiro He do Tetragrammaton representa a Binah-Aima e a Shekinah superior. Compartilhando a mesma letra do grande nome, Binah e Malkut estão estreitamente relacionados. Malkut é chamado Nukva, a Filha, e é a Shekinah inferior. Binah-Aima é a matriz transcendental de forças em manifestação real. Essa matriz de criação é, em essência, a mesma — a Mãe, representando o ideal, e a Filha, representando o real. Assim, a Mãe divina, como a Shekinah superior, é a presença e o poder de Deus além das criaturas e da criação, e a Filha Santa, como a Shekinah inferior, é a presença e o poder de Deus dentro das criaturas e da criação.

Devido ao fato de Malkut ser a receptividade total, diz-se que "não tem luz ou vida própria", só a luz e a vida que recebe da Mãe celestial por meio dos seis Sefirot entre Binah e Malkut. Assim, a aparição da Shekinah nos planos inferiores e no mundo depende dos poderes divinos que são invocados e do grau em que o ruhaniyut e o shefa dos Sefirot são baixados até Malkut que, no nível mais fundamental, representa o mundo material. Assim, a Shekinah pode aparecer clara ou escura, como manifestação de misericórdia ou juízo, dependendo do equilíbrio dos poderes divinos que são invocados ou evocados pelos seres humanos. A vida na terra pode ser celestial ou infernal, dependendo das ações dos humanos. Como toda vida é uma manifestação da Shekinah — a presença e o poder divinos — a vida e tudo o que nela ocorre é a forma sob a qual a Shekinah aparece.

Malkut é Nukva, a Filha, mas também é Kallah, a Noiva Santa. Lembremo-nos de que Tiferet (o seis) se manifesta como o Filho e o Noivo. Quando a luz superna é baixada até Malkut, que é inundado com o ruhaniyut e o shefa de Tiferet (o seis), ele é unido a Tiferet. Quando Malkut e Tiferet se unem, o Filho se converte em Noivo e a Filha em Noiva Santa. Isso corresponde à aparição clara da Shekinah e à manifestação da providência divina conforme a misericórdia. Inversamente, quando o fluxo de luz superna — e o ruhaniyut e o shefa do seis — é prejudicado, Malkut, separado ou divorciado de Tiferet, é denominado a mulher divorciada, a viúva ou a Shekinah no exílio. Isso corresponde à aparição escura da Shekinah e à manifestação da providência divina conforme o juízo.

Malkut representa essencialmente o poder que Deus nos dá para receber d'Ele (ou d'Ela) — e a idéia do ser humano e da criação como recipiente sagrado da graça divina ou, especificamente, como veículo sagrado por meio do qual a presença divina pode ser realizada e encarnada. Em Malkut, são cumpridos os propósitos de dar e da criação. Representa a relação na qual o que recebe pode se converter no que dá e na qual o ser humano se converte na encarnação da presença e do poder de Deus — é assim que o Malkut de Deus se manifesta no mundo material.

A manifestação mais elevada de Malkut é no nível de Adão Kadmon. No universo de Adão Kadmon, os Sefirot são compostos de luz clara ou transparente — a luz pura do infinito, que é a essência mais profunda da luz superna. Essa é a luz da Alma do Messias, e Malkut de Adão Kadmon é o corpo do ser humano primordial — o ungido de Deus —, que é formado de luz transparente. Dessa forma, Malkut de Adão Kadmon corresponde à realização total do corpo da verdade de Melquisedec e é chamado de luz-presença superna ou alegria de luz clara.

No nível de Atzilut, a luz transparente aparece como brilho branco, que se diz ser semelhante a um fogo nuclear espiritual. Essa luz ardente é a glória que flui do corpo místico do Messias e se manifesta como Malkut de Atzilut, que é o mundo de luz superna. A luz-presença superna (Malkut de Adão Kadmon) e o mundo de luz superna (Malkut de Atzilut) são inseparáveis, mas ainda assim há uma diferença muito sutil e sublime entre eles, que permite surgir o universo de Beriyah.

Em Beriyah, o brilho branco se manifesta como raios de glória irisada, a aura do Messias, por assim dizer, que representa a emanação do Cristo cósmico e de todas as forças espirituais da criação. A alma do Messias é conhecida como a luz dos céus e Malkut de Beriyah é chamado de reino dos céus — porque, recebendo essa luz do Cristo cósmico, Malkut de Beriyah dá nascimento aos sete céus e a todas as moradas celestiais. Esse nível de Malkut corresponde à realização do corpo glorificado de Melquisedec — o corpo angélico ou celestial.

O reino dos céus é a luz do universo de Yetzirah, do qual o Senhor disse: "Eu formo a luz e crio as trevas..." (Is 45,7). Dessa luz, foram formados os anjos santos e todos os espíritos de justiça e, assim, Malkut de Yetzirah é denominado o mundo dos anjos. A luz do mundo dos anjos é a luz do mundo material. Malkut de Asiyah é o universo e o mundo material, especificamente esta boa terra, na medida em que ela reflete o reino dos céus e o mundo se estabelece sobre a ordem divina que Malkut representa. Malkut representa basicamente a culminação do processo de criação que ocorre em cada um dos Olamot e é a ordem divina quando se manifesta nos cinco universos.

Associado ao último He do Tetragrammaton, que representa o universo de Asiyah, Malkut é visto antes de tudo como o mundo material e a matriz de forças espirituais que há dentro e por trás da dimensão material. A idéia de Malkut como o propósito da Árvore da Vida — o fruto da árvore — e a sua correspondência primária com o universo material e o mundo material, reflete a importância que a cabala confere ao mundo material para a realização do plano divino. Na cabala cristã, a vida no mundo material é considerada um dom precioso porque é só no mundo material que a alma-ser pode se desenvolver, evoluir e avançar rumo à total auto-realização. Os estados de além-mundo são apenas a integração da experiência adquirida durante a encarnação. Até que a alma-ser evolua para além da necessidade de encarnação física, o plano material é o principal veículo para a iluminação e a libertação. Apesar de haver efetivamente uma grande escuridão e uma grande maldade no mundo, e embora ele seja governado pela morte e pela destruição, o mundo material é o plano ideal para o desenvolvimento — e é necessário. Examinando detalhadamente os ensinamentos cabalísticos, sejam eles judaicos ou cristãos, descobriremos, inclusive, sugestões de que o próprio mundo material está destinado a ser transformado pela luz superna num mundo de luz superna — diz-se que cada partícula de matéria contém essa luz do infinito. A mensagem de Malkut é basicamente que esta vida é sagrada e que o seu propósito é a iluminação e a libertação da alma. É como uma matriz sagrada que faz nascer a vida eterna na nossa alma.

A presença do Senhor

No nível de Atzilut, o Sefirah Malkut se manifesta como o nome divino Adonai, que se traduz por "o Senhor". Na tradição judaica, o Tetragrammaton só podia ser pronunciado pelo sumo sacerdote no Santo dos Santos, ou por um profeta solitário procurando invocar a consciência profética. Assim, foi criado o nome de Adonai, para ser pronunciado em lugar do Tetragrammaton em todas as passagens da Torá que contêm o nome de Yahweh. Assim como Malkut é um recipiente para as energias espirituais de todos os Sefirot, o nome de Adonai é um recipiente para o nome de Yahweh e serve como escudo para preservar a santidade do grande nome de Deus.

Recordemos que, na cabala judaica, o nome divino de Binah é "Yahweh pronunciado como Elohim". O mesmo se passa com Malkut: o nome de Malkut é "Yahweh pronunciado como Adonai". Isso reflete a estreita relação que há entre Binah e Malkut, sendo a Filha a manifestação da Mãe divina na criação, ou o que na cabala cristã se conhece como sabedoria criada. O próprio nome Adonai indica a idéia de sabedoria criada em contraposição à sabedoria incriada, no sentido de ser um nome criado como recipiente exterior do verdadeiro nome sagrado de Deus — Yahweh — que é emanado e não criado.

Malkut é um grau mais limitado da luz superna e, por essa razão, é denominado (no Sepher Yetzirah) "profundeza do mal". Como vimos, o tzimtzum cria a possibilidade de escuridão ou mal. Assim, com o Sefirah mais comprimido vem a possibilidade da maior escuridão e maldade. Portanto, o nome Adonai representa a manifestação da presença e do poder de Deus de uma forma mais difundida e limitada que qualquer outro nome divino. A virtude disso é que o nome Adonai está ao alcance daquele que busca chamar o nome do Senhor, mesmo que esteja num estado de impureza ou submetido à influência klippótica.

Como vimos no capítulo anterior, Yesod tem três variações do nome Shaddai para denominar a manifestação do Sefirah sob a influência de misericórdia, juízo ou compaixão. Entretanto, Malkut só tem o nome de Adonai; assim, Adonai pode indicar manifestações pacíficas, coléricas e bem-aventuradas do divino. Isso faz referência à verdade de Deus como fonte de toda a vida e de todos os seres-forças espirituais, sejam bons ou maus, e à providência divina que tem domínio sobre todas as forças espirituais. Adonai é a presença e o poder de Deus em qualquer aparência que adote — Senhor da luz e Senhor da escuridão, Senhor da vida e Senhor da morte.

Dado o amplo alcance do nome divino Adonai, ele nos recorda que tudo ocorre conforme a providência divina e a lei sagrada. Nada acontece sem uma razão — um propósito ou significado maior no plano divino. Como já dissemos, até a escuridão e o mal, a morte e a destruição, têm um lugar e um propósito na criação e, no final, servem à vontade divina. Embora o propósito e o significado maior de certos acontecimentos na vida sejam um total mistério para nós, como iniciados gnósticos, é importante que conheçamos e entendamos essa verdade fundamental — porque só então compreenderemos a presença e o poder divino que se manifesta conosco e como nós nesta vida.

Adonai é o nome da vida como ela é — igualmente boa e má — e o nome reflete o próprio processo da vida. Adonai é composto de quatro letras hebraicas: Aleph (א) — Dalet (ד) — Nun (נ) — Yod (י). Aleph é o "jugo do Espírito", a única força vital; Dalet é a "porta da vida"; Nun é o contrário de Dalet, significando a "porta da morte"; Yod é a "centelha sagrada" ou "semente de luz", realizando-se por meio do processo de nascimento, vida e morte. Assim, Adonai significa a individuação e auto-realização do poder do espírito por meio do processo de nascimento, morte e renascimento, até que a plenitude divina de Yechidah seja despertada e realizada. Assim como o nome da Shekinah, também é o nome da auto-realização. É nesse sentido que o nome divino Adonai é atribuído muitas vezes a Yeshua Messiah — porque ele representa o primeiro ser humano de realização celestial.

Há duas variações comuns de Adonai, associadas a Malkut — Adonai Ha-Eretz e Adonai Melekh. Adonai Ha-Eretz significa o "Senhor da terra" e Adonai Melekh significa "Senhor rei". Esses dois nomes divinos representam a soberania de Deus sobre a terra e a criação. Adonai Ha-Eretz indica especificamente Malkut como esta boa terra quando o reino dos céus se reflete nela e Adonai Melekh indica especificamente Malkut como a manifestação da vontade divina na criação. Outros nomes também são formados a partir de Adonai, tais como Adonai Ha-Olam, "Senhor do universo", ou Adonai Messiah, "Senhor ungido". Mas o significado essencial de Adonai é sempre o mesmo — todos são o nome Adonai e Adonai é tudo.

O véu irisado

O véu do abismo divide as tríades superna e moral, e o véu de paroket divide as tríades moral e de ação. Esses "véus" se refletem no véu de Qeshet, que está entre a tríade de ação e Malkut. Qeshet é uma palavra hebraica que significa "arco-íris", e o véu de Qeshet representa a luz refratada dos supernos que passam por meio dos planos astrais.

Essa é a luz da fantasia, dos falsos sonhos e das visões que se refletem no astral, mas sem as condições e a energia necessárias para se manifestar realmente. Da mesma forma, o véu de Qeshet representa percepções errôneas das dimensões metafísicas e de todo tipo de doutrinas estranhas engendradas por elas, desde o ateísmo até os mais estranhos ensinamentos de um culto. O véu de Qeshet é essencialmente o que impede ou obstrui a verdadeira abertura da consciência mística ou espiritual. Por um lado, podemos falar do véu de Qeshet como a conseqüência de buscar uma visão espiritual com a qual concordemos ou de configurar uma espiritualidade de idéias que nos agradem, em oposição a buscar a gnose da verdade, concordemos com ela ou não. Esse fenômeno é comum na chamada "espiritualidade moderna" e impede a manifestação do espírito da verdade. Por outro lado, podemos falar desse véu como psiquismo ou mediunidade do pior tipo, que tende a se desviar completamente do caminho da verdadeira espiritualidade. Se o véu do abismo é ignorância cósmica e o véu de paroket é a matriz kármica, então o véu de Qeshet é visão kármica — especificamente a visão da ignorância.

Na tradição rosacruz, o grau de theoricus é atribuído a Yesod e o grau de *zelator* é atribuído a Malkut. Os títulos desses graus rosacruzes nos dão uma idéia de como o véu de Qeshet pode ser dividido para que possamos ir além dele, já que o zelator é um iniciado novato e entusiasta, que se emociona com as novas possibilidades que surgem com o sentido do mistério — no entanto, ele ou ela ignora o mistério. O theoricus é um iniciado novato que reconheceu a sua ignorância e busca uma educação espiritual — é alguém que estuda, contempla, ora e medita, procurando o verdadeiro conhecimento das dimensões metafísicas e dos mistérios. Assim, para passar além do véu de Qeshet, temos de ir à escola — estudar numa autêntica tradição de sabedoria ou escola de mistérios — e receber a iniciação. Naturalmente, um mestre espiritual bem-educado ou um guia experimentado são o melhor meio para nos libertar do véu de Qeshet, de modo que possamos ter a experiência de um verdadeiro despertar espiritual ou místico, e uma comunidade oferece o ambiente ideal para a conquista mística. Essa é a mensagem básica de todos os ensinamentos sobre os véus.

Ainda assim, a educação espiritual não é algo imposto de fora: como já dissemos, é algo tirado de dentro de nós. Não é uma questão de um iniciado nos dizer a verdade, mas de nos ensinar a vê-la com os nossos olhos. A mensagem de Malkut é que o espírito da verdade está dentro de nós e se reflete em todas as partes na natureza. Temos apenas de aprender a vê-lo e a escutá-lo. Numa tradição de sabedoria vigente, todos os ensinamentos são considerados provisórios e estão destinados a ser testados pela nossa experiência pessoal. Esta é a instrução que dissipa o véu de Qeshet.

Entretanto, Qeshet significa algo mais, já que não é apenas um véu do poder de ilusão cósmica, mas também um símbolo de promessa. O arco-íris é o sinal do pacto que Deus estabeleceu com Noé e a sua família (a humanidade) quando este saiu da arca depois do dilúvio. Está escrito: "Disse Deus: 'Eis o sinal da aliança que instituo entre mim e vós e todos os seres vivos que estão convosco, para todas as gerações futuras: porei meu arco na nuvem e ele se tornará um sinal da aliança entre mim e a terra'". (Gn 9,12-13) Por um lado, essa é a promessa de preservação da vida humana na terra até o início de uma humanidade superna ou supramental. Por outro lado, é o estabelecimento do reino dos céus como um santuário dos fiéis e eleitos na sua viagem para a iluminação.

O atributo dual do véu de Qeshet pode, em princípio, parecer uma contradição — a idéia da visão kármica e a idéia da promessa de iluminação. No entanto, vendo o karma como evolução e compreendendo o papel da ignorância cósmica na individuação e no livre-arbítrio, percebemos que o karma é um veículo para a iluminação e a libertação, da mesma forma que é um veículo para a ignorância e a escravidão. No final das contas, o véu de Qeshet está na mente e é a mente que se ilumina ou permanece ignorante.

A vida de Santa Maria Madalena — a encarnação da Noiva Santa

A tradição oral do gnosticismo cristão está repleta de mitos e lendas de Santa Maria Madalena, incluindo ensinamentos esotéricos a ela atribuídos. Como já vimos, acredita-se que ela tenha sido a consorte e esposa de Yeshua Messiah, co-pregadora e co-divina com ele. Ela é o apóstolo dos apóstolos, a Noiva Santa e a encarnação de Cristo, a Sophia. A Senhora Maria representa basicamente a encarnação do partzuf de Malkut no Evangelho — Nukva, a Filha, e Kallah, a Noiva.

Segundo a Tradição, a alma da Senhora Maria foi anteriormente encarnada como Raquel, a esposa mais amada de Jacó, e como Rahab, a prostituta que ajudou os espiões de Israel a escapar de Jericó. Raquel foi a mãe de José e Benjamin e, segundo se diz, a sua alma aceitou o karma de encarnar como Rahab para ajudar os filhos de Israel a entrar na Terra santa. Se Rahab não tivesse salvo os dois homens enviados para espionar a cidade de Jericó, é provável que os israelitas nunca tivessem reunido coragem para entrar na Terra santa e cumprir a promessa de Deus. Assim, como Rahab, a alma de Raquel atuou como um tzaddik secreto.

Vale lembrar que, segundo a Tradição, a alma do Senhor Yeshua foi encarnada como Jacó e Eliseu. Diz-se que Jacó e Raquel eram almas gêmeas, ou seja, compartilhavam o mesmo Neshamah. Portanto, a correspondência entre Jacó e Raquel e a encarnação do Senhor Yeshua e da Senhora Maria indica que

Yeshua e Maria são almas gêmeas, os aspectos masculino e feminino da alma de luz. Diz a Tradição que a alma de Yeshua alcançou a consciência superna em meio a uma raça maior, antes de entrar na forma de vida humana na terra — assim sendo, passou-se a mesma coisa com Santa Maria Madalena.

A história da vida da Senhora Maria é bastante oposta à do Senhor Yeshua e a diferença reflete bem a distinção entre o Noivo (Tiferet) e a Noiva Santa (Malkut). Sendo totalmente humano, o Senhor Yeshua nunca foi um homem deste mundo e não se envolveu diretamente em assuntos mundanos. Desde muito cedo na sua juventude, foi separado e recebeu uma educação espiritual, incluindo o conhecimento esotérico da cabala mística e mágica. A sua família era relativamente pobre, mas profundamente espiritual. A situação em que nasceu a Senhora Maria foi muito diferente, já que a sua família era bastante rica, mas nada espiritual: o pai era comerciante e a mãe desfrutava das melhores coisas da vida. Não recebeu educação espiritual embora tenha sido, como Yeshua, um prodígio espiritual. Mas, com a família que tinha, a sua espiritualidade ficou profundamente soterrada, enquanto crescia e submergia totalmente na vida mundana. O Senhor Yeshua sempre teve muita clareza a respeito de por que veio ao mundo, mas a Senhora Maria se perdeu e vagou sem direção por algum tempo. Entre os eleitos, há poucos com uma experiência semelhante à do Senhor Yeshua, que nunca se viu preso em meio à sociedade ignorante e ao sistema. Para a maioria, a experiência é mais como a de Santa Maria Madalena: almas que se perdem e penetram na grande escuridão antes de reconhecer a luz interior. Nesse sentido, a experiência da Senhora Maria é mais próxima a nós e, assim, muitos iniciados gnósticos experimentam por meio dela a intimidade mais profunda com a presença de Cristo.

A natureza ultramundana do Senhor Yeshua e a vida mundana da Senhora Maria são expressões de Tiferet e Malkut respectivamente. Tiferet está além do mundo e Malkut é o mundo, e Malkut só se manifesta como reino divino quando está unido a Tiferet. O mesmo se passa com a Senhora Maria como Noiva Santa: ela só desperta e se converte em Cristo, a Sophia quando se encontra com o Senhor Yeshua em vida e se une a ele como discípula e consorte — e se converte então no reino divino. Até esse momento, está perdida e vagando, como a Shekinah no exílio, passando por momentos de luz e de escuridão, como acontece com toda a humanidade enquanto estiver atada à ignorância cósmica. O enigma da Noiva Santa é o enigma de toda a humanidade e do mundo material — por um lado, a humanidade e o mundo são divinos e, por outro, são dominados pela ignorância e pela escuridão.

Diz-se que Maria Madalena foi um bebê formoso e uma menina linda — e que a sua beleza foi aumentando ano após ano, à medida que amadurecia. A sua beleza e graça eram quase de outro mundo: ela tinha uma imagem angélica e inimaginavelmente encantadora. Chamava a atenção igualmente de homens e mulheres: onde quer que estivesse, era o centro das atenções. Ao mesmo tempo, conta-se que Maria tinha sonhos e visões e que os espíritos dos profetas e anjos a visitavam, mas que ela não falava de tais coisas por medo de ser taxada de bruxa ou herege. A sua beleza incompreensível, o enfoque mundano que isso invocava e a sua profundidade espiritual criaram um grande conflito em Maria, de modo que ela vivia muito perturbada interiormente. Por não ter ninguém em quem confiar, que entendesse a situação, e por estar confusa com a sua experiência, a profunda perturbação se converteu em tormento.

O pai de Maria combinou para ela um casamento com um judeu muito rico que vivia na Babilônia e que também era comerciante. Com isso, o pai esperava realizar mais negócios por meio dos novos laços familiares e adquirir maior riqueza pessoal. Isso se converteu num tormento ainda maior para Maria: ela tinha sonhado com o seu amado, que não era este homem, e no fundo do coração não queria sair da Terra santa. Mas, segundo a lei antiga, uma filha não podia se negar aos desejos do pai e não tinha escolha além de se casar com quem ele ordenasse. Assim, Maria e a sua criada foram postas numa caravana que ia para a Babilônia.

Segundo se diz, o conflito interior de Maria se intensificou tanto durante a viagem à Babilônia que ela começou a perder o juízo. Visões escuras e pesadelos substituíram as visões celestiais e ela sentiu que a sua alma decaía à medida que a caravana se afastava da Terra santa. No caminho, a caravana em que Maria viajava foi atacada por um bando de ladrões. Maria foi levada, violada e vendida como escrava na Babilônia. A pessoa que a comprou a converteu em prostituta para homens ricos. Destroçada, ela se encheu de raiva, ódio e escuridão. Tinha sonhos alegres, às vezes, mas, sentindo-se totalmente perdida e abandonada, tais sonhos lhe pareciam burlescos e alimentavam a escuridão que a consumia. Era como se tivesse descido às profundezas do Hades e às moradas da Gehena (inferno).

Por sua inimaginável beleza, atraía a atenção de homens ricos e poderosos — e não se passou muito tempo até que um deles comprasse a sua liberdade. Ainda assim, continuou como prostituta porque não via outra coisa a fazer e não tinha amor pelos homens. Tendo influência sobre homens poderosos, adquiriu poder; associando-se a homens ricos, acumulou riqueza. Submergiu na intriga política e social, manipulando igualmente homens e mulheres. Conta-se que, num determinado momento, instigou um complô de assassinato movida pelo ódio, e o homem que uma vez a teve como escrava e a tornou prostituta foi morto. Cada vez mais se afundava na escuridão, como se tivesse se transformado num corpo vazio e sem alma, animado somente por uma fúria interior encoberta pela beleza e pelo encanto exterior.

No momento de maior escuridão na experiência de Maria Madalena, o Senhor Yeshua recebeu o batismo e experimentou a tentação no deserto. A afluência de luz superna no mundo despertou alguma coisa dentro de Maria. Ela recordou os sonhos e visões da juventude e a imagem do amado que tinha conhecido no seu coração. Sua raiva se converteu em desespero e dor. Dirigiu-se a Deus e pediu ajuda ao Espírito do Senhor para alcançar a libertação, arrependendo-se da negatividade e da escuridão. Deus escutou a oração de Maria e lhe enviou um homem santo — um guia que a conduzisse ao caminho. Quando o homem santo chegou a ela, o seu coração e a sua mente estavam abertos e ela o recebeu. Ele lhe contou que o seu pai tinha morrido e que o Espírito do Senhor a chamava de volta à Terra santa. E disse: "Em sonhos e visões, o Senhor te mostrou o caminho da tua alma e agora o Senhor te chama para que sigas os teus sonhos e atravesses da escuridão para a luz. Busca o Ungido, porque ele te libertará e curará as tuas feridas". Assim, Maria fez os preparativos e, no dia seguinte, partiu para a Terra santa com uma caravana. Diz-se que no mesmo dia em que o Senhor Yeshua realizou o primeiro milagre, o das bodas de Caná, a Senhora Maria entrou na Terra santa.

Embora a luz-presença estivesse despertando em Maria, não era uma viagem fácil porque, tendo abrigado tanta escuridão, tinha criado vínculos com sete demônios poderosos que a atormentavam ao longo do caminho. Ao entrar na Terra santa, imediatamente procurou o Ungido. Encontrou-o pregando a pessoas reunidas à sua volta. Maria se escondeu entre a multidão e o escutou. A voz do Ungido era como o arrulhar de uma pomba, tranqüilizante e reconfortante — e as suas palavras lhe penetraram o coração. Num certo momento, ele ergueu os olhos, capturou o seu olhar e sorriu. Ela sentiu que algo havia entrado no seu corpo — uma energia ou vibração que a invadiu por completo. Quando terminou a pregação, o Senhor Yeshua enviou seus discípulos para que trouxessem Maria à sua presença e os esperou às margens do deserto, perto do Rio Jordão.

Segundo o Evangelho de São Marcos, o Senhor Yeshua exorcizou os sete demônios de Maria. Então, segundo a tradição gnóstica, ele fez com que dois dos discípulos a batizassem — e depois de Maria Madalena ser batizada, ele a levou ao deserto para ensiná-la e iniciá-la em segredo. Quando regressaram, Yeshua anunciou que a Senhora Maria ia ser a sua noiva e deu instruções para a preparação de uma festa de bodas. A boda se realizou três dias depois. Desse dia em diante, a Senhora Maria sempre esteve em companhia do Senhor Yeshua, e foi co-pregadora e co-divina com ele — um em corpo e alma.

A Senhora Maria era como uma musa divina para o Senhor Yeshua e encarnava o desejo puro de receber, que completava o seu desejo sagrado de dar. Por meio da presença dela, o Senhor Yeshua se inspirava para compartilhar os ensinamentos internos e secretos do Evangelho e a luz da presença do Cristo aumentava em cem vezes. Em particular, ele lhe deu os ensinamentos secretos que só ela e o seu irmão, São Lázaro, receberam, de modo que todo o mistério do Evangelho da verdade lhe foi revelado. Junto ao Senhor Yeshua, ela pregou o Evangelho e fez milagres; ensinou e iniciou mulheres e as guiou no caminho, na verdade e na luz. Graça sobre graça, luz sobre luz, chegou por meio de Santa Maria Madalena. O Senhor Yeshua tomava a luz superna que estava nela e ela tomava a luz superna que estava nele.

Dentro e por trás de cada milagre e de cada acontecimento significativo na história do Senhor Yeshua, há histórias sobre Santa Maria Madalena e sobre o papel que ela representou no mistério do Evangelho. Segundo o cristianismo gnóstico, o Evangelho da verdade surge do jogo amoroso entre o Noivo e a Noiva Santa e, na sua união, ambos se realizam e se complementam mutuamente. Ele é o Filho do Pai celestial, Cristo, o Logos, e ela é a Filha da Mãe terrena, Cristo, a Sophia — a Alma do mundo. Por meio da Senhora Maria, a Noiva Santa, a humanidade e o mundo se unem a Yeshua Messiah e, na sua redenção, todas as almas são redimidas.

Como dissemos na exploração do mistério da crucificação, o Senhor Yeshua fez do seu corpo um talismã mágico do karma negativo do mundo, de modo que, ao se submeter à crucificação, o karma do mundo fosse crucificado com ele. Pôde fazer isso por meio da união com a Noiva Santa, já que é por meio dela que ele se liga intimamente ao mundo e à escuridão que o governa. Encarnar numa família submersa na ignorância e se submeter ao domínio do sistema, a experiência de violação, escravidão e prostituição, e a queda nas profundezas da escuridão, são atos talismânicos por meio dos quais a Senhora Maria toma a escuridão sobre si mesma. No pacto do matrimônio, marido e mulher se convertem em "uma só carne". Desse modo, assim como a experiência no Senhor Yeshua se converteu na experiência da Senhora Maria, o Senhor Yeshua toma sobre si a experiência da Senhora Maria e da grande escuridão que ela havia abrigado. No gnosticismo, o início da vida da Senhora Maria é parte integrante do mistério da crucificação e da ressurreição, já que ela também experimenta o mesmo ato heróico de ser um sacrifício sagrado para a iluminação e a libertação das almas. Considerando a sua experiência, é como se ela também tivesse sido crucificada e tivesse experimentado a descida ao Hades e às profundezas do inferno — e fosse levantada dentre os mortos para a vida eterna. Pelo fato de descer às profundezas da escuridão, o Senhor Yeshua também desce ao abismo para libertar as almas amarradas ao domínio da escuridão — a Noiva Santa guiando o caminho.

Esse grande mistério se reflete no episódio da Senhora Maria ungindo o corpo do Senhor Yeshua com óleo ou perfume — do qual aparecem variações nos Evangelhos canônicos. Segundo o Evangelho de São João:

> *Seis dias antes da Páscoa, Jesus foi a Betânia, onde estava Lázaro, que ele ressuscitara dos mortos. Ofereceram-lhe aí um jantar; Marta servia e Lázaro era um dos que estavam à mesa com ele. Então Maria, tendo tomado uma libra de um perfume de puro nardo, muito caro, ungiu os pés de Jesus e os enxugou com seus cabelos; e a casa inteira ficou cheia do perfume do bálsamo.* (Jo 12,1-3)

Os Mestres da Tradição dizem que, nesse ato místico/mágico, a Senhora Maria consagrou o corpo do Senhor Yeshua como um talismã do karma negativo do mundo e lhe deu uma iniciação, preparando-o para a viagem por meio da morte e da escuridão. Ao mesmo tempo, foi um ato de devoção ou adoração — um ato sensual e erótico do jogo amoroso entre os consortes divinos, profético do que estava prestes a ocorrer.

Embora o cristianismo exotérico tente descartar com explicações essa história de Santa Maria Madalena, é claro que ela possuía um conhecimento e uma compreensão da revelação divina do Evangelho que escapou aos discípulos homens — e é igualmente claro que teve com o Senhor Yeshua uma relação mais íntima do que qualquer outro discípulo. Segundo a Tradição, embora isso não seja mencionado nos Evangelhos canônicos, a Senhora Maria esteve presente na transfiguração e, enquanto os homens ficaram inconscientes, ela permaneceu desperta e recebeu totalmente a transmissão de luz. Diz-se que, nessa noite, ela levou três mulheres discípulas a uma caverna e foi transfigurada diante delas. As imagens da Mãe e da Avó Israel apareceram junto a ela, que revelou às mulheres os mistérios do que ia acontecer e do mundo de luz superna.

Na noite da paixão, quando os discípulos homens foram para o horto no vale de Cedron com o Senhor Yeshua, a Senhora Maria ficou no quarto superior com as mulheres e permaneceu em vigília com elas durante toda a noite. A Senhora Maria sentiu na alma a aflição e a tribulação do Senhor Yeshua como se fossem as dores de dar à luz, e todas as mulheres com ela, de forma que as suas orações foram em meio a lágrimas e gemidos. No entanto, nas profundezas do seu ser, conheceram a paz e a alegria da vida eterna que nascia entre elas.

Pela manhã, a Senhora Maria, a Mãe Santa e uma mulher mais velha, junto com São João, foram à colina do Gólgota e estiveram junto ao Senhor Yeshua na crucificação, sofrendo interiormente com a angústia da agonia e da morte. Com o conhecimento e a compreensão que tinha da ressurreição, a Senhora Maria experimentou o ápice da alegria e, ainda assim, com o sofrimento do seu amado, experimentou a profundeza da dor — um tormento maior na alma do que o da sua própria viagem através da escuridão.

A Senhora Maria levou o vaso de bênçãos. Quando o Senhor Yeshua morreu e o centurião introduziu a lança entre as suas costelas, a Senhora Maria recolheu no recipiente o sangue e a água que fluíam. Quando fez isso, orou para que o vaso se convertesse num recipiente sagrado do Cristo e, por meio do poder do sangue e da luz-presença que estava nela, consagrou o recipiente e este se converteu no Santo Graal. Daí em diante, quem bebesse do Graal seria curado de todas as feridas e teria a vida prolongada. Desse modo, a Senhora Maria se converteu na Senhora do Graal.

De manhã e à tarde, a Senhora Maria visitou a tumba do Senhor Yeshua, chorando a sua morte e orando pela ressurreição. No terceiro dia, ela foi a primeira a contemplar o Cristo Ressuscitado e presenciou a primeira ascensão ao Pai. Sobre este momento eterno, está escrito:

> *Jesus lhe diz: "Não me retenhas, pois ainda não subi ao Pai. Vai, porém, a meus irmãos e dize-lhes: 'Subo a meu Pai e vosso Pai; a meu Deus e vosso Deus'".* (Jo 20,17)

Por ter sido a primeira a dar a boa-nova da ressurreição, Santa Maria Madalena foi ordenada como o primeiro apóstolo santo — o apóstolo dos apóstolos — e por meio dela se sustém a sucessão apostólica.

Segundo a Tradição, antes da ascensão final do Senhor, a Senhora Maria fez a promessa solene de seguir encarnando em forma de mulher até a segunda vinda do Cristo em glória. Assim, os cristãos gnósticos crêem que a alma de Santa Maria Madalena está encarnada em algum lugar do mundo em cada geração, e que ela é a matriz da verdadeira sucessão apostólica.

Isso se reflete na história gnóstica do dia de Pentecostes. O Noivo ascendeu ao céu, mas a Noiva Santa permaneceu na terra — e foi por meio dela e da Mãe Santa que o fogo sagrado do Pentecostes fluiu sobre os apóstolos. A Noiva Santa é a luz ardente emanada sobre eles. Quando os homens foram postos para fora do quarto superior para levar a presença viva, as mulheres aí ficaram com a Mãe e a Senhora Maria — permanecendo como a matriz de luz oculta.

A lenda diz que Santa Maria Madalena concebeu um filho do Senhor Yeshua sete dias antes da crucificação e da ressurreição, e que deu à luz a um filho cujo nome foi Miguel. Até que o filho tivesse idade suficiente para viajar com segurança, a Senhora Maria se retirou para as colinas da Galiléia — alguns dizem que para um povoado chamado Safed. Aí ensinou aos que se chegavam a ela, e os iniciou nos mistérios internos e secretos do Evangelho. Muitos a procuravam para beber do Graal e se curar — e para aprender a cerimônia do Graal, que era conhecida somente por ela. Mas a Senhora Maria não foi bem recebida e aceita, pois a maioria dos discípulos homens tinha inveja do seu conhecimento e compreensão dos mistérios — só alguns poucos entre os apóstolos acreditavam na Noiva. Assim, começou uma divisão entre a igreja exterior e a interior no primeiro círculo — os que acreditavam exclusivamente no Senhor e os que acreditavam no Noivo e na Noiva Santa.

A Senhora Maria temeu pela vida do filho, Miguel, pois havia homens que queriam matá-lo. Um anjo do Senhor lhe apareceu, advertindo-a do perigo e a orientando a viajar para uma terra distante, onde seria recebida e aceita, e onde o seu filho estaria seguro. Diz-se que José de Arimatéia viajou com ela, como testemunho sagrado do Evangelho da verdade e como guardião da Noiva Santa. Levaram com eles o Santo Graal, rumando para o Sul da França. Na nova terra, a Senhora Maria pregou o Evangelho da verdade junto com o seu filho e José. Logo ficou conhecida como fazedora de milagres, curadora e profetiza, e as pessoas a procuravam para receber consolo e conselhos. Homens e mulheres se converteram em seus discípulos e muitos fiéis que acreditavam nela saíram da Terra santa para segui-la. Por ter dado a luz ao filho do Senhor Yeshua, ficou conhecida como a mãe do sangue real, sendo o seu filho, São Miguel, o primeiro herdeiro e iniciado na linhagem do sangue real. Assim, embora a verdadeira sucessão apostólica seja espiritual, fundada na transmissão de luz e na conquista da consciência cristã, também se diz que há um talismã físico da sucessão apostólica no sangue real, por meio do filho da Noiva Santa. Há quem diga que a linhagem de sangue real, junto com a Tradição Sophia do gnosticismo cristão, continua existindo numa sucessão ininterrupta desde a época de Santa Maria Madalena até o presente.

Há muitas histórias sobre a morte de Santa Maria Madalena. Diz-se que o corpo da Mãe Maria foi convertido em luz e que ela foi levada em arrebatamento divino na sua morte. Mas fala-se que a Noiva Santa deixou para trás o corpo, como uma bênção sobre a terra, e saiu do mundo do mesmo modo que as almas comuns, para honrar a promessa de regressar rapidamente. Ainda assim, os espíritos dos anjos e santos assistiram ao falecimento da Noiva, e os que presenciaram a sua morte contemplaram uma grande luz-presença visivelmente manifesta. Quando a sua alma deixou o corpo, foi como se uma estrela fugaz passasse do corpo da Noiva para outra matriz. Como o seu corpo foi posto para descansar na França, esta é muitas vezes considerada a segunda terra santa para os que são fiéis a ela.

A história da vida de Santa Maria Madalena que apresentamos aqui é apenas uma visão geral: não é completa de maneira alguma e não inclui os ensinamentos esotéricos a ela atribuídos. Há outras histórias na Tradição, algumas radicalmente diferentes da que vimos. No entanto, esse esboço da vida de Santa Maria Madalena não expressa como ela é vista na Tradição Sophia e o papel central que desempenha no Evangelho gnóstico. O espaço não permite um relato mais detalhado da sua história ou uma análise do significado esotérico mais profundo nela contido. Aqui, o nosso propósito é uma exploração básica dos princípios do cristianismo gnóstico e da Árvore da Vida na cabala cristã. Na Tradição Sophia do gnosticismo, não há Evangelho sem a Noiva Santa e, na cabala cristã, a sua história transmite ensinamentos sobre Malkut. Por isso, vimos apenas um esboço da sua história.

A recepção da Noiva e a segunda vinda

Recordemos a nossa exploração da promessa feita por Elias a Eliseu, que foi cumprida pelas mesmas grandes almas encarnadas como João Batista e Yeshua — uma promessa cumprida numa encarnação futura. Segundo o Evangelho gnóstico da Tradição Sophia, uma promessa semelhante se deu entre o Senhor Yeshua e a Senhora Maria. Yeshua lhe promete que será recebida, dizendo:

"Vim, mais amado, e venho; e virei outra vez em ti e serás recebida, inclusive como o Filho de Adão foi recebido. E terás duas vezes o poder do Filho de Deus porque és a Filha do Altíssimo que dará a luz aos santos no final dos dias".

Quando o Senhor Yeshua faz esta promessa, a Senhora Maria responde com um juramento sagrado, dizendo: "Partirei e regressarei, e continuarei encarnada como mulher até o final dos dias, de modo que todas as coisas possam ser realizadas. Poucos são os que encarnam a pessoa de luz em forma de mulher, mas é a mulher que dá à luz a nova geração, e até que ela seja conhecida na sua totalidade, seguramente a luz do ser humano não será manifesta por completo. Que aconteça como diz o meu Senhor".

Segundo a Tradição, o Cristo foi encarnado pelo Senhor Yeshua e pela Senhora Maria. Entretanto, como ela não foi recebida plenamente, o poder e a glória total de Kallah Messiah — a Noiva ungida — não estavam manifestos. Na visão Sophia, a primeira vinda foi para plantar a semente de luz na consciência humana, que é semelhante à matriz da Noiva Santa. A segunda vinda representa o fruto dessa semente sagrada, quando segmentos maiores da humanidade tiverem penetrado na consciência superna ou messiânica. Isso se reflete nas palavras do profeta Joel:

> *"Depois disto, derramarei o meu espírito sobre toda carne. Vossos filhos e vossas filhas profetizarão, vossos anciãos terão sonhos, vossos jovens terão visões. Mesmo sobre os escravos e sobre as escravas, naqueles dias, derramarei o meu espírito".* (Jl 2,28-29)

Os mestres da Tradição dizem que o despertar da consciência superna ou messiânica é o mesmo, seja num homem ou numa mulher, e que homens e mulheres podem igualmente conquistá-lo. No Espírito do Messias não há distinção de sexo, classe ou grupo racial porque a luz-presença penetra em quem deseja recebê-la. Assim, São Paulo escreve: "*Não há judeu nem grego, não há escravo nem livre, não há homem nem mulher; pois todos vós sois um só em Cristo Jesus*" (Gl 3,28). Mas os mestres da Tradição também dizem que, quando a consciência cristã desperta numa mulher, a luz-presença é mais poderosa porque as mulheres têm a capacidade inata de transmitir a luz-presença aos outros à sua volta, de maneira natural e espontânea. O homem ungido tende a compartilhar e transmitir a luz a pessoas escolhidas, enquanto a mulher ungida tende a compartilhá-la com grupos inteiros de pessoas.

Como a segunda vinda é o despertar da consciência messiânica em segmentos maiores da humanidade e como há essa capacidade inata associada à mulher, acredita-se que a segunda vinda é um advento da consciência superna que será despertada por uma mulher santa encarnando a alma de Santa Maria Madalena e personificando a plenitude divina da Alma do Messias. Essa visão da segunda vinda é a dos gnósticos Sophianos e reflete claramente os mistérios de Malkut na Árvore da Vida, que é chamado a Filha e a Noiva, e é o fruto sagrado para o qual foram gerados todos os Sefirot.

Atualmente, diante da luta pela igualdade entre o homem e a mulher no mundo, essa visão da segunda vinda talvez tenha ainda mais sentido do que em gerações anteriores. Porque a co-igualdade e a co-iluminação de homens e mulheres são necessárias para o surgimento de uma nova humanidade e de uma nova ordem mundial. Não podemos falar de redenção da humanidade à parte da redenção da mulher. Igualmente, não podemos falar da evolução de uma forma superior de ser humano se não for por meio da matriz da mulher. Assim, aos olhos dos Sophianos, a segunda vinda depende da verdadeira feminilidade e, especificamente, da encarnação de Cristo numa mulher santa que dará à luz uma nova humanidade, iluminada por uma nova ordem mundial — o reino divino.

Essa idéia é refletida no livro da Revelação, onde a imagem da mulher de luz aparece dando à luz um filho santo (Ap 12). Embora se fale num filho varão, os mestres da Tradição dizem que é o andrógino, semelhante aos anjos santos, masculino e feminino num só corpo de luz — portanto, esse filho é a união do Noivo e da Noiva, Cristo, o Logos e Cristo, a Sophia.

Muito mais se poderia dizer sobre a visão da segunda vinda como é ensinada na Tradição Sophia. Mas o tempo e o espaço não nos permitem ir mais fundo nesse mistério. Não obstante, esse mistério é considerado uma mensagem-chave de Malkut na cabala cristã e está no centro do gnosticismo Sophiano.

A Noiva negra — Sophia Nigrans

A Filha e Noiva Santa é a imagem da Mãe divina abaixo; a Shekinah inferior é o reflexo da Shekinah superior. Tudo o que podemos dizer de Binah a respeito do divino feminino, podemos também dizer de Malkut, já que Malkut é o poder manifesto da Mãe divina. Assim como a Mãe divina é clara e escura, também o é a Filha e Noiva Santa. Embora possamos falar da Shekinah superior e da inferior, na realidade só há uma Shekinah, acima e abaixo. O poder da Shekinah manifesto nos santos e anjos e o poder da Shekinah manifesto nos malfeitores e demônios é, em essência, a mesma Shekinah. A criação inteira e todas as criaturas são sustentadas pela presença de Deus e nada existe fora da presença divina.

A Noiva Santa é a donzela de luz, a mãe do sangue real e a anciã de sabedoria eterna; mas é também a senhora da noite, a rainha dos demônios e a serpente do caos. A noiva clara é personificada por Eva, mas a noiva negra é personificada por Lilith, que se diz ter sido a "primeira esposa de Adão". Segundo a lenda, antes que Eva fosse criada, o Senhor deu Lilith a Adão como companheira. Ele era a imagem de Deus durante o dia, ela era a imagem de Deus durante a noite, e lhes foi ordenado que fossem iguais entre si e brilhassem com a mesma luz superna.

Lilith foi a emanação divina do poder feminino em toda a sua glória e força — um poder imponente e maravilhoso. Mas Adão não conseguiu lidar com Lilith, sentiu-se oprimido por ela e por isso tentou subjugá-la. Isto se manifestou nas suas tentativas de fazer amor com Lilith. Adão queria sempre ficar por cima, mas Lilith achava que, como eram iguais, deviam se deitar de lado ou alternar quem ficava por cima. Mas, para a frustração de Lilith, Adão não concordou. Isso gerou uma luta entre Adão e Lilith, que não conseguiram encontrar felicidade ou satisfação mútua. Com o tempo, Lilith se cansou das tentativas de dominação por parte de Adão até que, pronunciando um nome mágico de Deus, elevou-se no ar e se dirigiu ao deserto, perto do mar Vermelho. Esse era um lugar de má reputação, considerado como um refúgio de antigos demônios — e ali ficou Lilith.

Enfurecida, Lilith emanou a sua ira em forma de Naamah, e Naamah se entregou a relações sexuais desenfreadas com os antigos demônios, dando à luz centenas de demônios a cada noite. Desse modo, a escuridão colérica de Lilith — Naamah — se converteu na mãe e rainha dos demônios. Quando Deus viu que Lilith tinha abandonado Adão, enviou três anjos atrás dela — Senoy, Sansenoy e Semangelof — encarregando-os de trazê-la de volta ao jardim do Éden. Eles saíram em busca de Lilith e a encontraram no deserto perto do mar Vermelho. Contemplaram a sua ira escura agitando as águas do mar Vermelho e os demônios grandes e menores a que Naamah estava dando a luz. Os anjos transmitiram a Lilith a mensagem de Deus e lhe rogaram que voltasse, mas ela não voltou. Os anjos lhe suplicaram que cessasse a geração de demônios porque a sua quantidade estava se tornando uma ameaça para a criação, mas ela não se deteve. Então, os anjos levaram a notícia a Deus.

Quando Deus soube que Lilith tinha se negado a voltar para junto de Adão, que tinha emanado a Naamah e estava criando uma grande horda demoníaca, produziu uma segunda emanação feminina dentro de Adão, chamando-a de Eva. Eva era completamente submissa, o que a levou finalmente a se submeter à serpente — e à queda. Deus enviou novamente os três anjos a Lilith, para coibir o seu poder e evitar que a grande escuridão que ela estava gerando invadisse toda a criação.

Quando os três anjos apareceram de novo a Lilith, contaram-lhe o que Deus tinha feito e ameaçaram destruí-la se não detivesse a geração de demônios. Mas a sua fúria se inflamou ainda mais ao ouvir isso e dela surgiu Iggaret, a serpente do caos. Apareceu como um horror indizível — um grande nada cheio de sede e fome insaciáveis, buscando devorar toda a criação. Até os três anjos de Deus foram tomados de terror quando a viram.

Lilith disse aos três anjos: "Vocês, criaturas do céu, me destruirão? Sou uma emanação e não posso ser destruída por vocês. Se me destruíssem, a própria criação não resistiria, porque estou entre as grandes forças da criação, sem a qual esta não se sustentaria. A criação existe para o humano e eu sou parte da alma do humano. Esta e a alma da criação não existem separadamente. O que será do seu valioso ser humano e da criação de Deus se me destruírem?" Os anjos responderam: "Falamos erroneamente, Lilith. Não nos foi dado o poder para te destruir, mas para te amarrar. E é o que vamos fazer se não abandonares a raiva contra o teu criador e as suas criaturas. Já consideraste o teu próprio destino diante de Iggaret? Se ela devorar toda a criação, embora sejas uma emanação, também regressarás ao grande imanifesto e para ti será como a segunda morte do esquecimento. E se encheres toda a criação com demônios e todas as coisas forem destruídas, não estarás condenada a existir para sempre na planície de desolação deixada no rastro da tua ira?"

Ao ouvir essas palavras, Lilith lançou um grande grito, chiou, gemeu e em seguida Iggaret voltou a ela. Pronunciou um nome mágico de Deus e disse aos três anjos: "A minha ira não se inflama contra o Senhor Deus, mas contra Adão e a mulher submissa, e contra os filhos fracos que nascerão dessa união, e contra a lamentável fraqueza da criação que será trazida ao ser por essa humanidade degenerada. Portanto, ouçam o nome mágico de Deus que digo, e o feitiço do meu juramento. Todos os dias, vocês e a companhia do céu podem eliminar os fracos dentre os meus filhos, e assim manterão um equilíbrio entre a luz e a escuridão, mas também tirarei os fracos entre os filhos e filhas de Adão, e os meus filhos zombarão dos filhos de Adão até o final dos tempos. Onde houver amuletos, talismãs ou selos postos com os seus nomes não entrarei, e quando esses sinais forem postos sobre os filhos de Adão, não procurarei tomar a vida do filho, mas onde não houver conhecimento e sabedoria, entrarei, e o filho desprotegido cairá no meu domínio. Deixarei ilesos aqueles, entre os filhos de Adão, que procurarem cumprir a vontade do Senhor, mas dominarei os que estejam contra a vontade do Senhor. Quando os filhos de Adão abandonarem o pacto por fraqueza, quando a morada do Senhor estiver em desolação e a Grande Mãe estiver no exílio, morarei com o Senhor no lugar da Mãe e a terra será chamada de final dos dias. Uma grande escuridão chegará sobre a terra e soltarei Iggaret no mundo — e serão vistos, entre os filhos de Adão, os que são fiéis e os que são infiéis; os que são fortes e os que são fracos. Foi para isso que nasci e, pela vontade do Senhor, será feito como falei". Os anjos afirmaram a promessa de Lilith e se foram, tendo realizado a sua missão.

Esse é o começo da história de Lilith — uma variação entre as muitas que se conta na tradição oral do gnosticismo Sophiano. Essa história poderia preencher facilmente um grande livro, se acompanhada de comentários e ensinamentos que dela são gerados. Já falamos sobre o papel integrante do mal na criação, que permite a existência do livre-arbítrio e a resistência necessária para a verdadeira evolução. Já falamos igualmente das rigorosas provas da iniciação e do desafio de poder que um iniciado tem de enfrentar no processo de auto-realização. Lilith é essencialmente a personificação da Shekinah ou a manifestação da Noiva nessas experiências — as noites escuras da alma, que são cruciais para qualquer iluminação e libertação. O Espírito Santo é que conduz Yeshua até o deserto para que seja tentado por Satanás, que causa a morte mística por meio da qual se alcança a ressurreição e é ele que se manifesta como o horror e a beleza do apocalipse — essa é a noiva negra, Sophia Nigrans.

Na relação de Lilith com Eva, é como se ela personificasse todos os aspectos do feminino divino e da mulher, que são ameaçadores e inaceitáveis para a mente patriarcal — a natureza misteriosa e enigmática do feminino. Ela é o dinamismo sensual-sexual; o irracional, o imprevisível e as qualidades caóticas da criatividade feminina; a intensidade da emoção e da paixão desenfreadas; a verdadeira inteligência e independência feminina — o poder total da feminilidade. Juntas, Eva e Lilith personificam a verdadeira feminilidade ou a mulher completa. Se a masculinidade e a feminilidade se realizam e se complementam mutuamente, e se há um aspecto masculino e feminino igualmente em homens e mulheres, então Adão e Eva são incompletos sem Lilith. Por isso, o gnosticismo Sophiano fala da redenção de Lilith como parte integrante da redenção da humanidade — homens e mulheres — e fala de Eva e Lilith unidas na pessoa da Noiva Santa, Santa Maria Madalena.

Na história de Santa Maria Madalena, a sexualidade tem um papel significativo, desde que foi violada e se converteu em prostituta, até a sua redenção final como consorte e esposa do Senhor Yeshua e mãe do seu filho. O Evangelho gnóstico, que fala da união da Noiva Santa com o Noivo, se refere à cura e redenção da nossa sexualidade como parte integrante da nossa auto-realização. Isso corresponde a outro aspecto de Lilith. Na história de Lilith, ela é associada a um determinado tipo de demônios femininos e demônios masculinos, chamados *succubae* e *incubi*. Diz-se que esses espíritos malignos procuram homens e mulheres solitários para se deitarem com eles e produzir filhos demoníacos. Assim, Lilith personifica a energia sexual reprimida, o desequilíbrio e as perversões que são conseqüência da repressão. Por isso, a redenção de Lilith também se relaciona com a cura da sexualidade humana, cuja importância se torna evidente quando consideramos a má conduta sexual e as aberrações que ocorrem nas instituições religiosas onde a repressão é a regra. Como já dissemos, a energia sexual é a manifestação mais fundamental da Shekinah na experiência humana. Desse modo, a negação e a repressão da nossa sexualidade é um retrocesso da Shekinah e impede a sublimação da energia sexual, que é crucial para o processo de auto-realização. Embora alguns pensem em sublimação como uma abstinência de relações sexuais, esse não é o caso no cristianismo gnóstico e na cabala. Por sublimação se entende a capacidade de dirigir conscientemente a energia sexual ou do desejo e, por meio do controle consciente, experimentar a verdadeira satisfação e felicidade — e cumprir assim o desejo mais sutil e sublime que está dentro e por trás da densa forma externa. Quando uma relação sexual se baseia no amor, o resultado natural é a sublimação da energia sexual. Isso se passa também com qualquer manifestação da energia do desejo. Quando se manifesta com amor, é inerentemente reta.

A noiva negra — Lilith — não é entendida por meio de uma explicação racional, e tampouco a importância que lhe dá a Tradição Sophia. Como dissemos antes, a Noiva não nos ensina e inicia mediante argumentos filosóficos: ao contrário, ela se comunica por meio da experiência da vida. Para obter conhecimento e entendimento da noiva negra, temos de invocá-la e abraçá-la totalmente, aceitando o nosso ser e a nossa vida como são e nos deixando levar pela paixão divina por onde quer que ela nos guie. Por meio dela, podemos ir além dos nossos temores e descobrir o verdadeiro deleite da vida e, o que pode ser mais importante, reconhecer que não há uma parte de nós que não seja a presença de Deus. Se estivermos dispostos, ela nos guiará da escuridão à luz e produzirá a cura mais profunda em todos os níveis — uma inimaginável totalidade do ser.

A doutrina da alma gêmea

Segundo a cabala, toda alma humana vem de Adão Kadmon e toda alma encarnada está dentro de Adão Ha-Rishon. Adão Ha-Rishon é o Adão superno no nível de Atzilut, no qual homem e mulher foram unidos numa imagem sagrada. Quando o Adão superno foi separado em homem e mulher — Adão e Eva —, as almas sagradas (Neshamot) destinadas a ser seres humanos também foram divididas em masculinas e femininas. Assim, cada pessoa tem uma alma gêmea, uma contraparte espiritual perfeita, que ele ou ela está destinado a encontrar para que se unam em algum ponto da transmigração da alma.

A cabala diz que os patriarcas e as matriarcas eram almas gêmeas e que todos os casais sagrados no mito vivo das Escrituras representam almas gêmeas. No gnosticismo cristão, como já vimos, o Senhor Yeshua e a Senhora Maria são considerados almas gêmeas, a reencarnação de Jacó e Raquel. A associação de almas gêmeas com casais sagrados nas Escrituras indica as circunstâncias dinâmicas, as situações e os fatos que ocorrem quando as almas gêmeas podem se encontrar e se unir no mundo, e reflete as condições necessárias para esse encontro, já que ambas as almas precisam ter um determinado grau de evolução e ter realizado todo o tikkune da alma antes de poderem se reunir e restaurar a sua unidade. Da mesma forma, ambos devem encarnar ao mesmo tempo em forma masculina e feminina, correspondendo ao aspecto do Neshamah que representam; ambos têm de alcançar e encarnar a sua alma celestial, e as condições à sua volta — lugar, tempo e circunstância — devem ser corretas. Só então as almas gêmeas se encontram e se unem. A alma-ser deve, basicamente, evoluir para um grau superior e estar prestes a conquistar a auto-realização para encontrar o seu par destinado. Os mestres da Tradição dizem que a união das almas gêmeas é parte da realização da missão última do Neshamah na criação, e que a missão da alma não pode ser completada separadamente da nossa alma gêmea.

As almas gêmeas podem se encontrar numa encarnação — mas não se unem porque as condições necessárias não estão presentes. Podem também se encontrar e se unir — mas não realizam a missão do Neshamah e assim não aperfeiçoam a união. Afinal de contas, uma verdadeira união mística deve dar bom fruto e os dois que se convertem em um devem se realizar e se completar mutuamente. Em algumas vidas, a nossa alma gêmea pode inclusive não estar encarnada ou, caso esteja, pode não estar em movimento sincrônico para que ocorram o encontro e a união. Segundo a Tradição, as almas gêmeas só podem se encontrar e se unir por meio da providência divina, ou seja, por meio da graça divina. Mas, quando as almas gêmeas se encontram e se unem, é um acontecimento maravilhoso e poderoso e a bênção da sua união estende luz e vida aos outros. As almas gêmeas elevam a humanidade e o mundo. Diz-se que é uma união de grande beleza que favorece a manifestação do reino divino.

Quando falava de almas gêmeas, meu mestre sempre dizia: "Não deves esperar encontrar a tua alma gêmea nesta vida, nem duvidar de que a encontrarás; mas em todas as tuas relações deves fazer por criar as condições necessárias para essa união sagrada — porque nunca se sabe quando ocorrerá. Deves ter um bom coração e a consciência clara, além de cultivar a compaixão e o amor. Todas as nossas relações nos preparam para encontrar o nosso ser amado, que o Amado preparou para nós no princípio da criação".

Já falamos sobre a nossa capacidade de encontrar ou reconhecer um tzaddik sagrado. Segundo os sábios, é essa a mesma capacidade que nos permite encontrar e reconhecer a nossa alma gêmea, já que um autêntico mestre espiritual é semelhante a uma alma gêmea — e assim como o tzaddik é um rosto do amado, também o é a nossa alma gêmea. Assim como nos guia a uma união consciente com Deus, o tzaddik também nos prepara para encontrar a nossa alma gêmea — e para cumprir assim a nossa verdadeira vontade ou a missão do nosso Neshamah.

Separados da nossa alma gêmea, podemos chegar ao nosso Yechidah e ao nosso Hayyah, mas é somente em união com ela que podemos encarná-los. Assim, a cabala diz que a plenitude da Shekinah — a Shekinah superior e inferior — só chega para descansar num homem ou numa mulher que esteja unido ao seu oposto: quando um homem e uma mulher estão completamente unidos no amor verdadeiro.

A doutrina da alma gêmea revela o significado da santidade atribuída às relações humanas no cristianismo gnóstico. Serve também para ensinar os iniciados gnósticos a focalizar corretamente as relações pessoais íntimas. Ensina que devemos amar o nosso par como a nós mesmos e buscar uma relação em que seja possível a realização dos dois. Ensina o gnóstico a buscar relações que cultivem a sua humanidade e sirvam para facilitar a evolução espiritual consciente. Podemos estar com a nossa alma gêmea ou numa troca de faíscas com outra alma, mas, seja como for, a base de todas as relações pessoais íntimas deve ser a mesma. Isso se reflete na história de Jacó, que se casa com Lia e Raquel, e expressa o mesmo respeito e amor por ambas, embora Raquel fosse a sua alma gêmea.

O ensinamento sobre as almas gêmeas reflete também a ênfase gnóstica no desenvolvimento de uma co-igualdade entre homens e mulheres. Enquanto existir um grande desequilíbrio entre homens e mulheres, o encontro e a união de almas gêmeas continuará sendo um fenômeno relativamente raro e excepcional. A verdadeira masculinidade não pode existir separada da verdadeira feminilidade e, na visão gnóstica, a segunda vinda depende do encontro e da união de um maior número de almas gêmeas em toda a humanidade. Sozinho, um homem — ou uma mulher — só pode se converter em tzaddik sagrado — mas o tzaddik perfeito é o que está unido à sua alma gêmea na grande obra, atuando juntos como uma pessoa santa — como no caso do Senhor Yeshua e da Senhora Maria. Diz-se que não há maior manifestação da presença de Cristo do que aquela que surge por meio da união de almas gêmeas.

A comunidade dos eleitos — o círculo gnóstico

A comunidade espiritual é uma manifestação de Malkut no mundo material, estreitamente associada ao coro angélico que representa Malkut em Asiyah — a ordem dos ashim, que significa "almas de fogo". Assim como Malkut é o recipiente sagrado da afluência de energia espiritual de todos os Sefirot, a comunidade espiritual ou círculo gnóstico é um canal ou veículo físico de todos os poderes divinos no mundo material.

Isso se revela na tradição judaica. Quando são realizados os serviços de oração nas sinagogas judaicas, deve haver um mínimo de dez pessoas reunidas em adoração; sem isso, o serviço de oração é considerado nulo e sem efeito. Segundo os cabalistas judeus, é uma grande bênção estar entre os primeiros dez a chegar para os serviços de oração, pois a presença e poder de um Sefirah vêm naturalmente descansar sobre cada um dos dez, e deles flui a energia espiritual para toda a congregação. Além de representar os Sefirot, o número dez também é o número da letra hebraica Yod — a primeira letra sagrada do Tetragrammaton. Dessa forma, a comunidade espiritual tem o poder de baixar uma bênção celestial dos Sefirot de Atzilut. Isso se revela quando o Senhor Yeshua indica que o Espírito do Messias está naturalmente presente quando "dois ou mais estão reunidos" no nome bendito, Pentagrammaton — Yeshua.

A encarnação divina ocorre por meio do Senhor Yeshua e da Senhora Maria, mas, como já vimos, é a comunidade espiritual que se forma em torno do ungido que cria as condições necessárias para que se apresentem a encarnação e a transmissão de luz. É preciso uma matriz de almas para formar um recipiente sagrado que receba a afluência de luz superna no mundo e que transmita a luz-força a almas de diversos graus. A plenitude divina da Alma do Messias é grande demais para um único indivíduo, exigindo um grupo de pessoas para encarná-la. Na visão gnóstica, a Alma do Messias entrou no Senhor Yeshua, na Senhora Maria, na Mãe Santa e em todos os apóstolos santos, de maneira que o círculo sagrado ou comunidade espiritual é, na realidade, o corpo místico de Cristo, sendo cada iniciado um membro do corpo místico por meio do qual a alma do ungido é encarnada. Assim, a encarnação continua por meio da comunidade espiritual que se fundamenta na transmissão de uma presença viva — a sucessão apostólica.

Na tradição gnóstica, isso é mais do que a metáfora poética em que se converteu o cristianismo ortodoxo. O gnosticismo se baseia na auto-realização e entende que a Alma do Messias é encarnada por iniciados em grau maior ou menor, dependendo da evolução de cada um. Desse modo, há um *elders* e *tau* que encarnam a consciência superna ou messiânica, e há círculos de iniciados que se formam à sua volta e servem como matriz da luz-presença. Não é apenas o *elder* ou *tau* que encarna a Alma do Messias, mas toda a comunidade espiritual. Na realidade, o tzaddik só pode baixar a Alma do Messias na mesma medida em que a sua comunidade pode recebê-la e encarná-la. Não importa o quão auto-realizado ou iluminado seja um indivíduo — para encarnar e manifestar completamente a luz-presença superna, requer-se toda uma comunidade espiritual.

Como observamos quando vimos o círculo gnóstico ou comunidade espiritual como o terceiro objeto de refúgio do santuário exterior, a comunidade espiritual no cristianismo gnóstico é uma ordem esotérica, ou Escola de Mistérios, em que recebemos uma educação espiritual. A natureza dessa educação é extrair o que está dentro de nós e se baseia no conhecimento e na experiência — por conseguinte, na iniciação. Mais do que das lições que podemos aprender numa Escola de Mistérios, precisamos da transmissão de energia substancial e útil — que desperta o poder divino da nossa alma de luz e nos ajuda a passar a um nível superior de consciência. Na sociedade profana, o indivíduo sempre funciona num nível mais elevado que o grupo.

Mas, numa comunidade espiritual, o grupo funciona num nível mais elevado do que qualquer indivíduo isolado e serve para ativar o maior potencial do indivíduo. Esse é o poder de Malkut.

Ao falar de comunidade espiritual, vale mencionar que, em termos do gnosticismo Sophiano, não estamos nos referindo a uma estrutura comunitária. Embora a comunidade espiritual possa ter um centro onde ocorrem as reuniões e os iniciados se reúnem para oração, meditação e rituais sagrados, os membros da comunidade vivem nos seus próprios lares, às vezes a grande distância do centro. A diversidade e a individualidade são apreciadas na Tradição Sophia. Assim, os iniciados provêm de todas as condições de vida e são incentivados a ter um estilo de vida independente, sendo ao mesmo tempo membros ativos da comunidade espiritual a que pertencem. O ideal gnóstico é um equilíbrio dinâmico entre o indivíduo e a comunidade — que se apóiam e se realizam mutuamente. Essa é a grande lição que precisamos aprender na era de Aquário, no nível local e no nível mundial. Na visão gnóstica, ela é crucial para a sobrevivência e a evolução contínua da humanidade no planeta Terra. É uma lição de Malkut.

O templo vivo

Como já vimos, a cabala diz que o propósito de Deus na criação foi a geração do ser humano, que é a imagem e semelhança de Yahweh Elohim. O propósito do humano, como imagem e semelhança de Yahweh Elohim, é reconhecer e realizar a alma de luz, que é a presença e o poder de Deus e da Divindade no ser humano — ou seja, é unir-se conscientemente a Deus e encarná-lo. Quando falamos da encarnação divina de Cristo na pessoa do Senhor Yeshua, da encarnação da Mãe Sophia e da Filha Sophia na Mãe Maria e em Santa Maria Madalena, estamos nos referindo a esse estado de auto-realização e encarnação da presença e do poder divino — a conquista da *iluminação*.

Como dissemos, essa conquista não se limita a Yeshua, à Mãe Maria ou à Santa Maria Madalena, mas é a base de uma verdadeira sucessão apostólica, que passa de uma geração a outra e representa o nosso destino divino. Assim, também é possível para nós atingir diferentes graus de consciência cristã e viver a experiência da unificação consciente com Deus, assim como o fez o Mestre Yeshua, além de outros à sua volta.

Os partzufim abaixo, tais como o Senhor Yeshua, a Senhora Maria e a Mãe Maria, são semelhantes a conexões mágicas com os princípios espirituais e universais que representam. Assim, os seus nomes, imagens e mitos são veículos por meio dos quais entramos em contato com a luz-presença e com a transmissão de luz na prática espiritual. Há poder divino em seus nomes, imagens e mitos. Mas, no final, é dentro de nós mesmos que devemos reconhecer e realizar a luz-presença de Cristo e procurar encarnar o Cristo. Essa meta espiritual é o centro do gnosticismo cristão e, por meio do estudo e da prática da cabala cristã, aprendemos a realizar esse propósito.

Nos Evangelhos, o Senhor Yeshua deixa perfeitamente claro que a adoração de Deus em espírito e verdade não depende de templos exteriores ou de algo fora de nós. Depende do estado da nossa mente, do nosso coração e da nossa vida; de vivermos com o conhecimento da unidade sagrada ou, ao contrário, de nos enganarmos com a ilusão da separação. Assim, no gnosticismo Sophiano, o verdadeiro templo é antes de mais nada o ser humano — nós mesmos e a nossa vida, por meio da qual a presença é encarnada —, sendo, assim, um templo vivo.

Quando falamos de indivíduos que se convertem em partzufim abaixo, estamos nos referindo a templos vivos da santa Shekinah no plano material. Pondo a nossa mente, o nosso coração e a nossa vida em harmonia com Cristo e unindo a nossa alma a Deus, nós também nos converteremos em templos vivos. Nesse sentido, todo gnóstico sabe que é um templo vivo e procura viver como um veículo da luz-presença.

No cristianismo gnóstico, os praticantes costumam reservar um cômodo da casa para servir como santuário para oração, meditação e rituais sagrados. Da mesma forma, alguns círculos gnósticos constroem templos exteriores, como locais para práticas místicas e mágicas e para os rituais de iniciação. Mas, no gnosticismo, a prática espiritual, a iniciação e a auto-realização não dependem dessas coisas, por mais úteis que possam ser: dependem muito mais das pessoas que se convertem em casa de Deus. Na visão gnóstica cristã, esse é o propósito do ser humano — ser um templo vivo da presença e do poder de Deus em todos os planos de existência sensível e, assim, unir o céu e a terra. Quem faz isso, segundo os mestres da Tradição, anda em beleza e santidade e manifesta o reino divino. É, portanto, uma pessoa santa, semelhante a Yeshua Messiah e Kallah Messiah. Esse é o verdadeiro significado de "cristão" para o iniciado gnóstico.

O poder da oração — magia singela

A oração é uma das práticas espirituais do cabalista gnóstico e cristão, prática essa que é uma forma de "ter uma conversa com Deus". Há quem veja a oração como uma tentativa de modificar o parecer de Deus — mas é o contrário. Oramos para mudar a nossa mente e o nosso coração, para produzir uma mudança na nossa consciência, de modo que fique alinhada e em harmonia com a vontade divina e o reino divino — com a nossa verdadeira vontade. A prática da oração é espantosa. Às vezes, nada muda com as nossas orações, a não ser a nossa capacidade de aceitar o que está ocorrendo — de ver e aceitar a realidade como ela é. Mas, quando produzimos uma mudança na nossa consciência, uma mudança correspondente ocorre na vida, como se fosse mágica. Alguns diriam que as primeiras são orações não respondidas enquanto as segundas são orações respondidas, mas isso reflete imaturidade no entendimento da oração ou um conceito errôneo a respeito dela: porque, seja uma mudança interior que nos ponha em harmonia com o que está acontecendo, seja uma mudança interior na consciência que facilite uma mudança exterior correspondente, a nossa oração foi respondida.

Todos nós conhecemos muito bem o constante e implacável diálogo interno dentro da nossa cabeça, que parece nunca diminuir o ritmo. Os pensamentos fluem continuamente, muitas vezes de maneira intermitente e fortuita, e muitas vezes se tornam negativos e autodestrutivos. Mesmo nos convertendo em excelentes meditadores, é muito difícil silenciar por completo a mente, ainda mais quando estamos sob stress ou cheios de sentimentos negativos. A oração é essencialmente um método de dirigir o diálogo interno para algo positivo e produtivo, usando-o como forma de nos dirigirmos ao eu interior e superior e a Deus no sentido de obter bem-estar e capacidade. O desenrolar de uma vida de oração diária é muito interessante: às vezes descobrimos que, concluída a oração, experimentamos um silêncio na mente e um aquietamento vital — entramos em meditação (um descanso da mente na sua natureza mais profunda).

Segundo os mestres da Tradição, um verdadeiro adepto permanece em oração constante. A instrução dada ao neófito no começo da iniciação é "deixar-se submergir na oração e invocar constantemente". Lembro-me de ter ouvido isso quando era novato e de pensar: "Jamais conseguirei fazer isso. Como pode alguém estar neste mundo e orar constantemente?" Meu querido tzaddik tinha bastante consciência de como eu me sentia e disse: "Garoto, tu e todos nós estamos orando o tempo todo. Só que algumas orações não são bem expressas e talvez fosse melhor que não fossem feitas. Cada pensamento e cada sentimento é uma oração. Cada ação ou gesto, cada palavra dita, cada respiração e batida do coração — a vida inteira é uma oração constante. Temos apenas de estar despertos e atentos na oração. Cada vez que há consciência, há uma oração sagrada".

Muitas vezes, vemos a oração em termos totalmente mentais — um diálogo interno em pensamento ou externalizado numa oração falada —, mas há também orações de silêncio, do corpo, de simplesmente respirar, de boas obras, de bondade, de pura emoção e sentimento etc. Qualquer coisa pode ser uma oração se houver kavvanah. O ritual sagrado é muitas vezes chamado de oração e, na prática espiritual, os limites entre a oração e a meditação desaparecem totalmente. A oração não é apenas falar ou pensar: é qualquer movimento do ser para dentro e para cima — para Deus. Podemos, por exemplo, orar dançando, assim como com palavras. Ou seja, a oração é qualquer coisa que façamos e é uma aventura totalmente criativa para o gnóstico.

Em termos do que tipicamente se considera uma oração, devemos dizer o seguinte: além de falar com Deus, temos de ficar em silêncio e escutar. Afinal de contas, uma verdadeira conversa acontece nos dois sentidos. Nos Evangelhos, há os retiros de Yeshua durante a noite para orar — uma vigília que durava a noite toda. Uma coisa é certa: ele não falava com Deus a noite inteira, mas também ficava em silêncio para escutar o que Deus dizia. Se as pessoas não acreditam que Deus fala conosco, talvez seja porque não saibam escutar e por isso não ouvem a voz de Deus; é a "pequena voz suave" do ser de Cristo e o silêncio falante no nosso coração mais profundo. Mas a própria vida é Deus falando, porque Deus continua declarando a criação. Isto se reflete no juramento tradicional do magister templi: "Ouvirei Deus falando à minha alma secreta e imperecível em cada circunstância, situação e acontecimento da minha vida". Esse não é um bom propósito apenas para o mestre do templo: é um bom propósito para o iniciado de qualquer grau, incluindo o neófito e o zelator associados a Malkut.

Há uma maravilhosa forma de oração, que também se qualifica como magia divina na Tradição. O iniciado pega uma vela, purifica-a com oração e a consagra com invocações, muitas vezes ungindo-a com óleo sagrado. Uma vela branca é boa para qualquer propósito, mas pode-se escolher uma cor que corresponda aos Sefirot mais apropriados para a oração. As invocações podem incluir o nome divino correspondente, o arcanjo e a ordem de anjos, ou os atributos do partzuf. Depois de purificada e consagrada, a vela é acesa junto com incenso. Essa é a base da magia com velas e também uma forma de oração. Às vezes, os iniciados fazem símbolos na vela ou inscrevem nela nomes divinos ou de anjos. Essa é uma prática espiritual fácil e maravilhosa!

A oração, na realidade, nos converte no veículo ou canal da força vital e dos poderes divinos. Já demonstramos que o Espírito de Yahweh e os poderes divinos precisam de canais ou veículos por meio dos quais entrar e atuar na terra. Muitas vezes não acontecem coisas boas porque não há um veículo ou canal para o bem que Deus deseja projetar. Por exemplo, uma pessoa pode ter necessidade de cura e a intenção de Deus é que ela seja curada, mas é preciso que haja também o desejo de receber o poder curativo e um recipiente sagrado disposto a baixar e a transmitir essa energia divina. Assim, orar e encarnar a presença e o poder divino, ou não orar a fim de criar as condições necessárias e o vínculo para que a graça divina atue, é uma questão de liberdade da nossa vontade. Não é apenas Deus que deve desejá-lo: nós também temos de estar dispostos. Por meio da oração, nós nos convertemos nos recipientes sagrados que recebem o bem que o divino quer para nós, para os demais e para esta boa terra — daí a correspondência da oração com Malkut.

A ação de graças e a bênção sobre o alimento

Qualquer forma de louvor e de ação de graças corresponde a Malkut, que é o ato de elevar a consciência e a vida ao divino — e é uma expressão ativa do conhecimento da presença de Deus na vida e em si mesmo. É normal que os gnósticos louvem e dêem graças por todas as coisas da vida, mas o centro da ação de graças é talvez o agradecimento e a bênção sobre o alimento, que é o que há de mais fundamental para a vida. No louvor e na ação de graças, o iniciado eleva as centelhas sagradas contidas em tudo o que há na vida, e isso é especialmente aplicável aos alimentos que comemos.

Na visão gnóstica, a Sagrada Eucaristia não se limita à festa de bodas, mas se estende ao alimento em geral. Já que, ao comer e ao beber, estamos comendo e bebendo o corpo da Mãe terrena e dos seus filhos, todo alimento é a Eucaristia da Mãe. Ao dar graças e ao invocar uma bênção sobre a comida que ingerimos, estamos conscientes da Mãe divina, que supre todas as nossas necessidades, e do Pai celestial, que é a única força vital dentro e por trás de toda a criação. Segundo os sábios, ao bendizer a comida, ajudamos a "entronizar a Noiva na Mãe" — elevamos Malkut até Binah.

Na cerimônia da Sagrada Eucaristia, o pão e o vinho são talismânicos da presença e da essência do Cristo e representam Sophia e Logos, respectivamente. Tornam-se talismânicos por causa da consagração e da energia espiritual de que são imbuídos no ritual sagrado. No nível mais básico, o pão e o vinho estão impregnados dos nossos pensamentos positivos e da nossa alegria na celebração do mistério supremo da câmara nupcial — a nossa unidade com o Cristo. Porém, esse ato de imbuir substâncias e coisas com energia espiritual e psíquica não se limita a tais cerimônias, mas acontece o tempo todo. Os humanos estão constantemente impregnando a atmosfera que os rodeia e as coisas à sua volta com energias espirituais e psíquicas — vibrações. Essas vibrações servem para unir as coisas com as forças espirituais de uma freqüência vibratória correspondente, seja ela positiva, negativa ou combinada. Assim, essas coisas se tornam talismânicas.

Além das centelhas sagradas da força vital que podem estar dentro de algo, as coisas têm a energia-inteligência com que foram carregadas pelos seres humanos. É improvável que todas as pessoas envolvidas no processo de cultivar os nossos alimentos sejam felizes e certamente é improvável que todas as pessoas envolvidas no cultivo, colheita e preparação dos alimentos tenham um estado de ânimo totalmente positivo e amoroso. Alguns adeptos e mestres da Tradição afirmam que não dar atenção ao alimento e não abençoá-lo é causa de muitos problemas de saúde e infelicidade — já que, na desatenção com a comida, ingerimos todos os tipos de energias ou vibrações insalubres.

Assim, enquanto preparamos a nossa comida e antes de ingeri-la, temos de dar graças e abençoá-la: agradecer à Mãe divina e aos seus filhos que nos dão vida e invocar uma bênção sobre todos os que trabalharam para nos fornecer alimentos. Ao mesmo tempo, precisamos ter consciência das muitas pessoas e criaturas envolvidas, procurando elevá-las todas por meio do conhecimento da unidade sagrada — Deus. Assim, o iniciado gnóstico transforma os seus alimentos em talismãs de forças espirituais positivas e, ao ingerir atentamente a comida, eleva as centelhas por meio do serviço à grande obra. Toda forma de agradecimento e bênção tem em mente o mesmo objetivo e, ao agradecer e abençoar, nós nos unimos a Malkut — o reino divino.

O grande ofan dos fiéis — o anjo-sapato

No nível de Beriyah, Malkut se manifesta como o arcanjo Sandalfon que significa, literalmente, "o ofan (roda) da sandália", ou "o anjo-sapato". Como vimos no estudo sobre os ofanim, eles são anjos de interface e, como sugere o termo anjo-sapato, Sandalfon é a interface do reino divino com a terra em Beriyah. Sandalfon é basicamente o arcanjo cuja missão principal é unir os céus à terra e, mais especificamente, a terra ao mundo de luz superna. A idéia de uma conexão entre a morada celestial e a terra se reflete num enunciado da cabala cristã: "Sandalfon é a irmã-gêmea de Metatron" ou "Sandalfon é a presença do grande príncipe embaixo".

Segundo o livro do Êxodo, enquanto os filhos de Israel vagavam pelo deserto, havia diante deles uma coluna de nuvem durante o dia e, durante a noite, uma coluna de fogo. Diz-se que eram Metatron e Sandalfon, sendo que a coluna de fogo era formada pelos relâmpagos constantes que havia dentro da coluna de nuvem que aparecia à noite. Metatron e Sandalfon são vistos também como os dois querubins da arca da aliança, sendo Sandalfon o querubim feminino da esquerda. Metatron é chamado de "o grande anjo de Enoc" e Sandalfon é chamado de "o grande anjo de Elias". No misticismo do merkavah, eles são o grande ofan da carruagem. Assim, embora sejam a manifestação arcangélica de Keter e Malkut, são também os arcanjos do pilar de severidade e do pilar de misericórdia.

Os mestres da Tradição disseram que Metatron é a matriz da morada celestial e que Sandalfon é a matriz do universo. Na experiência da consciência superna, o iniciado descobre que a luz de cima está embaixo, por todas as partes; portanto, Metatron é a luz superna que está além dos céus e Sandalfon é a luz superna que está no centro de cada partícula de matéria. E é verdade! Os dois são interiormente um grande anjo, sendo a sua unidade chamada de "o grande anjo Hua", como dissemos anteriormente. Assim, Metatron-Sandalfon é o anjo santo da Shekinah, o anjo da presença do Senhor. No gnosticismo cristão, Metatron é o anjo do Senhor Yeshua e Sandalfon é o anjo da Senhora Maria — sendo o anjo Hua a sua união: uma presença de Cristo.

Associado à Noiva Santa, Sandalfon é o arcanjo desta boa terra, como se o corpo do santo anjo fosse o próprio planeta. Da mesma maneira, Sandalfon é o anjo da comunidade espiritual, presente onde quer que os fiéis e os eleitos se reúnam para a oração, a meditação e os rituais sagrados. Por isso, Sandalfon serve para elevar as orações dos fiéis e dos eleitos, levando-as à presença do Senhor na morada celestial. Cada vez que uma pessoa entra em consciência profética, se diz igualmente que o arcanjo Sandalfon está presente como o espaço dessa consciência sagrada. Também se diz que está presente cada vez que alguém encontra um tzaddik, já que o anjo da luz-presença é a companhia constante dos santos.

Em geral, Sandalfon é visualizado como uma grande coluna de fogo, mas é visualizado também como um grande anjo que irradia glória irisada, cheio de olhos no corpo e nas asas. Retendo na mente a imagem do grande anjo, os iniciados invocam Sandalfon por meio do nome divino de Adonai e do canto *So Da Yo Ma Sandalfon*.

Sandalfon é invocado em trabalhos de unificação, oração mística e meditação profética. Entre outras coisas, ele conhece os mistérios da criação e da ascensão da alma; os mistérios do Arabot (o sétimo céu), do merkavah e da profecia; a evocação mágica, a viagem extradimensional, os trabalhos de manifestação, os segredos da natureza, certas formas de cura; os mistérios da encarnação de almas nas raças maiores. Embora seja um anjo tão grande e elevado, diz-se que Sandalfon é facilmente invocado e que chega rápido porque está sempre por perto.

A ordem dos ashim — almas de fogo

Malkut no nível de Yetzirah se manifesta como a ordem dos ashim, que significa literalmente "anjos ardentes", "anjos de fogo" ou "almas de fogo". Alguns autores dizem que os ashim são forças angélicas que servem para unir a matéria — e estão certos. Algumas classes de ashim têm essa função. Entre os ashim, há também anjos que servem para facilitar a evolução por meio da geração de formas de vida cada vez mais elevadas e aperfeiçoadas; além disso, os ashim representam a luz ardente do mundo superno dentro da matéria. Tipos superiores de ashim servem como anjos do destino e da providência divina, trabalhando para facilitar o plano divino nas criaturas e na criação. Por exemplo, Azrael, o anjo da morte que tira as almas do corpo na conclusão da vida, é de uma classe superior da ordem dos ashim. Pelo mesmo motivo, também se diz que ele é o anjo que põe o dedo nos lábios dos bebês recém-nascidos, fazendo com que a alma esqueça todas as encarnações anteriores, de modo a ficar totalmente presente na nova vida. Como vimos ao falar de outros coros angélicos, as ordens de anjos são complexas e de múltiplos níveis: por isso, é humanamente impossível indicar o mistério e a função total de qualquer ordem. Não são humanos e, certamente, não são lineares de jeito nenhum.

No Apocalipse de São João, encontramos os "anjos das sete igrejas", que são ashim. Segundo os mestres da Tradição, há um ashim associado a cada comunidade espiritual — um anjo envolvido na mente e na missão de cada grupo espiritual. Cabe perguntar se há um ashim associado à escrita de livros espirituais e a outras atividades semelhantes, pois são anjos que manifestam o espiritual no material.

Na Tradição, há também ensinamentos de natureza muito diferente a respeito dos ashim, onde se diz que são "almas acesas com o Espírito Santo" — daí a tradução de ashim como "almas de fogo". A alma de um tzaddik sagrado — e de qualquer pessoa entre os fiéis e eleitos —, ardendo com o Senhor, é ashim. O termo é igualmente usado para indicar uma alma eleita que recebeu o dom da inteligência ardente. Há um uso mais esotérico dessa palavra, referente à idéia de almas que vêm das raças maiores e encarnam entre nós para servir de portadores da luz na terra. Muitos podem pensar em alienígenas chegando em naves espaciais, e olhar para as estrelas em busca de OVNIs — mas, segundo os mestres gnósticos, as raças avançadas não precisam de máquinas espaciais para visitar a terra, podendo gerar espontaneamente corpos que aparecem no mundo, ou transmitir a sua consciência numa encarnação terrena. Assim, os mestres gnósticos sugerem que os "extraterrestres" vivem e se movem entre nós desde o início da história humana — trazendo o dom da inteligência ardente para a humanidade! Por mais fantástico ou fantasioso que isso possa parecer, certamente é uma contemplação incrivelmente interessante, que desperta a imaginação. Se encontrássemos um mestre da arte mágica e tivéssemos a bênção de observá-lo no contínuo (uma cerimônia em que ele ou ela se dedica plenamente à sua arte), certamente nos perguntaríamos sobre a sua condição humana. Afinal, a grande obra é por definição o processo de ser mais que humano. Na cabala cristã, a palavra ashim é muitas vezes usada para nos lembrar disso. E isso representa bem o amplo espectro de ensinamentos sobre a ordem dos ashim nos mistérios de Malkut.

O zeloso

Essas idéias a respeito dos ashim nos conduzem naturalmente a um breve comentário sobre o grau rosacruz associado a Malkut, chamado de zelator. Embora o neófito também esteja associado a Malkut, o grau de zelator é a própria entrada na esfera de Malkut, enquanto neófito é alguém que até o momento permanece do lado de fora. Zelator implica zeloso, uma pessoa cheia de entusiasmo, e, podemos acrescentar, cheia de espanto sagrado — portanto, com um sentido de mistério. Indica alguém que renasce do espírito ou está passando por um avivamento da consciência — um despertar da fé e da recordação sagrada da alma e do porque a alma desceu à terra. Sugere também o início de uma consciência da presença de Deus, interiormente e na criação, um crescente sentido da unidade sagrada. Esse é o zelator e é a experiência de ser posto no caminho.

Isso permite entender algo mais: por que o caminho no gnosticismo, ao menos na Tradição Sophia e cabalística, é de iniciação e discipulado. Como discípulo que fui de um tau sagrado (tzaddik), posso dizer que encontrar e reconhecer o meu mestre, e experimentar a luz-presença que se movia com ele e por meio dele, gerou em mim grande entusiasmo e esperança espiritual. Encontrar Tau Elijah levou-me à iniciação e a ser posto no caminho. Se não fosse por esse dia, nem sei dizer o que estaria fazendo hoje, mas, sem dúvida, não estaria experimentando a alegria de escrever este livro sobre os mistérios da cabala. Talvez nunca tivesse me convertido em gnóstico e cabalista! Até hoje, o entusiasmo de encontrar o meu amigo espiritual me preenche e me inspira. Nunca deixei Malkut — o reino divino.

Num nível mais esotérico, o título de zelator permite entender algo mais: o encantador conhecimento de que o reino dos céus está espalhado na terra — e que viver a vida plenamente pode ser a experiência do reino, tanto quanto como qualquer experiência na vida futura. O entusiasmo é o resultado natural de experimentar Malkut nesta vida. Na tradição gnóstica, experimentamos o reino aqui, e sempre mais além.

Prática espiritual associada a Malkut

Meditação de Kallah Messiah — Santa Maria Madalena

- Sente-se confortavelmente e se aquiete, para respirar e sentir a vida no corpo, o sagrado de ser e chegar a ser. (Isso já é uma meditação da Noiva Santa.) Quando estiver tranqüilo, dirija a atenção ao sol espiritual dentro do seu coração, visualizando-o com clareza e sentindo-o profundamente. Veja-o impregnar o seu corpo-mente e permita que o consuma completamente, expulsando a negatividade e a escuridão. Que haja paz e alegria. Imagine um raio de luz de cor rubi partindo do sol do seu coração — e a imagem da Noiva Santa aparecendo magicamente no espaço à sua frente. A sua toga interior é branca brilhante e a toga exterior é carmesim, o seu rosto brilha como dez mil estrelas e há glória irisada em torno dela. É a mulher mais formosa que se pode imaginar.
- Ela não está parada, mas baila como um fogo em chamas, enquanto você entoa o seu canto mais simples: Kallah Messiah, Nukva Messiah. Ao cantar, visualize-a abençoando-o, derramando luz e fogo sobre você, bailando no seu corpo, como um grande fogo de paixão divina dentro de você e à sua volta. Tudo é alegria. Pode ser que você não consiga ficar parado e que se levante e dance também. Tudo o que a Noiva Santa o

inspirar a fazer está certo. Quando tudo tiver sido dito e feito, descarregue e equilibre a energia. Fique um instante em silêncio. Ao sair para o mundo, veja a Noiva em tudo e em todos, ouça a sua voz em cada som — e os pensamentos, sentimentos e emoções que possam surgir, veja-os como o resplendor da sabedoria dela. Há quem tenha alcançado a consciência cristã dessa forma.

O fim do livro, o começo de outro.

APÊNDICE I

TABELA DE LETRAS HEBRAICAS

Nomes	Figuras	Valor	Significado
(M) Aleph	(א)	1	Boi ou touro
(D) Beth	(ב)	2	Casa
(D) Gimel	(ג)	3	Camelo
(D) Dalet	(ד)	4	Porta
(S) Heh	(ה)	5	Janela
(S) Vau	(ו)	6	Prego ou gancho
(S) Zayin	(ז)	7	Espada
(S) Het	(ח)	8	Cerca
(S) Tet	(ט)	9	Serpente
(S) Yod	(י)	10	Mão
(D) Kaph	(כ)	20 500	Punho fechado
(S) Lamed	(ל)	30	Aguilhada
(M) Mem	(מ)	40 600	Água
(S) Nun	(נ)	50 700	Peixe
(S) Samek	(ס)	60	Estaca ou pontalete
(S) Ayin	(ע)	70	Olho
(D) Peh	(פ)	80 800	Boca
(S) Tzaddi	(צ)	90 900	Anzol
(S) Qoph	(ק)	100	Parte posterior da cabeça
(D) Resh	(ר)	200	Rosto
(M) Shin	(ש)	300	Dente ou presa
(D) Tau	(ת)	400	Cruz

Quando uma letra hebraica é escrita em tamanho maior, o valor da letra é multiplicado por mil vezes o seu valor normal. Por exemplo, um Aleph aumentado equivaleria a 1.000. Isso se aplica a todas as letras.

Não existem letras hebraicas que representem as vogais. Para representá-las são usados pontos, que não foram aqui incluídos ou discutidos porque não são relevantes para o nosso estudo.

As letras (M), (D) ou (S), que aparecem diante de uma letra-nome na primeira coluna, indicam as letras-mãe, letras duplas e letras simples, respectivamente. As letras-mãe dizem respeito à força dos elementos primordiais — ar, fogo e água. As letras duplas representam as sete forças planetárias tradicionais e as letras simples representam as doze forças zodiacais. Muitas vezes, a letra Tau é duplicada como símbolo da terra primordial. Shin é freqüentemente usado para representar o Espírito Santo. Aleph e Tau têm uma associação especial com o Cristo — daí Alfa e Ômega. Nun, o peixe, e Tet, a serpente, também têm uma associação especial com o Cristo. O estudo dos netivot (caminhos) e das letras sagradas será o tema de um outro livro, que será escrito como continuação deste.

Pode-se adquirir muita sabedoria por meio da contemplação e meditação das letras sagradas. Na contemplação e meditação das letras sagradas, alguns iniciados combinam os arcanos maiores de um tarô apropriado, que tenha valor cabalístico. O baralho *Rider-Waite Tarot** é adequado para esse propósito; o baralho de tarô dos Builders of the Adytum (BOTA)** é melhor ainda: as letras, números, palavras e imagens funcionam como um interessante jogo divino.

---

* O *The Rider-Waite Tarot* é um baralho de tarô clássico, talvez o mais conhecido e dos mais usados no mundo ocidental e considerado o primeiro baralho moderno de tarô. As cartas desenhadas por Pamela Colman Smith e por Waite foram as primeiras a usar figuras detalhadas nas cartas dos arcanos menores. Mais informações em http://www.aeclectic.net/tarot/cards/rider-waite/ (N. do E.).

** Builders of the Adytum (B.O.T.A.) se apresenta como uma organização religiosa não-lucrativa, "irrevogavelmente dedicada à sintonia espiritual por meio da adoração iluminada na Tradição Ocidental dos Mistérios". Mais informações sobre suas atividades e publicações em http://www.bota.org/main.html. (N. do E.)

APÊNDICE II

NOMES DIVINOS E VIBRAÇÕES

A arte da vibração ou entonação dos nomes divinos desempenha um papel significativo nos métodos de oração mística, meditação e rituais sagrados, no gnosticismo cristão. Como já vimos, os nomes divinos são uma expressão dos Sefirot no nível de Atzilut-emanação. Assim, vibrar ou entoar o nome divino de um Sefirah (ou Sefirot) traz à nossa oração, meditação ou ritual, a energia espiritual do Sefirah (ou Sefirot) correspondente e, além disso, eleva a nossa consciência e a une com o poder divino. Usando os nomes divinos dessa forma, somos habilitados pelos poderes divinos e invocamos a correspondente manifestação divina. Seu uso fortalece o campo áurico ou esfera de sensação, energiza o corpo sutil e ativa os poderes ocultos da nossa alma. Sem dúvida, a oração é sumamente efetiva quando se empregam os nomes divinos; as meditações se tornam mais elevadas e os rituais mais potentes.

Há um grande poder nos nomes divinos porque advêm da revelação divina, e a arte da sua pronúncia e vibração tem sido desenvolvida por adeptos e mestres da cabala ao longo de milhares de anos. Embora o nome divino de Yahweh não seja pronunciado abertamente por praticantes judeus da cabala, por meio da graça da encarnação divina, o praticante cristão gnóstico está habilitado a fazê-lo. Mas, como acontece com todos os nomes divinos, o grande nome deve ser respeitado e usado sabiamente. A respeito disso, o terceiro mandamento se relaciona especificamente com o uso esotérico ou místico dos nomes divinos: "Não pronunciarás o nome de Yahweh, teu Deus, em vão...". Na verdade, é uma energia que deve ser dirigida com cuidado e usada com sabedoria, reverência e respeito pela presença e pelo poder divino. Segundo os mestres da Tradição, os nomes divinos devem ser usados somente em momentos sagrados e com total kavvanah (concentração e propósito consciente) e devekut (união apropriada).

É impossível ensinar e iniciar uma pessoa na verdadeira arte de vibrar os nomes divinos por meio de um livro. A verdadeira arte é demonstrada e experimentada entre um iniciado e um aspirante, que procura aprendê-la. Em geral, leva-se alguns anos para aprendê-la e desenvolvê-la por meio da prática. Há muitas pronúncias, permutações e entonações de todos os nomes divinos, e há técnicas de respiração, gestos e visualização que acompanham a arte. Mas podemos pôr o aspirante no caminho da vibração real dos nomes divinos e lhe dar uma idéia de como encontrar uma forma válida de vibrar os nomes.

Há alguns anos, observei o autor de um livro sobre a prática moderna da magia fazendo uma demonstração de como vibrar os nomes divinos, usando uma conhecida cerimônia cabalística. Fiquei muito surpreso ao vê-lo bradar os nomes divinos na chamada vibração. Esse é um erro muito comum e é o pior dos erros — não dirige e nem irradia a energia adequadamente, mas a agita e tende a causar movimentos violentos e caóticos no corpo sutil, na aura e no ambiente. Outro erro comum é cantar os nomes divinos: embora agradável, isso não produz necessariamente a vibração eficaz dos nomes. Vibrar os nomes divinos não é cantar e nem bradar, embora se aproxime mais do canto do que do grito.

Ao vibrar ou entoar um nome divino, o praticante procura criar uma ressonância interior de vibração que preencha o seu corpo e a sua esfera de sensação — e, portanto, o ambiente que o rodeia. Mais do que o som exterior, temos de nos ocupar primeiro dessa vibração interior, que tende a produzir uma sensação elétrica ou energética no corpo, e que aviva o ser vital e mental. Na realidade, é um som peculiar que, uma vez experimentado e ouvido, será sempre reconhecido. De fato, esse som peculiar é uma forma muito fácil de distinguir os iniciados da Tradição dos não-iniciados, juntamente com a pronúncia dos nomes em vibração. Mas, na prática, descobrimos que a vibração é mais importante do que a pronúncia exata. Encontrada a vibração, é fácil aperfeiçoar as pronúncias e o tom.

Um bom nome divino para a prática geral que procura descobrir a vibração é Eheieh, pronunciado "Ah-Ha-Yah" (com os *a* suaves). Primeiro, é um nome divino de uma afirmação maravilhosa — "eu sou" ou "eu serei" — que é em si mesma uma boa oração e meditação. Em segundo lugar, essa pronúncia de Eheieh é muito fácil e eficaz para reconhecer o que é indicado pela vibração. Deixe que cada sílaba se alongue e comece com uma entonação mais baixa, concentrando-se na vibração que produz. Aumente o volume gradualmente, mantendo a sensação da vibração. Dessa forma, é muito provável que alcance o objetivo. Depois, pode praticar com outros nomes. No princípio, entonações mais baixas dão bons resultados mais rapidamente. Com alguma prática, seja o tom baixo ou alto, você deve encontrar a vibração. É claro que algumas pessoas têm um talento natural para isso, assim como há os que o têm para cantar. De outras, exige mais esforço e pode nunca se converter num ponto forte da sua prática. Mas, como regra geral, todos nós podemos aprender a vibrar os nomes divinos.

Os nomes

Yah: Esse nome tem um efeito de expansão da consciência e é entoado para invocar a graça divina — energia pura que pode ser dirigida quase de qualquer forma. É usado também para aumentar a força vital e prolongar a vida.

Yahweh: Esse nome invoca uma força incrível e tem o efeito de elevar e energizar a consciência. É um nome de adoração gnóstica que representa uma unificação consciente com o divino. É usado para receber e transmitir bênçãos.

Elohim: Esse nome tem um efeito de fechamento ou reclusão na consciência — de concentração da consciência. Lembra-nos uma matriz — a mãe. É entoado para produzir o efeito de santuário, como uma matriz de forças ou potencial criativo.

El: Esse nome é semelhante a Yah, embora seja um arco mais baixo, e tem um efeito similar, mas há um enfoque na expansão — concentração e expansão ao mesmo tempo. Com um propósito em mente e a vibração de El, invoca-se uma bênção correspondente de abundância.

Elohim Givor: Esse nome tem um efeito radical de concentração e uma energia ardente. É entoado para proteção, amor, força e fogo; para dissipar a influência klippótica; para produzir uma mudança ou transformação radical; e para invocar justiça. Muitas vezes, é unido a orações para tikkune.

Yahweh Elohenu: O efeito sobre a consciência é de santidade interior e de conexão com o espírito. É vibrado para invocar conhecimento do Cristo interior — o eu interior e superior; para cura e para entendimento da palavra e habilitação para falar a nossa verdade (a palavra).

Yahweh Tzavaot: Na consciência, tem efeito de conexão com forças espirituais e com a unidade sagrada da criação. É entoado para união com forças espirituais positivas e para celebrar a unidade sagrada que está dentro e por trás da criação.

Elohim Tzavaot: Enquanto Yahweh Tzavaot une, Elohim Tzavaot comunica e especifica as formas das forças a manifestar. É entoado para manipular as formas que as forças adotam numa situação específica.

Yahweh Elohim Tzavaot: Combina a função dos dois nomes divinos.

Shaddai: Tem na consciência o efeito de estimular desejo-energia e dirigi-lo. Esse nome é entoado para a felicidade e a aceitação da vida. Tende também a invocar bons sonhos e pode trazer visões (também a visão de auras).

Adonai: Esse nome tem o efeito de centrar e equilibrar a consciência. É entoado para centrar e manifestar coisas e para o conhecimento da presença e do poder divino em torno de si mesmo — é a presença de Deus impregnando a criação.

Yeshua Messiah: Esse nome tem um efeito iluminador na consciência e é usado para invocar o Cristo e para uma ascensão até o Cristo. Adonai Yeshua é semelhante, embora seja mais usado para baixar o Cristo do que para ascender a ele.

Kallah Messiah: Esse nome tem o efeito de alimentar e curar a consciência. É vibrado para invocar a presença e a Noiva e para unir a alma a ela.

Há outras pronúncias desses nomes divinos e há outros nomes. Mas estas pronúncias bastam para iniciar a prática de vibração e os nomes apresentados são suficientes para escolher entre eles. Isto deve bastar para pôr o praticante no caminho da descoberta da forma de vibração ideal para si mesmo.

GLOSSÁRIO

Ab: pai sem ter concebido um filho; partzuf de Hokmah; Hokmah antes da emanação de Binah e dos Sefirot inferiores; Pai contido em si mesmo.

Abba: pai; partzuf de Hokmah; Hokmah depois de emanar Binah e os Sefirot inferiores.

Abismo: um termo para Da'at; a divisão entre os supernos e os Sefirot de construção; a separação entre Atzilut e os universos-Olamot inferiores.

Adão Ha-Rishon: ser humano primordial; o primeiro universo, inseparável de Ain Sof Or (a luz interminável); o universo da Alma do Messias.

Adão: humano, não necessariamente do sexo masculino.

Adepto: termo para um praticante espiritual experimentado e altamente capacitado; um iniciado que tem grau de auto-realização até o nível de consciência cósmica; um *elder* ou mestre gnóstico.

Adepto maior: um iniciado do grau de Gevurah; segundo grau dos adeptos ou *elders* da Tradição e da sucessão apostólica.

Adepto menor: um iniciado do grau de Tiferet; primeiro grau dos adeptos ou *elders* da Tradição e da sucessão apostólica.

Adepto eleito: um iniciado do grau de Hesed; terceiro grau dos adeptos ou *elders* da Tradição e da sucessão apostólica.

Aima: mãe; partzuf de Binah; Binah tendo gerado os sete Sefirot de construção.

Ain: nada; um aspecto ou qualidade da Divindade; a natureza mais profunda da alma e de Deus; o vazio; o grande imanifesto; a essência do potencial divino.

Ain Sof: o infinito; o infinito e eterno; algo sem fim; um aspecto ou qualidade da Divindade que indica a natureza inesgotável do potencial divino ou imanifesto.

Ain Sof Or: luz interminável ou luz do infinito; um aspecto ou qualidade da Divindade; a qualidade radiante ou criativa do potencial divino ou imanifesto; a plenitude divina do vazio.

Ama: mãe antes de dar à luz; partzuf de Binah; Binah antes da geração dos sete Sefirot de construção.

Apóstolo dos apóstolos: um título da Senhora Maria.

Arabot: o sétimo e mais elevado dos céus.

Aralim: tronos; Binah de Yetzirah; ordem angélica de Binah.

Arayot: mistérios sexuais; misticismo sexual e magia da cabala; ensinamentos secretos da realização de milagres ou da cabala mágica, baseados no jogo amoroso entre dois enamorados.

Arconte: regente; forças cósmicas sob o domínio do demiurgo ou da ignorância cósmica.

Arik Anpin: grande rosto ou semblante maior; partzuf de Keter.

Asiyah: realização ou ação; o universo surgindo de Yetzirah; a dimensão material do universo; este mundo.

Assembléia dos eleitos: o círculo interior de iniciados de uma comunidade gnóstica; iniciados dos adeptos e a esfera do tau sagrado; a ordem interior e secreta.

Assembléia dos fiéis: o círculo exterior de iniciados numa comunidade gnóstica; a ordem exterior.

Atarot: coroas; um termo que significa a alma superna e os aspectos transcendentais da alma, especificamente Hayyah e Yechidah.

Atik Yomin: Ancião dos dias; partzuf de Keter.

Atzilut: emanação, proximidade ou arquétipo; o universo surgindo de Adão Kadmon; universo celestial; mundo de luz superna.

Aura: ver esfera de sensação.

Azazel: cabra-demônio; um dos caídos; um dos líderes dos caídos.

Azrael: o anjo da morte ou irmão da morte.

Beliel: filho da rebelião; arquidemônio do quarto norte do círculo.

Ben: filho; título do partzuf de Tiferet ou Zer Anpin.

Beni Elohim: filhos de Deus; Hod de Yetzirah; ordem angélica de Hod.

Bereshit: no princípio; Gênesis; criação; morada da casa do princípio ou casa de iniciação.

Beriyah: criação; o universo surgindo de Atzilut; mundo de arcanjos e forças cósmicas.

Binah: entendimento; terceiro Sefirah.

Corpo sutil: um corpo de energia sutil dentro e fora do corpo físico; um corpo de consciência; um corpo por meio do qual a consciência pode existir independentemente do corpo físico.

Corpo tríplice de Melquisedec: o corpo de ressurreição ou corpo de luz alcançada com o despertar da consciência superna ou messiânica (corpo de iluminação ou de cristandade).

Da'at: conhecimento; o abismo; Keter como Keter é conhecido ou aparece.

Daimon: espírito; termo para guardiões coléricos encontrados no abismo; guardiões coléricos associados ao lado noturno da árvore, ou à árvore da morte.

Demiurgo: falso deus ou falso criador; percepção errônea ou conceito errôneo de Deus; ignorância cósmica; demônio do abismo.

Demônio do abismo: ignorância cósmica; demiurgo de esquecimento; aparição do mal cósmico; o eu egoísta que no final deve ser deixado para trás.
Devekut: união ou adesão; união extática; paixão divina.
Elder: um mestre gnóstico reconhecido. Ver adepto.
Energia da serpente: ver serpente de fogo.
Esfera da terra: ver terra astral.
Esfera de sensação: a aura que rodeia o corpo humano, que é o resplendor do corpo sutil.
Espírito Santo: o poder divino nas criaturas e na criação; a Mãe e a Noiva.
Feitiço de Ômega: termo gnóstico para o livro da Revelação; um certo aspecto da cabala mágica.
Gabriel: força de Deus; Yesod de Beriyah; arcanjo de Yesod; o arcanjo associado ao quarto ocidental do círculo.
Gedulah: glória; um título alternativo de Hesed.
Gematria: a ciência e a arte da numerologia e as matemáticas esotéricas na cabala.
Gevurah: rigor, severidade ou juízo; quinto Sefirah.
Gilgulim: a transmigração das almas; o movimento de onda do devir.
Glória irisada: um título da Senhora Maria.
Gnose: conhecimento de experiência espiritual ou mística direta; conhecimento do devir, percepção espiritual ou intuição.
Gnosticismo: caminho do conhecimento direto (gnose); caminho de auto-realização.
Gnosticismo Sophiano: uma tradição de iniciação gnóstica que considera Santa Maria Madalena co-igual e co-divina com Yeshua Messiah (Jesus Cristo).
Gnóstico: aquele que adquiriu gnose; aquele que é iniciado no gnosticismo.
Grande besta: força de violência ou tendência autodestrutiva na consciência coletiva da humanidade.
Grande Set: um título gnóstico para o Cristo; cruz ardente ou radiante.
Guph: repositório legendário do qual são tiradas as almas.
Haniel: inspiração de Deus; Netzach de Beriyah; arcanjo de Netzach.
Hashmalim: silêncios falantes; Hesed de Yetzirah, ordem angélica de Hesed.
Hayyah: força vital; um aspecto da alma; um anjo da ordem dos Hayyot.
Hayyot: criaturas vivas sagradas; Keter de Yetzirah; ordem angélica de Keter.
Hesed: misericórdia ou bondade infinita; quarto Sefirah.
Hitbodedut: meditação ou auto-isolamento; retiro espiritual; o próprio estado de meditação; conquista mística.
Hitbonenut: contemplação; uma entrada no devekut ou uma entrada no hitbodedut, uma etapa da meditação.
Hod: esplendor, submissão ou entrega; oitavo Sefirah.
Hokmah: sabedoria; segundo Sefirah.

Hua: o grande anjo do Senhor (Metatron-Sandalfon).

Ipsissimus: "Aquele que é mais ele mesmo"; um iniciado do grau de Keter, o mais alto grau do tau sagrado ou dos mestres da Tradição; o grau do Cristo Ressuscitado.

Kali Kallah: noiva negra ou escura; Lilith; Sophia Nigrans; sabedoria escura de Deus.

Kallah: noiva; partzuf de Malkut; título de Santa Maria Madalena.

Kallah Messiah: noiva ungida; Cristo, a Sophia; Santa Maria Madalena.

Kamael: queimador de Deus; Gevurah de Beriyah; arcanjo de Beriyah.

Kavvanah: concentração ou propósito consciente; sentimento e devoção; uma forma de contemplação ou meditação.

Kavvanot: formas específicas de kavvanah (plural de kavvanah).

Keter: coroa; primeiro Sefirah; o Sefirah que não é.

Klippah: singular de klippot. Ver Klippot.

Klippot: cascas ou revestimentos externos; cascas de escuridão; o lado noturno ou o outro lado da árvore; emanações impuras; domínio da escuridão; domínio do demiurgo.

Klippótico: demoníaco; que tem a influência dos klippot. Ver Klippot.

Leviatã: destruidor ou destruição; o arquidemônio do quarto ocidental do círculo.

Lilith: ver Kali Kallah.

Logos: palavra; a palavra divina; Cristo, o Filho.

Lúcifer: portador da luz; o arquidemônio do quarto oriental do círculo; um título gnóstico para o Cristo negando a morte e a escuridão.

Os Elohim: deuses ou deusas; dominações e principados; Netzach de Yetzirah; ordem angélica de Netzach; o tema de um ensinamento secreto dos gnósticos.

Mãe terrena: a inteligência superior da terra; a presença e o poder divino (Shekinah) se manifestando como a terra e a natureza.

Maggid: anjo, um termo usado para denominar qualquer arcanjo ou anjo; é também um termo para adepto ou mestre que tem natureza ultramundana; às vezes usado com relação a adeptos e mestres desencarnados.

Maggidim: (plural) Ver Maggid.

Magister templi: um iniciado do grau de Binah; primeiro grau do tau sagrado ou dos mestres da Tradição.

Magus: um iniciado do grau de Hokmah; segundo grau do tau sagrado ou dos mestres da Tradição.

Makifim: invólucros; termo que indica os aspectos transcendentais da alma — Neshamah, Hayyah e Yechidah.

Makom: lugar de reunião; sexto céu.

Malachim: anjos ou mensageiros; Tiferet de Yetzirah; ordem angélica de Tiferet.

Malkut: reino; décimo e último Sefirah.

Ma'on: morada; quinto céu.

Mekubal: um cabalista. Ver Mekubalim.

Mekubalim: os que foram recebidos ou os que receberam; os que foram discípulos de um cabalista; cabalistas.

Melquisedec: sacerdote-rei (ou sacerdotisa-rainha) da justiça; uma figura que aparece no Gênesis para iniciar Abraão e Sara; a ordem universal de iluminação ou consciência messiânica; um iniciado da ordem divina; o estado de iluminação ou consciência superna ou messiânica; a ordem sagrada das raças maiores; a terceira ordem sagrada ou ordem secreta; a assembléia dos chefes secretos.

Messiah: ungido; Cristo.

Mestre: termo para designar um indivíduo realizado ou iluminado; um iniciado que alcançou um determinado grau de consciência superna ou messiânica; um tau sagrado na tradição gnóstica.

Metatron: príncipe do semblante; Keter de Beryah; arcanjo de Keter; o arcanjo que está acima do círculo.

Midrashin: mitos, lendas e histórias inspiradas nas Escrituras; adaptação criativa dos mitos, lendas e histórias das Escrituras, encontrados no judaísmo e no gnosticismo.

Miguel: aquele que é semelhante a Deus; Hod de Beriyah; arcanjo de Hod; o arcanjo associado ao quarto sul do círculo.

Morte mística: mudança de um nível inferior de consciência para uma consciência superior; transformação radical de si mesmo; uma etapa da metanóia (conversão espiritual autêntica); Sophia Nigrans; uma poderosa experiência curativa.

Navi: vidente ou profeta.

Nechash: serpente no jardim do Éden, mas também um título do Messias; serpente boa.

Nefesh: alma vital ou alma terrena; um aspecto da alma.

Nefesh Behamit: alma bestial; nefesh impenitente.

Nefesh Elokit: alma divina; nefesh regenerado.

Nefeshim: (plural) Ver Nefesh.

Neófito: principiante da tradição gnóstica; um aspirante num círculo gnóstico.

Neshamah: alma sagrada; alma superna; alma celestial; natureza divina; um aspecto da alma.

Netzach: vitória ou domínio; sétimo Sefirah.

Noivo: partzuf de Tiferet.

Nukva: filha; partzuf de Malkut; um título de Santa Maria Madalena (Filha de Deus).

Ofan ou ophan: roda-anjo; um anjo da ordem dos ofanim.

Ofanin ou ophanim: rodas; Hokmah de Yetzirah; ordem angélica de Hokmah.

Olam: universo ou dimensão do contínuo realidade-verdade.

Olamot: universos ou dimensões do contínuo realidade-verdade.

Ordo Sanctus Gnosis (O. S. G.): ordem ou linhagem esotérica da Tradição Sophia; uma ordem exterior.

Pachad: temor ou respeito sagrado; título alternativo para Gevurah.

Pai celestial: aspecto transcendental e oculto do divino.

Palácio de luz: a árvore da vida; um título de Binah-Elohim.

Paroket: véu entre a tríade moral e a de ação; plano causal da matriz kármica.

Pele de serpente: o corpo físico.

Penimi'im: internalizações; aspectos da alma que não podem ser encarnados, especificamente, Nefesh, Ruach e Neshamah.

Pentagrammaton: expressão para o nome bendito do Messias — Yeshua ou Yeheshuah ("Jesus").

Perud: separação; em especial, a realidade da separação composta em Beriyah, Yetzirah e Asiyah.

Philosophus: um iniciado do grau de Netzach; o mais alto grau de iniciação na assembléia dos fiéis.

Practicus: um iniciado do grau de Hod; terceiro grau da assembléia dos fiéis.

Primeiro apóstolo: um título da Senhora Maria.

Qeshet: véu entre Malkut e os Sefirot superiores; o brilho dos planos astrais.

Qoph Nia: o olho do vazio ou o olho da tormenta; a força do ressurgimento atávico.

Querubins: fortes; Yesod de Yetzirah; ordem angélica de Yesod.

Raças maiores: almas iluminadas em outros mundos para além da terra; anjos.

Rafael: cura de Deus; Tiferet de Beriyah; arcanjo de Tiferet; o arcanjo associado ao quarto oriental do círculo.

Rainha de Shabbat: ver Shekinah.

Rahamin: compaixão; um título alternativo para Tiferet.

Rakiya: firmamento; o segundo céu.

Ratziel: sabedoria de Deus; Hokmah de Beriyah; arcanjo de Hokmah.

Ratzon: vontade ou desejo; título alternativo de Keter.

Reshit: começo ou iniciação; um título alternativo de Hokmah.

Rito da câmara nupcial: adoração gnóstica baseada nos arayot. Ver Arayot; o rito da união mística. Ver União mística.

Rito de redenção: expressão gnóstica para magia divina; o mistério da crucificação.

Rito tríplice de iniciação: primeira iniciação gnóstica no caminho; o batismo em águas vivas, crisma-unção e festa de bodas (Sagrada Eucaristia da Noiva e do Noivo).

Rosacruz: gnóstico cristão; um iniciado da ordem rosacruz ou a ela pertencente; a segunda ordem ou ordem interior; a ordem dos adeptos.

Ruach: espírito ou inteligência; um aspecto da alma.

Ruach Ha-Elijah: espírito dos profetas; um aspecto do Espírito Santo.

Ruach Ha-Enoch: espírito dos iniciados; um aspecto do Espírito Santo.

Ruach Ha-Kodesh: espírito de Santidade; o Espírito Santo, em hebraico.

Ruach Ha-Messiah: espírito do Messias; um aspecto do Espírito Santo.

Ruhaniyut: hálito sagrado e radiante; espírito ou essência dos Sefirot.

Samael: veneno de Deus; Gevurah de Beriyah; outro arcanjo de Gevurah; um arquidemônio associado a Gevurah; o adversário, consorte de Lilith.

Sandalfon: sapato-ofan; Malkut de Beriyah; arcanjo de Malkut; o arcanjo do círculo.

Santuário triplo sagrado: o santuário do discipulado-iniciação, prática-realização espiritual e conquista-fruto místico.

Satanás: inimigo ou adversário; demônio do abismo; o eu egoísta; ignorância cósmica; a sombra de Deus ou o rosto escuro de Deus; um arquidemônio do quarto sul do círculo.

Sefer Ha-Bahir: livro do brilho; um trabalho-fonte clássico anterior ao Zohar e menos refinado do que o Zohar.

Sefer Ha-Zohar: livro do esplendor; um trabalho-fonte clássico da cabala sagrada que adota a forma de comentário sobre a Torá (os primeiros cinco livros do Velho Testamento).

Sefer Yetzirah: livro de formação; um trabalho-fonte clássico da cabala sagrada focalizado principalmente em Ma'aseh Bereshit e na cabala meditativa e mágica.

Sefirah: emanação ou esfera; uma qualidade ou atributo de Deus; um poder divino.

Sefirot: plural de Sefirah. Ver Sefirah.

Senhor da dança: um título do Senhor Yeshua.

Senhor do arco-íris: um título do Senhor Yeshua.

Senhor do Shabbat: um título do Senhor Yeshua.

Serafins: ardentes ou serpentes ardentes; Gevurah de Yetzirah; ordem angélica de Gevurah.

Serpente de fogo: termo para a energia do Espírito Santo que as escolas orientais chamam de kundalini; também chamada de energia da serpente.

Shamaim: firmamento ou céus.

Shedim: demônios.

Shefa: afluência; energia espiritual dos Sefirot.

Shehakim: nuvens de graça; terceiro céu.

Shekinah: presença e poder divino; Deus, a mãe e Deus, a Noiva.

Sol da serpente: termo gnóstico para Cristo ou título gnóstico do Senhor Yeshua.

Sol espiritual: Messias ou Cristo; um título do Senhor Yeshua; um termo para a união da Senhora Maria com o Senhor Yeshua como um Messias, ou Cristo, masculino e feminino.

Sophia: sabedoria; sabedoria divina, criada e incriada; Cristo, a Filha (sabedoria primordial ou incriada = Deus, a Mãe).

Tau: mestre; título de um mestre gnóstico; um tzaddik sagrado; iniciado da ordem de Melquisedec; iniciação do grau de magister templi ou graus rosacruzes superiores.

Templo do rei Salomão: uma configuração específica do templo mágico na cabala milagrosa como é ensinada na cabala cristã; a arte cerimonial da cabala milagrosa.

Tetragrammaton: uma expressão para o grande nome de Deus — Yahweh.

Terra astral: dimensão astral do mundo.

Terra negra: terra primordial ou terra antiga.

Theoricus: um iniciado do grau de Yesod; segundo grau da assembléia dos fiéis.

Tiferet: beleza; sexto Sefirah.

Tikkune: conexão, reparação ou cura, restauração dos Sefirot sagrados ao estado ideal ou original; trabalho espiritual na alma.

Titânicas: forças mistas, nem boas nem más.

Transferência de consciência: a prática de transportar o centro da consciência para o corpo sutil ou para fora do corpo físico.

Tzaddik: justo; um adepto ou mestre da Tradição, encarnado ou desencarnado. Sem inicial maiúscula, tzaddik é um termo usado para indicar qualquer alma ou iniciado eleitos.

Tzaddikim: justos; uma expressão para designar os adeptos e mestres espirituais da Tradição; designa também todos os fiéis e eleitos.

Tzadkiel: justiça de Deus; Hesed de Beriyah; arcanjo de Hesed.

Tzafkiel: recordação de Deus; Binah de Beriyah; arcanjo de Beriyah.

Tzimtzum: constrição; processo de criação.

União mística: união do adorador com o adorado; unificação consciente com o divino ou com um poder divino; termo para cerimônias de bodas gnósticas.

Uriel: luz de Deus; substitui Haniel como um dos sete arcanjos do Messias; o arcanjo do quarto norte do círculo.

Uzza: demônio escuro; um dos caídos; um dos líderes dos caídos.

Vilon: o véu; primeiro céu.

Yechidah: centelha sagrada; aspecto secreto mais profundo da alma; centelha da Alma do Messias.

Yeshua: termo aramaico para Jesus.

Yesod: base ou reciprocidade; nono Sefirah.

Yetzirah: formação; universo surgindo de Beriyah; mundo de anjos; mundo de espíritos.

Yichud: unidade; especificamente o reino de unidade composto de Adão Kadmon e Atzilut.

Zebul: morada; quarto céu.

Zelator: um iniciado do grau de Malkut; primeiro grau da assembléia dos fiéis.

Zer Anpin: pequeno rosto ou semblante menor; partzuf de Tiferet.

BIBLIOGRAFIA

Berg, Yehuda. *The Power of Kabbalah.* Jodere Group Inc., 2001.

Cohen, Martin Samuel, tradutor. *The Shi'ur Qomah: Texts and Recensions.* J.C.B. Mohr (Paul Siebeck), Tübingen, 1985.

Cooper, David A. *God is a Verb: Kabbalah and the Practice of Mystical Judaism.* Berkeley Publishing Group, uma divisão de Penguin Putnam, Inc., 1997.

Davidson, Gustav. *A Dictionary of Angels: Including the Fallen Angels.* Free Press, uma divisão de Macmillan Publisher Company, Inc., 1967.

Davis, Avram. *The Way of the Flame: A Guide to the Forgotten Mystical Tradition of Jewish Meditation.* HarperCollins Publishing Inc., 1996.

Douglas-Klotz, Neil. *The Hidden Gospel: Decoding the Spiritual Message of the Aramaic Jesus.* Theosophical Publishing House, 1999.

____________. *Prayers of the Cosmos: Meditations on the Aramaic Words of Jesus.* HarperCollins, primeira edição em livro de bolso, 1994.

Filoramo, Giovanni. *A History of Gnosticism.* Blackwell Publishers, 1990.

Fox, Matthew. *The Coming of the Cosmic Christ.* Harper & Row Publishers, Inc., 1988.

Frankiel, Tamar. *The Gift of the Kabbalah: Discovering the Secrets of Heaven, Renewing Your Life on Earth.* Jewish Lights Publishing, 2001.

Freedman, H. e Maurice Simon, tradutores e editores. *Midrash Rabbah.* Vols. 1-10. The Soncino Press, Ltd., 1983.

Gikatilla. *Sha'are Orah — The Gates of Light: The First English Translation of a Classic Introduction to Jewish Mysticism.* Tradução e introdução de Avi Weinstein. HarperCollins Publishing, Inc., 1994.

Ginzberg, Louis. *The Legends of the Jews.* Vols. 1-7. Traduzido por Henrietta Szold. The Jewish Publication Society of America, 1937.

Godwin, David. *Godwin's Cabalistic Encyclopedia: A Complete Guide to Cabalistic Magick.* Llewellyn Worldwide, 1979.

Gruenwald, Ithamar. *Apocalyptic and Merkavah Mysticism.* E. J. Brill, 1980.

Halevi, Z'ev ben Shimon. *Kabbalah and Exodus.* Shambhala, 1980.

Hanson, Kenneth. *Kabbalah: Three Thousand Years of Mystic Tradition.* Council Oak Books, 1998.

Hirsch, Samson Raphael. *Horeb: A Philosophy of Jewish Laws and Observances*. Traduzido por Dayan I. Grunfeld. The Soncino Press, 6ª edição, 1997.

Horowitz, Isaiah. *The Generations of Adam*. Tradução, edição e introdução de Miles Krassen. Paulist Press, 1996.

Idel, Moshe. *Kabbalah: New Perspectives*. Yale University Press, New Haven & London, 1988.

Jonas, Hans. *The Gnostic Religion: The Message of the Alien God and the Beginnings of Christianity*. Beacon Press, 1958.

Kaplan, Aryeh. *The Bahir Illumination*. Samuel Weiser, 1979.

__________. *Inner Space: Introduction to Kabbalah, Meditation and Prophecy*. Moznaim Publishing Corporation, 1990.

__________. *Jewish Meditation: A Practical Guide*. Schoken Books, Inc., 1985.

__________. *Meditation and the Bible*. Samuel Weiser, Inc. 1ª edição impressa, 1988.

__________. *Meditation and Kabbalah*. Samuel Weiser, Inc. 1ª edição impressa, 1985.

__________. *Sefer Yetzirah the Book of Creation: In Theory and Practice*. Samuel Weiser, 1990.

Kushner, Lawrence. *God Was In This Place & I, I Did Not Know It*. Jewish Lights Publishing, 1991.

__________. *The River of Lights: Spirituality, Judaism, Consciousness*. Jewish Lights Publishing, 2ª edição de luxo impressa, 1990.

__________. *Sefer Otiyot: The Book of Letters*. 15º aniversário, 2ª edição. Jewish Lights Publishing, 1990.

Lea, Simcox e Bligh Bond. *The Apostolic Gnosis: Part I & II*. Research into Lost Knowledge Organization, 1985.

__________. *Gematria: A Preliminary Investigation of the Cabala*. Research into Lost Knowledge Organization Trust, 1977.

Matthews, Caitlin. *Sophia Goddess of Wisdom: The Divine Feminine from Black Goddess to World Soul*. Mandala, impresso por Grafton Books, uma divisão de HarperCollins, 1991.

Munk, Elie. *The Call of the Torah: An Anthology of Commentary on the Five Books of Moses*. Vols. 1-5. ArtScroll Series, traduzido do francês por E. S. Mazer. Mesorah Publications, Ltd., 1995.

Munk, Rabbi Michael L. *The Wisdom of the Hebrew Alphabet: The Sacred Letters as a Guide to Jewish Deed and Thought*. ArtScroll Mesorah Series, General Editors, Rabbis Nosson Scherman/Meir Zlowitz, Mesorah Publications, Ltd., 2ª edição, 1983.

Oberg, Hugo. *3 Enoch or The Hebrew Book of Enoch*. Cambridge University Press, Londres, 1928.

esot.

Pagels, Elaine. *The Gnostic Gospel*. Vintage Books, uma divisão de Random House, 1981.

___________. *The Origin of Satan*. Random House, 1995.

Patai, Raphael. *The Hebrew Goddess*. 3ª edição ampliada, originalmente publicado por KTAV Publishing House, Inc. e Avon Books, Wayne State University Press, 1990.

Patai, Raphael e Robert Graves. *Hebrew Myths: The Book of Genesis*. Greenwich House, 1983.

Ravindra, Ravi. *The Yoga of Christ: In the Gospel According to St. John*. Element Books Limited, 1990.

Rudolph Kurt. *Gnosis: The Nature and History of Gnosticism*. Harper & Row Publisher, 1983.

Schaya, Leo. *The Universal Meaning of the Kabbalah*, originalmente publicado em francês como *L' Homme et l'Absolu selon la Kabbale* por Editions Buchet/Chstel, Correa, Paris, 1958. Tradução de George Allen e Unwin Ltd., University Books Inc., 1971.

Schneur, Zalman. *Likutei Amarim Tanya*. Edição bilíngüe. "Kehot" Publication Society, 1984.

Shneur, Zalman of Liadi. *Siddur Tehillat Ha-Shem: Nusach Ha-Ari Zal*. Tradução de Rabbi Nissen Mangel. Merkos L'inyonei Chinuch Inc., 1978.

Simon, Maurice e Harry Sperling, tradutores. *The Zohar.* Vols 1-5. Soncino Press, Ltd., 1984.

Smith, Richard e Marvin Meyer, editores. *Ancient Christian Magic: Coptic Texts of Ritual Power.* HarperCollins, 1994.

Tishby, Isaiah. *The Wisdom of the Zohar: An Anthology of Texts*. Vols. 1-3. Traduzido do hebraico por David Goldstein. Littman Library of Jewish Civilization, 1987.

Vital, Chayyim. *The Tree of Life: Palace of Adam Kadmon*. Vol 1. Tradução e introdução de Donald Wilder Menzi Zwe Padeh. Jason Aronson Inc., 1999.

Walker, Benjamin. *Gnosticism: Its History and Influence*. Aquarian Press, 1983.

Welburn, Andrew. *The Beginnings of Christianity: Essence Mystery, Gnostic Revelation and the Christian Vision*. Floris Books, 1991.

Williams, Jay. *Yeshua Buddha: An Interpretation of New Testament Theology as Meaningful Myth*. Theosophical Publishing House, 1978.